中国濒危语言志　组委会

主　任

杜占元

执行主任

田立新

成　员

田联刚　许正明　刘　利　黄泰岩　于殿利

张浩明　刘　宏　周晓梅　周洪波　尹虎彬

中国语言资源保护工程

中国濒危语言志
少数民族语言系列

总主编 曹志耘
主　编 孙宏开 黄行 李大勤

四川冕宁多续话

韩正康 〔荷〕齐卡佳 袁晓文 著

图书在版编目（CIP）数据

四川冕宁多续话/韩正康，（荷）齐卡佳，袁晓文著.—北京：商务印书馆，2019
（中国濒危语言志）
ISBN 978-7-100-17852-5

Ⅰ.①四… Ⅱ.①韩… ②齐… ③袁… Ⅲ.①藏语—介绍—冕宁县 Ⅳ.①H214

中国版本图书馆CIP数据核字（2019）第205235号

四川冕宁多续话

韩正康 〔荷〕齐卡佳 袁晓文 著

出版发行：商务印书馆
地　　址：北京王府井大街36号
邮政编码：100710

印　　刷：北京雅昌艺术印刷有限公司

开　　本：787×1092 1/16　　印　　张：18
版　　次：2019年6月第1版　　印　　次：2019年6月北京第1次印刷
书　　号：ISBN 978-7-100-17852-5

定　　价：120.00元

多续话样本采集点伍宿堡子　四川省冕宁县城厢镇/2018.8.3/韩正康 摄

藏族多续人保存下来的卦书（局部）　四川省冕宁县沙坝镇/2016.11.24/韩正康 摄

伍宿堡子藏族多续人民居　四川省冕宁县城厢镇/2017.7.18/韩歌卓玛 摄

工作中的多续话发音人伍荣福　四川省冕宁县城厢镇/2018.8.1/韩正康 摄

语法标注缩略语对照表

缩略语	英文	汉义
1sg	1st person singular	第一人称单数
2sg	2nd person singular	第二人称单数
3sg	3rd person singular	第三人称单数
1dl	1st person dual	第一人称双数
2dl	2nd person dual	第二人称双数
3dl	3rd person dual	第三人称双数
1pl	1st person plural	第一人称复数
2pl	2nd person plural	第二人称复数
3pl	3rd person plural	第三人称复数
ABL	ablative marker	从格标记
AGT	agentive marker	施事标记
ANM	animate	有生命的
APPR	approximative	概数
CLF	classifier	量词
COMPR	comparative marker	比较标记
CONJ	conjunctive marker	并列连接标记
COP	copula	系词
CSM	change of state marker	状态变化标记
DAT	dative marker	与事标记

续 表

缩略语	英文	汉义
DIM	diminutive marker	小称标记
DL	dual marker	双数标记
DUR	durative aspect	持续体
EXP	experiential marker	经历体标记
GEN	genitive marker	领属标记
INF	infix	中缀
ITRJ	interjection	感叹词
LOC	locative marker	处所标记
N-ANM	non-animate	无生命
NEG	negative	否定
NMLZ	nominalizer	名物化标记
ONOM	onomatopoeia	拟声词
PFV	perfective aspect marker	完成体标记
PL	plural marker	复数标记
PROG	progressive aspect marker	进行体标记
PROH	prohibitive marker	禁止式标记
PROS	prospective aspect marker	将行体标记
PRT	clausesentence final particle	句末语气词
QUES	question marker	疑问句标记
SUFF	suffix	后缀
TNT	tentative aspect marker	尝试体标记
TOP	topic marker	话题标记

序

我的老家在浙江金华。我在老家生活的年代是20世纪六七十年代。那时候人们白天黑夜地干，酷暑寒冬地干，但就是吃不饱饭。山上光秃秃的，地上光秃秃的，简直成了不毛之地。如今40年过去了，回到家乡，只见茂林修竹，清流激湍，芳草鲜美，落英缤纷，俨然人间仙境。进山的小路早已被草木掩没，没有刀斧开路，则寸步难行。

在我家附近的塔石乡，有一个叫“大坑”的畲族村子，坐落在一条山沟里，有50多人。畲族相传发源于广东潮州凤凰山，明代以来逐渐北迁，从广东到福建，从福建到浙江、江西、安徽等地。数百年来，畲族尽管不断迁徙，散落中国东南各地，然而始终保持着他们共同的语言——畲话。1981年，我在山东大学上学期间，曾经一个人跑到大坑去，拿着日本人编制的调查表记录他们的畲话。当时村里男女老少，基本上人人会讲畲话。但时至今日，很多人已不会讲或讲不好畲话了，25岁以下无一人会讲。照此发展下去，估计几十年后，大坑人沿袭千年之久的母语将彻底消亡。

自然环境的破坏可以修复，但语言的消亡无法挽回，不可再生。

根据联合国教科文组织的《世界濒危语言地图》（2018），在世界现存的约6700种语言中，有40%的语言濒临灭绝，平均每两个星期就有一种语言消亡。中国有130多种语言，其中有68种使用人口在万人以下，有48种使用人口在5000人以下，有25种使用人口不足1000人，有的语言只剩下十几个人甚至几个人会说了。汉语方言尽管使用人数众多，但许多小方言、方言岛也在迅速衰亡。即使是那些还在使用的大方言，其语言结构和表达功能也已大大萎缩，或多或少都变成“残缺”的语言了。

冥冥之中，我们成了见证历史的人。

然而，作为语言学工作者，绝不应该坐观潮起潮落。事实上，联合国教科文组织早在1993年就确定当年为“抢救濒危语言年”，同时启动“世界濒危语言计划”，连续发布“世界濒危语言地图”（联合国已确定2019年为“国际本土语言年”）。二十多年来，国际上先后成立了上百个抢救濒危语言的机构和基金会，各种规模和形式的濒危语言抢救保护项目在世界各地以及网络上展开。我国学者在20世纪90年代已开始关注濒危语言问题，自21世纪初以来，开展了多项濒危语言、方言调查研究课题，出版了一系列重要成果，例如孙宏开先生主持的“中国新发现语言研究丛书”、张振兴先生等主持的“中国濒危语言方言研究丛书”、鲍厚星先生主持的“濒危汉语方言研究丛书”（湖南卷）等。为了全面、及时抢救保存中国语言方言资源，教育部、国家语委于2015年启动了规模宏大的“中国语言资源保护工程”。在语保工程里，专门设立了濒危语言方言调查项目，迄今已调查76个濒危语言点和60个濒危汉语方言点。对于濒危语言方言点，除了一般调查点的基本调查内容以外，还要求对该语言或方言进行全面系统的调查，并编写濒危语言志书稿。随着工程的实施，语保工作者奔赴全国各地，帕米尔高原、喜马拉雅山区、藏彝走廊、滇缅边境、黑龙江畔、海南丛林都留下了他们的足迹和身影。一批批鲜活的田野调查语料、音视频数据和口头文化资源汇聚到中国语言资源库，一些从未被记录过的语言、方言在即将消亡前留下了它们的声音。

为了更好地利用这些珍贵的语言文化遗产，在教育部语言文字信息管理司的领导下，商务印书馆和中国语言资源保护研究中心组织申报了国家出版基金项目“中国濒危语言志”，并有幸获得批准。该项目计划在两年内按统一规格、以EP同步方式编写出版30卷志书，其中少数民族语言20卷，汉语方言10卷。自项目启动以来，语信司领导高度重视，亲自指导志书的编写出版工作，各位主编、执行编委以及北京语言大学、中国传媒大学的工作人员认真负责，严格把关，付出了大量心血，商务印书馆则配备了精兵强将以确保出版水准。这套丛书可以说是政府、学术界和出版社三方紧密合作的结果。在投入这么多资源、付出这么大努力之后，我们有理由期待一套传世精品的出现。

当然，艰辛和困难一言难尽，不足和遗憾也在所难免。让我们感到欣慰的是，在这些语言、方言即将隐入历史深处的时候，我们赶到了它们身边，倾听它们的声音，记录它们的风采。尽管我们无力回天，但已经尽了最大的努力，让时间去检验吧。

曹志耘

2018年10月

于浙江师范大学

目录

第一章 导论

第一节

调查点概况

藏族多续人主要分布在四川省冕宁县境内的安宁河上游，还有少数分布在临近的西昌市月华乡及喜德县红莫镇等地，总人口2000多人[①]。除此之外，另有1000多说里汝话的多续人后裔分布于木里藏族自治县卡拉乡等地。据调查，除冕宁县外，其他市县已没有能够使用多续话的人了。可以说，冕宁县是多续话使用者分布的唯一县级区域。

冕宁县位于四川省西南，凉山彝族自治州北部，东邻越西、喜德，南接西昌、盐源，西连木里、九龙，北靠石棉，面积4420平方公里；地处青藏高原东南边缘，横断山脉东侧，位于东经101°38′～102°25′、北纬28°05′～29°02′的范围之内。县城城厢镇位于东经102°12′，北纬28°33′；南距西昌82公里，东北距成都530公里；县城中心海拔1780米。县境内小相岭、牦牛山、锦屏山东西并列，北高南低，最高峰则尔山海拔5299米。全县大致分为北部湖盆区、东南部低中山宽谷区和西部高山峡谷区三个地带。

我们本次的调查点设在城厢镇河东村五组，当地汉族称之为伍宿堡子，多续话称该村为$la^{31}ga^{31}tɕo^{33}$。伍宿堡子位于四川省冕宁县东部安宁河东侧的二级台地上，与冕宁县城隔河相望，村庄与县城的直线距离约为3公里。整个村庄建在一个和缓的山坡上：村庄以下为水田，地势较为平坦，以种植水稻、油菜籽和麦类作物为主；村庄以上为旱地，以种植玉米、土豆、大豆、萝卜和荞麦为主。随着人们逐渐由山坡迁往平地，加之县城东扩进程的加快，在不久的将来，县城或可能与村庄连为一体。

伍宿堡子约有藏族50户，200人左右。藏族人口绝大部分属多续人，另有个别嫁进来

① 因我国的人口普查是按民族进行的，而藏族多续人所居住的区域尚分布有其他藏族支系，故没有官方统计数据，只有依靠田野调查进行大致估计。

的藏族纳木依和藏族尔苏妇女，还有两户由甘洛县迁入的藏族尔苏人。除个别嫁入村子的彝族妇女外，不属于藏族的人口都是汉族，约100人，占该村落人口总数的三分之一左右。可见，伍宿堡子是一个以藏族为主，藏汉杂居的自然村落。

历史上，藏族多续人的先民是一个以畜牧、狩猎和农耕为主的人群。到宋代，"黎州过大渡河外，弥望皆是蕃田，每汉人过河耕种其地，及秋成，十归其一，谓之蕃租"（《宋会要辑稿·蕃夷五》）。部分汉族移入多续先民的住地，也使多续人的农耕技术得到发展。由此藏族多续人逐渐演变成一个以农耕业为主要生产方式的族群。

藏族多续人现有人口2000余人。另外，从清末到民国时期，有部分多续人迁徙到木里、越西和汉源等地。

据《冕宁县志》（2009：2）记载：冕宁在石器时代就有人类居住，757年被吐蕃纳入治下，1328年元统治者在该区域设置土司政权——苏州，1393年明代置宁番卫，1728年清代设冕宁县。

在元代以前，冕宁地区受中原王朝羁縻，元代始设土司政权——苏州土知州。明代初期，苏州土知州叛，被镇压后朝廷始在安宁河平原地区驻军。藏族多续人的居住地域只剩下较为高寒的地区，这些地区现在属拖乌、冶勒、彝海、曹古、惠安、后山、哈哈等乡镇。明清时期，朝廷在这些区域设土千户或土百户进行治理。"在清代同治二年至民国初年半个世纪中，因安宁河左右源地域和牦牛山东西坡基本为西徙的黑彝家支占据，尚存的聚居地尽失"（《冕宁县志》1994：170）。自此以后藏族多续人再没有成片的聚居区域。通过田野调查得知，现冕宁县境内汉族历史最悠久的是凌家，早在元代就已经在冕宁县境内居住。除此之外的汉族主要有三个来源：一是明初期的驻军后裔；二是清时期"湖广填四川"的移民，为数不多的客家人也是在这一时期进入冕宁；三是中华人民共和国成立后为建设边疆民族地区而迁入的人，这部分人主要集中在泸沽铁矿和雅砻江木材水运局。当地彝族由两部分构成，一部分是平坝彝族，另一部分是高山彝族。平坝彝族有两个来源，一是宋代大理国驻扎在西昌至泸沽一带的兵士后裔，二是明中后期由地方政府从凉山高山彝族中移居而来的移民后裔。占冕宁县彝族人口90%以上的高山彝族是在清代同治二年（1862年）以后逐步由大凉山区迁移而来。

相对于藏族来说，冕宁地区的汉族和彝族均为后来者。据此我们可以推测，冕宁县境内最早的土著居民可能是现在冕宁藏族的先民。那些远古时期出现在这块土地上的先民，不论是在此暂住的，还是永居的，都会或多或少地有所接触，相互融合，从而构成了冕宁藏族族源的复杂性。复杂的族源加上周边民族的影响，使得包括多续人在内的藏族各支系的语言关系极为复杂。

藏族多续人的文化是藏族文化的一种地方形态，但同时多续地处藏汉交界地带，受汉族文化影响很深。这些影响导致多续文化的变迁，使其成为藏族文化中一种独特的地方文化。

关于藏族多续人的文化，《新唐书·南蛮传》中只有这样简单的一句话："妇人衣白缯，长不过膝。"而清代咸丰《冕宁县志》的记载则较为详细："西番男剃发，男女皆通汉语，音类楚人。衣饰率同汉人，而羊褐为多，间有披大领衣青布包头者。妇女头编细辫，总为一盘，青蓝布包头，耳缀大环，身着青白布衫，肩镶红布或袭红褐羊皮，绸缎马褂，下截前后幅遮蔽如甲，彩线绣花，白布裤脚有叉口，腰系青红羊毛带，海泡为饰，富者饰以玳瑁玛瑙，挑花巾帕。夏多赤足蹑草鞋，冬着褐袜，住瓦屋板房，席地而寝，就地而食，食杂粮间食稻米，无灶，安锅庄，近日亦有床、几、椅子、凳、瓷器之属，客至当面洗涤进之。"

第二节

多续话的系属

一 多续人的自称、他称及源流

藏族多续人是现在冕宁境内最早的原住民之一；直到清代中期，藏族都是冕宁地区的主体民族。该族群称呼其语言为$do^{33}ɕu^{33}na^{31}$（多续那），其中$do^{33}ɕu^{33}$（多续）为该族群自称，“do^{33}”的意义不明，疑为藏族传说中的原始六大姓氏中的“董”。多续人的$tsho^{33}bu^{31}lu^{31}gu^{31}$（《开路图经》）中有多处地方记载有“木布董氏”一词，如15格“你是木布董氏族的人吗？白母狮子让路，索多尼玛邬噶山神，上札、上董氏的男女，这里遇见光明和祖貌，乃是木布董氏的根子啊！”19格有“原始六大氏族任何一族啊！……”。另外，“多续”一词在唐代时记为“东钦”，这里的“东”在语音上与原始六大姓氏的“董”更为接近。“$ɕu^{33}$”有“人”的意思，类似于汉语中的“汉人”“客家人”“闽南人”的“人”，译为“族群”或“人群”更为合适。如果“多”就是“董”的话，我们就可以把“多续”一词翻译为“董人”“董氏族”或“董族群”，意思是“藏族原始六大氏族中的董氏族”。但在1962年四川省民族识别调查组的《“西番”识别调查报告（修改稿）》中有这样的记载：“木里县卡拉乡和倮波乡的‘西番’自称‘吕汝’，意译为海螺根骨。据‘西番’老人说，海螺是白色的，自称‘吕汝’含有‘白色根骨的人’的意思。海螺是他们辨认族人的标志。越西、甘洛两县‘西番’自称‘尔苏’，冕宁‘西番’自称‘多苏’。‘尔苏’‘多苏’‘吕汝’互为音变，因为都是“海螺根骨的人”的意思，都以海螺作为辨认族人的标志。”这种说法应该是与脱苏人黄戈汝都家族兄弟分家的传说有关，而不一定是族群自称本来的含义。“na^{31}”为“话”“语言”等意思，$do^{33}ɕu^{33}na^{31}$意为“说多续话的人”。汉族称该族群为“西番”，彝族称之为$vo^{31}tʃu^{31}$（俄助）。

石器时代居住于此的原始人类可能是多续人的源头。秦汉时期，在包括雅安市、凉山州等地在内的大渡河、安宁河、雅砻江三大流域居住的古代人群被称为牦牛夷或牦牛羌，包括了莋人、邛都人等，这些人群经过融合，形成唐代的东蛮。东蛮分为勿邓、两林、丰琶三部。《新唐书·南蛮传》载："勿邓地方千里，……又有东钦二姓，皆白蛮也，居北谷。""剑山当吐蕃大路，属石门、柳强三镇，置戍守捉，以招讨使领五部落：一曰弥羌、二曰铄羌、三曰胡丛，其余东钦、磨些也。"《蛮书》载："台登直北去保塞城八十里，吐蕃谓之北谷，天宝以前，嶲州柳强镇也，自入吐蕃更增修崄。"

"台登"指现在的冕宁县泸沽镇，治所在今泸沽镇梳妆台，"北去八十里"的位置与现在的冕宁县城相当。当时这个地方有一座城，叫作"保塞城"。"保塞城"在唐代天宝年间之前叫"柳强镇"，吐蕃占有该城后，称这座城为"北谷"，并进行了扩建。而今冕宁县城及其附近地区一直是藏族多续人的居住地。可见，唐代居"北谷"的"东钦"应该就是"多续"的先民，并属于"五部落"。吐蕃在这里建立的有效统治使吐蕃人成为现在藏族多续人祖源的重要源头，故何耀华（1985）认为包括多续人在内的"川西南藏族与西藏的藏族同源"。

到宋代，《建炎以来朝野杂记·边防记·边防二·左须夷人出没》载："乾道六年，雅州沙平夷人与岩州夷人相攻，沙平求援于左须夷人杨出耶，因而获胜，出耶者，本黎州五部落夷人也。"袁晓文和陈东（2011）认为"'左须'与'多续'音近且地望相符，说明'左须'可能就是指'多续'而言"。除袁文所提依据外，这里的"五部落"应该与唐代的"五部落"一致，"左须"在唐代"五部落"（弥羌、铄羌、胡丛、东钦、磨些）中，只与"东钦"音近，说明宋代的"左须"就是唐代的"东钦"。

《元史》载："致和元年（公元1328年），云南土官撒加布降，奉方物来献，置州一，以撒加布知州事，隶罗罗宣慰司，征其租赋。"这里记载的是元代在多续地区设苏州，当时苏州治所就在今冕宁县大桥镇境内，以首领撒加布为知州进行管理。这是冕宁历史上最早的土司政权。

明代成书的《四川土夷考·宁番卫图说》记载："宁番卫，古苏州地。故名其蛮曰脱苏，其人凶犷强悍，刀耕火种，迁徙无常，不以积藏为事。"这里的"脱苏"应该就是唐代的"东钦"、宋代的"左须"，也就是现在的"多续"的先民。据曹学佺《蜀中广记》卷三十四宁番卫记载："元时于邛都之野立府曰苏州，借苏示之义以名之也。国初言土官怕兀它从伊噜特穆尔为乱，于是废为卫，降官为指挥，环而居者皆西番种，故曰宁番。宁番城周凡二千丈，在建昌北九十里。东连越嶲界，北至西天乌斯藏，西邻三渡月落口。"

可见，元代苏州府的主体族群是"脱苏"。按现在的行政区划来看，元代苏州和明代宁番卫的辖地范围"就是从冕宁北至汉源及甘孜州境，东至越西"（何耀华，2000）。这一区域在元、明时期居住的主要族群是"脱苏"。

可见，多续、里汝及甘洛越西两县称为“尔苏”的藏族人群是关系极其密切的群体，均由同一个母体——“脱苏”分化而来。孙宏开（1982，1983）敏锐地发现了多续话与里汝话和尔苏话之间存在着非同一般的“亲密关系”，并将其确认为同一语言的不同方言。在这一点上，笔者赞同孙先生的观点，认为把多续话与里汝话、尔苏话归为同一种语言的不同方言更符合实际情况。

二 多续话的系属问题

从“脱苏”人与多续人、里汝人和尔苏人之间的包含关系可知，尔苏人与多续人、里汝人之间并不存在包含与被包含的关系，而是平等的并列关系，均为“脱苏人”的分支。可见，只有使用“脱苏人”一词作为族群名称才能涵盖上述不同分支。

从清代乾隆年间编写的《西番译语》中有《多续译语》和《栗苏译语》来看，最迟在清乾隆时期，脱苏语已经分化为多续方言和栗苏方言。从脱苏语内部不同方言的互通程度来看，里汝话和尔苏话应该是从栗苏方言分化而来，由于这两者之间分化的时间并不长，在语音、语法和词汇上均有较为严密的对应关系，相互间的互通程度较高，可以作为不同的土语，共同构成“脱苏语”的栗苏方言。这种划分方法也与清代乾隆年间《西番译语》的分类相一致。

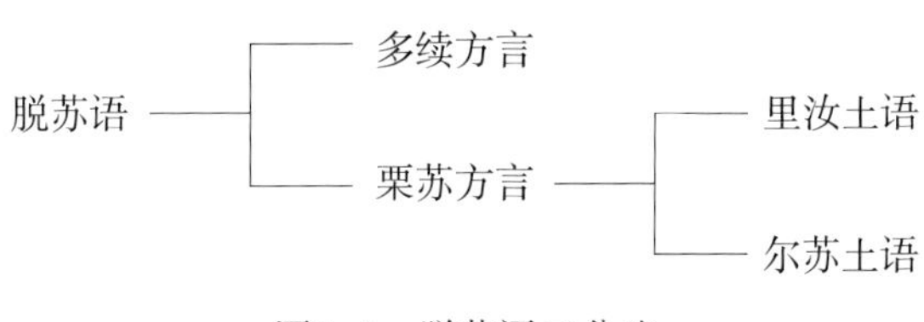

图1-1 脱苏语二分法

目前脱苏人主要分布于雅砻江、安宁河和大渡河三大流域。雅砻江流域主要是里汝，大渡河流域主要是尔苏。有鉴于此，我们完全可以按照不同流域将脱苏语分为里汝、多续和尔苏三种方言，而这种分类也与孙宏开先生的划分方法一脉相承，在学术上具有延续性。

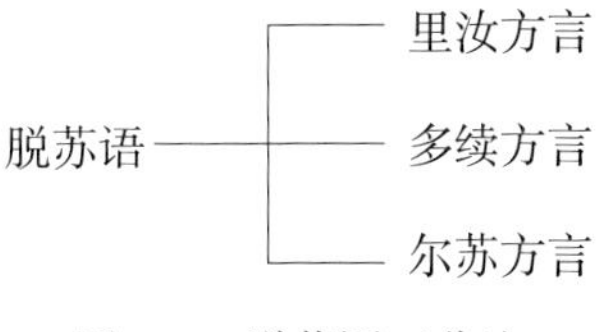

图1-2 脱苏语三分法

考虑到多续话甚至整个脱苏语的研究还有许多工作要做，我们认为对其系属的界定不必操之过急。就目前来看，包含多续话在内的脱苏语是一种与藏语书面语有较大差异的语言应该是可以断定的，但脱苏语与周边族群的语言关系尚待进一步研究。

第三节

多续话的濒危状况

一　调查点周边语言情况

据2010年人口普查数据，冕宁全县有人口351245人，是一个多民族、多族群相互杂居的县。就全县来说，汉族是主体民族，共有人口205198人，占总人口的58.42%；彝族是自治民族，共有人口139426人，占总数的39.7%；藏族是该县的少数民族，有人口5753人，占全县人口的1.64%。

冕宁境内的藏族分为脱苏和纳木依两个支系，所使用的第一语言分别是脱苏语和纳木依语，这两种语言均没有与之对应的文字，加之这两个支系的人口较少，并与汉族和彝族杂居，导致这两种语言都没能进入学校教学体系中。目前，这两个族群居住于山区的人们逐渐迁出世居村落，到汉族聚居区居住，使得散居的程度进一步加剧，而这两种语言进入学校教育的可能性也随之进一步降低。

冕宁全县汉族主要使用汉语西南官话。另外，在沙坝镇有少数客家人尚能保留部分客家话词汇，但已不能使用客家话进行交流。客家话在冕宁境内实际上已经消亡。随着国家通用语言文字的推广，普通话在一定程度上得到了普及，但在日常生活中，人们还是习惯使用西南官话。

彝语在冕宁县境内是另一种较为强势的语言，同时也是凉山州使用范围较大的语言之一。由于人口多，该语言保存完好，并有专门开设用彝族语言文字进行教学的民族中学和民族小学，进行一类模式和二类模式的彝汉双语教育。

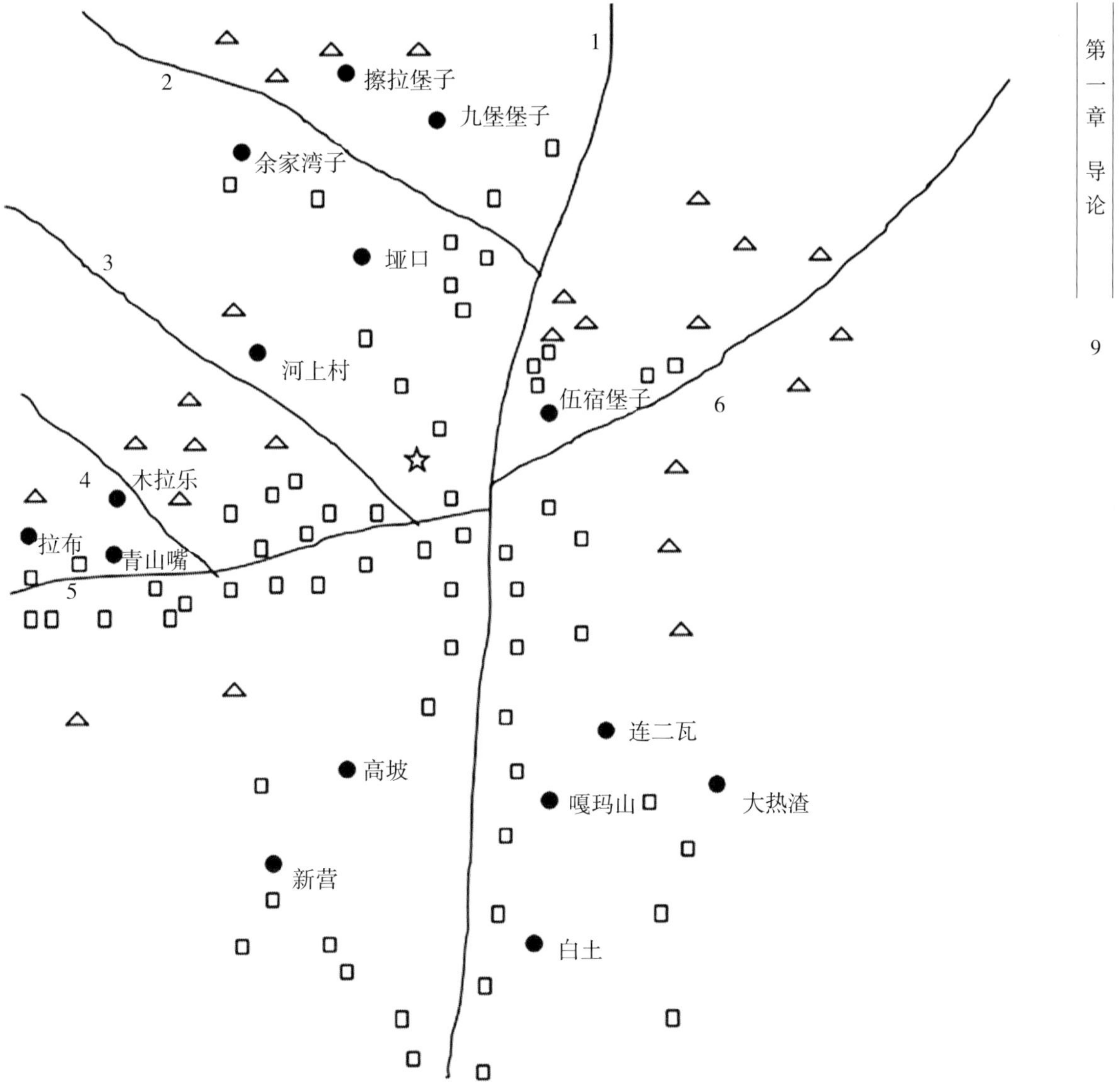

☆ 冕宁县城
● 藏族多续人居住的主要村落
□ 汉族居住的主要村落
△ 彝族居住的主要村落
主要河流：1　安宁河　2　惠安河　3　河上村水　4　哈哈河　5　南河　6　马尿河

图1–3　冕宁县安宁河上游民族分布图

二　濒危现状评估及抽样调查

（一）濒危状况

联合国教科文组织《语言活力与语言濒危》列举了6个评估语言活力的指标，如下：

1. 语言代际的传承

分为安全（5）、稳定但受到威胁（5-）、不安全（4）、确有危险（3）、很危险（2）、极度危险（1）、灭绝（0）等7个等级。

2. 语言使用者的绝对人数

3. 语言使用人口占总人口的比例

分为安全、不安全、确有危险、很危险、极度危险、灭绝等6个等级。

4. 语言使用域的走向

分为通用（5）、多语交替（4）、正在收缩的语域（3）、有限的或正式的语域（2）、非常有限的语域（1）、灭绝（0）等6个等级。

5. 对新领域和媒体的反应

分为充满活力（5）、有活力活跃（4）、可接受（3）、只能应付（2）、活力不足（1）、无活力（0）等6个等级。

6. 语言教育教材及读写材料

分为6个等级，分别是:（5）有现成文字系统，有符合语法的读写传统，有词典、课本、文学作品和日常媒体，该语言的书写也用于管理和教育;（4）有书面材料可以利用，儿童在学校培养语言读写能力，书面语言不用于行政管理;（3）有书面材料，儿童在学校能接触该语言的书面形式，但未通过出版物提高读写能力;（2）有书面材料，但是可能只对族群某些人有用，对其他人仅具象征意义，该语言的读写教育未列入学校课程;（1）有可行的拼写符号为族群成员所了解，一些材料仍在编写之中;（0）该语言族群没有可用的拼写符号。

下面我们按照评价语言活力的这6个指标，来对多续话当前的语言活力进行分析：

在指标1“语言代际的传承”方面，多续话已经没有向下一代传递的可能，当地老者已经成为该语言最后的使用者。由于他们几乎无人能够流利地使用母语，所以一般也不习惯使用多续话进行交际，而是习惯于使用当地汉语，有的还能够使用当地彝语。可见其濒危程度符合“极度危险”的标准:“该语言最年轻的使用者为曾祖辈人，且不再用于日常交流。这些老辈人通常也只能记忆起该语言的一部分，但从不使用，因为已经无人能够用该语言与之交谈。”所以级次应定为1级。

就第2项指标“语言使用者的绝对人数”来看，多续话的使用者均为超过70岁的老人，均不能完整而流利地使用该语言。人数不超过10个。

就第3项指标“语言使用人口占总人口的比例”来看，多续话的濒危程度属于“极度危险”，即“极少人使用该语言”。级次为1级。

就第4项指标“语言使用域的走向”来看，多续话的濒危程度接近甚至超过“非常有限的语域"："非强势语，只用于若干十分有限的特殊场合，族群中通常只有极少的几个人能使用该语言。例如：某些礼仪场合中的主事者。其他个别人可能仅记得该语言的小部分（语言记忆者）。"但实际情况是，多续话的使用比这更糟糕，即使在礼仪性的场合，也没有人能够用多续话来主事。比如我们课题组聘用的一个重要发音人名叫伍荣福，是伍宿堡子伍家公认的老前辈，辈分最高，但在伍家进行一年一度的"搓巴卓"①时却没能去主持过。因为，他们所掌握的多续话并不能胜任这一类型的工作。

就第5项指标"对新领域和媒体的反应"来看，多续话的濒危程度处于"无活力"的状态，也就是"该语言不用于任何新语域"。级次为0级。

就第6项指标"语言教育教材及读写材料"来看，应为最后一项"该语言族群没有可用的拼写符号"。级次为0级。

从以上6个指标来看，多续话的活力非常微弱，仅仅好于已经灭绝的语言，是目前我国最濒危的语言之一。按目前的情况看，该族群已经没有能力实现该语言的代际传递。这是因为，该族群中只有极少数人能够使用该语言，且这些人的年事已高。由于该语言已经不是该族群任何人群的交际语，其大量的固有词汇已经遗失或濒临遗失，结果就是该语言几乎没有任何使用域，更不可能依靠自身开辟出新语域。另外，这种语言没有任何可用的拼写符号，任何学校都没有开设有关多续话或多续文化的课程。可以说，多续话目前处于极度危险的境地，离最后消亡只有一步之遥。

（二）濒危走向

《语言活力与语言濒危》一文指出，"一个国家的语言意识形态可以激发少数民族动员整个族群来维护自己的语言，也可能迫使他们放弃自己的语言。语言态度可能成为一股强大的力量，它既能促进语言的发展，也可能导致语言消亡"。就语言态度与政策《语言活力与语言濒危》列出了三个指标，即指标7、8、9。

指标7涉及政府和机构的语言态度和语言政策（包括语言的官方地位和使用）。在各级政府和各级机构对主体语言和附属语言的政策和态度上，该文根据情况分为同等支持（5）、区别性支持（4）、消极同化（3）、积极同化（2）、强迫性同化（1）、禁止使用（0）等6种情况。

指标8是语言族群成员对母语的态度。该文按不同情况分为6个级次：（5）所有成员都重视自己的语言并希望它不断发展；（4）大多数成员都支持保持语言；（3）许多成员支持保持语言，其他人则漠不关心，或甚至支持弃用其语言；（2）一些成员支持保持其语言，其他人则漠不关心，或甚至能支持弃用其语言；（1）仅少数成员支持保持其语言，其他人则

① 藏族多续人祭祀山神和祖先的节日，地点在各家族的神山上，时间一般在农历七月。

漠不关心或支持弃用其语言；(0) 无人关心母语是否被弃用，所有人倾向于使用强势语言。

指标9是语言记录材料的数量与质量，分为：最佳（5）有综合语法和词典，大量的文本以及源源不断的语言材料，有充足的、经注释的优质声像记录材料；优（4）有一部完整的语法著作和若干合适的语法书、词典、教科书、文学作品和偶尔更新的日常媒体，有足够的、经注释的优质声像记录材料；良好（3）有一部合适的语法或足够数量的语法描写，有词典、教科书，但没有日常媒体，声像记录材料的质量及注释可能参差不一；不完整（2）有一些语法概况、词汇表和教材用于有限的语言研究，但覆盖面不够，声像记录材料的质量参差不一，注释或有或无；不充分（1）仅有少量语法描写、简短语表以及零星的文本材料，无声像记录材料，或有声像记录材料，但质量差而不能使用，或完全缺少注释；无记录（0）无任何材料。

下面我们即通过这三个指标来分析多续话的濒危走向。

冕宁县在行政区划上属于凉山彝族自治州。《凉山彝族自治州自治条例》规定："自治机关保障自治州内各民族都有使用和发展自己的语言文字的自由"；"自治州的自治机关保障各民族公民都享有使用本民族的语言文字进行工作和学习的权利"；"自治州的自治机关加强民族政策教育，教育各民族干部群众互相信任，互相学习，互相帮助，互相尊重语言文字、风俗习惯和宗教信仰，共同维护国家的统一和各民族的团结"。但是，根据实际情况来看，基于第7项指标"政府和机构的语言态度和语言政策（包括语言的官方地位和使用）"，多续话比较符合"消极同化"的标准。当然，在近年来，国家和国际社会对文化多样性越来越重视，而作为文化重要组成部分的语言首先获得各相关族群的关注，也得到了国家有关部门的重视。但这种重视究竟能在多大程度上使各弱势语言摆脱濒危的处境，尚不得而知；但希望能在一定程度上延缓一些语言消亡的速度。

对于"语言族群成员对母语的态度"，我们的调研结果显示，多续人均认为"应该保持这种语言"或"能保住这种语言当然好"；但同时也认识到，这种语言"已经几乎不可能保持了"。可见，绝大部分多续人对母语依然充满感情，心中满是依恋。保守估计，我们认为多续族群对母语的态度被定为4层级为妥，即"大多数成员都支持保持语言"。

对于指标"语言记录材料的数量与质量"，目前来看，实际情况可能与级次2相符，即不完整："有一些语法概况、词汇表和教材用于有限的语言研究，但覆盖面不够，声像记录材料的质量参差不一，注释或有或无。"对多续话的所有描写性材料均未运用于多续人的学习和使用。但随着语料的整理和研究工作的推进，完全可以达到良好的级次，即3"有一部合适的语法或足够数量的语法描写，有词典、教科书，但没有日常媒体，声像记录材料的质量及注释可能参差不一。"

以上讨论结果可列表显示如下：

表1-1 多续话濒危指标

序号	指标	评级	情况描述
1	语言代际的传承	极度危险1	多续话最年轻的使用者为曾祖辈人，且不再用于日常交流。这些老辈人通常也只能记忆起该语言的一部分，但从不使用，因为已经无人能够用该语言与之交谈。
2	语言使用者的绝对人数	绝对使用人口非常少1	多续话的使用者均为超过70岁的老人，这些使用者均不能完整而流利地使用多续话，且人数不超过10个。
3	语言使用人口占总人口的比例	极度危险1	极少人使用该语言。据2017年的统计数据，以近3000人的多续总人口来做底数，会说多续话的比例低达0.23%。
4	语言使用域的走向	非常有限的语域1	多续话的使用范围仅限于少数族群成员之间，在任何语言家庭、官方场合、公共场所及学校都不使用多续话。会使用多续话的老人只有碰到一起时才偶尔使用多续话。
5	对新语域和媒体的反应	无活力0	多续话没有进入任何新语域，任何新环境、新媒体都不使用该语言，该语言越来越与现代社会脱节。
6	语言教育材料及读写材料	书面材料可及度0	多续话没有可用的拼写符号。《实用多续语语法》虽然设计了一套多续话拼写方案，但尚未在多续人中推广。
7	政府和机构的语言态度和语言政策	消极同化3	没有受到当地政府和机构应有的重视。目前，彝语和汉语主导各种公共交际场合。政府向多续成员提供使用普通话或彝语的教育，在任何学校教育中均没有多续话。多续话的说和/或写均不予鼓励。
8	语言族群成员对母语的态度	大多数成员都支持保持语言4	绝大多数多续人对自己的语言都持较为关心的态度，但对母语的发展与传承不抱希望。他们虽然想学习使用多续话，但总是以没有条件为借口推脱。部分人认为多续话没有存在的必要。
9	语言记录材料的数量与质量	不完整2	仅有为数不多的描写性著作，如黄布凡、尹蔚彬（2012），齐卡佳、韩正康（2017）等。

（三）濒危程度的抽样数据

课题组还对多续话在多续人中的使用情况进行了调查。调查的方式为随机访问，即对碰到的多续人进行询问，然后将结果记录下来。询问时注意对方的年龄和文化程度。调查地点为冕宁县的城厢镇河东村五组（伍宿）、大垭口村七组（河上村）、复兴镇峡口村高坡堡子、后山乡富强村大热渣堡子和冕宁县城。

表1-2　多续话濒危程度调查数据（分年龄段）

年龄＼问题	你知道多续话吗？		你会讲多续话吗？			
	知道	不知道（没有听说过这种语言）	不会	会说几个词	会一些	会
10岁以下	0	7	7	0	0	0
10—20岁	0	11	11	0	0	0
20—30岁	2	13	15	0	0	0
30—40岁	5	8	12	1	0	0
40—50岁	10	4	12	2	0	0
50—60岁	8	4	9	3	0	0
60—70岁	10	3	10	2	1	0
70—80岁	6	6	5	1	4	2
80岁以上	5	1	1	0	0	5

上表显示，在所调查的103位多续人中，知道多续话的有46人，占总被调查人数的44.66%；不知道多续话或没有听说过多续话的有57人，占总被调查人数的53.34%。不知道多续话或没有听说过多续话的人，其实只知道自己是藏族，没有听说过自己是多续人，认为本族群使用的语言是藏语。

在这103人中，不会使用多续话的有82人，占总被调查人数的79.61%；会说几个词的有9人，占8.74%；会讲一些的有5人，占4.85%；会使用多续话的是7人，占6.8%。由于问卷调查涉及了多续话普查过程中所有的发音人，所以这7位会说多续话的人也基本就是所有会说多续话的人的总和。这样一来，如果以近3000人的多续总人口来做底数，则会说多续话的比例为0.23%。需要说明的是，这里的“会说”跟我们平时理解的流利使用某种语言之间还存在较大的距离。

30岁以下的多续人基本都没有听说过“多续”这个词语，也没有建立起对于多续的认同，他们更不会说多续话。在调查的过程中，一些三四十岁甚至更高年龄的人，有时还会问课题组：“你说我们是藏族里面的什么？”课题组只好回答他：“多续！”在知道多续话的这部分被调查人中，有的是刚刚得到这方面的知识的。1位在30—40岁年龄段的人会说几个多续话的词，还是因为他父亲会一些多续话。目前，所有会说多续话的人都在70岁以上，基本都属于曾祖父、曾祖母辈的了。

表1–3　多续话濒危程度问卷调查数据（分文化程度）

问题 / 文化程度	你知道多续话吗？		你会讲多续话吗？			
	知道	不知道（没有听说过这种语言）	不会	会几个词	会一些	会
不识字	12	7	8	3	3	5
小学	2	22	19	5	0	0
初中	11	24	34	0	1	0
高中、中专	8	4	8	1	1	2
大学	13	0	13	0	0	0

从上表中首先可以看出，由于不识字的人大都为高龄人，而这正是多续话使用者分布较为集中的层次。三位会说多续话的高中或中专学历的人中，一人为退休教师，一人为退休干部，一人是农民。但是，由于这里的“会说”其实并没有达到流利的程度，所以其本身在学历上具备的知识并不能帮助他们更好的运用多续话。其次，由于现在在工作的这部分多续人几乎都是大学专科或本科学历，固定的工作会使他们看一些有关当地藏族的文章，这是他们知道“多续”这一词的重要来源。换句话说，“多续”的概念大都来自于书本，而不是本族群内部的口传文化。这一部分人是藏族多续人的精英，他们关注自己族群的文化，并发动居住在县城的多续人在每年的农历六月二十一过“结立局”（$\text{tɕe}^{53}\text{nju}^{31}\text{tɕu}^{22}$）①，使在绝大部分多续村落都已经消失的这一节日在县城得到恢复。

从以上问卷来看，多续话的消亡已经不可阻挡。这主要是由于多续话的自然传承已经中断，任何人想学习多续话，都找不到能为其提供自然获得的语言环境。而对学者而言，只有通过调研获得尽可能多的多续话语料，才有可能大致构建出多续话的全貌。

三　调查点的口传文化

藏族多续人的口传文化主要包括民间故事、民歌、历史传说等。这些文化形态在不同的场合以口耳相传的方式传承。在过去，每天晚饭后，一家人围坐在火塘旁边，就着时明时暗的火光，听老年人不厌其烦地讲述民间故事。每当家里有客人来，晚上在火塘

① 藏族多续人的传统节日，俗称“打老牛”，又称“火把节”。相传“吉阿布”从西藏来，在农历的六月十六到达康定一带，在走的时候人们打着火把欢送他，他每到一地离开时人们都要欢送。吉阿布到达冕宁的时间是六月二十一，到西昌的时间是六月二十四。这以后就形成了这个节日，每一个地方的节日都是三天，要连续打三天火把。“吉阿布”在多续话中可能是“祖先”的意思。如果这一推论正确的话，那么这个节日应该是纪念族群迁徙的。由于这个节日非常重要，藏族多续人认为是过年。

边，主客双方一个主要的活动就是讲述各家族的历史，有时候会相互纠正……主客之间聊天的另一个重要话题就是各地的趣闻轶事。在有婚丧嫁娶之时，人们围着篝火，有的载歌载舞，有的一边喝酒一边讲述着不同的话题。那时的故事主要有《约尔格萨与鲁斯夸》《$lo^{33}lo^{33}ɕu^{31}$》《九只角角》《癞蛤蟆王子》《野人的故事》等。其中，《约尔格萨与鲁斯夸》在藏族多续人的民间传说和民间故事中占有极其重要的地位，2018年成功入选凉山州第五批非物质文化遗产。

多续人的传统民歌和民间故事已经不多了，这应该是其传统文化遗产的重要部分。同样是其重要传统文化遗产的是其传统节日及其仪式。就目前来看，多续人的传统节日主要是“结立局”（$tɕe^{53}nju^{31}tɕu^{22}$）和“搓巴卓”（$tsho^{33}ba^{33}tso^{31}$）。这两个节日中都有一位重要的仪式——姑恰基（$gu^{33}tɕha^{33}tɕi^{33}$）。这是一个祭祀的仪式，祭祀的对象主要是山神和祖先。目前这种祭祀形式尚有一些本土特色，但祭祀用语已经替换为汉语了。

藏族民歌《赶马调》流传于川西南藏区，已故多续歌手吴有伦就是一位演唱《赶马调》的著名歌手。他于1964年到北京参加全国少数民族业余文艺汇演，演唱的就是《赶马调》，获得毛主席、周总理等党和国家领导人的亲切接见。目前，《赶马调》已经成功申报为国家级非物质文化遗产。然而现在已经没有人能用多续话演唱《赶马调》了，好在《赶马调》基本由雅砻江流域的藏族里汝人用里汝话等脱苏语的其他方言来加以传承了。

第四节

多续话的研究概况

清代乾隆十三年（1748年）四译馆搜集编写了《西番译语》。《西番译语》是“四译馆编写的一套少数民族语言教材，目的是借以培养生员，以备在与川西地方政权交往时充任笔译和口译”[①]。当时编著的《西番译语》共有9部，《多续译语》为其中的一部。《多续译语》共计740个单词，分为天文、地理、时令、人物、身体、宫殿、器用、饮食、衣服、声色、经部、文史、方隅、花木、鸟兽、珍宝、香药、数目、人事、通用等20个门类，没有语法句子和长篇语料。严格说来，《多续译语》仅仅是对部分多续话词语的记录，这种记录也仅仅为学者研究乾隆时期的多续话提供了一些资料，其本身谈不上研究。

日本学者西田龙雄曾对此古籍进行研究，写成《多續譯語の研究：新言語トス語の構造と系統》（1973）。20世纪七八十年代，据孙宏开先生和刘辉强先生讲，他们都曾经对多续话进行过短暂调研，但至今没有专门的多续话研究成果面世。不过，孙宏开的《尔苏（多续）话简介》（1982）和他与西田龙雄合著的《白马译语の研究：白马语の构造と系统》（1990）中均有部分多续话词汇。此后，黄布凡于1990年、尹蔚彬于2012年对多续话进行调研，写成《多续语概况》（2012）一文。另外，他们通过对多续话的研究，还撰写了《从多续语看高濒危语的结构特点》（2015）一文。2013—2017年间，法国科学院东亚语言研究所齐卡佳主持的国际濒危语言抢救计划（Endangered Languages Documentation Programme）“中国西南地区尔苏语和旭米语抢救”（MDP0257）课题组对多续话进行了系统的调研，四川省民族研究所的袁晓文、韩正康和西昌学院的王德和参与了其中的调研

---

① 参见聂鸿音、孙伯君（2010）前言部分。

活动，最后由齐卡佳和韩正康合著的《实用多续语语法》也于2016年12月在民族出版社出版。该书以教材的形式编写，目的是用于在多续话爱好者中推广多续话。国际濒危语言抢救计划（Endangered Languages Documentation Programme）“中国西南地区尔苏语和旭米语抢救”（MDP0257）课题的相关数据（音频、视频与标注文件）由英国伦敦大学亚非学院濒危语言档案（Endangered Languages Archive,ELAR）保存，可登录https:elar.soas.ac.ukCollectionMP1655546进行查阅。

第五节

调查说明

一　本次调查概况

本次调查是在2013年由齐卡佳教授带队的多续话调查的基础上展开的。调查分前后两个阶段进行。

第一阶段是2016年6月19日—7月17日。在这段调查期间，课题组成员将伍荣福和吴德才两位发音人接到冕宁县城的宾馆里，先将3000个基本词汇的每一个词、100句语法句子的每一句话向发音人一一做讲解说明，让两位发音人明白其具体所指并说出各词语或句子的多续话发音，然后由课题组成员用国际音标记录在《调查手册》上。这个过程是一个较为艰难的过程，原本两位发音人经过前一个课题的调研，已经比较适应语言学的调研方法，也能回忆起较多的词语。但在本次调研中还是遇到了一些新的问题，比如对一些词语的多续话说法不能确定。这使得发音人在调查过程中多次改变部分词语的发音。无奈之下，我们对于其中实在不能用多续话发音的词语都建议直接使用汉语。

在对3000个词语和100个句子都做好纸笔记录以后，我们开始联系县电视台，提出使用县电视台录音棚进行音视频录制的请求，得到了县电视台的大力支持。在录音棚里，发音人许多词语的发音都和先前的记录不一致，在我们与发音人商量后，决定以发音人认为准确的多续话发音为准，并将其录下来。之所以出现这种情况，是由于多续话在发音人那里是一种休眠已久的语言，而此时正处在不断唤醒过程之中，发音人也就需要按照自己的理解去反复寻找最合适的词语。在这样的过程中，我们尝试性地完成了对发音人20分钟语料的采录，但采录的效果并不好。原因是发音人不能流利地使用多续话，完全是一个词一个词地往外蹦。整个音频语料中，难以找到各句子停顿的地方。另外，我们还采录了一些民间故事和民歌。民间故事和民歌主要由吴德才来讲述和演唱。吴德才的多续话较为流利，但语流中间会习惯性地加入汉语词语。可见，汉语在代替多续话成为多续人的共同语之前，有过一个多续话加汉语的“洋泾浜”阶段。

第二节阶段是2016年8月9日—8月27日。在这一阶段，课题组对多续话进行第二次调研，主要目的是对不符合规范的录音录像材料进行重录，并与发音人一起对语法例句和部分长篇语料进行直译和意译。

这之后，课题组根据实际需要，又于2016年9月24日—10月7日、2017年7月12日—25日、2017年8月23日—31日、2017年9月19日—23日、2018年2月6日—3月7日、2018年4月27日—5月6日到冕宁对多续话进行调查，并先后前往石棉、汉源、越西、甘洛、木里等地对分布于不同地区的脱苏人进行调研，大致弄清了脱苏人的分布、文化传承等各相关方面的问题。

二　发音人简况

伍荣福，民语发音人，男，藏族。1931年8月16日出生于四川省冕宁县伍宿（现为城厢镇河东村五组）。幼年时期随母到中村定居，并先后到彝族、藏族多续人及汉族人家里帮工；成年时回到伍宿定居，并结婚安家。中华人民共和国成立后，曾作为民工从冕宁背粮食到石棉，这是他到过的离家最远的地方。此后他一直在伍宿居住，基本没有离开过这里，其活动范围也保持在距离伍宿堡子10公里以内的范围。他能说汉语、多续话和彝语，但在三种语言中，多续话的掌握程度要弱一些，难以达到流利交流的程度。不过，其在多续话发音过程中较好地保留了多续话的语音特点，受汉语和彝语发音的影响较小。伍荣福的妻子大宝蓉也能使用多续话，但两位老人在家里对话使用的是汉语冕宁方言，已经没有使用多续话的习惯。

吴德才，口头文化发音人，女，藏族。1936年1月12日出生于四川省冕宁县九堡（现为惠安镇迫夫村二组）。17岁结婚，现居住于伍宿堡子（现冕宁县城厢镇河东村五组）。其绝大部分时间均在伍宿堡子10公里范围内活动。她主要使用汉语和多续话，多续话能达到较为流利的程度，但语言使用过程中明显受汉语发音习惯的影响，使用的汉语借词也较多。

第二章 语音

第一节

声韵调系统[①]

多续话共有44个声母，其中单辅音声母有33个，复辅音声母有11个。韵母共7个，都是单元音构成的。声调共4个，但双音节词中也有读轻声的情况。多续话的音节结构模式是：(辅音+)(辅音+)元音[②]。

一　声母

(一)单辅音声母

1. 发音部位和发音方法

多续话有单辅音声母33个，由相应的33个辅音音位构成，其发音方法和发音部位描写如表2-1所示。

表2-1　单辅音声母表

发音方法 \ 音标 \ 发音部位	双唇	唇齿	齿龈	齿龈后	龈腭	软腭	小舌音
塞音	p　ph　b		t　th　d			k　kh　g	
塞擦音			ts　tsh　dz	tʃ　tʃh　dʒ	tɕ　tɕh　dʑ		

① 本章分声韵调系统、音变、拼写符号三个部分，但重点放在对多续话语音系统的描写上。需要说明的是，两位发音人的发音略有不同。本章语音描写以伍荣福先生的发音为基础。吴德才女士和伍荣福先生发音有出入的地方，则用括号加以标示。

② 括号表示该成分也可以不出现。

续 表

发音方法＼音标＼发音部位	双唇	唇齿	齿龈	齿龈后	龈腭	软腭	小舌音
鼻音	m		n			ŋ	
擦音		f v	s z	ʃ ʒ	ɕ ʑ	x	ʁ
边音			l				
半元音			(ɹ)		j		

2. 单辅音声母说明

（1）塞音和塞擦音分为清音和浊音两类，如pe³³pe³³“补（衣服）”和be³³be³³“爬”；清音又分为非送气音和送气音两种，如pe³³pe³³“补（衣服）”和phe³³“价钱”。

（2）f只出现于e、a和u之前，如fe²²“脓”、fa²²la⁵³pu“筛子”、fu²²tʃhu⁵³“干”。在e和a之前，f与x相对立，如fe²²“脓”—xe²²“长”。但是在u之前，f与x的对立则中立化，而f与x可分析为x的语音变体，如“干”可两读为fu²²tʃhu⁵³、xu²²tʃhu⁵³）。这与中国西南地区的很多语言或汉语方言是相同的[①]。

（3）v出现于元音e、a、u和o之前，有两个变体。在e和u之前，发唇齿音v，如ve³³“仆人”、vu³³“水；买”；在a和o之前，发圆唇软腭近音w，如wa⁵³“获得，得到”、wo⁵³“鸡”。

（4）小舌音ʁ出现频率较低，只出现于元音a之前，如ʁa⁵³“饱”。

3. 单辅音声母举例如下：

p	pe³³pe³³	补～衣服	tʃh	tʃhe⁵³	大米
ph	phe³³	价钱	dʒ	dʒe²²	骂
b	be³³be³³	爬	ʃ	ʃe³³	肉
m	me⁵³	吹	ʒ	ʒe³³	角
f	fe²²	脓	tɕ	tɕe³³le³³	梯子
v	ve³³	仆人	tɕh	tɕhe⁵³	羊
t	to³³	砍	dʑ	dʑe³³	鼓
th	tho³¹	妥当	ɕ	ɕe³³	拉
d	do³³pha³³	肚子	ʑ	ʑi³³	鞋
ts	tsi³³	麻	j	je³³	烟
tsh	tshi³³	粪	k	ke²²	秤

① 如汉语西南官话，参见袁家骅（2001：29）。

dz	dzi^{31}	骑	kh	$khe^{33}khe^{33}$	搔痒
n	ne^{33}	天	g	ge^{53}	落
s	$sa^{53}sa^{31}$	摸	ŋ	$ŋe^{33}$	哭
z	$za^{22}za^{33}$	嫩	x	xe^{22}	长
l	$ko^{33}le^{33}$	乌鸦	ʁ	$ʁa^{53}$	饱
tʃ	$ʃa^{33}tʃe^{33}$	铁钉			

（二）复辅音声母

多续话有三套复辅音声母，如下：

1. 有后置辅音 -j- 的复辅音（硬腭化复辅音）

这类复辅音共8个，主要由基辅音加上次要辅音j构成，即pj、phj、bj、tj、dj、lj、mj、nj。例如：

$bje^{33}ka^{31}$	软	tje^{31}	点播，种菜	dje^{53}	好
mje^{33}	名字	lje^{33}	粪，肥料	nje^{33}	年

2. 鼻冠音复辅音

这类复辅音共3个，由浊辅音b、d、g前加上同部位的鼻音构成，即mb、nd、ŋg。例如：mba^{33}“山”、nda^{53}“田，地”、$ŋgo^{33}lje^{33}$“瓦”。浊鼻冠音复辅音声母出现频率较低。

3. 有后置辅音为 -w 的复辅音（圆唇化复辅音）

只出现于舌根k之后，如$kwa^{22}ɕe^{53}$“桦树”、$kwa^{22}mi^{53}$“挂面”等。

二　韵母

多续话有7个韵母，且都是由单元音直接构成的单韵母。根据其在词汇中的出现频率及与辅音结合的规律可分为两类：

（一）元音i、e、a、u、o

这几个元音都是出现频率高，可以与大多数辅音结合在一起形成音节的元音。举例如下：

i	bi^{31}	蜜蜂	mi^{33}	竹子
e	$be^{33}be^{33}$	爬	me^{33}	做
a	ba^{33}	山	$ma^{22}ma^{53}$	教
u	bu^{33}	牦牛	mu^{33}	偷
o	bo^{31}	沟	mo^{33}	高

齿龈和齿龈后音ts、tsh、dz、s、z、tʃ、tʃh、dʒ、ʃ、ʒ之后的i，发音时带摩擦。具体而言，ts、tsh、dz、s、z之后的i，发音近似于z̩，而tʃ、tʃh、dʒ、ʃ、ʒ之后的i，发音则近似于ɹ̩。例如：

zi^{53}zẓ^{53}“尿”、dzi^{3}dzẓ^{31}“骑”、dʒi^{33}dʑi^{33}ʒi^{53}dʒɹ̩^{33}dʑi^{33}ʒɹ̩^{53}“写字”。我们将之作为一个音位（i）的两个变体（即ẓ和ɹ̩）来处理。

出现于舌面前音的u发音成y，例如tɕhu^{53}tɕhu^{31}-tɕhy^{53}tɕhy^{31}“跳”。

（二）元音ɯ、ɚ

这两个元音出现频率低。ɯ或可发成əu、ɯ音，只能与kh、ʃ、dz三个声母相结合，如ʃɯ^{53}“明天”、khɯ^{53}“上”、dzɯ^{53}“楼”。ɚ自成音节。例如：ɚ^{31}dʑa^{33}“龙”、mi^{53}ɚ^{33}“眼泪”、vo^{33}ɚ^{33}“布”。另外，在我们搜集的词汇中，ɚ能加在b之后，如bɚ^{53}pu^{31}“白蚁”。

多续话没有鼻化元音，也没有鼻音韵尾。但有两个例外，即ẽ^{33}ja^{33}“鸭子”和xuŋ^{33}“要”。这与多续话同属于脱苏语的尔苏话和里汝话也都一样。仅从共时层面看不好解释，但是在描写中需要指出。

多续话没有复合元音，但在汉语近期借词中存在复合元音。如jan^{31}thai^{31}“砚台”。

三　声调

（一）单音节词的声调

多续话单音节词有四个区别意义的声调。其中两个是降调，分别为高降调53和低降调31；两个是平调，分别为中平调33和低平调22（25调为22调和53调的结合）。分别举例如下：

mi^{53}	命	vu^{53}	酒
mi^{31}	火	vu^{31}	窄
mi^{33}	竹子	vu^{33}	水；买
mi^{22}	猴子	ve^{22}	穿

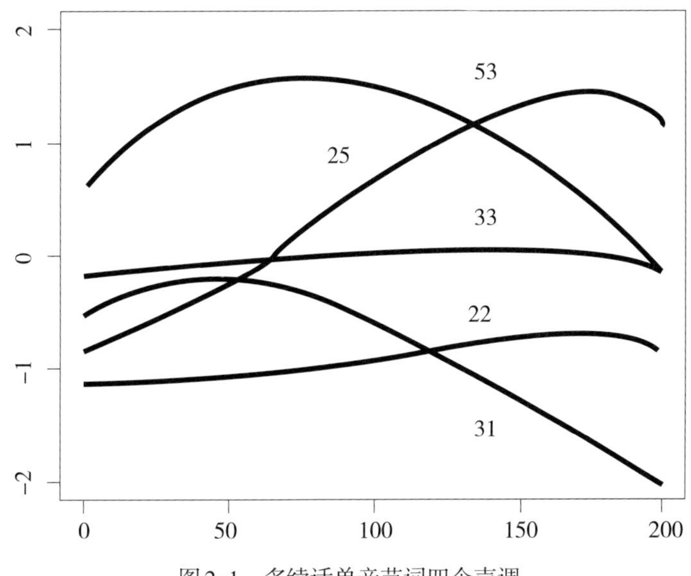

图2–1　多续话单音节词四个声调

（二）轻声

多续话有一批双音节词，其第二个音节习惯上要读轻声。例如ʃɯ^{53}pu“头巾”、a^{33}ke“哪里”。

1. 轻声的调值

轻声音节的调值因受前一个音节声调的影响而不固定，前面音节的声调决定轻声音节声调的高度，具体规律如下：

（1）前面音节的声调为高降调时，轻声音节读成半高降调，比低降调高、轻、短，如ʃɯ^{53}pu“头巾，一条头巾”中的pu。

（2）前面音节的声调为低降调时，轻声音节也读成低降调，如ge^{31}pu“锅，一口锅”中的pu。

我们不把多续话轻声看作四声之外的第五种声调，而把它当作失去原来声调的音节来处理，记音时不标调。

2. 多续话还有一批通常读轻声的词，主要包括：

（1）结构助词和语气词，如领属助词i、句末语气词o等。

（2）一些专用量词，如a“个”、pu“只、块”等。

（三）双音节词的调型

1. 多续话双音节词共有15个组合调型，有四种双音节词的调型出现频率最高，占所记录双音节词的80%。它们分别是：

（1）33–33（占所记录双音节词的30%）。例如to^{33}to^{33}“切”、tɕhu^{33}tɕhu^{33}“沸腾”、xa^{33}xa^{33}“盖”、ji^{33}na^{33}“菜、蔬菜”、nje^{33}ma^{33}“太阳”、va^{33}ma^{33}“路”等。

（2）22–53（占所记录双音节词的21%）。例如xa^{22}xa^{53}“笑”、lja^{22}lja^{53}“寻找”、lje^{22}ma^{53}“月亮”等。

（3）22–33（占所记录双音节词的19%）。例如dʑa^{22}dʑa^{33}“玩耍”、ji^{22}na^{33}“臭”、je^{22}je^{33}“发痒”、va^{22}ma^{33}“财主，富翁”等。

（4）53/55–31或者53/55–轻声（占所记录双音节词的13%）。例如to^{53}to^{31}“抱（小孩）”、tɕhu^{53}tɕhu^{31}“跳”、ɕe^{53}pu“树”、dje^{55}ma^{31}“屁股”等。

还有三种调型，出现频率都不高。它们分别是：

（1）33–轻声（占所记录双音节词的3%）。例如：va^{33}mu“灰”、tshe^{33}pu“肺脏”。

（2）33–53（占所记录双音节词的1%）。例如：mi^{33}mu^{53}“竹子编的帽子”。

（3）55–53（占所记录双音节词的1%）。例如：ɕe^{55}khu^{53}“木碗”。

剩下的其他调型加起来，只占所记录双音节词的17%。例如：

55–33：mi^{55}ɚ^{33}　　眼泪

55-31：ʒu^{55}zi^{31}　　草药

33-42：nja^{22}mu^{31}　　鼻毛

33-31：vu^{33}zi^{31}　　汤剂

31-31：mi^{31}ge^{31}　　火锅

31-轻声：ge^{31}pu　　锅

说明:（1）双音节词的调型由双音节词所组成单音节词素的本调构成，如vu^{33}zi^{31}“汤剂”就是由vu^{33}“水”+zi^{31}“药”构成的。

（2）由非轻声音节和轻声音节的组合，如ge^{31}pu“锅”。

（3）由连读变调导致的调型（共时能产的和词汇化的两种，详情参见第二节“连读变调”）。例如ɕe^{55}khu^{53}“木碗”、lja^{22}lja^{53}“寻找”。其中，lja^{22}lja^{53}是单音节动词lja^{22}“找”的重叠形式。

2. 以ə˞为末尾音节的双音节词，有三种组合调型：

（1）中平-中平调型。例如：ʑu^{33}ə˞^{33}“清油”。

（2）高平-中平调型。例如：mi^{55}ə˞^{33}“眼泪”。

（3）长、上升调型。例如：xaə˞^{25}“黄”、kaə˞^{25}“彩虹”。

四　音节结构

多续话音节结构的基本形式为:“（辅音1）+（辅音）（后置辅音）+元音+声调”。该形式中的“辅音1”只能是鼻音，“辅音”可以是任一辅音，“后置辅音”是j、w，而元音可以是任一元音。括号标示里面的成分可省略。换句话说，多续话最短的音节是由元音加上声调构成的。音节结构模式举例如下：

（一）元音+声调　　ə˞^{31}dʑa^{33}龙

（二）辅音+元音+声调　　be^{33}be^{33}爬、ma^{22}ma^{53}教

（三）辅音+后置辅音+元音+声调　　bje^{31}ka^{31}软、mja^{53}多

（四）辅音1+辅音+元音+声调　　mba^{33}山

第二节

音变

由于多续话已经处于极度濒危状态，很难找到能流利地说该语言的发音人，因而也就难以系统地就其音变情况做出系统的描写。这里仅就我们了解到的一些基本的变调情况略加说明。

一　连读变调

词与词组合成复合词和词组时，若以单音节词为开头，声调发生以下变化：

1．两个降调在词或词组的非末尾的时候，改读平调：高降调读成高平调，中降调则读成低平调。例如：

vo^{53}“鸡”+ mu^{31}“毛”读成 $vo^{55}mu^{31}$/$vo^{53}mu^{31}$“鸡毛”

$ʒu^{53}$“草”+ mu^{53}“帽子”读成 $ʒu^{55}$-mu^{53}/$ʒu^{53}$-mu^{53}“草帽”

vo^{31}“猪”+ mu^{31}“毛”读成 $vo^{22}mu^{31}$/$vo^{31}mu^{31}$“猪毛”

mo^{31}“马”+ dzo^{53}“圈”读成 $mo^{22}dzo^{53}$/$mo^{31}dzo^{53}$“马圈”

2．中平调在低平、低降调或轻声音节之前，改读高调。例如：

$tɕi^{33}$“一”+la^{31}“来”（+$ɕe^{53}$，尝试体标记）读成 $tɕi^{55}la^{31}ɕe^{53}$“来一下”

$tɕi^{33}$“一”+mo^{22}“藏”（+$ɕe^{53}$，尝试体标记）读成 $tɕi^{55}mo^{22}ɕe^{53}$“藏一下”

3．低平调在轻声音节之前，改读低上升调，其后的轻声音节读成轻、短、中降调。如 $ja^{22}ɕula$“谢谢”，实际读为 $ja^{23}ɕula$。

4．中平调在轻声音节之前，改读高调，其后的轻声音节读成轻、短、高降调。如 $a^{33}ke$“哪里”实际读音为 $a^{44/55}ke$。

二　助词的变调

否定词ma、禁止助词tha和疑问助词a也存在变调的情况，详见下表：

表2-2　疑问、禁止与否定助词的读音规则表

动词 前加助词	lo^{53} “等”	vu^{33} “买”	ve^{22} “穿”	la^{31} “来”
疑问：a	$a^{31}lo^{53}$	$a^{31}vu^{33}$	$a^{53}ve^{22}$	$a^{53}la^{31}$
禁止：tha	$ta^{31}lo^{53}$	$ta^{31}vu^{33}$	$tha^{53}ve^{22}$	$tha^{53}la^{31}$
否定：ma	$ma^{31}lo^{53}$	$ma^{31}vu^{33}$	$ma^{53}ve^{22}$	$ma^{53}la^{31}$

第三节

拼写符号

一　字母表

多续话拼写符号由本书作者制定，原用于齐卡佳、韩正康《实用多续语语法》(2016)，其目标是为多续话教学工作提供便利。多续话拼写系统以汉语拼音为基础，与汉语相同的音（如清、不送气的b与送气音p，或浊音的m、n等）使用相对应的汉语拼音23个辅音符号和6个元音符号。汉语拼音所没有的音就补充新的复合字母（共10个单辅音字母、11个复辅音字母和2个元音字母）。补充字母的设置尽可能与《汉语拼音方案》及藏缅语族亲属语言文字方案保持一致。

Aa	Bb	Cc	Dd	Ee	Ff	Gg	Hh	Ii	Jj
Kk	Ll	Mm	Nn	Oo	Pp	Qq	Rr	Ss	Tt
Uu	Vv	Ww	Xx	Yy	Zz				

二　声韵调拼写

（一）声母拼写

多续话的单辅音声母拼写符号如表2-3所示：

表2-3　多续话单辅音声母拼写符号与国际音标对照表

拼写符号	国际音标	例词拼写	例词音标	汉语释义
b	p	bei²bei²	pe³³pe³³	补～衣服
p	ph	pe²	phe³³	价钱

续 表

拼写符号	国际音标	例词拼写	例词音标	汉语释义
bb	b	bbei^{2}bbei^{2}	be^{33}be^{33}	爬
m	m	me^{1}	me^{53}	吹
w	w（u，a之前）	wa^{1}	wa^{53}	雨
	v（e，o之前）	wei^{2}	ve^{33}	仆人
f	f	fei^{3}	fe^{22}	脓
d	t	do^{2}	to^{33}	砍
t	th	to^{4}	tho^{31}	妥当
dd	d	ddo^{2}pa^{2}	do^{33}pha^{33}	肚子
z	ts	zi^{2}	tsi^{33}	麻
c	tsh	ci^{2}	tshi^{33}	粪
zz	dz	zzi^{4}	dzi^{31}	骑
s	s	sa^{1}sa	sa^{53}sa^{31}	摸
ss	z	ssa^{3}ssa^{2}	za^{22}za^{33}	嫩
n	n	nei^{2}	ne^{33}	天
l	l	go^{2}lei^{2}	ko^{33}le^{33}	乌鸦
zh	tʃ	sha^{2}zhei^{2}	ʃa^{33}tʃe^{33}	铁钉
ch	tʃh	chei^{1}	tʃhe^{53}	大米
rr	dʒ	rrei^{3}	dʒe^{22}	骂
sh	ʃ	shei^{2}	ʃe^{33}	肉
r	ʒ	rei^{2}	ʒe^{33}	角
j	tɕ	jei^{2}lei^{2}	tɕe^{33}le^{33}	梯子
q	tɕh	qei^{1}	tɕhe^{53}	羊
jj	dʑ	jjei^{2}	dʑe^{33}	鼓
x	ɕ	xei^{2}	ɕe^{33}	拉
xx	ʑ	xxi^{2}	ʑi^{33}	鞋
y	j	yei^{2}	je^{33}	烟
g	k	gei^{3}	ke^{22}	秤
k	kh	kei^{2}kei^{2}	khe^{33}khe^{33}	搔痒

续表

拼写符号	国际音标	例词拼写	例词音标	汉语释义
gg	g	ggei¹	ge⁵³	落
ng	ŋ	ngei²	ŋe³³	哭
h	x	hei³	xe²²	长
hh	ʁ	hha¹	ʁa⁵³	饱

多续话的复辅音声母拼写符号如表2–4所示：

表2–4　多续话复辅音声母拼写符号与国际音标对照表

拼写符号	国际音标	例词拼写	例词音标	汉语释义
by	pj	byei²ma²	pje³³ma³³	脸
py	phj	xei¹pyei²	ɕe⁵³phje³³	板（木～）
bby	bj	bbyei²ga⁴	bje³³ka³¹	软
my	mj	myei²	mje³³	名字
dy	tj	dyei⁴	tje³¹	点播，种菜
ddy	dj	ddyei¹	dje⁵³	好
ny	nj,ɲ	nyei²	nje³³	年
ly	lj	lyei²	lje³³	粪，肥料
mb	mb	mba²	mba³³	山
ndd	nd	ndda¹	nda⁵³	田，地
mgg	ŋg	mggo²lyei²	ŋgo³³lje³³	瓦
gw	kw	gwa³xei¹	kwa²²ɕe⁵³	桦树

（二）韵母拼写

多续话的单韵母拼写符号如表2–5所示：

表2–5　多续话单韵母（元音）拼写符号与国际音标对照表

拼写符号	国际音标	对音位变体的说明	例词拼写	例词音标	汉语释义
i	i		mi²	mi³³	竹子
	ʅ	舌尖前音后	zzi⁴	dzʅ³¹	骑
	ʅ	舌尖后音后	rri⁴	dʒʅ³¹	骂

续 表

拼写符号	国际音标	对音位变体的说明	例词拼写	例词音标	汉语释义
ei	e		mei^{2}	me^{33}	做
a	a		ma^{3}ma^{1}	ma^{22}ma^{53}	教
u	u		mu^{2}	mu^{33}	偷
	y	舌面音和带 -y- 的复辅音之后	qu^{1}qu	tɕhu^{53}tɕhu^{31}	跳
e	əu,ɯ		zze^{1}	dzɯ^{53}	楼
o	o		mo^{3}	mo^{33}	高
ir	ɚ		mi^{1}ir^{2}	mi^{53}ɚ^{33}	眼泪

多续话鼻化元音和鼻音韵尾拼写符号如表2–6所示：

表2–6　多续话鼻化元音和鼻音韵尾拼写符号与国际音标对照表

拼写符号	国际音标	例词拼写	例词音标	汉语释义
eing	ẽ	eing^{2}ya^{2}	ẽ^{33}ja^{33}	鸭子
ung	uŋ	hung^{2}	xuŋ^{33}	要

（三）声调标写

声调根据从高到低的顺序用阿拉伯数字1、2、3、4、5标在音节之后，分别代表53、33、22、31、25调，轻声不标。例如：

mi^{1}　　mi^{53}　　命，生命

mi^{2}　　mi^{33}　　竹子

mi^{3}　　mi^{22}　　猴子

mi^{4}　　mi^{31}　　火

hair^{5}　　xaɚ^{25}　　黄

三　拼写规则和拼写样例

（一）拼写规则

多续话词的拼写规则参照《汉语拼音方案》，主要有以下注意项：

1. 以词为拼写单位。同一个词的音节要连写，词与词要分写。

2. 表示一个整体概念的双音节和三音节结构应连写。单音节名词和与其搭配的光杆量词构成常用的双音节词组应连写。

3. 单音节词重叠应连写；双音节词重叠应分写。

4. 名词和后面的方位词应分写；名词、动词、形容词和其后置结构助词应分写。

5. 句子开头的字母要大写。

6. 专用名词（如人名、地名）的每个词开头字母要大写。

（二）拼写样例

Da^{2}nei^{2}	mei^{4}-nya^{1}	la	ja^{3}	nu^{1}ku^{4}	mya^{1}	mei^{3}lei^{2}	mei^{1}.	Nyei^{2}ma^{2}	bei^{2}	la^{4}
今天	天-阴	CSM	云	黑	多	风	吹	太阳	出现	来

la	gair^{5}	pei^{2}	la^{4}	la.	Ja^{3}	nu^{1}ku^{4}	yi	nu^{1}ku^{4}	nyei^{2}ma^{2}	nyo^{2}hu^{1}	yi	nyo^{2}hu^{1}
CSM	彩虹	出现	来	CSM	云	黑	INF	黑	太阳	红	INF	红

xei^{1}-bu	qa^{3}qa^{2}	hair^{5}	yi	hair^{5}	la	qo^{1}	yi	qo^{1}.
树-CLF	叶子	黄	INF	黄	CSM	美丽	INF	美丽

今天是阴天，天上的黑云多，还在刮风。过了一会儿太阳出来了，出现了彩虹。虽然云依然很黑，太阳却很红，映照着金黄的树叶，看起来非常漂亮。

第三章 词汇

第一节

词汇特点

本节从音节数量、构词特点两个角度来简单地介绍一下多续话词汇的一般特点。

一　音节数量

在多续话基本词汇中，单音节词和双音节词占74.42%，占绝大多数。在单音节形式中，动词居多，形容词次之，然后是名词和量词；在双音节形式中，以名词为最多。

多续话词汇有单音节、双音节、多音节三种类型。为了进一步说明问题，我们以动词为例，考察一下多续话在音节数量上的特点。

1. 单音节动词

我们从调查表中的1200个基本词中的181个动词中共得到111个单音节词，占基本词汇动词总数的61.33%。单音节动词举例如下：

看~电视 njo^{33}　　闭~嘴 pi^{22}

闻嗅：用鼻子~ ɕu^{22}　　咬狗~人 kha^{31}

吸~气 ɕu^{31}　　嚼把肉~碎 ʁa^{31}

睁~眼 pha^{33}　　舔人用舌头~ jo^{22}

眨~眼 tɕhu^{53}　　含~在嘴里 kha^{31}

张~嘴 xa^{31}　　亲嘴 xa^{31}

2. 双音节动词共有50个，占基本词动词总数的27.62%。双音节动词举例如下：

听用耳朵~ ba^{53}nja^{31}　　挠~痒痒 khe^{31}khe^{33}

闭~眼 tɕi^{22}tɕi^{53}　　拧~螺丝 lju^{53}la^{33}

咽~下去 mje^{22}ko^{33}　　拧~毛巾 ɕu^{33}la^{33}

吮吸用嘴唇聚拢吸取液体，如吃奶时 jo^{22}jo^{33}　　捻用拇指和食指来回~碎 lje^{31}lje^{33}

3. 三音节以上的动词共20个，占基本词动词总数的11.05%。多音节动词举例如下：

打喷嚏tsho^{33}mu^{33}zo^{53}

睡他已经～了ja^{53}mu^{31}tʃe^{31}

倚斜靠：～在墙上ga^{33}ga^{33}ja^{53}

起床ja^{53}ve^{53}la

打架动手：两个人在～ja^{31}ja^{33}tɕhe^{53}

刷牙ɕe^{53}ma^{31}tshi^{33}

打瞌睡ja^{53}mu^{31}ka^{31}

洗澡ge^{53}ma^{31}tshi^{33}

二　构词特点

（一）整体特点

从共时层面看，多续话的词汇包括单纯词和复合词两个部分。单纯词是由一个语素构成的词，多续话单纯词以名词和动词居多。例如：

砖tsa^{33}

火mi^{31}

水vu^{33}

骡sa^{33}

猪vo^{31}

叫牛~ʒa^{31}

鸡vo^{53}

叫公鸡~ŋo^{31}

鹅vo^{22}

阉khe^{22}

房子ja^{33}

柴火ɕe^{53}

多续话的单纯词有单音节单纯词、双音节单纯词、双音节联绵词三类。其中单音节单纯词和双音节单纯词单独使用时是词，但又可做合成词的构词语素。这点我们在上文中已举例说明过，此处不再赘述。下面主要举例说明联绵词的情况。

联绵词是由两个音节联缀成义而不能分割的词，它有两个音节，只有一个语素。联绵词多为双声词或叠韵词。例如：

ma^{22}mi^{33}电灯

ma^{22}mo^{33}灯花烧过的灯芯

tɕha^{31}tɕhu^{33}袋子装粮食的～

ʐu^{22}ʐo^{33}榫头

go^{33}lo^{33}瓦整块的

wu^{33}tɕhu^{33}开水喝的

bu^{33}lju^{53}篮子

ma^{31}xa^{33}晚天色～

（二）复合词类型多样

多续话的复合词有合成、附加、叠加三种类型。在上述基本词的50个双音节动词中，我们找到的复合词共有38个，其中合成式复合词有12个，附加式复合词有2个，叠加式复合词有24个。

1. 附加式复合词。例如：

拧～螺丝lju^{53}la^{33}

拧～毛巾ɕu^{33}la^{33}

2. 叠加式复合词。例如：

闭~眼 $tɕi^{22}tɕi^{53}$

吮吸用嘴唇聚拢吸取液体，如吃奶时 $jo^{22}jo^{33}$

挠~痒痒 $khe^{31}khe^{33}$

捻用拇指和食指来回~碎 $lje^{31}lje^{33}$

抓~小偷 $va^{31}va^{33}$

擦用毛巾~手 $si^{53}si^{31}$

滴水~下来 $tje^{31}tje^{33}$

找寻找：钥匙~到 $lja^{22}lja^{53}$

挽~袖子 $lje^{31}lje^{33}$

涮把杯子~~一下 $ja^{31}ja^{53}$

拍马屁 $jo^{22}jo^{33}$

爬虫子~ $be^{33}be^{33}$

（三）合成构词法是构造新词的主要方法

从多续话词汇整体来看，合成式复合词占据优势。综合观察发音人对新词术语的创造方式，附加式和叠加式几乎没有构造新词的能力。随着发音人对新词创造数量的增加，合成式复合词所占比例将会逐步提高。

第二节

构词法

一　单纯词构词法

（一）拟声法

是指用词语模拟客观事物的声音，以增强语言表达的形象性。例如：

tʃha^{53}tʃha^{31}　喜鹊　　ku^{53}pu^{33}　布谷鸟

bo^{31}bo^{31}　ʑa^{53}mu^{31}tʃe^{31}　tʃe^{31}.

EXP　睡觉　觉

哦哦（拟声词）睡觉觉了。

ŋe^{33}　a^{33}ma^{33}　ɕe^{33}ɕe^{33}　xa^{53}　ɕe^{33}ni^{33}tʃaŋ^{33}laŋ^{33}　ʑi　me^{33}me^{33}　o.

1sg. GEN　阿妈　走　的时候　（拟声词）　GEN　响　PROS

我阿妈走路的时候有叮叮当当的响声。

（二）叠音法

通过重叠音节来构造新词。例如：

dʒo^{33}dʒo^{33}　搅拌　　xa^{33}xa^{33}　盖

ge^{33}ge^{33}　发抖　　ku^{22}ku^{33}　窟窿小的

dʑa^{33}dʑa^{33}　蜻蜓统称　　ʒu^{33}ʒu^{33}　扣子

la^{53}la^{31}　元宵食品　　lju^{22}lju^{53}　煎～鸡蛋

tɕhu^{33}tɕhu^{33}　炸～油条　　lje^{31}lje^{33}　擀～面，～皮儿

pa^{53}pa^{31}　棍子　　ʒo^{31}ʒo^{33}　零钱

me^{53}me^{33}　笛子　　ko^{22}ko^{33}　发情动物～

重叠后两个音节的声调有可能发生变化，变化的特点是：如果第一个音节是中平调，后一个音节也为中平调；如果第一个音节为低降调或低平调，后一个音节为中平调，也有个别的词后一个音节的声调变为高降调，如lju^{22}lju^{53}“煎~鸡蛋”；如果前一个音节为高降调，则后一个音节为低降调或中平调。

二　复合构词法

（一）合成法

1. 主谓结构

主谓复合词的前一语素表示被陈述的事物，后一语素陈述前一语素。由名词性语素加动词性语素或形容词性语素构成，二者凝固在一个特定意义上，不能拆开。

（1）名词性语素+动词性语素　例如：

nje^{33}ma^{33}+xa^{33}=nje^{33}ma^{33}xa^{33}　日食　　njeɚ^{25}pu^{31}+ba^{53}nja^{31}=njeɚ^{25}pu^{31}ba^{53}nja^{31}　耳闻

太阳+盖　　耳朵+听

（2）名词性语素+形容词性语素　例如：

nje^{22}ma^{53}+nja^{33}=nje^{22}ma^{53}nja^{33}　心痛　　mi^{53}si^{31}+dje^{22}dje^{33}=mi^{53}si^{31}dje^{22}dje^{33}　眼花

心+痛　　眼睛+花

2. 动宾结构

动宾结构的两个语素中，一个是动词性语素，表示动作或行为，另一个是动作或行为所涉及的对象或跟动作有关的事物。

（1）动词性语素+动词性语素　例如：

vo^{22}+njo^{33}=vo^{22}njo^{33}　消胀　　ʁa^{33}ʐa^{33}+ko^{31}=ʁa^{33}ʐa^{33}ko^{31}　订婚

胀+少　　婚+订

（2）名词性语素+动词性语素　例如：

tsa^{33}+tɕe^{33}=tsa^{33}tɕe^{33}　抽筋　　dʑa^{31}xa^{33}+tshu^{31}=dʑa^{31}xa^{33}tshu^{31}　砌墙

筋+拔　　墙+砌

3. 并列结构

并列复合词是由两个或两个以上性质相同、语义并列且无修饰或主从关系的语素构成的复合词。从词类的角度看，并列复合词主要有“名词性语素+名词性语素”“动词性语素+动词性语素”和“形容词性语素+形容词性语素”等3种配列方式。

（1）名词性语素+名词性语素　例如：

pha^{53}+ma^{53}= pha^{53}ma^{53}　父母　　khu^{31}la^{33}+ki^{33}=khu^{31}la^{33}ki^{33}　弓箭

父亲+母亲　　弓+箭

（2）动词性语素+动词性语素　例如：

ŋe^{33}+ʒa^{31}=ŋe^{33}ʒa^{31}　哭闹

哭+叫

ji^{33}+la^{31}= ji^{33}la^{31}　来往

去+来

ni^{22}+tʃha^{53}=ni^{22}tʃha^{53}　挤压

压+挤

（3）形容词性语素+形容词性语素　例如：

ʃo^{22}tso^{53}+li^{53}=ʃo^{22}tso^{53}li^{53}　新旧

新+旧

xe^{31}+tɕe^{53}tɕe^{31}=xe^{31}tɕe^{53}tɕe^{31}　长短

长+短

4. 偏正结构

一个语素修饰、限制另一个语素的复合词属于偏正式复合词。

（1）名词性语素+名词性语素　例如：

do^{33}ɕu^{33}+dʒə^{33}dʑi^{33}=do^{33}ɕu^{33}dʒə^{33}dʑi^{33}　藏文

藏族+文字

vo^{31}+tɕe^{33}=vo^{31}tɕe^{33}　鸡蛋

鸡+蛋

（2）名词性语素+动词性语素　例如：

vu^{33}+tɕhu^{33}=vu^{33}tɕhu^{33}　开水

水+开

vu^{33}+va^{33}va^{33}= vu^{33}va^{33}va^{33}　凉水

水+凉

（3）名词性语素+形容词性语素　例如：

vu^{53}+ve^{33}tɕo^{33}=vu^{53}ve^{33}tɕo^{33}　白酒

酒+白

ja^{33}+ʃo^{22}tso^{53}=ja^{33}ʃo^{22}tso^{53}　新房

房+新

（4）名词性语素+动词性语素　例如：

dje^{22}dje^{33}+ga^{31}=dje^{22}dje^{33}ga^{31}　绣花

花+绣

ʁa^{31}+ʐu^{53}=ʁa^{31}ʐu^{53}　穿针

针+穿

（5）形容词性语素+动词性语素　例如：

ji^{33}tsho^{33}+tɕi^{33}=ji^{33}tsho^{33}tɕi^{33} 轻放

轻+放

a^{31}za^{33}me^{33}+ji^{33}=a^{31}za^{33}me^{33}ji^{33} 慢走

慢慢+走

（6）名词性语素+形容词性语素　例如：

mi^{31}+nju^{33}xu^{53}=mi^{31}nju^{33}xu^{53}　火红

火+红

je^{31}+ve^{33}tɕo^{33}=je^{31}ve^{33}tɕo^{33}　雪白

雪+白

（二）派生法

在多续话中，派生词按其内部结构可以分为以下情况：

1. 前缀+词根

多续话的构词前缀并不多，其主要元音有 a、e、i 三个。例如：

ke^{22}so^{53}	露	ji^{22}so^{33}ne^{33}	后天
ji^{22}vu^{22}ne^{33}	大后天	a^{31}wu^{33}	岳父叙称

2. 词根+后缀

多续话的构词后缀较为丰富，主要有以下几种情况：

（1）词根+ma^{33}

ma^{33}这个后缀出现频率最高，可以分析出三个意义：

①用在a^{33}的后面表示母亲，用在动物性名词后面表示雌性动物。例如：a^{33}-ma^{33}“母亲”、njo^{33}-ma^{33}“母牛”、vo^{31}-ma^{53}“母猪”、mu^{22}ni^{33}-ma^{53}“母猫”、khi^{33}-ma^{53}“母狗”、vo^{31}tʃho^{33}-ma^{53}“母鸡”等。

②词汇化程度高，基本表示“大”的意思。例如：nje^{33}-ma^{33}“太阳”、nje^{22}-ma^{53}“月亮”、va^{33}-ma^{33}“路”、vu^{33}-ma^{31}“江”、ʃa^{22}-ma^{33}“虱子”、pa^{22}-ma^{53}“癞蛤蟆”等。

③表身体部位。例如：pje^{33}-ma^{33}“脸”、ɕe^{53}-ma^{31}“牙齿”、dje^{53}-ma^{31}“屁股”、ge^{53}-ma^{31}“身体”等。

（2）词根+pha^{53}

用在a^{33}的后面可以表示父亲，用在动物性名词后面表示雄性动物。例如：a^{33}-pha^{53}“父亲”、nju^{31}-pha^{53}“公牛”、mo^{31}-pha^{53}“公马”、jo^{33}-pha^{53}“公羊”、vo^{22}-pha^{53}“公鹅”等。

（3）词根+tɕo^{33}

这种情况下构成的词大都为形容词。例如：ve^{33}-tɕo^{33}“白色”、kho^{53}-tɕo^{31}“硬”、tʃhe^{33}-tɕo^{33}“甜”等。

（4）词根+pho^{53}

这种情况下构成的词大都为方位词。例如：

go^{33}tɕo^{53}	中间排队排在～	xe^{33}pho^{53}	前面排队排在～
ja^{53}no^{31}pho^{53}	后面排队排在～	xe^{33}pho^{53}	对面
no^{53}pho^{53}	外面衣服晒在～	dʑe^{22}du^{33}pho^{53}	旁边

3. 词根+词缀+词缀

部分派生方位词在词根后面连续加了两个后缀。例如：

jo^{53}da^{22}pho^{53}	左边	jo^{33}da^{22}pho^{53}	右边
tɕo^{53}da^{22}pho^{53}	角落墙的～	xe^{33}da^{22}pho^{53}	在……前

三　其他

变换音节的声调是构造新词的一种方法，这种造词方法在多续话中并不常见。例如：

ɕu^{31}ɕu^{33}	成人的阴茎	ɕu^{31}ɕu^{53}	成人的女阴

第三节

词汇的构成

一　从来源看多续话词汇的构成

多续族群的发展历程决定了多续话词汇来源的丰富性和复杂性。多续人是世居于冕宁及其附近地区的最古老人群，由远古时期不同人群汇聚而成。从古老的象雄，到秦汉时期的西羌和蜀，以及邛人和筰人，再到唐代的吐蕃，诸多部族的人群最终融合形成了唐代东蛮勿邓部的东钦。从唐代的东钦到宋代的左须，再到元明时期的脱苏，直至清代到现在的多续，这个族群从形成到现在，至少经历了千年的风风雨雨，其词汇的来源也就显得异常丰富、复杂。从其族源来看，其词汇来源可能有象雄、西羌、蜀、邛、筰、吐蕃等古藏缅语人群的词汇。这部分词汇构成了多续话的固有词汇，我们将这部分词汇称为“纯多续话词汇”。

民族间的接触和交往必然会使语言间产生相互影响，特别是词汇这个开放的系统会不断地从与之关系密切而又占优势的语言中吸收借词来丰富和充实自己，以增强自身的表达能力。多续话的词汇中除了本民族固有词之外，在和周边民族的长期交往中吸收了不少借词。除藏族外，冕宁县还有汉族、彝族、回族等18个民族，其中汉族、彝族、藏族和回族是世居民族。这当中藏族多续人与汉族接触最多，受汉语的影响也最深，所以多续话中汉语借词的数量也比较多。当然，这些所谓“借词”中也很难排除因同属于汉藏语系而与汉语共有的同源词。

在历史上，多续人与汉族交往频繁，特别是明代以来，随着朝廷屯所制度的推行，多续地区的汉族人口明显增加，大量汉语词汇以借词的形式进入多续话中。到清代，“湖广填四川”进一步加剧了汉语对多续话的影响。特别是从民国到现在，随着现代化进程的加速，国家权力逐步深入到多续人生活的方方面面，作为国家主体民族的汉族，其语言对多续人的生活产生了决定性的影响。当然，这些借词融入多续话的词汇系统后，因受多续话自身特点的制约而发生一定的变化。

（一）纯多续词

在远古时期，青藏高原及其东缘部分古老的古藏缅语族群长期交往、相互融合形成较为单一的多续族群，此时纯多续词是形成的最古老、最基本的词汇。这些词汇自然也包括与多续人同一民族的其他藏族支系因本民族内部交往而相互借用的词汇。

1. 基本词汇

基本词汇是一种语言中历史比较悠久、语义相对稳定、造句能力强、使用比较频繁的词语总汇。每一种语言因其基本词汇和语法的不同，从而与其他语言形成差异。具有同源关系的语言一般在基本词汇上具有较大的趋同性。在多续话中，多续话基本词汇主要有如下一些值得重视的类别：

（1）表示古今一直存在的自然事物的。例如：da^{53}“田”、jo^{22}xa^{33}“地”、nje^{33}ma^{33}“太阳”、nje^{22}ma^{53}“月亮”、tɕa^{22}“云”、me^{31}dʑi^{31}“雷”、mi^{31}“火”、va^{53}“雨”、ɕe^{53}pu“树”、khi^{33}“狗”、vo^{31}“猪”等。

（2）表示人或事物的性质、状态的。例如：xe^{31}“长”、tɕe^{53}tɕe^{31}“短”、mo^{33}“高”、ʃo^{22}tso^{53}“干净”、nje^{31}za^{53}“绿色”、ve^{33}tɕo^{33}“白色”、nu^{53}khu^{31}“黑色”、mja^{53}“多”、lju^{53}“少”、dje^{53}“好”、tɕe^{22}“酸”、tʃhe^{33}tɕo^{33}“甜”、ka^{33}“苦”、so^{53}“辣”、ba^{31}“浅”等。

（3）表示人或事物的行为、动作的。例如：njo^{33}“看”、ba^{53}nja^{31}“听”、pha^{33}“睁”、kha^{31}“咬”、ʁa^{31}“嚼”、mje^{22}ko^{33}“咽”、tɕhu^{53}“跳”、go^{22}dʑo^{33}“走江湖”、ko^{22}“跑”、jo^{22}“舔”等。

（4）表示亲属称谓的。例如：a^{33}pu^{33}“爷爷”、a^{33}tɕi^{33}“奶奶”、a^{31}wa^{33}pu^{33}“外公”、a^{31}wa^{33}tɕi^{33}“外婆”、a^{33}ba^{33}“爸爸”、a^{33}ma^{33}“妈妈”、a^{33}ja^{33}“哥哥”、a^{33}ja^{33}“姐姐”、na^{31}ma^{53}“妹妹”、ji^{31}no^{31}“弟弟”等。

（5）表示人体器官的。例如：mi^{53}si^{31}“眼睛”、nja^{22}ku^{53}“鼻子”、njeɚ^{25}pu“耳朵”、gu^{53}du^{31}“脚”等。

（6）表示疾病的。例如：nja^{33}“病”、nja^{33}wa^{53}“得病”、va^{22}“肿”、tshe^{22}“咳嗽”、vu^{31}ʃe^{33}tɕha^{33}“发烧”、do^{33}pha^{33}nja^{33}“肚子痛”、do^{33}pha^{33}ʃa^{33}“拉肚子”等。

（7）表示粮食、蔬菜的。例如：tʃhe^{53}“米”、dʑa^{53}“稻谷”、tu^{22}“豆”、ji^{33}na^{33}“菜”等。

（8）表示基本方位的名词。例如：ʃa^{33}tɕho^{33}“东方”、jo^{31}sa^{33}gu^{33}“南方”、nje^{31}tɕho^{33}“西方”、mo^{31}sa^{33}gu^{33}“北方”、da^{53}ku^{33}tɕhi^{33}“正面”、da^{53}gu^{33}bɚ^{33}“反面”、go^{22}dʑo^{33}“周围”等。

（9）常见动植物名称。例如：je^{31}phu^{33}“豹”、bu^{33}“牦牛”、kho^{22}ma^{31}“老鹰”、ʃa^{22}ma^{33}“头虱”、bi^{31}“蜂”、mo^{31}pha^{53}“公马”、ɕe^{53}pu“树”、mi^{33}“竹子”、ʒu^{53}“草”、

mu^{33}tɕhi^{33}“香菇”等。

（10）常见物品名称。例如：dze^{22}“锄头”、tha^{33}pu^{33}“扁担”、tɕhu^{33}lju^{53}“臼”、ʒo^{31}tho^{33}“磨子”、fa^{31}la^{53}pu“簸箕”、tɕu^{33}mu^{33}khu^{53}“碓”、zi^{53}vu^{33}ʒa^{33}“尿布”、ɡe^{31}“铁锅”、dʑa^{53}pu^{31}“门”、ja^{33}“房子”等。

（11）代词。例如：ŋa^{33}“我”、no^{33}“你”、the^{33}“他”、ŋa^{33}de^{31}“我们”、jo^{33}“自己”、ke^{33}the^{33}“这个”、jo^{53}the^{33}“那个”、a^{33}the^{33}“哪个”、se^{33}ɡu^{33}“谁”、the^{33}ke^{31}“这里”等。

（12）副词。例如：ma^{31}“不”、tha^{53}“别”等。

2. 一般词汇

基本词汇之外的词都是一般词汇。基本词汇和一般词汇共同构成了一种语言的表意基础。与基本词汇相比，一般词汇的生命力受社会历史变化的影响、制约，并在用进废退的规则制约下活跃在特定时段的词汇历史舞台上。当然，一般词汇和基本司汇的界线并非是泾渭分明，有的一般词汇在某个特殊的环境下会升级为基本词汇，在本族语系统中逐步稳定下来。在多续话中，一般词汇演变的态势体现为其成员会逐渐被汉语借词所取代；但是在借入的过程中，汉语借词往往要经过本族语系统的改造和加工，使之更符合本族语的表达习惯。例如：dʒo^{31}ko^{33}“筷子（箸）”、tɕe^{31}dzi^{33}ka“剪刀（剪子）”、tɕhe^{31}to^{53}“菜刀”、tje^{31}“点种（点）”、lje^{31}to^{53}“镰刀”等。

（二）多续话与彝语的关系词

上文说过，在冕宁县，除了汉族外，彝族人口具有绝对的优势，成为多续人所面对的语言强势民族之一，其语言对藏族多续人的影响力仅次于汉语。

包括藏族多续人在内的川西南藏族的先民与从云南昭通北上的彝族先民从唐代开始就有较为密切的接触。唐宋时期，包括多续人先民在内的东蛮在现在的川西南地区就是一个强势族群，与吐蕃、唐—宋、南诏—大理等不同政权相比，虽处于弱势，但其向背往往成为各势力胜败的关键，因而也就成为各势力争相拉拢的对象。所以，我们也不能排除当时川西南藏族先民的语言对后来进入该区域的彝族先民的语言产生影响的可能性。笔者以为，彝族和藏族多续人之间在语言上相互产生影响的可能性是比较大的，其具体体现就是二者有一定数量的关系词。这些词语有的可能是同源词，有的可能是历史上相互借用的词语，只不过由于历史错综复杂，再加之多续话和彝语都是藏缅语族的语言，因此目前很难判断这些词语是谁借谁的。只能说，清代中期以来，多续人的外来语借词偏向于汉语，丰富的汉语词汇成为多续话借词的重要来源，加之藏族多续人与当地汉族之间建立起了极为密切的关系，以至于多续人对汉语词汇的借用处于不知不觉中，可以说是信手拈来。在这样的情况下，彝语对多续话已经难以产生影响。同时由于两者的民族关系，多续人在语言使用中对彝语词汇多采取拒绝的态度，有意识地不使用彝语借词。而从清代同治年间开始，彝族大规模越过小相岭进入冕宁地区，此时虽然多续人处于弱势，但某些多续话地名词语如“西昌”“冕宁”“拖乌”“冶勒”等反而进入到了彝语之中。

多续话与彝语北部方言的关系词举例如下：

汉语	多续话	彝语北部方言
坐	ni^{31}	$ɲi^{33}$
心	$nje^{22}ma^{53}$	$he^{33}ma^{53}$
人	$tsho^{33}$	$tsho^{33}$
病	nja^{33}	na^{33}
话	do^{31}	do^{31}
瓦（整块的～）	$go^{33}lo^{33}$	$go^{33}lo^{33}$
来	la^{31}	la^{33}
去	ji^{33}	$ʑi^{33}$
肉	$ʃe^{33}$	$ʃu^{33}$
东西	$dzu^{31}go^{33}$	$dʒu^{33}gu^{33}$
买	vu^{33}	wu^{33}
绵羊	jo^{33}	$ʑu^{33}$
水牛	$u^{53}nju^{31}$	$o^{33}ɲi^{33}$
有，领有	bo^{53}	bo^{31}
醉	je^{31}	$ʑi^{53}$
嘴巴	$kha^{33}pi^{33}$	$kha^{31}phi^{53}$
兵	mo^{31}	mo^{53}

（三）汉语借词

汉族与多续人之间的关系较为久远，从汉代司马相如开辟西南夷地区开始，两者可能就有接触。在唐代，多续地区是唐与吐蕃两个军事大国之间争夺的重要战场，这可能进一步加深了多续人与汉族之间的联系。宋代虽然宋太祖玉斧划界，处于大渡河缴外的多续地区依然有部分汉族农民越过边界前来租种土地，从而密切了双方的关系。在明代，朝廷对多续地区用兵，并建立宁番卫，以对多续地区实施有效管辖。自此，多续与汉族之间就形成了密切的邻里关系，相互之间的认同感也逐步加强。随着汉族人口的急剧增加，多续人在冕宁所占比例越来越小，表现在语言上，多续话受汉语的影响越来越大。在这个过程中，不同时期的多续话可能都有汉语借词。这些借词有两种形式，一种是整词借入，一种是半借词。

1. 整词借入

整体借入是指借用汉语词语时，将汉语词语的语音、语义及结构等各方面一起借入到多续话中。此类借词多是表现现代社会发展中涌现出来的新概念、新事物以及政治文化方面的词，包括地名、机构、专有名称、衣食住行、农业生产、现代科技和文化用品名称等。

（1）生活用品。例如：ʃəu^{33}jin^{33}tɕi^{33}“收音机”、ʃəu^{53}tɕi^{33}“手机”、fei^{33}tɕi^{33}“飞机”、tho^{33}la^{33}tɕi^{33}“拖拉机”、tjɛn^{31}tʃhi^{53}“电池”、tʃoŋ^{33}“钟”、tsi^{31}ɕin^{31}tʃhe^{33}“自行车”等。

这类借词往往跟冕宁地区的汉族生活密不可分。随着现代化进程的加快，冕宁汉语中的借词越来越多。假如多续话能够在较长时间存在下去的话，则从冕宁汉语中借用或转借的词汇将会越来越多。如果不能形成一套较为完整的词汇创新机制，则多续话与冕宁汉语的趋同性将会越来越强。现将这一类词汇中最为典型的成员列举如下：

fei^{31}tsəu^{31}“肥皂”、tɕən^{53}ʃwei^{53}“碱水”、tɕən^{53}“碱”、xo^{53}jo^{31}“火药”、ɕao^{33}“硝”、po^{33}li^{31}“玻璃”、tso^{53}“灶”、dʒo^{31}ko^{33}“筷子”、tɕe^{31}dzi^{33}ka^{31}“剪刀”、tɕhe^{31}to^{53}“菜刀”等。

（2）部分蔬菜、水果、食品等

这部分词汇中有部分借用的历史较为悠久，发音方式具有多续话特点，如ɕi^{33}ka^{33}“瓜”这个词在实际使用中可以用于大部分瓜类，比如“西瓜”“南瓜”等均可使用ɕi^{33}ka^{33}一词；再如xo^{22}tɕo^{33}“辣椒”这一汉语借词，可能来自于汉语的“红椒”，但在现实使用中则是“辣椒”的意思，而要表示“红椒”一词，只能说xo^{22}tɕo^{33}nju^{33}xu^{53}，其中nju^{33}xu^{53}就是“红”的意思。这一类词汇还有ja^{22}ju^{53}“马铃薯”等。这类词汇中，有些是新借词，其出现有三种可能：一种是原本有多续话词汇，只是在历史的演进中遗失了；另一种是本没有相应的多续话词，但过去有汉语借词，但这个借词没有流传到现在，当需要这个词汇时，只有马上从汉语里临时借用；最后一种是这些蔬菜、水果等原来在冕宁地区并没有出现过，人们根本没有见过这些物品，随着经济的发展，人员、物品的交流日益频繁，很多东西逐渐进入人们的生活，冕宁汉语就开始从其他地方的汉语中借用这些词汇，而多续话又从冕宁汉语中借用这些词汇。这类词汇有vo^{33}sen^{53}“莴笋”、po^{33}tshai^{31}“菠菜”、phu^{31}thao^{31}“葡萄”、phi^{31}pha^{53}“枇杷”等。

除上述类型的借词之外，多续话从汉语中直接借用的词语还有国名或地名、人名以及各种新的行业、职业、职位名称等。这里由于篇幅所限就不一一列举了。

2. 半借词

半借词中的一部分是借自汉语的语素，另一部分则为多续话语素。一般来说，借自汉语的语素在整个词的前半部分，多续话的语素则位于整个词的后半部分。如tɕi^{33}dje^{22}dje^{33}“鸡冠花”这个词，是借用了汉语语素“鸡”的音tɕi^{33}，再加上多续话的dje^{22}dje^{33}“花”而构成的新词；再如，xwaŋ^{31}ɕe^{53}“白桦”是汉语的“桦”音加上多续话的“树”这个词语构成的。这是因为，类似于“白桦”这样常见的植物，在多续话中其名称可能已经遗失在历史长河中，发音人不得不临时造词。又如，tɕe^{22}ji^{33}na^{33}“苋菜”是用汉语的“苋”的冕宁汉语发音，加上多续话的“蔬菜”一词构成的。同样，ʐu^{33}du^{33}ka^{53}“鱼鳍”，可能是汉语“鱼”的借词加上多续话的“翅膀”一词构成的。值得注意的是，多续话对“鱼”的借用已经有很长的历史了，这从多续话发音具有本族群的特点可以看出；正是由于多续话中ʐu^{33}一词的使用较为古老，加之“鱼”本身是各处常见的水生物，不存在从汉区引入的可能。因此，我们也就难以排除把多续话的ʐu^{33}与汉语的“鱼”分析为同源词的可能。

二 多续话的新造词

多续话自清中后期以来，由于受汉语的冲击，本族群大量的常用词汇被逐渐遗忘，特别是中华人民共和国成立以来，这种速度明显加快。其具体表现是，不仅常见的动植物名称被置换为汉语借词，该语言还结合自身的特点新造了部分词语。现尝试将发音人用多续话新造词语的特点做一初步分析。

（一）以统称代替所属物种的名称

例如，vu^{33}pha^{53}“蛇”是一个统称名词，泛指所有的蛇类。由于具体的蛇的名称业已消失，于是发音人用vu^{33}pha^{53}指称几乎所有的蛇，在词汇表里就有蟒蛇、水蛇、眼镜蛇、菜花蛇、竹叶青、毒蛇等。类似的例子还有用dʐa^{33}dʐa^{33}“飞”来指代蜻蜓、蝴蝶等较大的会飞的昆虫，用ɕi^{33}ka^{33}“瓜”指称大部分瓜类，等等。

（二）对译造词

为弥补野生动植物的词汇大量流失导致的不足，发音人往往采用对译造词的方式来应对交际需要。例如，把ba^{33}“山”字加在自己所熟悉的类似事物名称前临时造出各种新的表达式。例如，ba^{33}zi^{31}“山药”就是由多续话的ba^{33}“山”加zi^{31}“药”构成的，是明显的对汉语名称的直译。但实际上，冕宁汉语称山药为“绵狗苕”，“山药”对冕宁汉语来说本身也是外来借词。除此之外，与之类似的还有ba^{33}vo^{31}“野猪”、ba^{33}nju^{31}“野牛”、ba^{33}vo^{53}“野鸡”、ba^{33}mi^{22}“野兔”等。当然，这种处理方式实际上是不能解决多续话词汇贫乏的现状的。比如ba^{33}vo^{31}一词的字面意思是“山猪”，但却被用以泛指野猪、土猪、豪猪等家猪之外的汉语里带有“猪”字的所有野生动物。

（三）在原有词语的基础上新造词语

如pa^{22}ma^{53}“癞蛤蟆”是多续话固有词汇。由于“青蛙”一词已经消失，所以发音人用pa^{22}ma^{53}“癞蛤蟆”和nje^{31}za^{53}“绿色”构成pa^{22}ma^{53}nje^{31}za^{53}一词来指代青蛙。其他的例子还有：用vu^{33}“水”和ma^{22}ma^{33}“果子”构成vu^{33}ma^{22}ma^{33}“水果”，用ja^{22}ju^{53}“洋芋”和nju^{33}xu^{53}“红”构成ja^{22}ju^{53}nju^{33}xu^{53}“红薯”，用va^{53}dʐu^{31}“下雨”和mu^{53}“帽子”构成va^{53}dʐu^{31}mu^{53}“雨伞”，等等。

第四节

民俗文化词

一　起居饮食

（一）起居

1. ja^{33} “房子”

多续人把房子统称为ja^{33}。他们大都选择在河流的冲积扇或安宁河沿岸的二级台地上建房。早期的住房是瓦板房，即房顶覆盖破开的木板，这种建筑模式存在于从喜马拉雅南坡到横断山脉南部的广大地区，是林区族群的传统建筑。随着与汉族交往的逐步深入，汉式的木房草顶、木房瓦顶、石墙瓦顶等建筑样式逐渐取代了多续人的传统建筑样式。现在多续人主要的民居为土木结构的房屋。这种房屋建筑低矮，以石头为墙脚，用泥土夯筑，也有的用类似于砖的土基替代夯土墙，房顶用瓦片盖成。房屋结构是排列结构，中间为客厅，放电视、沙发、柜子等，客厅两侧各有两间卧室，卧室旁边是厨房。传统上，多续人家庭很少有围墙和大门。现在受县城汉族的影响，多数家庭都有了围墙和大门，形成一个个小四合院。

图1　$go^{33}lo^{33}ja^{33}$ “瓦房”

四川省冕宁县城厢镇/2018.5.4/韩正康 摄

2. dʑa^{31}xa^{33} “石基土夯墙”

多续人传统的墙是由石头做墙基，然后用土夯筑而成。随着现代化进程的加快，人们的建筑样式也发生重大改变，以夯筑为基本特色的多续建筑形式正逐步消失。

图2　dʑa^{31}xa^{33} “石基土夯墙”　四川省冕宁县城厢镇/2018.8.3/韩正康　摄

3. ma^{31}lju^{53}te^{33}te^{33} “玛尼堆”

多续人崇敬山神，往往翻山翻到一座山梁时就会遇到一座玛尼堆，此时行人就会捡一

图3　伍宿堡子后山上新建的“玛尼堆”　四川省冕宁县城厢镇/2018.8.3/韩正康　摄

块石头放在玛尼堆上，或者折一根树枝插在玛尼堆上，并逆时针转三圈。这是因为，多续人认为越过山梁就到了另一个山神管辖的地界，需要讨好山神，才能得到保佑，以保下一段行程能够平安。

（二）饮食

多续人的饮食与当地汉族基本一致。除ɕi^{53}bu^{31}tsa^{31}tsa^{31}“喜布撒撒”外，其他饮食均没有本族群的特色。另外，野生水果刺梨和坚果核桃在多续人传统饮食和文化中具有一定的作用。

1.ɕi^{53}bu^{31}tsa^{31}tsa^{31}“喜布撒撒”

是多续人的一道传统名菜，在多续人的婚丧嫁娶以及重大节庆活动中，这一道传统菜肴都是必不可少的。“喜布撒撒”其实就是凉拌生羊肉，只不过现在已很难看到了。

2. dʑu^{31}si^{33}“刺梨”

dʑu^{31}si^{33}是冕宁地区普遍生长的野生水果之一。多续人在食用刺梨的时候，通常是生吃，即先将刺梨的刺去掉，再将其破开，去掉里面的种子，然后或直接食用，或蘸上由盐和辣椒合成的调料一起食用。在过去也有人将洗净的刺梨泡在坛子里，过一段时间后，坛子里的水就酸了，可以当醋食用。也可以将刺梨洗净晾干后泡在酒里，制作成刺梨酒饮用。有时候人们也将刺梨洗净晒干后泡开水喝，据说有消炎的效果。现在伍宿有一多续人开办了一个绿色食品厂，主要是加工刺梨糖或刺梨饮品。

图4 dʑu^{31}si^{33}“刺梨” 四川省冕宁县城厢镇/2018.8.3/韩正康 摄

图5　$dʑu^{31}si^{33}fu^{22}tʃhu^{53}$ “刺梨干”　四川省冕宁县城厢镇/2018.4.30/韩正康 摄

3. $kha^{33}vu^{33}$ “核桃”

核桃是多续人生活中最重要的坚果类食品。其重要性表现在两个方面：一方面核桃仁是多续人在举行祭祀活动时必须使用的物品之一，是进献给神灵或祖先的贡品之一，进贡方式是火供；另一方面，在多续人尚处于畜牧业占重要地位的时期，粉碎了的核桃仁就成了人们每天必备的酥油茶的重要佐料。在过去，多续人走亲戚带的礼品主要是酒和糖，而主人家的回礼则主要是核桃。

图6　$kha^{33}vu^{33}$ “核桃”　四川省冕宁县城厢镇/2018.4.30/韩正康 摄

二 纺织与服饰

（一）$tsa^{33}na^{53}pu$“哒哒线”和$ʃo^{33}pu$“帕子”

哒哒线用羊毛制成，是多续人保存下来的唯一能代表本族群服饰特征的文化符号。包的时候将发辫缠于哒哒线内盘于头上，再在外面包上帕子，使得多续妇女的帕子与其他族群妇女的迥然不同，成为区分族群的重要文化符号。

图7 $tsa^{33}na^{53}pu$“哒哒线” 四川省冕宁县惠安镇/2008.8.18/四川省民族研究所 供图

图8 $ʃo^{33}pu$“帕子” 四川省冕宁县惠安镇/2008.8.18/四川省民族研究所 供图

（二）$vu^{33}ɚ^{53}ɕa^{31}$ “织布”

$tʃhe^{33}le^{33}$ “纺线” 和 $vu^{33}ɚ^{53}ɕa^{31}$ “织布” 在以前是多续妇女必须掌握的重要技能之一。传统的织布设备已经消失，图9是被采访人应邀而进行的演示。

图9　用简易方法编织毛线织品　四川省冕宁县惠安镇/2008.8.18/四川省民族研究所 供图

三　生产生活与节日

（一）$u^{53}nju^{31}$ “水牛”

多续人种植的主要粮食作物是水稻，水牛也就成了其主要的劳作役畜。同时，水牛因在多续人的生产中具有重要地位，也成为祭祀活动中的重要牺牲。特别是在 $tɕe^{53}nju^{31}tɕu^{22}$

图10　$u^{53}nju^{31}$ “水牛”　四川省冕宁县惠安镇/2018.8.3/韩正康 摄

（藏族火把节）这个传统节日中，水牛成为了必不可少的献祭动物。随着现代化进程的加快，水牛作为耕牛的作用正逐渐被现代化机械所代替，饲养水牛的家庭越来越少。在祭祀活动中人们也逐渐转变观念，在买不到水牛的情况下，逐渐用黄牛或牦牛代替。实际上最早期的祭祀活动使用的牛很可能就是牦牛或黄牛。水牛应该是随着汉族的迁入、稻作农业的传入而进入多续人聚居区的。在由畜牧业为主转为农耕业为主的过程中，多续人祭祀用的牛也逐渐转用水牛。从这个角度来看，现代化进程的加速反而使得多续人在祭祀用牛的品种上逐渐有所回归。

（二）生活用品

ɕi³³la³³ “细筛”、fa²²la⁵³pu “簸箕”、ʒo³¹tsha³¹bu³¹ge³³ “筲箕”

多续人居住的区域盛产多种竹类，为人们应用这些资源创造了条件。图11—13是多续人用竹篾编制的日常生活器具，这些用品在多续人的生活中，扮演着极为重要的角色。细筛用来筛米、豆、玉米、荞子等，簸箕用来簸米、捡豆子、晒粮食等，筲箕用来洗菜、沥饭等。这些竹制品的使用方式属于农耕文明的范畴，可能出现于汉族文化传入之后。

图11　ɕi³³la³³ “细筛”

四川省冕宁县城厢镇/2018.4.30/韩正康 摄

图12　fa²²la⁵³pu “簸箕”

四川省冕宁县城厢镇/2018.4.30/韩正康 摄

图13　ʒo³¹tsha³¹bu³¹ge³³ “筲箕”

四川省冕宁县城厢镇/2018.4.30/韩正康 摄

（三）节日文化

1. $tɕe^{53}nju^{31}tɕu^{22}$ “结立局”

结立局是多续人保留最完整的传统节日，目前盛行于惠安镇迫夫村的两个自然村——擦拉堡子和九堡堡子。结立局的汉语称谓是“打老牛”，现在又称为“火把节”，是多续人一年一度的祭祀先祖吉阿布的节日。这一节日的形成可能与族群迁徙有关，是一年中最为隆重的节日。这一节日在多续人中被认为是杀牛过年的日子。当然，该节日并非多续人所独有，而是广泛存在于整个藏族脱苏族群中，同时在藏族纳木依人中也存在，由此可以看出脱苏族群与纳木依族群之间有着密切的文化关系。

图14　擦拉堡子结立局时代表祖先吉阿布的石头　四川省冕宁县惠安镇/2018.8.3/韩正康 摄

2. $dʒi^{33}dʑi^{33}$ “古籍”

多续人传统上信仰本教并以藏文为书面文字。在元明时期，藏传佛教宁玛派对多续人也有一定影响。目前在多续人聚居区尚保存有较为完好的本教及宁玛派文献。图15是一部写有藏文“象雄”字样的本教文献。

图15　多续人民间收藏的本教文献　四川省冕宁县沙坝镇/2016.11.24/韩正康 摄

第四章 分类词表

说明

1. 本章第一、二两节收录《中国语言资源调查手册·民族语言（藏缅语族）》“调查表”中“叁　词汇”的部分条目。第一节为通用词，是“语保工程”调查中汉语方言与少数民族语言共有的调查词表；第二节为扩展词，是依据各语族的实际情况制定的调查词表。第一节和第二节中的词语按照不同的义类分为如下14类：

一　天文地理	六　服饰饮食	十一　动作行为
二　时间方位	七　身体医疗	十二　性质状态
三　植物	八　婚丧信仰	十三　数量
四　动物	九　人品称谓	十四　代副助连词
五　房舍器具	十　农工商文	

2. 第三节为其他词，主要为《中国语言资源调查手册·民族语言（藏缅语族）》“调查表”中“叁　词汇”未收录的词语，其中包括特色词、文化词以及部分借词等。

第一节

《中国语言资源调查手册·民族语言（藏缅语族）》通用词

一　天文地理

太阳~下山了 nje^{33}ma^{33}

月亮~出来了 nje^{22}ma^{53}

星星 ki^{22}

云 tɕa^{22}

风 me^{22}le^{33}

台风 me^{22}le^{33}kha^{53}

闪电名词 ba^{53}xa^{31}

雷 me^{31}dʑi^{31}

雨 va^{53}

下雨 va^{53}dʑu^{31}

淋衣服被雨~湿了 tɕu^{31}

晒~粮食 kho^{33}

雪 je^{31}

冰 vu^{33}ju^{53}ku^{31}

冰雹 tshu^{31}

霜 ke^{22}so^{53}

雾 tɕa^{22}

露 ke^{22}so^{53}

虹统称 kaəɹ^{25}

日食 nje^{33}ma^{33}xa^{33}xa^{33}

月食 nje^{22}ma^{53}xa^{33}xa^{33}

天气 me^{31}dje^{53}

晴天~ mje^{31}dje^{53}

阴天~ mje^{31}nja^{53}

旱天~ me^{22}fu^{22}tshu^{53}

涝天~ vu^{33}me^{53}ʃe^{33}

天亮 mi^{53}do^{33}la^{33}

水田 vu^{33}da^{53}

旱地浇不上水的耕地 jo^{22}xa^{33}

田埂 da^{53}pha^{33}

路野外的 va^{33}ma^{33}

山 ba^{33}

山谷 ba^{33}va^{22}

江大的河 vu^{33}ma^{31}

溪小的河 vu^{33}ma^{31}go^{22}tɕi^{33}

水沟儿较小的水道 bo^{31}go^{22}tɕi^{33}

湖 vu^{33}ɕa^{31}

池塘 vu^{33}ga^{31}

水坑儿地面上有积水的小洼儿 vu^{33}lo^{31}tho^{31}

洪水 vu^{33}khu^{33}

淹被水～了 vu^{33}me^{53}

河岸 vu^{33}dʑe^{22}du^{33}

坝拦河修筑拦水的 vu^{33}lo^{53}

地震 me^{31}da^{53}be^{31}ge^{33}

窟窿小的 ku^{22}ku^{33}

缝儿统称 pi^{22}la^{33}

石头统称 lju^{53}bu^{31}

土统称 da^{53}

泥湿的 nju^{22}khu^{53}

水泥旧称 vu^{33}nju^{22}khu^{53}

沙子 ʃa^{33}lju^{53}

砖整块的 tsa^{33}

瓦整块的 go^{33}lo^{33}

煤 nju^{31}khu^{53}mi^{53}dʑu^{31}

煤油 me^{31}ʑɚ^{33}

炭木炭 ɕe^{53}dʑu^{22}me^{33}

灰烧成的 va^{33}mu^{31}

灰尘桌面上的 khu^{22}la^{33}

火 mi^{31}

烟烧火形成的 me^{22}kha^{33}

失火 mi^{31}ta^{31}nja^{31}

水 vu^{33}

凉水 vu^{33}va^{33}va^{33}

热水如洗脸的热水，不是指喝的开水 vu^{33}tɕha^{33}tɕha^{33}

开水喝的 vu^{33}tɕhu^{33}

磁铁 ɕu^{22}lju^{53}

二　时间方位

时候吃饭的～ tɕi^{33}thu^{53}

什么时候 xo^{33}tɕa^{33}ka^{33}pa^{33}

现在 a^{53}mi^{31}ka^{33}pa^{33}

以前十年～ xi^{33}ka^{33}pa^{33}

以后十年～ ja^{53}no^{31}ka^{33}pa^{33}

一辈子 tɕi^{33}ʑu^{53}

今年 ta^{33}nje^{33}

明年 ja^{22}ni^{31}

后年 xe^{33}ni^{31}

去年 ja^{22}ni^{31}

前年 so^{33}nje^{33}

往年过去的年份 ja^{22}ni^{31}xi^{33}nje^{31}

年初 tɕi^{33}nje^{33}du^{53}

年底 tɕi^{33}nje^{33}ja^{53}no^{31}

今天 ta^{33}ne^{33}

明天 ʃɯ^{53}ne^{33}

后天 ji^{22}so^{33}ne^{33}

大后天 ji^{22}vu^{22}ne^{33}

昨天 ja^{33}ne^{33}

前天 ji^{33}so^{33}ne^{33}

大前天 ji^{33}vu^{22}ne^{33}

整天 tɕi^{33}ne^{33}ka^{33}la^{33}

每天 tɕi^{33}ne^{33}xo^{22}tsa^{33}

早晨 ja^{53}ŋo^{31}

上午 dza^{22}ba^{53}nu^{53}

中午 dʒo^{33}dʑi^{31}nu^{53}

下午 tɕha^{33}dʑi^{31}nu^{53}

傍晚 ba^{33}dʑi^{31}ma^{31}xa^{33}

白天 ne^{33}gu^{33}

夜晚与白天相对，统称 tɕi^{53}jo^{31}

半夜 ɕe^{33}khe^{53}

正月农历 tʃeŋ^{33}je^{33}

大年初一农历 tɕi^{33}ne^{33}

元宵节 jɛn^{31}ɕau^{33}tɕe^{31}

清明 tɕhiŋ^{33}miŋ^{31}

端午 tan^{33}vu^{53}

七月十五农历，节日名 tɕhi^{22}je^{53}ʃi^{31}vu^{53}

中秋 tʃoŋ^{33}tɕhjou^{33}

冬至 toŋ^{53}tʃi^{31}

腊月农历十二月 la^{22}je^{33}

除夕农历 kho^{22}ʃe^{53}tɕi^{33}ne^{33}

历书 dʒi^{33}dʑi^{33}so^{53}dʒa^{31}

阴历 nu^{53}li^{31}

阳历 xi^{33}li^{31}

星期天 ɕiŋ^{33}tɕhi^{33}thjən^{33}

地方 da^{53}tho^{31}

什么地方 xo^{33}tɕa^{33}da^{53}

家里 ja^{33}khe^{31}

城里 dʒo^{22}no^{33}

乡下 pu^{33}ge^{53}

上面从～滚下来 khɯ^{53}

下面从～爬上去 khɯ^{31}

左边 jo^{53}da^{22}pho^{33}

右边 jo^{33}da^{22}pho^{33}

中间排队排在～ go^{33}tɕo^{53}

前面排队排在～ xe^{33}pho^{53}

后面排队排在～ ja^{53}no^{31}pho^{53}

末尾排队排在～ ja^{53}no^{31}ja^{53}no^{31}pho^{53}

对面 xe^{33}pho^{53}

面前 na^{22}ba^{33}

背后 ja^{53}no^{31}pho^{53}

里面躲在～ ko^{22}ke

外面衣服晒在～ no^{53}pho^{53}

旁边 dʑe^{22}du^{33}pho^{53}

上碗在桌子～ khɯ^{53}

下凳子在桌子～ khɯ^{31}

边儿桌子的～ dʑe^{22}du^{33}na^{22}ba^{33}

角儿桌子的～ dʑe^{22}du^{33}pho^{53}

上去他～了 khɯ^{53}ji^{33}

下来他～了 gi^{53}la^{31}

进去他～了 dʑi^{31}ji^{33}

出来他～了 pe^{33}la

出去他～了 pe^{33}gi^{53}

回来他～了 no^{33}dʑo^{33}la

起来天冷～了 ve^{53}la^{31}

三　植物

树 ɕe^{53}pu

木头 dʑe^{33}pha^{33}

松树统称 tho^{33}ɕe^{53}

柏树统称 tsaŋ^{33}ta^{33}ɕe^{53}

杉树 ʃa^{33}ɕe^{53}

柳树 lu^{22}lo^{53}ɕe^{53}

竹子统称 mi^{33}

笋 mi^{33}za^{22}za^{33}

叶子 tɕha^{22}tɕha^{33}

花 dje^{22}dje^{33}

花蕾花骨朵儿 dje^{22}dje^{33}ma^{22}ma^{33}

梅花 ka^{53}si^{33}dje^{22}dje^{33}

牡丹 mu^{53}tən^{33}dje^{22}dje^{33}

荷花 vu^{33}tʃhu^{53}dje^{22}dje^{33}

草 ʒu^{53}

藤 dʑe^{22}khe^{33}

刺名词 dʑu^{31}

水果 vu^{33}ma^{22}ma^{33}

苹果 phiŋ^{31}ko^{53}

桃子 so^{33}wa^{33}

梨 liɚ^{25}

李子 si^{33}be^{33}

杏 xɚ^{33}

橘子 tɕu^{33}tsi^{53}

柚子 jɯ^{22}tsi^{33}

柿子 le^{22}be^{53}

石榴 ma^{22}ma^{33}nju^{33}xu^{53}

枣 tsau^{53}

栗子 dʑu^{31}ma^{22}ma^{33}

核桃 kha^{33}vu^{33}

银杏白果 ve^{33}tɕo^{33}ma^{22}ma^{33}

甘蔗 tʃhe^{33}tɕo^{33}mi^{33}

木耳 ɕe^{53}ni^{31}ɚ^{53}

蘑菇野生的 ɕe^{53}ni^{31}ɚ^{53}

香菇 mu^{33}tɕhi^{33}

稻子指植物 dʑa^{53}na^{22}

稻谷指籽实（脱粒后是大米）dʑa^{53}

稻草脱粒后的 dʑa^{53}ʒu^{53}

大麦指植物 me^{53}dʑa^{31}

小麦指植物 ʃa^{33}

麦秸脱粒后的 me^{53}dʑa^{31}kho^{53}kho^{31}

谷子指植物（籽实脱粒后是小米）tʃhe^{53}go^{22}tɕi^{33}

高粱指植物 kəu^{33}njaŋ^{31}

玉米指成株的植物 ji^{22}me^{22}

棉花指植物 mjan^{31}xua^{33}

油菜油料作物，不是蔬菜 tshe^{53}tsi^{31}

芝麻 tʃi^{33}ma^{31}

向日葵指植物 nje^{33}ma^{33}si^{33}

蚕豆 pje^{33}tu^{53}

豌豆 ʃa^{22}nu^{53}

花生指果实，注意婉称 xua^{33}sən^{33}

黄豆 tu^{22}

绿豆 tu^{22}nje^{31}za^{53}

豇豆长条形的 pje^{33}tu^{53}

大白菜东北～ ji^{33}na^{33}ve^{33}tɕo^{33}

包心菜卷心菜，圆白菜，球形的 le^{22}le^{33}ji^{33}na^{33}

菠菜 po^{33}tshai^{31}

芹菜 tɕhin^{31}tshai^{31}

莴笋 vo^{33}sen^{53}

韭菜 fu^{22}tsi^{53}

香菜芫荽 jən^{53}ɕi^{33}

葱 fu^{22}bu^{53}

蒜 sa^{31}kha^{53}

姜 tɕho^{53}

洋葱 tɕhe^{53}fu^{22}bu^{53}

辣椒统称 xo^{22}tɕo^{33}

茄子统称 ga^{22}tɕi^{33}

西红柿 nju^{33}xu^{53}ma^{22}ma^{33}

萝卜统称 la^{53}ba^{31}

胡萝卜 la^{53}ba^{31}nju^{33}xu^{53}

黄瓜 tu^{22}kha^{53}

丝瓜无棱的 dʑu^{31}ka^{33}

南瓜 ɕi^{33}ga^{33}

荸荠 pi^{31}tɕhi^{31}

红薯统称 ja^{22}ju^{53}nju^{33}xu^{53}

马铃薯 ja^{22}ju^{53}

芋头 ji^{22}thəu^{31}

山药圆柱形的 ba^{33}zi^{31}

藕 ŋəu^{53}

四　动物

老虎 la^{31}pha^{33}

猴子 mi^{22}

蛇统称 vu^{33}pha^{53}

老鼠家里的 vu^{53}po^{31}tʃi^{53}tʃi^{31}

蝙蝠 ka^{31}la^{33}pu^{31}

鸟飞鸟，统称 ŋo^{33}tɕi^{33}

麻雀 dza^{22}ka^{53}

喜鹊 tʃha^{53}tʃha^{31}

乌鸦 ko^{33}le^{33}

鸽子 ko^{31}tsi^{33}

翅膀鸟的，统称 du^{33}ka^{53}

爪子鸟的，统称 gu^{53}du^{31}khe^{31}khe^{33}

尾巴 mu^{53}tshu^{31}

窝鸟的 ʃa^{31}

虫子统称 be^{22}le^{33}

蝴蝶统称 dʑa^{33}dʑa^{33}

蜻蜓统称 dʑa^{33}dʑa^{33}

蜜蜂 bi^{31}

蜂蜜 bi^{31}ɚ^{33}

知了统称 ʒa^{31}za^{33}

蚂蚁 bɚ^{53}pu

蚯蚓 be^{22}le^{33}

蚕 be^{22}le^{33}ʑu^{33}

蜘蛛会结网的 ka^{22}ɚ^{25}

蚊子统称 be^{53}tɕe^{31}

苍蝇统称 be^{33}ji^{33}

跳蚤咬人的 tsho^{33}le^{33}

虱子 ʃa^{22}ma^{33}

鱼 ʑu^{33}

鲤鱼 li^{53}ʑu^{33}

鳙鱼胖头鱼 ju^{33}ʑu^{33}

鲫鱼 ʑu^{33}tɕhu^{53}

甲鱼 tɕa^{31}ʑu^{33}

鳞鱼的 ʑu^{33}ko^{22}pa^{33}

虾统称 ɕa^{33}

螃蟹统称 phaŋ^{31}ɕe^{31}

青蛙统称 pa^{22}ma^{53}nje^{31}za^{53}

癞蛤蟆表皮多疙瘩 pa^{22}ma^{53}

马 mo^{31}

驴 ta^{22}ʑi^{33}

骡 sa^{22}

牛 wu^{53}nju^{31}

公牛统称 nju^{31}pha^{53}

母牛统称 nju^{31}ma^{33}

放牛 wu^{53}nju^{31}tɕhe^{22}tɕhe^{33}

羊 tɕhe^{53}

猪 vo^{31}

种猪配种用的公猪 vo^{31}pha^{53}

公猪成年的，已阉的 vo^{31}pha^{53}

母猪成年的，未阉的 vo^{31}ma^{53}

猪崽 vo^{31}ʑi^{33}

猪圈 vo^{31}ga^{33}

养猪 vo^{31}ʑu^{33}

猫 mu^{22}ni^{33}

公猫 mu^{22}ni^{33}pha^{53}

母猫 mu^{22}ni^{33}ma^{53}

狗统称 khi^{33}

公狗 khi^{33}pha^{53}

母狗 khi^{33}ma^{53}

叫狗～ ʒa^{31}

兔子 mi^{33}zi^{33}

鸡 vo^{53}

公鸡成年的，未阉的 vo^{53}phu^{33}

母鸡已下过蛋的 vo^{53}tsho^{33}ma^{53}

叫公鸡～（即打鸣儿）ŋu^{31}

下鸡～蛋 vo^{53}tɕe^{33}

孵～小鸡 pha^{53}

鸭 e^{33}ja^{33}

鹅 vo^{22}

阉～公猪 khe^{22}

阉～母猪 khe^{22}

阉～鸡 khe^{22}

喂～猪 vo^{31}to^{22}

杀猪统称 vo^{31}tɕu^{31}

杀～鱼 tɕu^{31}

五　房舍器具

村庄一个～ pu^{33}ke^{53}

胡同统称：一条～ vo^{31}gu^{31}

街道 dʒo^{22}no^{33}

盖房子 ja^{33}xa^{33}

房子整座的，不包括院子 ja^{33}

屋子房子里分隔而成的，统称 ja^{33}khe^{31}

卧室 ja^{33}ku^{31}

茅屋茅草等盖的 ʒu^{53}ja^{33}

厨房 tɕhat^{33}ɕa^{22}ja^{33}

灶统称 tso^{53}

锅统称 ge^{31}

饭锅煮饭的 ʒo^{31}tɕo^{22}ge^{31}

菜锅炒菜的 ji^{33}na^{33}ge^{31}

厕所旧式的，统称 da^{31}da^{33}ja^{33}

檩左右方向的 dʑe^{33}pha^{33}

柱子 dʑe^{33}pha^{33}

大门 kha^{53}dʑa^{53}pu

门槛 dʑa^{53}pu^{31}va^{22}

窗旧式的 dʑa^{53}ku^{22}ku^{33}

梯子可移动的 tɕe^{33}le^{33}

扫帚统称 ɕo^{33}tsha^{31}

扫地 da^{53}ɕo^{33}

垃圾 tʃha^{31}khu^{33}

家具统称 dzu^{31}go^{33}

东西我的～ dzu^{31}go^{33}

炕土、砖砌的，睡觉用 ja^{53}kho^{33}

床木制的，睡觉用 ja^{53}tʃha^{31}

枕头 vu^{53}tɕu^{31}ʁa^{31}

被子 xa^{33}xa^{33}pu

棉絮 ʒo^{33}le^{33}

床单 ja^{53}kho^{33}ga^{31}

褥子 ʒo^{33}le^{33}

席子 ʒo^{33}le^{33}

蚊帐 be^{53}tɕe^{31}xa^{33}xa^{33}

桌子统称 la^{31}dʑe^{33}pu

柜子统称 ka^{33}tsi^{53}

抽屉桌子的 ɕe^{33}khu^{53}

案子长条形的 ta^{33}pa^{33}

椅子统称 ɕe^{53}ni^{31}ji^{33}

凳子统称 pa^{33}de^{53}

马桶有盖的 le^{53}ɚ^{53}lo^{31}thu^{31}

菜刀 tɕhe^{31}to^{53}

瓢舀水的 tɕhe^{31}ɚ^{25}

缸 vu^{33}gu^{33}

坛子装酒的～ ga^{31}

瓶子装酒的～ ko^{53}dzi^{31}

盖子杯子的～ xa^{33}xa^{33}

碗统称 khu^{53}

筷子 dʒo^{33}ko^{33}

汤匙 jo^{53}thu^{31}

柴火统称 ɕe^{53}

火柴 mi^{31}ʑu^{53}

锁 khu^{31}ja^{33}

钥匙 khu^{31}ja^{33}a^{33}ma^{33}

暖水瓶 vu^{33}ko^{53}dzi^{31}

脸盆 mi^{53}tshi^{33}khu^{53}

洗脸水 mi^{53}tshi^{33}vu^{33}

毛巾洗脸用 mi^{53}tshi^{33}ʃɯ^{53}

手绢 nja^{22}ko^{53}tshi^{33}pu

肥皂洗衣服用 fei^{31}tsau^{31}

梳子旧式的，不是篦子 ʃe^{53}ka^{31}

缝衣针 ʁa^{31}

剪子 tɕe^{31}dzi^{33}ka^{31}

蜡烛 ma^{22}mi^{33}nu^{53}pa^{53}pa^{31}

手电筒 ma^{22}mi^{33}pa^{53}pa^{31}

雨伞挡雨的，统称 va^{53}dʑu^{31}mu^{53}

自行车 tsi^{31}ɕin^{31}tʃhe^{33}

六　服饰饮食

衣服统称 be^{22}tɕhe^{33},ve^{22}le^{33}

穿～衣服 ve^{22}

脱～衣服 ka^{33}

系～鞋带 ʑi^{33}tɕha^{31}

衬衫 be^{22}tɕhe^{33}tɕe^{53}tɕe^{31}

背心无袖无领的上衣 be^{22}tɕhe^{33}ba^{31}ji^{33}

毛衣 mu^{31}ve^{22}le^{33}

棉衣 be^{22}tɕhe^{33}mo^{31}ji^{33}

袖子 lo^{22}tʃu^{33}

口袋衣服上的 be^{22}tɕhe^{33}ma^{31}tsa^{53}

裤子 ja^{22}tshi^{33}

短裤外穿的 ja^{22}tshi^{33}tɕe^{53}tɕe^{31}

裤腿 ja^{22}tshi^{33}lo^{22}tʃu^{33}

帽子统称 mu^{53}

鞋子 ʑi^{33}

袜子 va^{31}tsi^{33}

围巾 mje^{22}pu^{33}vei^{31}tɕin^{33}

围裙 du^{33}ka^{53}

尿布 zi^{53}vu^{33}ʒa^{33}

扣子 ʒu^{33}ʒo^{33}

扣～扣子 go^{31}

戒指 lo^{33}ni^{33}pha^{33}kho^{22}

手镯 lo^{22}go^{33}

理发 sa^{31}ka^{33}tsa^{33}

梳头 va^{33}tsi^{33}

米饭 tʃhe^{53}ʒo^{31}

稀饭用米熬的，统称 ji^{22}tɕha^{33}

面粉麦子磨的，统称 ʃa^{33}je^{22}

面条统称 ʃa^{33}tɕho^{53}

面玉米～，辣椒～ ji^{22}me^{22}je^{22}

馒头无馅的，统称 ʃa^{33}ga^{22}khu^{33}

包子 ʃa^{33}ga^{22}khu^{33}

饺子 ʃa^{33}la^{53}la^{31}

馄饨 ʃa^{33}la^{53}la^{31}

馅儿 ɕaɚ^{33}

油条长条形的，旧称 ʃa^{33}bu^{31}lju^{31}

豆浆 tu^{22}vu^{33}

豆腐脑儿 tu^{22}dʑi^{53}

元宵食品 la^{53}la^{31}

粽子 ge^{31}zo^{33}la^{53}la^{31}

年糕用黏性大的米或米粉做的 tʃhe^{53}ga^{22}khu^{33}

点心统称 ʃa^{33}je^{22}kho^{53}kho^{31}

菜吃饭时吃的，统称 ji^{33}na^{33}

干菜统称 ji^{33}na^{33}gu^{53}

豆腐 tu^{22}dʑi^{53}

猪血当菜的 vo^{31}ʃu^{33}

猪蹄当菜的 vo^{31}gu^{53}du^{31}

猪舌头当菜的，注意婉称 vo^{31}je^{33}

猪肝当菜的，注意婉称 vo^{31}ɕe^{53}phu^{31}

下水猪牛羊的内脏 khu^{31}tʃha^{33}

鸡蛋 vo^{31}tɕe^{33}

松花蛋 gi^{33}vo^{31}tɕe^{33}

猪油 ʑu^{31}phu^{33}

香油 ʑi^{33}ɚ^{33}

酱油 tɕaŋ^{22}jəu^{53}

盐名词 tɕhi^{33}

醋 tɕe^{22}vu^{33}

香烟 je^{33}

旱烟 tɕha^{22}tɕha^{33}je^{33}

白酒 vu^{53}ve^{33}tɕo^{33}

黄酒 vu^{53}xɚ^{25}

江米酒酒酿，醪糟 xa^{33}pje^{33}

茶叶 dʒɚ^{25}

沏～茶 dʒɚ^{25}dzo^{31}

冰棍儿 vu^{33}pa^{53}pa^{31}

做饭统称 tɕha^{33}ɕa^{22}

炒菜统称，和做饭相对 ji^{33}na^{33}lju^{22}lju^{53}

煮～带壳的鸡蛋 tɕo^{22}

煎～鸡蛋 lju^{22}lju^{53}

炸～油条 tɕhu^{33}tɕhu^{33}

蒸～鱼 ko^{33}

揉～面做馒头等 zi^{31}

擀～面，～皮儿 lje^{31}lje^{33}

吃早饭 dʒa^{22}ba^{53}

吃午饭 dʒo^{33}dʑi^{31}

吃晚饭 tɕha^{33}dʑi^{31}

吃～饭 dʑi^{31}

喝～酒 ba^{53}

喝～茶 ba^{53}

抽～烟 ba^{53}

盛～饭 ku^{33}

夹用筷子～菜 ka^{33}

斟～酒 dzo^{22}

渴口～ ʃa^{31}

饿肚子～ va^{22}nja^{33}

噎吃饭～着了 tshe^{22}to^{53}

七　身体医疗

头人的，统称 vu^{53}dʑu^{31}

头发 tsa^{22}

辫子 tsa^{22}phe^{31}

旋 vu^{53}dʑu^{31}ɕaɚ^{25}

额头 mi^{22}tɕhi^{31}

相貌 zi^{33}gu^{33}

脸洗～ pje^{33}ma^{33}

眼睛 mi^{53}si^{31}

眼珠统称 mi^{53}si^{31}tʃu^{33}tʃu^{33}

眼泪哭的时候流出来的 mi^{53}ɚ^{33}

眉毛 mi^{53}mu^{31}

耳朵 nje^{31}ɚ^{25}pu

鼻子 nja^{22}ku^{53}

鼻涕统称 nja^{22}ku^{53}

擤～鼻涕 khe^{22}

嘴巴人的，统称 kha^{33}pi^{33}

嘴唇 kha^{33}pi^{33}ko^{31}pha^{33}

口水～流出来 dʒɚ^{25}

舌头 je^{33}

牙齿 ɕe^{53}ma^{31}

下巴 mi^{22}tɕhi^{31}

胡子嘴周围的 mi^{22}mu^{31}

脖子 mje^{22}pu^{33}

喉咙 mje^{22}ku^{33}tu^{53}

肩膀 va^{33}ba^{33}

胳膊 lo^{33}da^{33}

手包括臂：他的～摔断了 lo^{31}ko^{33}

左手 tso^{53}lo^{31}ko^{33}

右手 jəu^{31}lo^{31}ko^{33}

拳头 so^{53}tɕe^{31}

手指 lo^{33}ni^{33}pha^{33}

大拇指 lo^{33}ni^{33}a^{33}ma^{33}

食指 lo^{33}ni^{33}pha^{33}ni^{53}

中指 lo^{33}ni^{33}pha^{33}so^{33}

无名指 lo^{33}ni^{33}pha^{33}vu^{22}

小拇指 lo^{33}ni^{33}pha^{33}ŋo^{31}

指甲 lo^{33}dzi^{33}

腿 da^{22}si^{33}pe^{33}

脚包括小腿和大腿：他的～压断了 gu^{53}du^{31}

膝盖指部位 tshu^{22}mu^{31}

背名词 va^{33}gu^{33}

肚子腹部 do^{33}pha^{33}

肚脐 do^{33}pu^{33}

乳房女性的 bi^{31}bi^{33}

屁股 dje^{53}ma^{31}

肛门 tshi^{33}lja^{31}xa^{53}gu^{31}

阴茎成人的 ɕu^{31}ɕu^{33}

女阴成人的 ɕu^{31}ɕu^{53}

肏动词 zi^{53}

精液 ɕu^{31}ɕu^{33}

来月经注意婉称 je^{31}ni^{33}

拉屎 tshi^{33}lja^{31}

撒尿 zi^{53}lja^{31}

放屁 tshi^{53}pe^{33}

病了 nja^{33}va^{53}

着凉 tshu^{33}mu^{33}zo^{53}

咳嗽 tshe^{22}

发烧 vu^{31}ʃe^{33}tɕha^{33}

发抖 ge^{33}ge^{33}

肚子疼 do^{33}pha^{33}nja^{33}

拉肚子 do^{33}pha^{33}ʃa^{33}

患疟疾 nje^{22}tɕi^{31}

中暑 tʃoŋ^{31}ʃu^{53}

肿 va^{22}

化脓 no^{22}pje^{33}la^{33}

疤好了的 ka^{53}ta^{31}

癣 ma^{33}ʁa^{33}ni^{33}

痣凸起的 tʃi^{22}

疙瘩蚊子咬后形成的 ka^{53}ta^{31}

狐臭 ba^{33}dʑi^{31}ma^{33}

看病 na^{33}njo^{33}

诊脉 lo^{31}ko^{33}tsa^{33}

针灸 ʁa^{31}tʃe^{33}

打针 ʁa^{31}tʃe^{33}

打吊针 tɕa^{31}tʃe^{33}

吃药统称 zi^{31}ba^{53}

汤药 vu^{53}zi^{33}

病轻了 nja^{33}ji^{33}tsho^{33}

八　婚丧信仰

说媒 do^{31}kha^{33}tho^{33}

媒人 do^{31}kha^{33}tho^{33}tsho^{33}

相亲 ʁa^{33}ʐa^{33}

订婚 ʁa^{33}ʐa^{33}ko^{31}ji^{33}

嫁妆 kho^{53}

结婚统称 vu^{53}me^{33}

娶妻子男子～，动宾ja^{22}ʃu^{33}ma^{53}fu^{33}

出嫁女子～ kho^{53}pe^{33}ki^{53}

拜堂tshu^{22}mu^{31}tu^{33}

新郎na^{33}pu^{33}ʃo^{22}tso^{53}

新娘子ja^{22}ʃu^{33}ma^{53}ʃo^{22}tso^{53}

孕妇nja^{53}tsa^{33}tsho^{33}

怀孕nja^{53}tsa^{33}

害喜妊娠反应xai^{22}ɕi^{53}

分娩ji^{22}tɕa^{33}ba^{31}

流产ji^{22}tɕa^{33}ma^{31}va^{53}

双胞胎ji^{22}tɕa^{33}dza^{31}

坐月子na^{33}ma^{33}

吃奶bi^{31}ba^{53}

断奶bi^{31}bi^{31}ma^{53}to^{31}

满月nja^{53}tu^{53}

生日统称ba^{31}ji^{33}the^{22}ne^{33}

做寿ba^{31}ji^{33}the^{22}ne^{33}

死统称si^{31}ka^{33}

死婉称，最常用的几种，指老人：他～了si^{31}ka^{33}

自杀jo^{53}tɕu^{22}

咽气so^{22}mje^{22}ko^{33}

入殓tsho^{33}mu^{33}ɕe^{53}phje^{33}go^{31}dzo^{22}

棺材ɕe^{53}phje^{33}

出殡tsho^{33}mu^{33}tha^{33}tha^{33}

灵位va^{53}lja^{31}

坟墓单个的，老人的mo^{33}ga^{33}

上坟ʃa^{33}vu^{33}tʃha^{22}

纸钱ʃa^{33}vu^{33}dʒe^{33}

老天爷na^{31}kha^{33}me^{31}

菩萨统称tha^{31}ga^{53}

观音tha^{31}ga^{53}

灶神口头的叫法tso^{53}tha^{31}ga^{53}

寺庙be^{33}ja^{33}

祠堂ʒu^{53}ja^{33}

和尚pha^{22}pi^{33}

尼姑pha^{22}pi^{33}

道士pha^{22}pi^{33}

算命统称mi^{53}so^{53}dʒa^{31}

运气mi^{53}dje^{53}

保佑mi^{53}lju^{31}

九　人品称谓

人一个～ tsho^{33}

男人成年的，统称phe^{22}gu^{33}

女人三四十岁已婚的，统称a^{33}ma^{33}tsho^{33}

单身汉tən^{33}ʃen^{33}xən^{22}

老姑娘tʃhe^{33}ma^{33}

婴儿bi^{31}bi^{31}ba^{53}to^{31}ji^{22}tɕa^{33}

小孩儿三四岁的，统称ji^{22}tɕa^{33}me^{22}me^{33}

男孩儿统称：外面有个～在哭ji^{22}tɕa^{33}me^{22}me^{33}

女孩儿统称：外面有个～在哭za^{33}mi^{33}me^{22}me^{33}

老人七八十岁的，统称tsho^{33}mo^{53}

亲戚统称ji^{33}ne^{33}

朋友统称jo^{22}pho^{33}

邻居统称ja^{33}va^{22}pho^{33}

客人ji^{53}

农民be^{31}la^{33}tsho^{33}

商人vu^{22}lo^{33}me^{33}tsho^{33}

手艺人统称me^{33}tɕo^{22}

泥水匠nju^{33}khu^{53}tsho^{33}

木匠to^{33}to^{33}tsho^{33}

裁缝be^{22}tɕhe^{33}ga^{31}tsho^{33}

理发师vu^{53}dʑu^{31}ʒo^{31}tsho^{33}

厨师tha^{53}tsho^{33}

师傅 ma^{22}ma^{53}tsho^{33}

徒弟 so^{22}tsho^{33}

乞丐统称，非贬称 lo^{33}lo^{33}ɕu^{31}

妓女 tshi^{33}ku^{33}tɕha^{53}ɕu^{31}ma^{33}

流氓 ma^{31}dje^{53}tsho^{33}

贼 mu^{33}ɕu^{31}

瞎子统称，非贬称 mi^{53}dʑe^{22}

聋子统称，非贬称 njo^{22}bo^{33}

哑巴统称，非贬称 ja^{22}pa^{33}

驼子统称，非贬称 dʑo^{31}khu^{31}la^{33}

瘸子统称，非贬称 ko^{33}pi^{33}

疯子统称，非贬称 vo^{31}zo^{33}

傻子统称，非贬称 tsho^{33}tɕa^{33}

笨蛋蠢的人 tsho^{33}tɕa^{33}

爷爷呼称，最通用的 a^{33}pu^{33}

奶奶呼称，最通用的 a^{33}tɕi^{33}

外祖父叙称 a^{33}wa^{33}pu^{33}

外祖母叙称 a^{33}wa^{33}tɕi^{33}

父母合称 a^{33}ba^{33}a^{33}ma^{33}

父亲叙称 a^{33}ba^{33}

母亲叙称 a^{33}ma^{33}

爸爸呼称，最通用的 a^{33}ba^{33}

妈妈呼称，最通用的 a^{33}ma^{33}

继父叙称 ja^{53}no^{31}a^{33}ba^{33}

继母叙称 ja^{53}no^{31}a^{33}ma^{33}

岳父叙称 a^{31}wu^{33}

岳母叙称 a^{31}ni^{33}

公公叙称 a^{31}phe^{31}mu^{53}

婆婆叙称 a^{31}ni^{33}mu^{53}

伯父呼称，统称 a^{33}ba^{33}kha^{53}

伯母呼称，统称 a^{33}ma^{33}kha^{53}

叔父呼称，统称 a^{33}ba^{33}dʑi^{53}

排行最小的叔父呼称，如“幺叔” a^{33}ba^{33}go^{22}tɕi^{33}

叔母呼称，统称 a^{33}ma^{33}dʑi^{53}

姑呼称，统称 a^{33}ba^{33}

姑父呼称，统称 a^{33}ba^{33}dʑi^{53}

舅舅呼称 a^{31}wu^{33}

舅妈呼称 a^{31}ni^{33}

姨呼称，统称 a^{33}ma^{33}

姨父呼称，统称 a^{33}ba^{33}dʑi^{53}

弟兄合称 a^{33}ja^{33}i^{31}no^{31}

姊妹合称，不包括男性 a^{33}ja^{33}na^{31}ma^{53}

哥哥呼称，统称 a^{33}ja^{33}

嫂子呼称，统称 a^{31}tɕha^{31}

弟弟叙称 ji^{31}no^{31}

弟媳叙称 ji^{31}no^{31}mi^{53}ʒo^{31}

姐姐呼称，统称 a^{33}ja^{33}

姐夫呼称 a^{33}ja^{33}na^{33}pu^{33}

妹妹叙称 na^{31}ma^{53}

妹夫叙称 na^{31}ma^{53}na^{33}pu^{33}

堂兄弟叙称，统称 a^{33}ja^{33}ji^{31}no^{31}

表兄弟叙称，统称 a^{33}ja^{33}ji^{31}no^{31}

妯娌弟兄妻子的合称 mu^{33}pa^{33}na^{31}ma^{53}

连襟姊妹丈夫的关系，叙称 a^{33}ja^{33}ji^{31}no^{31}

儿子叙称：我的～ ʑi^{31}

儿媳妇叙称：我的～ ʑi^{31}ja^{22}ʃu^{33}ma^{53}

女儿叙称：我的～ za^{33}mi^{33}

女婿叙称：我的～ za^{33}mi^{33}na^{33}pu^{33}

孙子儿子之子 ji^{33}thu^{33}

重孙子儿子之孙 ji^{33}thu^{33}ʑi^{31}

侄子弟兄之子 dʑu^{22}ʑi^{33}

外甥姐妹之子 dʑu^{22}ʑi^{33}

外孙女儿之子 ji^{33}thu^{33}

夫妻合称 ni^{53}ɕu^{22}kha^{53}

丈夫叙称，最通用的，非贬称：她的～ na^{33}pu^{33}

妻子叙称，最通用的，非贬称：他的～ mi^{53}ʒo^{31}

名字 mje^{33}

绰号 jo^{22}jo^{33}me^{33}

十　农工商文

干活儿统称：在地里～ nje^{31}kha^{33}me^{33}

事情一件～ si^{53}me^{33}

插秧 dʑa^{53}ge^{31}

割稻 dʑa^{53}khe^{22}

种菜 ji^{33}na^{33}tje^{31}

犁名词 da^{53}lje^{33}

锄头 dze^{22}

镰刀 lje^{22}to^{53}

把儿刀～ ta^{33}

扁担 tha^{33}pu^{33}

箩筐 mi^{33}bu^{31}lju^{53}

筛子统称 ɕi^{33}la^{33}

簸箕农具，有梁的 fa^{22}la^{53}

簸箕簸米用 fa^{22}la^{53}

独轮车 tɕi^{33}koŋ^{33}tʃhe^{33}

轮子旧式的，如独轮车上的 go^{22}dʑo^{33}

碓整体 tɕu^{33}mu^{33}khu^{53}

臼 tɕhu^{33}lju^{53}

磨名词 ʒo^{31}tho^{33}

年成 nda^{53}tho^{31}

走江湖统称 go^{22}dʑo^{33}

打工 ma^{33}tɕa^{22}

斧子 va^{33}dzi^{33}

钳子 ʃa^{33}tɕhi^{33}

螺丝刀 go^{22}dʑo^{33}me^{53}tho^{31}

锤子 ʃa^{33}ka^{53}ta^{31}

钉子 ʃa^{33}tʃe^{33}

绳子 pu^{33}

棍子 pa^{53}pa^{31}

做买卖 vu^{22}lo^{33}me^{33}

商店 vu^{22}lo^{33}ja^{33}

饭馆 ʒo^{31}tɕha^{33}ja^{33}

旅馆旧称 ba^{53}nja^{31}ja^{33}

贵 phe^{33}kha^{53}

便宜 phe^{33}ma^{31}kha^{53}

合算 so^{53}dʒa^{31}

折扣 phe^{33}ma^{31}du^{53}

亏本 dʒe^{33}da^{33}

钱统称 dʒe^{33}

零钱 ʒo^{31}ʒo^{33}

硬币 tɕhu^{33}dʒe^{33}

本钱 dʒe^{33}bo^{53}

工钱 ma^{33}phe^{33}

路费 va^{33}dʒe^{33}

花～钱 dʒe^{33}da^{33}

赚卖一斤能～一毛钱 dʒe^{33}va^{53}

挣打工～了一千块钱 dʒe^{33}lja^{31}

欠～他十块钱 zo^{53}

算盘 so^{53}dʒa^{31}tʃu^{33}tʃu^{33}

秤统称 ke^{22}

称用杆秤～ go^{53}

赶集 dʒo^{22}no^{33}ji^{33}

集市 jo^{22}me^{33}

庙会 be^{33}ja^{33}du^{33}la^{33}

学校 dʒi^{33}dʑi^{33}so^{22}ja^{33}

教室 ma^{22}ma^{53}ja^{33}

上学 dʒi^{33}dʑi^{33}so^{22}ji^{33}

放学 tɕhe^{22}tɕhe^{33}la^{33}

考试so^{53}dʒa^{31}

书包dʒi^{33}dʑi^{33}ma^{31}dʒe^{53}

本子dʒi^{33}dʑi^{33}

铅笔tɕhɛn^{33}pi^{31}

钢笔kaŋ^{33}pi^{31}

圆珠笔jan^{31}tʃu^{33}pi^{31}

毛笔mau^{53}pi^{31}

墨ʒi^{53}vu^{33}

砚台jan^{31}thai^{31}

信一封~ dʑi^{33}dʑi^{33}pa^{33}

连环画ljɛn^{53}xuan^{31}xua^{31}

捉迷藏mo^{31}

跳绳pu^{33}tɕhu^{53}

毽子tɕɛn^{31}tsi^{53}

风筝dʑa^{22}dʑa^{33}tɕhe^{22}tɕhe^{33}

舞狮vu^{33}si^{33}dʑa^{22}dʑa^{33}

鞭炮统称phu^{53}tʃha^{31}

唱歌dʑa^{53}

演戏jɛn^{53}ɕi^{31}

锣鼓统称dʑe^{33}tɕhu^{33}

二胡ɕe^{33}me^{33}

笛子me^{53}me^{33}

划拳xua^{31}tɕhan^{31}

下棋ɕa^{22}tɕhi^{31}

打扑克ta^{53}pu^{53}khe^{31}

打麻将ta^{53}ma^{31}tɕaŋ^{31}

变魔术pjɛn^{31}mo^{31}ʃu^{31}

讲故事ʑa^{22}ba^{53}ga^{31}

猜谜语tshai^{33}mi^{31}ji^{53}

玩儿游玩：到城里~ dʑa^{22}dʑa^{33}

串门no^{33}ji^{33}ŋa^{33}la^{31}

走亲戚去亲戚家ji^{33}ne^{33}ga^{22}ji^{33}

十一　动作行为

看~电视njo^{33}

听用耳朵~ ba^{53}nja^{31}

闻嗅：用鼻子~ ɕu^{22}

吸~气ɕu^{31}

睁~眼pha^{33}

闭~眼tɕi^{22}tɕi^{53}

眨~眼tɕhu^{53}

张~嘴xa^{31}

闭~嘴pi^{22}

咬狗~人kha^{31}

嚼把肉~碎ʁa^{31}

咽~下去mje^{22}ko^{33}

舔人用舌头~ jo^{22}

含~在嘴里kha^{31}

亲嘴xa^{31}

吮吸用嘴唇聚拢吸取液体，如吃奶时jo^{22}jo^{33}

吐上声，从嘴里吐出：把果核儿~掉phje^{22}

吐去声，呕吐：喝酒喝~了phje^{22}

打喷嚏tsho^{33}mu^{33}zo^{53}

拿用手把苹果~过来ka^{22}

给他~我一个苹果kho^{53}

摸~头sa^{53}sa^{31}

伸~手tʃe^{31}

挠~痒痒khe^{31}khe^{33}

掐用拇指和食指的指甲~皮肉pi^{33}

拧~螺丝lju^{53}la^{33}

拧~毛巾ɕu^{33}la^{33}

捻用拇指和食指来回~碎lje^{31}lje^{33}

掰把橘子~开，把馒头~开khe^{33}

剥~花生pi^{33}

撕把纸～了pi^{33}

折把树枝～断khe^{33}

拔～萝卜tɕe^{33}

摘～花khe^{22}

站站立：～起来ndʐa^{31}

倚斜靠：～在墙上ga^{33}ga^{33}ja^{53}

蹲～下tshu^{53}

坐～下ni^{31}

跳青蛙～起来tɕhu^{53}

迈跨过高物：从门槛上～过去bje^{31}

踩脚～在牛粪上vu^{31}

翘～腿tɕhu^{53}

弯～腰khu^{31}

挺～胸tɕhi^{31}

趴～着睡be^{33}

爬小孩在地上～be^{33}

走慢慢～ɕe^{33}

跑慢慢走，别～ko^{31}

逃逃跑：小偷～走了ko^{31}

追追赶：～小偷ve^{22}

抓～小偷va^{31}va^{33}

抱把小孩～在怀里to^{53}

背～孩子vo^{53}

搀～老人fu^{33}

推几个人一起～汽车dje^{53}

摔跌：小孩～倒了pu^{22}

撞人～到电线杆上tɕu^{33}

挡你～住我了，我看不见lo^{53}

躲躲藏：他～在床底下mo^{22}

藏藏放，收藏：钱～在枕头下面mo^{22}

放把碗～在桌子上tɕi^{33}

摞把砖～起来tso^{33}

埋～在地下ga^{33}

盖把茶杯～上xa^{33}

压用石头～住ni^{22}

摁用手指按：～图钉ni^{22}

捅用棍子～鸟窝ga^{31}

插把香～到香炉里ga^{31}

戳～个洞tɕhu^{33}

砍～树to^{33}

剁把肉～碎做馅儿to^{33}

削～苹果ɕo^{22}

裂木板～开了pi^{33}

皱皮～起来pi^{33}

腐烂死鱼～了ba^{31}tshi^{33}

擦用毛巾～手si^{53}si^{31}

倒把碗里的剩饭～掉pu^{22}

扔丢弃：这个东西坏了，～了它ʒo^{31}

扔投掷：比一比谁～得远ʒo^{31}

掉掉落，坠落：树上～下一个梨ka^{33}

滴水～下来tje^{31}tje^{33}

丢丢失：钥匙～了ka^{33}

找寻找：钥匙～到lja^{22}lja^{53}

捡～到十块钱ka^{22}

提用手把篮子～起来tɕa^{31}

挑～担tha^{33}

扛káng，把锄头～在肩上vo^{31}

抬～轿tha^{33}tsa^{33}

举～旗子vo^{31}

撑～伞ʐu^{53}

撬把门～开tɕho^{53}

挑挑选，选择：你自己～一个ɕe^{31}go^{53}

收拾～东西ʒa^{53}bo^{31}

挽～袖子lje^{31}lje^{33}

涮把杯子~一下 $ja^{31}ja^{53}$

洗~衣服 $tshi^{33}$

捞~鱼 ga^{33}

拴~牛 phu^{53}

捆~起来 $tɕha^{22}$

解~绳子 $phu^{33}tʃha^{33}$

挪~桌子 na^{53}

端~碗 to^{33}

摔碗~碎了 $ga^{33}po^{31}$

掺~水 $vu^{33}dzo^{22}$

烧~柴 ta^{22}

拆~房子 $tʃhu^{53}$

转~圈 $go^{22}dʑo^{33}$

捶用拳头~ ja^{31}

打统称：他~了我一下 ja^{31}

打架动手：两个人在~ $ja^{31}ja^{33}tɕhe^{53}$

休息 $ba^{53}nja^{31}$

打哈欠 $xa^{53}mu^{31}$

打瞌睡 $ja^{53}mu^{31}ka^{31}$

睡他已经~了 $ja^{53}mu^{31}tʃe^{31}$

打呼噜 $ja^{53}ŋu^{31}$

做梦 $ja^{53}ɕu^{31}$

起床 $ja^{53}ve^{53}la$

刷牙 $ɕe^{53}ma^{31}tshi^{33}$

洗澡 $ge^{53}ma^{31}tshi^{33}$

想思索：让我~一下 $de^{22}mje^{33}$

想想念：我很~他 $de^{22}mje^{33}$

打算我~开个店 $de^{22}mje^{33}$

记得 $ʃa^{53}$

忘记 $ma^{31}ʃa^{53}$

怕害怕：你别~ $ki^{33}ʃa^{33}$

相信我~你 $dʑi^{53}$

发愁 $ɕe^{33}mi^{53}kho^{31}tʃha^{33}$

小心过马路要~ $ni^{22}ma^{53}go^{22}tɕi^{33}$

喜欢~看电视 $dʑa^{31}$

讨厌~这个人 $ma^{53}dʑa^{31}$

舒服凉风吹来很~ tho^{31}

难受生理的 $ma^{31}tɕho^{53}$

难过心理的 $ma^{53}dʑa^{31}$

高兴 $ʁa^{31}$

生气 $ni^{22}ma^{53}tɕho^{53}$

责怪 $ma^{53}dʑa^{31}$

后悔 $dʑa^{31}$

忌妒 $ʒa^{31}$

害羞 $ja^{53}no^{31}ma^{53}dʑa^{31}$

丢脸 $ma^{53}dʑa^{31}$

欺负 $ɕi^{33}xo^{31}$

装~病 $mi^{53}ma^{31}bo^{53}$

疼~小孩儿 $na^{31}ma^{53}dʑa^{31}$

要我~这个 $xuŋ^{33}$

有我~一个孩子 bo^{53}

没有他~孩子 $ma^{31}bo^{53}$

是我~老师 $dʑi^{53}$

不是他~老师 $ma^{31}dʑi^{53}$

在他~家 $dʑo^{33}$

不在他~家 $ma^{31}dʑo^{33}$

知道我~这件事 se^{22}

不知道我~这件事 $ma^{53}se^{22}$

懂我~英语 $dʒo^{31}$

不懂我~英语 $ma^{53}dʒo^{31}$

会我~开车 se^{22}

不会我~开车 $ma^{53}se^{22}$

认识我~他 do^{33}

不认识我~他 $ma^{53}se^{22}$

行应答语 dʑi^{53}

不行应答语 ma^{31}dʑi^{53}

肯～来 tɕhe^{53}

应该～去 ka^{33}ni^{33}

可以～去 dʑi^{53}

说～话 kha^{33}tho^{33}

话说～ do^{31}

聊天儿 ɕa^{31}

叫～他一声儿 khi^{31}

吆喝大声喊 ja^{22}mo^{33}khi^{31}

哭小孩儿～ ŋe^{33}

骂当面～人 dʒe^{22}

吵架动嘴：两个人在～ dʒe^{22}tɕhe^{53}

骗～人 phje^{53}

哄～小孩儿 ji^{53}ka^{31}

撒谎 ge^{31}ma^{31}tɕhe^{53}

吹牛 ʑa^{22}ba^{53}ga^{31}

拍马屁 jo^{22}jo^{33}

开玩笑 dʑe^{22}na^{53}ɕa^{31}

告诉～他 tha^{31}pho^{53}ŋe^{22}

谢谢致谢语 ja^{22}ɕu^{31}

对不起致歉语 ja^{22}ɕu^{31}

再见告别语 ja^{53}no^{31}ʒu^{53}ʒu^{31}

十二　性质状态

大苹果～ kha^{53}

小苹果～ go^{22}tɕi^{33}

粗绳子～ ve^{53}

细绳子～ ljo^{31}

长线～ xe^{31}

短线～ tɕe^{53}tɕe^{31}

长时间～ xe^{31}

短时间～ tɕe^{53}tɕe^{31}

宽路～ gi^{33}

宽敞房子～ gi^{33}

窄路～ vu^{31}

高飞机飞得～ mo^{33}

低鸟飞得～ nja^{33}mo^{53}

高他比我～ mo^{33}

矮他比我～ nja^{33}mo^{53}

远路～ xe^{53}

近路～ ni^{31}

深水～ no^{31}

浅水～ ba^{31}

清水～ ʃo^{31}ʃo^{53}

浑水～ khu^{33}

圆 da^{22}lje^{33}pu^{31}

扁 ba^{31}

方 vu^{22}da^{22}pho^{53}

尖 tɕho^{53}

平 ba^{31}

肥～肉 phje^{33}

瘦～肉 no^{22}dʑi^{53}

肥形容猪等动物 phje^{33}

胖形容人 ve^{53}

瘦形容人、动物 ka^{33}

黑黑板的颜色 nu^{53}khu^{31}

白雪的颜色 ve^{33}tɕo^{33}

红国旗的主颜色，统称 nju^{33}xu^{53}

黄国旗上五星的颜色 xaɚ^{25}

蓝蓝天的颜色 nje^{31}za^{53}

绿绿叶的颜色 nje^{31}za^{53}

紫紫药水的颜色 tsi^{53}se^{31}

灰草木灰的颜色 xwei^{33}se^{31}

多东西～ mja^{53}

少东西～ lju^{53}

重担子～ li^{31}

轻担子～ tsho^{33}

直线～ tɕi^{33}to^{31}

陡坡～，楼梯～ ba^{31}gu^{31}

弯弯曲：这条路是～的 khu^{31}la^{33}

歪帽子戴～了 ga^{33}ga^{33}

厚木板～ no^{31}

薄木板～ ba^{31}

稠稀饭～ no^{31}

稀稀饭～ tɕha^{33}

密菜种得～ no^{31}

稀稀疏：菜种得～ ba^{31}

亮指光线，明亮 ba^{53}xa^{31}

黑指光线，完全看不见 nu^{53}khu^{31}

热天气 tɕha^{33}

暖和天气 tɕho^{53}

凉天气 va^{33}ʃo^{33}

冷天气 go^{31}

热水 tɕha^{33}

凉水 va^{33}va^{33}

干干燥：衣服晒～了 fu^{22}tʃhu^{53}

湿潮湿：衣服淋～了 dza^{22}dza^{33}

干净衣服～ ʃo^{31}ʃo^{53}

脏肮脏，不干净，统称：衣服～ tʃha^{31}khu^{33}

快锋利：刀子～ tɕho^{53}

钝刀～ ma^{31}tɕho^{53}

快坐车比走路～ ko^{22}tsa^{53}

慢走路比坐车～ da^{33}va^{33}

早来得～ ko^{31}

晚来～了 da^{33}va^{33}

晚天色～ ma^{31}xa^{33}

松捆得～ ji^{33}so^{33}

紧捆得～ su^{31}

容易这道题～ dʒo^{31}

难这道题～ ʁa^{31}

新衣服～ ʃo^{22}tso^{53}

旧衣服～ li^{53}

老人～ mu^{53}

年轻人～ ja^{31}go^{22}tɕi^{33}

软糖～ bje^{31}ka^{31}

硬骨头～ kho^{53}tɕo^{31}

烂肉煮得～ bje^{31}ka^{31}

煳饭烧～了 tɕhe^{22}to^{53}

结实家具～ ɕe^{31}to^{53}

破衣服～ pha^{33}la^{33}

富他家很～ va^{33}va^{33}

穷他家很～ phu^{33}

忙最近很～ kha^{31}kha^{33}

闲最近比较～ la^{53}

累走路走得很～ ja^{53}

疼摔～了 nja^{33}

痒皮肤～ je^{31}je^{33}

热闹看戏的地方很～ dʑe^{31}tɕha^{33}

熟悉这个地方我很～ se^{22}

陌生这个地方我很～ ma^{53}se^{22}

味道尝尝～ ŋo^{33}

气味闻闻～ ɕu^{22}ji^{22}na^{33}

咸菜～ kha^{33}

淡菜～ ba^{31}

酸 tɕe^{22}

甜 tʃhe^{33}tɕo^{33}

苦 kha^{33}

辣 so^{53}

鲜鱼汤～ tɕho^{53}

香 ŋo^{33}

臭 na^{33}

馊饭～ ji^{31}na^{33}

腥鱼～ ba^{53}ji^{31}na^{33}

好人～ dje^{53}

坏人～ ma^{31}dje^{53}

差东西质量～ nda^{53}

对账算～了 ka^{33}

错账算～了 to^{22}

漂亮形容年轻女性的长相：她很～ tho^{31}

丑形容人的长相：猪八戒很～ ma^{53}tho^{31}

勤快 tɕho^{53}

懒 ma^{31}tɕho^{53}

乖 ko^{22}tsa^{53}

顽皮 ge^{53}

老实 tʃu^{31}tʃu^{33}me^{33}

傻痴呆 tsho^{33}tɕa^{33}

笨蠢 tsho^{33}tɕa^{33}

大方不吝啬 gi^{33}la^{33}

小气吝啬 kho^{53}pa^{33}ma^{31}tɕa^{33}

直爽性格～ mje^{33}tɕho^{53}

犟脾气～ ma^{31}dʑi^{53}

十三　数量

一～二三四五……，下同 tɕi^{33}

二 ni^{53}

三 so^{33}

四 wu^{22}

五 ŋo^{31}

六 khu^{22}

七 nje^{22}

八 ɕe^{22}

九 ge^{31}

十 tɕhi^{33}

二十无合音 nje^{22}tɕhi^{33}

三十无合音 so^{33}tɕhi^{33}

一百 tɕi^{33}ja^{53}

一千 tɕi^{33}tu^{53}

一万 tɕi^{53}me^{31}

一百零五 tɕi^{33}ja^{53}ŋo^{31}

一百五十 tɕi^{33}ja^{53}ŋo^{31}tɕhi^{33}

第一～，第二 tɕi^{33}a^{33}

二两重量 ni^{53}lo^{53}

几个你有～孩子？ a^{31}mi^{31}a^{33}

俩你们～ ni^{53}

仨你们～ so^{33}

个把 tɕi^{33}ni^{53}

个一～人 a^{33}

匹一～马 a^{33}

头一～牛 a^{33}

头一～猪 a^{33}

只一～狗 a^{33}

只一～鸡 a^{33}

只一～蚊子 a^{33}

条一～鱼 a^{33}

条一～蛇 ka^{31}

张一～嘴 ka^{31}

张一～桌子 pu^{31}

床一～被子 pu^{31}

领一～席子 pu^{31}

双一～鞋 pu^{31}

把一～刀 dza^{31}

把一～锁 pu^{31}

根一～绳子ka^{31}

支一～毛笔ka^{31}

副一～眼镜ka^{31}

面一～镜子dza^{31}

块一～香皂pu^{31}

辆一～车du^{31}

座一～房子pu^{31}

座一～桥tsha^{33}

条一～河ka^{31}

条一～路ka^{31}

棵一～树ka^{31}

朵一～花pu^{31}

颗一～珠子pu^{31}

粒一～米tɕa^{33}

顿一～饭tɕa^{33}

剂一～中药dza^{31}

股一～香味ka^{31}

行一～字a^{33}

块一～钱pu^{31}

毛角：一～钱gu^{53}du^{31}

件一～事情tʃa^{53}

点儿一～东西tsu^{53}

些一～东西tsu^{53}

下打一～，动量，不是时量tsu^{53}

会儿坐了一～ja^{31}

顿打一～dza^{31}

阵下了一～雨tʃa^{53}

趟去了一～tʃa^{53}

十四　代副介连词

我～姓王ŋa^{33}

你～也姓王no^{33}

您尊称no^{33}

他～姓张the^{33}

我们不包括听话人：你们别去，～去ŋa^{33}de^{31}

咱们包括听话人：他们不去，～去吧ŋa^{33}de^{31}

你们～去ne^{33}de^{31}

他们～去the^{33}de^{31}

大家～一起干ja^{22}ka^{33}

自己我～做的jo^{33}

别人这是～的ɕu^{33}

我爸～今年八十岁ŋe^{33}a^{33}ba^{33}

你爸～在家吗？ni^{33}a^{33}ba^{33}

他爸～去世了the^{33}a^{33}ba^{33}

这个我要～，不要那个ke^{33}the^{33}

那个我要这个，不要～jo^{53}the^{33}

哪个你要～杯子？a^{33}the^{33}

谁你找～？se^{33}gu^{33}

这里在～，不在那里the^{33}ke^{31}

那里在这里，不在～jo^{53}the^{33}

哪里你到～去？a^{33}ke^{31}

这样事情是～的，不是那样的the^{33}me^{33}

那样事情是这样的，不是～的jo^{53}me^{33}

怎样什么样：你要～？xo^{33}tɕa^{33}

这么～贵啊the^{31}ba^{31}phe^{33}kha^{53}

怎么这个字～写？xo^{33}me^{33}ɕe^{33}

什么这个是～字？xo^{33}tɕa^{33}

什么你找～？xo^{33}tɕa^{33}

为什么你～不去？xo^{33}me^{33}

干什么你在～？xo^{33}tɕa^{33}

多少这个村有～人？mja^{53}nju^{31}

很今天～热tɕha^{33}i^{53}tɕha^{33}

非常比上条程度深：今天～热tɕha^{33}i^{53}tɕha^{33}

更今天比昨天～热ja^{31}tɕha^{33}

太这个东西～贵，买不起phe^{33}kha^{53}i^{53}phe^{33}kha^{53}

最弟兄三个中他～高ja^{31}

都大家～来了ja^{22}ka^{33}

一共～多少钱？ tɕi^{53}ba^{31}

一起我和你～去ji^{33}tɕhe^{53}

只我～去过一趟tɕi^{33}tʃa^{53}ji^{33}tɕhe^{53}

刚这双鞋我穿着～好tho^{31}

刚我～到be^{33}tshi^{33}

才你怎么～来啊？ ke^{33}thu^{53}

就我吃了饭～去tɕha^{53}be^{31}dʑi^{31}tɕa^{53}ji^{33}

经常我～去tɕi^{33}tʃa^{33}xo^{22}tsa^{33}

又他～来了the^{33}la^{31}la^{33}ɕi^{31}

还他～没回家pa^{53}ma^{31}ji^{33}

再你明天～来ʃɯ^{53}la^{31}ɕi^{31}

也我～去；我～是老师ŋa^{33}ji^{33}

反正不用急，～还来得及mi^{31}nu^{53}

没有昨天我～去ma^{31}

不明天我～去ma^{31}

别你～去tha^{31}

甭不用，不必：你～客气tha^{31}

快天～亮了mi^{53}do^{33}la^{33}

差点儿～摔倒了a^{53}tʃha^{31}

宁可～买贵的tɕa^{22}

故意～打破的dʑi^{53}

随便～弄一下a^{31}za^{33}me^{33}

白～跑一趟va^{22}lje^{33}

肯定～是他干的tɕa^{53}the^{33}me^{33}

可能～是他干的tɕa^{53}the^{33}

一边～走，～说ʃe^{33}njo^{33}

和我～他都姓王ŋa^{33}ku^{53}nia^{53}mje^{33}khe^{33}

和我昨天～他去城里了ŋa^{33}ku^{53}nia^{53}tɕi^{53}ba^{31}ji^{33}

对他～我很好ŋa^{33}ku^{53}nia^{53}tho^{31}

往～东走ʃa^{33}tɕho^{33}da^{22}pho^{53}ji^{33}

向～他借一本书tɕhi^{33}

按～他的要求做the^{33}ŋe^{22}ŋa^{33}me^{33}

替～他写信the^{33}ba^{33}ve^{22}le^{33}kho^{53}

如果～忙你就别来了kha^{31}kha^{33}tha^{53}la^{31}

不管～怎么劝他都不听xo^{33}me^{33}ŋe^{22}the^{33}ma^{31}ji^{33}

第二节

《中国语言资源调查手册·民族语言（藏缅语族）》扩展词

一 天文地理

天～地 na^{31}kha^{33}me^{31}

阳光 me^{31}tɕha^{33}

日出 nje^{33}ma^{33}pe^{33}

日落 mje^{33}khe^{33}

彗星扫帚星 xwei^{31}ɕiŋ^{33}

北极星 ki^{22}

七姐妹星 ki^{22}

光～线 kwaŋ^{33}

影子 ba^{53}xa^{31}

刮风 me^{22}le^{33}me^{53}

风声风呼呼声 me^{53}kho^{22}

打雷 me^{31}dʑi^{31}

响雷霹雳，名词 me^{31}kha^{53}

大雨 va^{53}kha^{53}

小雨 va^{53}go^{22}tɕi^{33}

毛毛雨 va^{53}go^{22}tɕi^{33}

暴风雨 me^{22}le^{33}kha^{53}va^{53}dʑu^{31}

雨声 va^{53}kho^{33}me^{33}me^{33}

下雪 je^{31}dʑu^{31}

雪崩 je^{31}du^{33}

雪水 je^{31}vu^{33}

结冰 vu^{33}ju^{53}ku^{31}

融化雪～了 njo^{31}

乌云 tɕa^{22}nu^{53}

彩云 tɕa^{22}ve^{33}

蒸汽水蒸气 so^{31}

地总称 da^{53}

土地 da^{53}

坡地 ba^{33}jo^{31}xa^{33}

荒地 ba^{33}jo^{31}xa^{33}

山地 ba^{33}jo^{31}xa^{33}

平地平坦的土地 da^{53}dʑe^{31}du^{33}

地界田地的边界 da^{53}jo^{31}xa^{33}

庄稼地 pha^{33}jo^{31}xa^{33}

沼泽地 vu^{33}bi^{53}ba^{53}
坝子山中的平地 da^{53}kho^{33}kha^{53}
地陷 da^{53}pho^{31}pi^{53}
海大～ vu^{33}ɕa^{31}
田总称 da^{53}
梯田 tɕe^{33}le^{33}da^{53}
田坎 pha^{33}xa^{33}
秧田 ve^{22}da^{53}
试验田 ʃi^{31}njen^{31}da^{53}
小山 ba^{33}go^{22}tɕi^{33}
荒山 ʒu^{53}ma^{31}dʑo^{33}ba^{33}
雪山 je^{31}ba^{33}
山顶 ba^{33}vu^{53}dʑu^{31}
山峰 ba^{33}vu^{53}dʑu^{31}
山腰 ba^{33}dʑu^{31}
山脚 ba^{33}me^{33}tsu^{53}
阴山指山背阴一面 tɕha^{33}ma^{53}dʒo^{31}ba^{33}
阳山指山朝阳一面 me^{31}dʒo^{31}ba^{33}
岩洞 ba^{33}ku^{22}ku^{33}
岩石 lju^{53}ka^{33}
花岗岩 dje^{22}dje^{33}lju^{53}
鹅卵石 lju^{53}bu^{31}
平原 da^{53}ba^{31}
滑坡 dʒi^{22}ba^{33}
陡坡 ba^{31}gu^{31}
悬崖峭壁 lju^{53}dʑa^{22}
石板 lju^{53}lo^{31}pa^{33}
小河 vu^{33}ma^{31}go^{22}tɕi^{33}
河水 vu^{33}ma^{31}
上游河的～ vu^{33}ma^{31}khɯ^{53}
下游河的～ vu^{33}ma^{31}khɯ^{31}
旋涡河里的～ vu^{33}go^{22}dʑo^{33}
泡沫河里的～ vu^{33}tɕhu^{33}pe^{33}
泉水 be^{53}vu^{33}
清水与浊水相对 ba^{53}xa^{31}
瀑布 phu^{33}vu^{53}
草原 ʒu^{53}da^{53}
沙漠 ʃa^{33}mo^{31}
峡谷 ɕa^{31}da^{53}
泥石流 vu^{33}nju^{31}gi^{53}
地洞 da^{53}ku^{22}ku^{33}
洞口 ku^{22}ku^{33}no^{53}
山路 ba^{33}va^{33}ma^{33}
岔路 va^{33}ni^{53}ka^{31}
大路野外的 va^{33}kha^{53}
小路野外的 va^{33}go^{22}tɕi^{33}
公路 va^{33}kha^{53}
桥统称 dza^{33}
石桥 lju^{53}dza^{33}
渡口 gu^{31}va^{33}
菜园 kha^{33}ko^{53}
果园 kha^{33}ko^{53}
尘土干燥的泥路上搅起的 khu^{31}la^{33}
红土 njo^{31}dza^{33}
粉末 khu^{31}la^{33}mi^{53}
渣滓榨油剩下的～ ɚ^{33}pje^{33}
煤渣煤燃烧后余下的东西 khu^{31}la^{33}
锅烟子 khu^{31}mu^{53}
金 ni^{33}
银 ŋo^{33}
铜 thoŋ^{31}
铁 ʃa^{33}
锈名词 dʑu^{33}
生锈动词 dʑu^{33}du^{53}la^{33}
钢 ʃa^{33}
锡 mu^{31}ɕi^{31}

铝 dʑi^{33}

铅 tɕhɛn^{33}

玉 ji^{22}

翡翠 fen^{53}tshei^{31}

玛瑙 ma^{53}lao^{53}

玻璃 po^{33}li^{31}

硫黄 lju^{31}xuaŋ^{31}

碱 tɕɛn^{31}

火药 xo^{53}jo^{31}

硝做火药的～ ɕao^{33}

火种 mi^{31}ɕu^{33}

火光 mi^{31}ba^{33}

火焰 mi^{31}ʃa^{33}

火塘 mi^{31}tha^{33}ga^{33}

打火石 mi^{31}ɕu^{33}lju^{53}

山火 mi^{31}me^{53}

火把 mi^{31}ɕu^{33}

火星火塘里的 mi^{31}zi^{53}

火舌火苗 mi^{31}ba^{53}xa^{31}

火灾 mi^{31}nu^{53}

火石 mi^{31}lju^{53}

火铲 mi^{31}tɕhu^{33}jɚ^{53}

汽油 so^{31}ʑiɚ^{33}

油漆 mi^{53}nju^{33}xu^{53}

井水～ ga^{31}vu^{33}

沸水 vu^{33}tɕhu^{33}tɕhu^{33}

温水 vu^{33}tɕha^{33}tɕha^{33}

碱水 tɕən^{53}ʃwei^{53}

二　时间方位

春天 nje^{31}kha^{33}ve^{53}la^{33}

夏天 va^{53}tɕu^{31}pa^{53}la^{33}

秋天 tɕhəu^{33}thjən^{33}

冬天 toŋ^{33}thjən^{33}

过年 kho^{22}ʃe^{53}

过节 kho^{22}ʃe^{53}

每年 tɕi^{33}nje^{33}

上半年 xi^{33}tɕi^{33}nje^{33}

下半年 ja^{53}no^{31}tɕi^{33}nje^{33}

闰月 ʒun^{22}je^{31}

二月 ni^{53}nje^{33}

三月 so^{33}nje^{33}

四月 vu^{22}nje^{33}

五月 ŋo^{31}nje^{33}

六月 khu^{22}nje^{33}

七月 nje^{22}nje^{33}

八月 ɕe^{31}nje^{33}

九月 ge^{31}nje^{33}

十月 tɕhi^{33}nje^{33}

十一月 tɕhi^{33}tɕi^{33}nje^{33}

十二月 tɕhi^{33}ni^{53}nje^{33}

每月 a^{33}mi^{31}nje^{33}

月初 je^{31}tshu^{33}

月底 je^{31}ti^{53}

元旦 jən^{31}tan^{31}

初一除了正月以外，其他月份的初一。下同 tshu^{33}ji^{31}

初二 tshu^{33}ɚ^{22}

初三 tshu^{33}san^{33}

初四 tshu^{33}si^{22}

初五 tshu^{33}vo^{53}

初六 tshu^{33}lo^{22}

初七 tshu^{33}tɕhi^{22}

初八 tshu^{33}pa^{22}

初九 tshu^{33}tɕəu^{53}

初十 tshu^{33}ʃi^{31}

昼夜指白天黑夜 tɕi^{53}jo^{31}ma^{31}xa^{33}

半天 ne^{33}khe^{33}du^{53}

古时候 ja^{22}ni^{31}xe^{33}ni^{31}

东 ʃa^{33}tɕho^{33}

南 jo^{31}sa^{33}gu^{33}

西 nje^{31}tɕho^{33}

北 mo^{31}sa^{33}gu^{33}

正面 da^{53}ku^{33}tɕhi^{33}

反面 da^{53}gu^{33}bɚ^{33}

附近 va^{22}ni^{31}

周围 go^{22}dʑo^{33}

对岸河的～ xe^{33}pho^{53}

门上挂在～ dʑa^{53}tu^{33}

楼上 dzɯ^{53}khɯ^{53}

楼下 dzɯ^{53}khɯ^{31}

角落墙的～ tɕo^{53}da^{22}pho^{53}

在……后 ja^{53}no^{31}pho^{53}

在……前 xe^{33}da^{22}pho^{53}

在……之间 xo^{33}tɕa^{33}go^{33}tɕo^{53}

三　植物

樟树 tʃaŋ^{33}mu^{33}ɕe^{53}

梧桐 tho^{33}tsi^{33}ɕe^{53}

杨树 lju^{53}ɕe^{53}

枫树 ɕe^{53}

白桦 xwaŋ^{31}ɕe^{53}

桑树 bu^{33}ɕe^{53}

椿树 ɕe^{53}

棕树 ɕe^{53}

冷杉一种树种 gu^{31}ɕe^{53}

桉树 ɕe^{53}

槐树 ɕe^{53}

漆树 du^{31}ɕe^{53}

水冬瓜树 ɕe^{53}

青冈栎 ɕe^{53}

万年青 nje^{31}za^{53}ɕe^{53}

树皮 ɕe^{53}ge^{33}pi^{33}

树枝 ɕe^{53}lo^{53}

树干 dʑe^{33}pha^{33}

树梢 ɕe^{53}lo^{53}

根树～ ɕe^{53}me^{33}tsu^{53}

树浆 ɕe^{53}vu^{33}

年轮树的～ ɕe^{53}gu^{33}tɕo^{53}

松球 tho^{33}ɕe^{53}ma^{22}ma^{33}

松针 tho^{33}mu^{31}

松脂 tho^{33}lo^{53}

松香 tho^{33}ʑu^{31}

松包松树枝头上的果实 tho^{33}ɕe^{53}ma^{22}ma^{33}

松明劈成细条的山松，可以点燃照明 tho^{33}ʑiɚ^{33}

桐油 xu^{22}ʑiɚ^{33}

火麻路边长的一种扎人的植物 nda^{31}pu^{31}

荸荠 da^{53}ma^{22}ma^{33}

西瓜 ɕi^{33}ga^{33}

桃核 kha^{33}wu^{33}

葡萄 phu^{31}thao^{31}

樱桃 nju^{33}xu^{53}ma^{22}ma^{33}

枇杷 phi^{31}pha^{53}

壳核桃～ kha^{33}vu^{33}ge^{33}

核儿枣～ kha^{33}vu^{33}ma^{22}ma^{33}

菠萝 po^{33}lo^{31}

香蕉 ɕiaŋ^{33}tɕao^{33}

芭蕉 pa^{33}tɕao^{33}

柠檬 niŋ^{31}meŋ^{31}

柑子 tɕe^{33}li^{53}ma^{22}ma^{33}

橙子 tɕe^{33}li^{53}ma^{22}ma^{33}

山楂 tɕe^{33}ni^{53}la^{53}ba^{31}

无花果 mu^{33}a^{33}li^{33}ma^{22}ma^{33}

果皮统称 ma^{22}ma^{33}ge^{33}pi^{33}

果干晒干了的果实 fu^{22}tʃhu^{53}ma^{22}ma^{33}

杏仁 pi^{31}tɕhi^{31}ma^{22}ma^{33}

葵花子未去壳的 nje^{33}ma^{33}si^{33}

荆藤 dʑe^{22}khe^{53}

瓜蔓 ɕi^{33}ga^{33}dje^{31}dje^{33}

艾草 je^{53}ʒu^{53}

仙人掌 lo^{31}ba^{33}ɕe^{53}

狗尾草 mu^{53}tshu^{31}ʒu^{53}

含羞草 xən^{31}ɕin^{31}tshao^{53}

车前草 khe^{31}ma^{33}ja˞^{22}

草根 ʒu^{53}me^{33}tsu^{53}

青苔 dʒa^{22}pje^{33}

菊花 tɕu^{22}dje^{22}dje^{33}

桂花 phe^{33}kha^{53}dje^{22}dje^{33}

杜鹃花 gi^{53}be^{33}be^{53}

月季花 je^{33}tɕu^{31}dje^{22}dje^{33}

海棠花 vu^{33}ɕa^{31}dje^{22}dje^{33}

水仙花 vu^{33}dje^{22}dje^{33}

鸡冠花 tɕi^{33}dje^{22}dje^{33}

葵花 nje^{33}ma^{33}si^{33}

桃花 so^{22}dje^{22}dje^{33}

茉莉花 mo^{22}dje^{22}dje^{33}

金银花 ɕi^{33}za^{33}dje^{22}dje^{33}

花瓣 dje^{22}dje^{33}pho^{53}

花蕊 dje^{22}dje^{33}go^{33}tɕo^{53}

芦苇 lu^{31}kɚ^{33}tshao^{53}

菖蒲 tshaŋ^{33}phu^{31}

水葫芦 ʃwei^{53}xu^{33}lu^{31}

鸡棕菌 mu^{22}ni^{53}kha^{53}

茶树菇 mu^{22}ni^{53}go^{22}tɕi^{33}

红菌 mu^{33}tɕhi^{33}

黄菌 mu^{33}tɕhi^{33}

松茸 mu^{33}tɕhi^{33}

毒菇 tu^{22}tɕɚ^{22}

笋衣指笋的嫩壳 mi^{33}ko^{31}pa^{33}

瓜子西～ ʒu^{33}ʒu^{33}

籽菜～ tshe^{53}tsi^{31}

莲子 ljən^{31}tsi^{53}

荷叶 xo^{31}je^{31}

薄荷 po^{22}xo^{33}

枸杞 tɕhi^{22}ma^{22}ma^{33}

藠头 tɕao^{22}thɚ^{31}

紫苏 tsi^{53}su^{33}

蒲公英 phu^{22}ka^{33}ʒu^{53}

马蓝 ma^{53}lən^{53}

灵芝 lin^{31}tʃi^{33}

银耳 jin^{33}ɚ^{53}

竹根 mi^{33}me^{33}tsu^{53}

竹节 mi^{33}

竹竿 mi^{33}ka^{31}

柳絮 lju^{53}ɕe^{33}

篾条编篮子的～ mi^{33}

发芽 pje^{33}la

结果 lje^{22}la^{33}

成熟 mje^{22}la^{33}

开花 dje^{22}dje^{33}

吐须 ɕi^{33}phje^{22}

凋谢 dje^{22}ʒo^{53}

粮食统称 pha^{33}

种子 jəu^{31}

秧植物幼苗的统称 dʑa^{53}

稻穗 na^{22}

抽穗 na^{31}

大米脱粒后的 tʃhe^{53}kha^{53}

小米脱粒后的 tʃhe^{53}go^{22}tɕi^{33}

糯米 lo^{22}tʃhe^{53}

红米 tʃhe^{53}nju^{33}xu^{53}

秕谷 dʑa^{53}ko^{31}pha^{33}

稗子 ji^{33}

糠 mu^{31}khe^{33}

粟 me^{31}

玉米苞玉米棒子 ji^{22}me^{31}

玉米秆 ji^{22}me^{31}kho^{53}kho^{31}

玉米须 ji^{22}me^{31}la^{53}

青稞 ʃa^{33}tɕhu^{33}

燕麦 ʃa^{33}tɕhu^{33}

荞麦 je^{31}

苦荞 je^{31}

麦芒 me^{53}dʑu^{31}

麦穗 me^{53}dʑa^{31}na^{22}

麦茬麦秆割过余下的部分 me^{33}tso^{53}

荞花 je^{31}dje^{22}dje^{33}

荞壳 je^{31}ko^{31}pa^{33}

苎麻 tsi^{33}

蓖麻 nda^{31}pu^{31}

豆子统称 tu^{22}

豆秸 mo^{22}ma^{33}

豆芽 tu^{22}lje^{31}

四季豆 pje^{33}tu^{53}

豆苗豆类的幼苗 tu^{22}ba^{33}

扁豆 tu^{22}tje^{31}

冬瓜 ɕi^{33}ga^{33}

苦瓜 ɕi^{33}kha^{22}

青菜 ji^{33}na^{33}nje^{31}za^{53}

菜花一种蔬菜 ji^{33}na^{33}dje^{22}dje^{33}

空心菜 ko^{31}ba^{33}ji^{33}na^{33}

苋菜 tɕe^{22}ji^{33}na^{33}

蕨菜 tɕa^{33}wu^{33}

荠菜 tɕi^{22}ji^{33}na^{33}

卷心菜所有菜心卷起来的菜的，统称 ve^{33}tɕo^{33}ji^{33}na^{33}

苦菜 kha^{33}ji^{33}na^{33}

百合蔬菜 ve^{33}tɕo^{33}ji^{33}na^{33}

蒜苗 fu^{22}tsi^{53}kha^{53}

青椒 xo^{22}tɕo^{33}

红椒 xo^{22}tɕo^{33}nju^{33}xu^{53}

干辣椒 xo^{22}tɕo^{33}fu^{22}tʃhu^{53}

春笋 mi^{33}za^{22}za^{33}

冬笋 mi^{33}za^{22}za^{33}

笋壳 mi^{33}ka^{33}

笋干 mi^{33}fu^{22}tʃhu^{53}

萝卜干 la^{53}ba^{31}fu^{22}tʃhu^{53}

萝卜缨子 la^{53}ba^{31}vu^{53}dʑu^{31}

根茎菜的～ ji^{33}na^{33}tsa^{33}

四　动物

野兽 je^{53}ʃəu^{31}

狮子 si^{33}ge^{33}

豹 ʑe^{31}phu^{33}

大熊猫 ɕoŋ^{53}mɚ^{33}

狗熊 khi^{33}ba^{33}

熊掌 ɕoŋ^{53}tʃaŋ^{53}

熊胆 ɕoŋ^{53}tan^{53}

野猪 ba^{33}vo^{31}

獒藏～，狗的一种 khi^{53}ni^{31}

豺狗 ɕe^{53}khi^{33}

豪猪 ba^{33}vo^{31}

鹿总称 lu^{31}tsi^{53}

鹿茸 lu^{31}zoŋ^{31}

麂子 ni^{53}

狐狸 xu^{31}li^{31}

狼 ʑe^{31}phu^{33}

黄鼠狼 vu^{53}xaɚ^{25}

穿山甲 ba^{33}la^{31}

水獭 vu^{33}mu^{22}ni^{33}

旱獭土拨鼠 fu^{22}tʃhu^{53}mu^{22}ni^{33}

野牛 ba^{33}nju^{31}

牦牛 bu^{33}

挤～牛奶 tʃha^{53}

骆驼 lo^{31}tho^{31}

驼峰 tho^{31}feŋ^{33}

大象 ta^{22}ɕaŋ^{22}

象牙 ɕaŋ^{22}ja^{31}

象鼻 ɕaŋ^{22}nja^{22}ku^{53}

松鼠 soŋ^{33}vu^{53}

金丝猴 mi^{53}ni^{22}

啄木鸟 ɕe^{53}to^{33}to^{33}

布谷鸟 ku^{53}pu^{33}

斑鸠 ba^{33}ŋo^{33}tɕi^{33}

燕子 ja^{33}ŋo^{33}tɕi^{33}

野鸡 ba^{33}vo^{53}

老鹰 kho^{22}ma^{31}

鹰爪 kho^{22}ma^{31}lo^{31}ba^{33}

猫头鹰 ʒu^{22}mu^{53}ba^{22}tshi^{33}

孔雀 tʃha^{53}tʃha^{31}

鹦鹉 ŋo^{33}tɕi^{33}go^{22}tɕi^{33}

画眉鸟 xua^{22}miɚ^{33}

白鹤 ja^{33}ŋo^{33}tɕi^{33}

鹌鹑 dʑa^{53}ŋo^{33}tɕi^{33}

鸟蛋 tɕhe^{31}go^{22}tɕi^{33}

鸟笼 ŋo^{33}tɕi^{33}ʃa^{31}

鸳鸯 je^{33}jaŋ^{33}

鱼鹰鸬鹚 ʑu^{33}ko^{33}le^{33}

麝 tʃaŋ^{31}tsi^{53}

麝香 ʃe^{31}ɕaŋ^{33}

野兔 ba^{33}mi^{22}

毒蛇 vu^{33}pha^{53}

蟒蛇 vu^{33}pha^{53}

水蛇 vu^{33}pha^{53}

眼镜蛇 vu^{33}pha^{53}

菜花蛇 vu^{33}pha^{53}

竹叶青一种毒蛇 vu^{33}pha^{53}

蛇皮 vu^{33}pha^{53}ge^{33}

七寸 nje^{22}lju^{53}

蛇胆 vu^{33}pha^{53}gi^{22}

蛇洞 vu^{33}pha^{53}ku^{22}ku^{33}

刺猬 tshi^{31}vei^{31}

田鼠 ba^{33}vu^{53}

母老鼠母的家鼠 da^{53}vu^{53}

蜥蜴 tɕhu^{53}tɕhu^{31}

壁虎 tɕhu^{53}vu^{33}pha^{53}

蜈蚣 kaɚ^{25}

蝎子 tɕhu^{53}ɕi^{33}

头虱 ʃa^{22}ma^{33}

虮子虱卵 ʃe^{31}khe^{33}tɕi^{53}

蟑螂 tʃaŋ^{33}laŋ^{31}

蝗虫蚱蜢 me^{31}tʃa^{33}

螳螂 tɕhu^{53}tɕhu^{31}

蟋蟀蛐蛐 bi^{31}dʑi^{33}kaɚ^{25}

蚕丝 bi^{31}dʑi^{33}ʃa^{31}

蚕蛹 tshan^{31}go^{22}tɕi^{33}

地蚕土壤里吃土豆、花生的虫子，色白，状似蚕 bi^{31}ji^{33}

蜂总称 bi^{31}

蜂窝 bi^{31}ʃa^{31}

蜂王 bi^{31}ɕe^{53}pha^{31}

蜂箱 bi^{31}mu^{53}

蜂蜡 mi^{22}ɚ^{25}

飞蛾 be^{53}tɕe^{31}

萤火虫 bi^{31}dʑi^{33}

白蚁 bɚ^{53}pu

蚁窝 bɚ^{53}ʃa^{31}

蚁蛋 bɚ^{53}tɕe^{33}

田蚂蟥 bi^{31}dʑi^{33}

山蚂蟥 bi^{31}dʑi^{33}

牛虻 bi^{31}dʑi^{33}

蠓墨蚊 bi^{31}dʑi^{33}

臭虫 bi^{31}dʑi^{33}ji^{31}na^{33}

毛毛虫 mu^{31}bi^{31}dʑi^{33}

蛔虫肚子里的 bi^{31}dʑi^{33}

肉蛆 bi^{31}dʑi^{33}

屎蛆 bi^{31}dʑi^{33}

滚屎虫屎壳郎 tshi^{33}bi^{31}dʑi^{33}

绿头蝇 bi^{31}dʑi^{33}

蜘蛛网 tʃe^{31}tʃu^{33}ʃa^{31}

织网蜘蛛～ tʃo^{31}ʃa^{31}

乌龟 vu^{33}kwei^{33}

蟹夹蟹螯 ɕe^{31}tɕa^{31}

蜗牛 vo^{33}nju^{31}

蚌 tɕe^{33}ko^{31}pha^{33}

田螺 thjɛn^{31}lo^{31}

海螺 xai^{53}lo^{31}

蝌蚪 pa^{33}ma^{53}ji^{22}tɕa^{33}

黄鳝 ŋo^{22}tɕi^{53}

泥鳅 ŋo^{22}tɕi^{53}

金鱼 ʑu^{33}

带鱼 ʑu^{33}

鲈鱼 ʑu^{33}

娃娃鱼鲵 ʑu^{33}

白鳝鳗鲡 ʑu^{33}

鱼鳍鱼翅膀 ʑu^{33}du^{33}ka^{53}

鱼刺 ʑu^{33}ju^{53}ku^{31}

鱼子鱼卵 ʑu^{33}tɕe^{33}

鱼苗 ʑu^{33}me^{22}me^{33}

鱼饵 ʑu^{33}nju^{31}

鱼鳔 ʑu^{33}bɚ^{25}

鱼鳃 ʑu^{33}nju^{31}

剖鱼 ʑu^{33}pho^{53}

钓鱼竿 ʑu^{33}ko^{31}ka^{33}

皮子总称 ge^{33}

毛总称 mu^{31}

羽毛 va^{33}mu^{31}

角动物身上长的 ʒe^{33}

蹄子统称 gu^{53}du^{31}khe^{33}ɚ^{33}

发情动物～ ko^{22}ko^{33}

产崽动物～ ba^{31}la^{33}

开膛剖开宰杀动物的腹部 pho^{22}

交尾 ma^{22}ma^{53}

蝉脱壳 ʒa^{33}ʒa^{33}

水牛 vu^{53}nju^{31}

黄牛 nju^{53}ma^{31}

公牛阉过的 pha^{53}

牛犊 nju^{31}ʑi^{33}

牛角 nju^{31}ʒe^{33}

牛皮 nju^{31}ge^{33}

牛筋 nju^{31}za^{33}

牛垂皮黄牛颈项垂下的～ nju^{31}mje^{22}la^{53}

牛打架 ja^{31}ja^{331}tɕhe^{53}

牛反刍 ʒu^{53}ʁa^{31}

公马 mo^{31}pha^{53}

母马 mo^{31}ma^{53}

马驹 mo^{31}ʑi^{33}

马鬃 me^{31}pu^{53}mo^{31}

绵羊 jo^{33}

山羊 ba^{33}tɕhe^{53}

公羊 jo^{33}pha^{53}

母羊 jo^{33}ma^{53}

羊羔 jo^{33}ʑi^{33}

羊毛 jo^{33}mu^{31}

羊皮 jo^{33}gi^{33}

公驴 mo^{31}pha^{53}

母驴 mo^{31}ma^{53}

看家狗 jo^{33}khi^{53}ni^{31}

哈巴狗 khi^{53}ni^{31}tɕa^{22}

猎狗 ni^{53}ta^{22}khe^{33}

疯狗 khi^{53}vo^{22}zo^{33}

狗窝 khi^{33}ʃa^{31}

冠鸡～ vo^{53}bi^{22}bi^{53}

鸡崽 vo^{53}tɕi^{33}ji^{22}tɕa^{33}

鸡爪 vo^{53}lo^{31}ba^{33}

鸡屎 vo^{53}tshi^{33}

鸡胗 vo^{53}ge^{53}ma^{31}

蛋壳 vo^{53}tɕe^{33}ko^{31}pa^{33}

蛋清 vo^{53}tɕe^{33}vu^{33}

蛋黄 vo^{53}tɕe^{33}xaɚ^{25}

鸡内金 vo^{53}tɕe^{33}xaɚ^{25}

嗉囊 pha^{33}dzo^{22}bu^{22}lju^{53}

脚蹼鸭子的 e^{33}lo^{31}ba^{33}

蜕皮 gi^{33}ka^{33}

叮蚊子～ kha^{31}

蜇蜂子～ kha^{31}

爬虫子～ be^{33}be^{33}

叫牛～ ʒa^{31}

五　房舍器具

楼房 ʃa^{33}ja^{33}

木板房 ɕe^{53}phje^{33}ja^{33}

砖瓦房 tsa^{33}ja^{33}

碓房 go^{33}lo^{33}ja^{33}

磨坊 ʒo^{31}tho^{33}ja^{33}

仓库 tsha^{33}ja^{33}

棚子 pheŋ^{53}pheŋ^{33}tshu^{31}

草棚 ʒu^{53}ja^{33}

窑炭～ gu^{33}lo^{33}tso^{53}

碉楼 mo^{33}ja^{33}

山寨 ba^{33}pu^{33}ke^{53}

屋檐 ja^{33}wa^{31}

屋顶 ja^{33}khɯ^{53}

梁 ja^{33}dʑe^{33}pha^{33}

椽子 ja^{33}ɕe^{53}phe^{33}

立柱房屋中间的主要支柱 dʑe^{33}pha^{33}tɕa^{22}

榫头 ʑu^{22}ʑo^{33}

门 dʑa^{53}pu

寨门 dʑa^{31}xa^{33}dʑa^{53}pu

门口 dʑa^{53}va^{22}

闩门～ dʑa^{53}va^{22}

篱笆竹木条～ mi^{53}
栏杆 ɕe^{53}dʑe^{33}pha^{33}
桩子 ɕe^{53}me^{33}tsu^{53}
级楼梯的～ tɕe^{33}le^{33}
木料 ɕe^{53}phe^{33}
圆木 ʑe^{33}pha^{33}
板子 ɕe^{53}phje^{33}
墙板 ɕe^{53}phje^{33}
楼板 ɕe^{53}phje^{33}
木板 ɕe^{53}phe^{33}
天花板 ɕe^{53}phje^{33}
门板 ɕe^{53}phje^{33}
墙壁 dʑa^{31}xa^{33}
围墙 dʑa^{31}xa^{33}
砌墙 dʑa^{31}xa^{33}tshu^{31}
砖墙 dʑa^{31}xa^{33}
土墙 ju^{22}khɯ^{53}dʑa^{31}xa^{33}
城墙 dʑa^{31}xa^{33}
石墙 lju^{53}dʑa^{31}xa^{33}
房间 ja^{53}ku^{31}
外间 ja^{33}ki^{33}
里间 ko^{22}ke^{33}pha^{33}
箱子统称 ka^{33}tsi^{53}
木箱 ɕe^{53}phe^{33}ka^{33}tsi^{53}
皮箱 ge^{33}ka^{33}tsi^{53}
衣柜 ka^{33}tsi^{53}
饭桌 la^{31}tɕe^{33}pu
小板凳 pa^{33}de^{53}go^{22}tɕi^{33}
棕垫棕树纤维做的床垫 tsuŋ^{33}tjɛn^{31}
电视 tjɛn^{31}ʃi^{31}
冰箱 piŋ^{33}ɕjaŋ^{33}
洗衣机 ɕi^{53}ji^{33}tɕi^{33}

电灯 ma^{22}mi^{33}
灯泡 ma^{22}mi^{33}
电线 tjɛn^{31}ɕɛn^{31}
开关 khai^{33}kwan^{33}
油灯 ʑiɚ^{33}ma^{22}mi^{33}
灯罩油灯的～ teŋ^{33}tʃau^{31}
灯芯 ma^{22}mi^{33}khu^{53}
灯花烧过的灯芯 ma^{22}mo^{33}
灯笼 teŋ^{33}loŋ^{31}
松明灯 soŋ^{33}miŋ^{31}teŋ^{33}
电池 tjɛn^{31}tʃhi^{53}
钟敲～ tʃoŋ^{33}
盆洗脸～ khu^{53}
镜子 mi^{53}njo^{33}lo^{31}ba^{33}
风箱 me^{53}
篮子 bu^{33}lju^{53}
瓜果盘专用于盛放瓜果的 ga^{31}
背篓背小孩儿的～ pei^{53}təu^{33}
袋子装粮食的～ tɕha^{31}tɕhu^{33}
麻袋 tɕha^{31}tɕhu^{33}
钩子挂东西用的 ɕe^{33}
抹布 tɕhu^{53}pu
手纸便后用的～ ʃa^{33}wu^{33}
蓑衣 va^{53}dʑu^{31}ve^{22}le^{33}
斗笠 mi^{33}lju^{53}
雨衣 va^{53}dʑu^{31}ve^{22}le^{33}
炉子 mi^{53}dʑu^{31}tso^{53}
吹火筒 bu^{53}bu
火钳 ʃa^{33}tɕhi^{33}
铁锅 ge^{31}
铝锅 ʒo^{31}ko^{33}
砂锅 tsa^{33}gu^{53}

小锅 ge^{31}go^{22}tɕi^{33}

锅盖 ge^{31}xa^{33}

锅垫圈 ge^{31}xa^{33}

三角架柴火灶的～ mi^{31}gu^{53}so^{33}

锅铲 ʃa^{31}tɕho^{53}

丝瓜瓤 ɕo^{33}tsha^{31}

刷子统称 ɕo^{33}tsha^{31}

锅刷 ɕo^{33}ɕo^{33}tsha^{31}

调羹 ju^{53}thu^{31}

勺子盛汤、盛饭用的，统称 ju^{53}thu^{31}

木勺子 ju^{53}thu^{31}

饭勺 ʒo^{31}ko^{33}jo^{31}ma^{33}

砧板 ta^{33}pa^{33}

饭碗 khu^{53}

大碗 khu^{53}kha^{53}

小碗 khu^{53}go^{22}tɕi^{33}

木碗 ɕe^{53}khu^{53}

筷子筒 dʒo^{33}ko^{33}bu^{22}lju^{53}

盘子大的 ga^{33}ma^{33}

碟子小的 ga^{33}ma^{33}go^{22}tɕi^{33}

刀总称 me^{53}tho^{31}

尖刀 gi^{33}me^{53}tho^{31}

刀刃 tɕho^{53}

缺口刀刃上坏掉缺少的一块 tɕi^{53}du^{31}ka^{33}po^{31}

刀面 me^{53}tho^{31}pje^{33}ma^{33}

刀背 me^{53}tho^{31}va^{33}gu^{33}

刀鞘 me^{53}tho^{31}ja^{33}

柴刀 ɕe^{53}va^{33}tsi^{33}

磨刀石 ɕu^{33}lju^{53}

瓦罐 ko^{53}tsi^{31}

杯子统称 tʃu^{33}tʃu^{33}

玻璃杯 mi^{53}njo^{33}tʃu^{33}tʃu^{33}

酒杯 vu^{53}tʃu^{33}tʃu^{33}

茶杯 dʒɚ^{25}tʃu^{33}tʃu^{33}

蒸笼 ko^{33}khu^{53}

笼屉 ko^{33}khu^{53}

箅子 kho^{31}phi^{53}

甑子 ʒo^{31}khu^{53}

捞箕笊篱 ʒo^{31}dza^{31}tɕho^{53}

烧水壶 vu^{33}tɕha^{53}ge^{22}

臼窝 tɕu^{33}khu^{53}

碓杵 tɕu^{33}lju^{53}

工具统称 za^{31}lju^{31}

铁锤 ʃa^{33}ka^{53}ta^{31}

锯子 za^{31}za^{33}

推刨 ɕe^{53}lju^{53}

钻子 ʃa^{33}tɕhu^{33}

凿子 ɕe^{53}tɕhu^{33}

墨斗 ɕe^{53}ju^{53}khu^{53}

尺子 ʑu^{53}ka^{31}

铁丝 ʃa^{33}dʑe^{31}khe^{33}

纺车 du^{31}tɕe^{33}

织布机 tʃi^{31}pu^{31}tɕi^{33}

纺线 ʑu^{53}

梭子 dʒo^{31}ɕe^{53}phje^{33}

针眼 ʁa^{31}ku^{22}ku^{33}

顶针 lo^{31}khu^{33}

枪 tʃhu^{53}

子弹 tʃhu^{53}ʒu^{33}

子弹头 ʒu^{33}ʒu^{33}vu^{53}dʑu^{31}

子弹壳 ʒu^{33}ʒu^{33}ko^{31}pha^{33}

土铳火枪 mi^{33}tʃhu^{53}

炮 pe^{31}

长矛 gi^{33}

弓箭弓与箭的统称 khu^{31}la^{33}ki^{33}

弓 khu^{31}la^{33}

箭 ki^{33}

毒箭 ki^{33}

箭绳弦 ɕe^{33}

马笼头 mo^{31}tɕhe^{31}pu^{33}

马嚼子 mo^{31}kha^{31}jo^{31}ku^{33}

马鞭 mo^{31}bu^{33}

马鞍 mo^{31}ʁa^{53}tʃha^{31}

脚蹬马鞍上的～ ʁa^{53}tʃha^{31}gu^{22}

前鞧固定马鞍用的～ mo^{31}tɕha^{31}pu^{33}

后鞧固定马鞍用的～ mo^{31}a^{33}mu^{53}

缰绳 mo^{31}pu^{33}ka^{31}

缝纫机 mo^{31}ga^{31}ji^{33}

箍桶～，名词 lo^{31}ka^{31}mi^{33}

柴草枝叶柴 ɕe^{31}kheɚ^{33}

锉子 ʒa^{31}ʒa^{33}ɕo^{33}

槌子 ɕe^{53}pa^{33}pa^{33}

锥子 la^{31}me^{33}

车轴风车或独轮车的 go^{22}dʑo^{33}ju^{53}ku^{31}

铃打～ tsho^{33}lo^{33}

蒲团 ʒu^{53}ga^{31}ni^{31}

手表 lo^{31}ko^{33}da^{53}xa^{33}

眼镜 jo^{33}mi^{53}njo^{33}

扇子 me^{53}lo^{31}ba^{33}

拐杖 ta^{53}ta^{31}tu^{33}

篦子用来篦虱子用的～ ʃe^{53}ka^{31}

钱包 ma^{33}dʒe^{53}

大烟罂粟 je^{33}kha^{53}

烟头 je^{33}mu^{53}tshu^{31}

烟灰 je^{33}khu^{31}la^{33}

烟丝 je^{33}si^{33}

烟斗 je^{33}ka^{33}

水烟筒 vu^{33}je^{33}ka^{33}

烟嘴 je^{33}ka^{33}mu^{53}tshu^{31}

烟锅 je^{33}ka^{33}

竹签 mi^{33}za^{22}za^{33}

水桶 vu^{33}lo^{31}thu^{31}

洗衣粉 ve^{22}le^{33}tshi^{33}zi^{31}

花瓶 dje^{22}dje^{33}ko^{53}tsi^{31}

花盆 dje^{22}dje^{33}khu^{53}

刀架放刀的木架 me^{53}tho^{31}ja^{33}

刨花 ɕe^{53}ju^{53}gi^{33}

锯末 ɕe^{53}khu^{31}la^{33}

水磨 ʒo^{31}tho^{33}

筲箕 ʒo^{31}tsha^{31}bu^{31}ge^{33}

磨盘 ʒo^{31}tho^{31}

磨眼儿 ʒo^{31}tho^{33}ku^{22}ku^{33}

小钢磨 la^{22}tha^{33}ʃa^{33}tɕhi^{33}

老虎钳 la^{22}pha^{33}ʃa^{33}tɕhi^{33}

推剪 tsa^{22}ʃa^{33}tɕhi^{33}

剃头刀 tsa^{22}me^{53}tho^{31}

剃须刀 mje^{31}khu^{31}me^{53}tho^{31}

棉被 xa^{33}xa^{33}pu

被里 ko^{22}ke^{31}

被面儿 no^{53}pho^{53}

毯子 ja^{53}kho^{33}bu

枕巾 vu^{53}dʑu^{31}ʁa^{31}

枕芯 va^{31}kho^{33}pu

水池洗碗或涮墩布的池子 vu^{53}ga^{33}

沉淀物澄清后沉在底层的东西 vu^{53}njo^{31}

大刀 va^{33}dzi^{33}

小刀 va^{33}dzi^{33}go^{22}tɕi^{33}

匕首 ʃa^{33}go^{22}tɕi^{33}

铁箍 vu^{33}lo^{31}khu^{33}

门帘 dʑa^{53}vu^{33}ʒa^{33}

火镰 tʃo^{33}ma^{33}

炭火盆 mi^{31}tha^{33}ka^{33}

瓶塞儿 ko^{53}tsi^{33}mu^{53}

水碓 vu^{33}tɕhu^{33}mu^{53}

木臼 ɕe^{53}tɕhu^{33}mu^{33}

水碾 tsho^{33}tha^{33}ja^{33}

拖拉机 tho^{33}la^{33}tɕi^{33}

驮架 ʁa^{53}tʃha^{31}

靠背椅～ kho^{33}ja^{53}

牙刷 ɕe^{53}ma^{31}tshi^{33}ɕo^{33}ɕo^{33}

牙膏 ɕe^{53}ma^{31}ʑi^{33}ɚ^{33}

收音机 ʃəu^{33}jin^{33}tɕi^{33}

手机 ʃəu^{53}tɕi^{33}

飞机 fei^{33}tɕi^{33}

六　服饰饮食

布总称 vu^{33}ʒa^{33}

棉布 vu^{33}ɚ^{53}ʒa^{33}

麻布 mo^{31}vu^{33}ʒa^{33}

灯芯绒灯草绒条绒 teŋ^{33}tshao^{53}ve^{22}le^{33}

线总称 dʑe^{31}khe^{33}

毛线 mu^{31}dʑe^{31}khe^{33}

棉线 dʑe^{31}khe^{33}

麻线 tsi^{33}dʑe^{31}khe^{33}

线团 dʑe^{31}khe^{33}da^{31}le^{33}

绸子 si^{33}vu^{33}ʒa^{33}

皮革 gi^{33}

皮袄 gi^{33}be^{22}tɕhe^{33}

上衣 be^{22}tɕhe^{33}

内衣 ko^{22}be^{22}tɕhe^{33}

夹袄 lju^{33}kwa^{53}

外衣 nu^{53}ve^{22}le^{33}

单衣 ve^{22}le^{33}ba^{31}

长袖 lo^{31}tsu^{33}khe^{31}

夹衣 lju^{33}kwa^{53}

短袖 lo^{31}tsu^{33}tɕe^{53}tɕe^{31}

扣眼 tʃu^{33}tʃu^{33}a^{33}ba^{33}

袖口 lo^{31}tsu^{33}nu^{53}

衣襟 be^{22}tɕhe^{33}ka^{31}ŋo^{33}

大襟 be^{22}tɕhe^{33}ka^{31}ŋo^{33}kha^{53}

小襟 be^{22}tɕhe^{33}ka^{31}ŋo^{33}go^{22}tɕi^{33}

裙子 ja^{31}tshi^{33}bo^{31}

绣花名词 dje^{22}dje^{33}ga^{31}

花边 dje^{22}dje^{33}ŋo^{53}

领子 be^{22}tɕhe^{33}ɕu^{31}

衣袋 ma^{31}dʒa^{53}

内裤 ja^{31}tshi^{33}tɕe^{53}tɕe^{31}

裤裆 ja^{31}tshi^{33}tɕe^{31}

布鞋 vu^{33}ɚ^{33}ʑi^{33}

靴子 ʑi^{33}xe^{22}

草鞋 ʒu^{53}ve^{53}na^{31}

皮鞋 gi^{33}ʑi^{33}

胶鞋 nu^{53}ʑi^{33}

鞋底 ʑi^{33}tɕe^{31}

鞋后跟 ga^{31}sa^{33}

鞋带 ʑi^{33}tɕa^{31}xa^{33}

草帽凉帽 ʒu^{53}mu^{53}

皮帽 gi^{33}mu^{53}

棉帽 vu^{33}ɚ^{33}bu^{53}

手套 lo^{31}ko^{33}khu^{31}

腰带 tɕa^{31}xa^{33}

围腰帕 du^{33}ka^{53}

绑腿兵～ ko^{22}tʃi^{33}

带子统称 dʑe^{31}khe^{33}phu^{53}

头巾 ku^{22}ku^{53}vu^{33}ɚ^{33}

头绳 dʑe^{31}khe^{33}tsa^{31}phu^{53}

镯子 lo^{31}gu^{33}

耳环 nje^{33}tsa^{33}

项链 mje^{22}pu^{33}kho^{31}

珠子 tʃu^{33}tʃu^{33}khu^{31}

粉化妆用的 mi^{53}

食物总称 za^{31}gu^{33}dʑi^{31}

肉总称 ʃe^{33}

肥肉 ʃe^{33}phje^{33}

瘦肉 ʃe^{33}no^{31}dʑi^{53}

肉皮指猪、牛、羊等可食用的 ʃe^{33}gi^{33}pi^{33}

排骨 ju^{53}ku^{31}

剔骨头 ju^{53}ku^{31}ka^{33}

扣肉 xa^{33}xa^{33}ʃe^{33}

腊肉 ʃe^{33}gu^{53}

熏腊肉 ʃe^{33}gu^{53}ko^{33}ʃe^{33}

五花肉 dje^{22}dje^{33}ʃe^{33}

炖肉 tɕo^{22}ʃe^{33}

坨坨肉一块一块的肉 ka^{53}ta^{31}ʃe^{33}

猪腰子 vo^{31}ma^{22}ma^{33}

锅巴 ko^{33}pa^{33}

粉丝细条～ kwa^{33}mi^{53}

米线米粉 mi^{53}ɕa^{31}

粉条粗条～ fen^{53}thəu^{31}

粉皮片状的 fen^{53}ko^{31}pa^{33}

面片儿 ka^{53}ta^{31}

粑粑 je^{31}ga^{22}khu^{33}

烧饼 ʃa^{33}ga^{22}khu^{33}

月饼 ʃa^{33}ga^{22}khu^{33}

素菜 ji^{33}na^{33}

荤菜 ʃe^{33}ji^{33}na^{33}

咸菜 tɕhi^{33}ji^{33}na^{33}

酸菜 ji^{33}na^{33}tɕe^{22}

豆豉 tu^{22}ma^{22}ma^{33}

汤总称 vu^{33}

米汤 tʃhɚ^{53}

肉汤 ʃe^{33}vu^{33}

菜汤 ji^{33}na^{33}vu^{33}

舀汤 ji^{33}na^{33}vu^{33}ku^{33}

豆腐干 tu^{22}dʑi^{53}no^{22}ba^{33}

面筋 kwa^{33}mi^{53}ba^{33}

糖总称 ʃa^{22}bi^{31}

白糖 ʃa^{22}bi^{31}ve^{33}tɕo^{33}

冰糖 ʃa^{22}bi^{31}go^{31}

红糖 ʃa^{22}bi^{31}xaɚ^{25}

瓜子儿 nje^{33}ma^{33}si^{33}

茶总称 dʒəɚ^{25}

浓茶 nu^{31}dʒəɚ^{25}

油总称 ʑiɚ^{33}

板油 vo^{31}ʑu^{31}phu^{33}

猪油炼过的 vo^{31}ʑu^{31}phu^{33}

油渣 ʑu^{31}pje^{33}

菜籽油 tshe^{53}tsi^{31}ʑi^{33}ɚ^{33}

芝麻油 tʃi^{33}ma^{31}ʑi^{33}ɚ^{33}

花生油 xwa^{33}seŋ^{33}ʑi^{33}ɚ^{33}

八角 pa^{31}ko^{31}

桂皮 kwei^{22}phi^{53}

花椒 tʃha^{22}

胡椒面儿 xu^{31}tɕau^{33}

豆腐渣 tu^{22}pje^{33}

面糊 dʒo^{33}dʒo^{33}

麻花 ma^{31}tsa^{33}

酥油茶 su^{33}jəu^{31}dʒəɚ^{25}

牛奶 nju^{31}bi^{31}

酒总称 vu^{53}

蛇胆酒 vu^{33}pha^{53}gi^{33}vu^{53}

酒曲 vu^{53}zi^{31}

冷水 va^{33}va^{33}vu^{33}

蒸饭 ʒo^{31}ko^{33}

夹生饭 mje^{22}ma^{53}mje^{22}ʒo^{31}

白饭 ʒo^{31}ve^{33}

硬饭 kho^{53}tɕo^{31}

软饭 ʒo^{31}bje^{31}ka^{31}

碎米 tʃhe^{53}me^{22}me^{33}

咸蛋 kha^{53}vo^{31}tɕe^{33}

寡蛋孵不出小鸡的蛋 vo^{31}tɕe^{33}ma^{31}du^{53}

粽子 ge^{31}tʃhe^{53}ka^{53}ta^{31}

凉粉 tʃhe^{53}tu^{22}dʑi^{53}

搅团一种用玉米、荞麦面做的糊糊 dʒo^{33}dʒo^{33}du^{53}

七　身体医疗

身体统称 ge^{53}ma^{31}

个头 mo^{33}

皮肤 gi^{33}

皱纹 gi^{33}nju^{31}

肌肉人的 tɕi^{33}ʒəu^{31}

血液 ʃu^{33}

骨头 ju^{53}ku^{31}

骨髓 tɕhu^{53}tɕhu^{31}

肋骨 nɚ^{33}pu

脊椎 va^{33}gu^{33}tsa^{33}

头盖骨 vu^{53}dʑu^{31}

肩胛骨 va^{33}ba^{33}

踝骨 gu^{53}da^{31}si^{33}

内脏统称 khu^{31}tʃha^{33}ve^{53}ni^{31}

心 ni^{22}ma^{53}

肝 ɕe^{53}phu^{31}

脾 ɕe^{31}

肺 tshe^{22}

肾腰子 ma^{22}ma^{33}

胃 ɕe^{33}kha^{31}ma^{31}tɕho^{53}

胆 ɕe^{53}phu^{31}ki^{33}

筋 tsa^{33}

脉 tsa^{33}

血管 ʃu^{33}pu^{33}

肠子 ve^{53}ni^{31}

大肠 ve^{53}ni^{31}kha^{53}

小肠 ve^{53}ni^{31}go^{22}tɕi^{33}

发髻 tsa^{22}ɕu^{33}ɕu^{33}

头顶 vu^{53}dʑu^{31}khɯ^{53}

头旋脑旋 vu^{53}dʑu^{31}ɕaɚ^{22}

脑髓 no^{31}

后脑 mje^{22}pu^{33}

囟门 ne^{22}zi^{33}

白发 tsa^{22}ve^{33}tɕo^{33}

鬓角 me^{33}ʒu^{53}tsa^{22}

睫毛 mi^{53}mu^{31}

气管 so^{22}ka^{31}

食道 mje^{22}ko^{33}

喉结 mje^{22}ku^{33}tu^{53}

酒窝 tɕəu^{53}vo^{33}

颧骨 pje^{33}ju^{53}

太阳穴 nje^{22}zi^{33}

眼皮 mi^{53}si^{31}ko^{31}pha^{33}

单眼皮 mi^{53}si^{31}za^{22}

双眼皮 mi^{53}si^{31}za^{22}

眼角 mi^{53}dʑe^{22}du^{33}

眼白 mi^{53}ve^{33}tɕo^{33}

眼屎 mi^{53}tshi^{33}

耳孔 njeɚ^{25}puku^{22}ku^{33}

耳垂 njeɚ^{25}ka^{31}

耳屎 njeɚ^{25}tshi^{33}

痰 tshe^{31}kha^{53}

鼻孔 nja^{22}ku^{53}ku^{22}ku^{33}

鼻尖 nja^{22}ku^{53}tɕho^{53}

鼻梁 nja^{22}va^{33}gu^{33}

鼻毛 nja^{22}mu^{31}

鼻屎 nja^{22}tshi^{33}

门牙 kha^{33}pi^{33}ɕe^{53}ma^{31}

犬齿 ɕe^{53}ma^{31}nja^{53}

臼齿 ɕe^{53}ma^{31}kha^{53}

齿龈 ɕe^{53}ma^{31}me^{33}tsu^{53}

牙缝 ɕe^{53}ma^{31}ku^{22}ku^{33}

牙垢 ɕe^{53}ma^{31}tshi^{33}

假牙 ɕe^{53}ma^{31}ma^{31}dje^{53}

小舌 je^{53}go^{22}tɕi^{33}

舌尖 je^{33}tɕhu^{53}

兔唇 ja^{31}ki^{53}

人中 nja^{31}pi^{53}

络腮胡 kha^{33}pi^{33}tɕho^{53}

八字胡 pje^{33}ma^{33}mu^{31}

乳头女性的 bi^{31}bi^{31}kha^{33}pi^{33}

乳汁 bi^{31}vu^{33}

胸脯 ɕe^{53}kha^{31}

腰 dʑu^{31}

小腹 do^{33}pha^{33}go^{22}tɕi^{33}

手心 lo^{31}ba^{33}

手背 lo^{31}va^{33}

手茧子 lo^{31}ko^{31}ba^{33}

手腕 lo^{31}khu^{31}la^{33}

汗毛 dzi^{31}mu^{31}

汗毛孔 mu^{31}be^{53}

粉刺脸上的～ ka^{53}ta^{31}dʒi^{31}

痱子 tʃha^{31}khu^{33}

指纹 lo^{33}dzi^{33}

虎口 lo^{31}ja^{33}

倒刺指甲下方翘起的小皮 lo^{31}gi^{33}ka^{33}

腋窝 ja^{53}wa^{31}

腿肚子 da^{31}si^{33}pje^{33}

腘窝大腿和腿肚子中间的弯曲处 gu^{53}khu^{31}la^{33}

脚心 gu^{53}lo^{31}ba^{33}

脚趾 lo^{33}ni^{33}pha^{33}

脚印 gu^{53}vɚ^{33}

响屁 tshi^{33}mo^{53}pe^{33}

闷屁 tshi^{33}ma^{53}pe^{33}

稀屎 vu^{33}tshi^{33}

膀胱尿泡 ɕu^{31}ɕu^{33}

子宫 ji^{22}tɕa^{33}bu^{22}lju^{53}

阴道 ji^{22}tɕa^{33}ba^{31}

阴毛 je^{33}mu^{31}

睾丸 ɕu^{31}ɕu^{33}

汗 dzi^{31}

汗垢 dzi^{31}ko^{31}pa^{33}

唾沫 tʃɚ^{25}

医院 me^{22}mba^{33}ja^{33}

药店 zi^{31}ja^{33}

中医 gu^{33}zi^{33}

西医 vu^{33}zi^{33}

小病 nja^{33}go^{22}tɕi^{33}

大病 nja^{33}kha^{53}

内伤 ko^{22}ke^{31}nja^{33}

外伤 nu^{53}nja^{33}

药总称 zi^{31}

药丸 zi^{31}pha^{33}

药粉 kha^{53}me^{33}zi^{31}

药水 vu^{33}zi^{31}

药膏 zi^{31}lo^{31}ba^{33}

药酒 vu^{53}zi^{31}

草药 ʒu^{53}zi^{31}

蛇药 vu^{33}pha^{53}zi^{31}

毒药 du^{31}zi^{31}

开药方 zi^{31}dʒi^{33}dʑi^{33}

熬药 zi^{31}ka^{31}

搽药 zi^{31}mi^{53}

动手术 me^{33}lo^{53}

麻药 zi^{31}kha^{33}

补药 be^{53}zi^{31}ba^{53}

忌口 tha^{53}dʑi^{31}

治~病 zi^{31}ba^{53}tho^{31}

呕干~ tʃhe^{22}

发冷感冒前兆时~ go^{31}

打冷战发疟疾时~ ʒe^{31}ʒe^{33}tɕhe^{53}

感冒 tsho^{22}mu^{33}zo^{53}

传染 nja^{33}zo^{53}

头晕 no^{31}dʑo^{33}

头疼 vu^{53}dʑu^{31}nja^{33}

按摩 sa^{53}sa^{31}

穴位 ʃu^{33}me^{31}

发汗 kɚ^{25}pe^{33}

牙痛 ɕe^{53}ma^{31}nja^{33}

抽筋 tsa^{33}tɕe^{33}

抽风 vo^{31}zo^{33}

瘟疫 nja^{33}zo^{53}

哮喘 tshe^{22}ʒo^{31}ʒo^{33}

麻风 njo^{33}mu^{53}

天花 tu^{31}lje^{31}

水痘 tu^{31}lje^{31}

疟疾 nja^{33}zo^{53}

麻疹 tu^{31}lje^{31}

痢疾 do^{33}pha^{33}ʃa^{33}

中风 nja^{33}vo^{31}zo^{33}

大脖子病 mje^{22}pu^{33}va^{22}va^{33}

骨折 lo^{31}khe^{33}

脱臼 lo^{31}khe^{33}

伤口 ma^{33}ʁa^{33}

痂伤口愈合后结的~ ma^{33}ʁa^{33}du^{53}la^{33}

疮总称 gu^{53}

痔疮 gu^{53}

冻疮 gu^{53}ka^{53}ta^{31}

起泡 bo^{53}tɕa^{31}

水泡 bo^{53}tɕa^{31}

血泡 ʃu^{33}bo^{53}tɕa^{31}

流鼻血 nja^{22}ku^{53}ʃu^{33}

梅毒 mei^{31}tu^{31}

伤痕未好的 ma^{33}ʁa^{33}ma^{31}tʃha^{53}

胀肚子~ do^{33}pha^{33}vo^{22}

麻手发~ lo^{31}be^{31}zi^{31}

僵硬 go^{31}

伤受~ ma^{33}du^{53}

出血 ʃu^{33}pe^{33}

淤血 ʃu^{33}ma^{31}pe^{33}

茧手上长的老~ lo^{31}gi^{33}ve^{53}

雀斑 pje^{33}ma^{33}nu^{53}khu^{31}

麻子 bɚ^{53}ku^{31}

胎记 ba^{33}ʁa^{33}ni^{33}

结巴 do^{31}tɕe^{31}tha^{53}

脚气 gu^{53}do^{22}wa^{33}

灰指甲 lo^{33}dzi^{33}tɕa^{22}

瘌痢头癞子 gu^{53}lje^{31}la^{33}

左撇子 ja^{31}sa^{33}ko^{33}

六指 lo^{33}ni^{33}khu^{31}

近视眼 mi^{53}nje^{53}ka^{31}

老花眼 mi^{53}no^{33}kha^{53}

白内障 ve^{33}tɕo^{33}va^{22}

鸡眼脚茧病 mi^{53}no^{33}tɕho^{53}

独眼 mi^{53}tɕi^{33}ko^{33}

对眼 mi^{53}tɕi^{53}ka^{31}

斜眼 mi^{53}no^{33}tɕho^{53}

歪嘴 kha^{33}pi^{33}ga^{33}ga^{33}

瘫痪 dʑa^{31}ma^{53}pha^{31}

八　婚丧信仰

招赘 na^{33}pu^{33}fu^{33}

接亲 ma^{31}fu^{33}

抢婚 na^{22}lju^{53}

离婚 tɕi^{33}ja^{33}ma^{31}me^{33}

胎 thai^{33}

胎衣 thai^{33}ji^{33}

脐带 nja^{53}sa^{33}pu^{33}

小产 ji^{22}tɕa^{33}ma^{31}dʑo^{33}

打胎 mi^{31}ja^{31}

寿命 mi^{53}xe^{22}

岁数人的～ a^{31}me^{31}ni^{33}

送葬 pje^{31}ga^{33}

遗体 tsho^{33}mo^{33}

寿衣 be^{22}tɕhe^{33}

唱丧歌 ŋe^{33}

火葬 mi^{31}ta^{22}

火葬场 mi^{31}ga^{33}

土葬 da^{53}ga^{33}

天葬 na^{31}mi^{31}ʒo^{31}

坟地 tsho^{33}mo^{33}

灵魂 va^{53}lja^{31}

法术 do^{31}ŋe^{22}ɕu^{31}

作法 pha^{22}pi^{33}la^{22}

命运 mi^{53}

打卦 so^{53}dʒa^{31}

拜菩萨 tsho^{22}mu^{33}tu^{33}

佛 fu^{31}

鬼魔～ tʃha^{53}

祸～不单行 dʒe^{33}ko^{53}lja^{31}

仙 ɕi^{33}za^{33}

巫师 tʃha^{31}pe^{31}tɕi^{53}

巫婆 tʃha^{53}nu^{31}ka^{33}

经书 dʒi^{33}dʑi^{33}

龙 ɚ^{33}tɕa^{33}

许愿 lju^{53}la^{31}

还愿 dʒe^{33}pe^{31}tɕi^{53}

占卜 so^{53}dʒa^{31}

供祭品 tʃho^{33}dje^{53}khe^{31}

鬼火磷火 tʃha^{53}mi^{31}

凤凰 feŋ^{31}xwaŋ^{31}

九　人品称谓

高个儿 ge^{53}ma^{31}mo^{33}

光头 mu^{53}ma^{53}tsu^{31}

老太婆 mu⁵³ka³³ma⁵³

老头子 mu⁵³ka³¹tsho³³

年轻人 tɕhe⁵³pu³¹go²²tɕi³³

小伙子 phe²²gu³¹

姑娘 za³³mi³³

熟人 jo²²pho³³

生人 ma⁵³se²²

富人 dʒe³³bo⁵³ɕu³¹

穷人 tsho³³phu³³

工人 ma³³tɕa²²tsho³³

官总称 dzo²²mo³³me³³ɕu³¹

头目 a³³ja³³kha⁵³

土司 wu²²ɕu³³

医生 me²²mba³³

猎人 ni⁵³ta²²tsho³³

屠夫 vo³¹tɕu²²tsho³³

老板 jo²²da³³

强盗 mu³³ɕu³¹

土匪 tsho³³lju⁵³ɕu³¹

骗子 tsho³³phje⁵³ɕu³¹

胖子 tsho³³ve⁵³

民族族群自称 do³³ɕu³³

汉族 dʑe³¹

老百姓 nje²²kha³³me³³tsho³³

姓你～什么？ xo³³tɕa³³mje³³

主人 jo²²da³³

兵总称 mo³¹

老师 ma²²ma⁵³ɕu³¹

学生 so²²ji²²tɕa³³

敌人 tsho³³ja³¹ɕu³¹

伙伴 jo²²pho³³

裁判 gu³³tɕo⁵³kha³³tho³³

摆渡人 gu³¹ku³¹tsho³³

酒鬼 vu⁵³je³¹tsho³³

证人 do³¹ŋe²²gu³³tɕo⁵³

鳏夫 ja³³ma³¹me³³tsho³³

寡妇 tʃhe³³ma³³

接生婆 ji²²tɕa³³to⁵³to³¹

国王皇帝 ɕe⁵³pha³¹tsho³³

王后皇后 ɕe⁵³pha³¹mi⁵³ʒo³¹

头人 a³³ja³³kha⁵³

石匠 lju⁵³tɕhu³³ɕu³¹

篾匠 mi³³phe²²ɕu³¹

铁匠 ʃa³³tɕhu³³ɕu³¹

渔夫 ʑu³³khu²²tsho³³

中人 gu³³tɕo⁵³tsho³³

流浪汉 dʑa²²dʑa³³phe²²gu³¹

叛徒 ma³¹dje⁵³tsho³³

彝族 no⁵³

私生子 a³³ba³³ma³¹dʑo³³tsho³³

囚犯 tsho³³ja³¹vu³¹kha⁵³tsho³³

赶马人 mo³¹nu³³tsho³³

长辈统称 ma³¹ba³³ja³¹kha⁵³

曾祖父 tsho³³mu⁵³

曾祖母 tsho³³mu⁵³

大舅 a³¹wu³³kha⁵³

小舅 a³¹wu³³go²²tɕi³³

大舅母 a³¹ni³³kha⁵³

小舅母 a³¹ni³³go²²tɕi³³

兄弟 a³³ja³³ji³¹no³¹

姐妹 a³³ja³³na³¹ma⁵³

堂兄 a³³ja³³

堂弟 ji³¹no³¹

堂姐 a³³ja³³

堂妹 na^{31}ma^{53}

表姐 a^{33}ja^{33}

表妹 na^{31}ma^{53}

表哥 a^{33}ja^{33}

表弟 ji^{31}no^{31}

子女 jo^{33}ji^{22}tɕa^{33}

侄女 dʑu^{31}ʑi^{33}

外甥女 dʑu^{31}ʑi^{33}

孙女 ji^{33}thu^{33}

外孙女 ji^{33}thu^{33}

重孙 ji^{33}thu^{33}

祖宗 tsho^{33}mu^{53}

孤儿 tʃhe^{33}ʑi^{33}

母女俩 ma^{53}ʑi^{31}ni^{53}a^{33}

男朋友 jo^{22}pho^{33}phe^{22}gu^{31}

女朋友 jo^{22}pho^{33}za^{33}mi^{33}

大舅子 a^{33}ja^{33}kha^{53}

小舅子 a^{33}ja^{33}go^{22}tɕi^{33}

大姨子 a^{33}ja^{33}kha^{53}

小姨子 a^{33}ja^{33}go^{22}tɕi^{33}

兄弟俩 a^{33}ja^{33}ji^{31}no^{31}ni^{53}a^{33}

夫妻俩 ni^{53}ɕu^{33}kha^{53}

姐妹俩 a^{33}ja^{33}na^{31}ma^{53}ni^{53}a^{33}

曾孙 ji^{33}thu^{33}

母子俩 a^{33}ma^{33}ji^{22}tɕa^{33}ni^{53}a^{33}

父女俩 a^{33}ba^{33}za^{33}mi^{33}ni^{53}a^{33}

婆家 a^{31}ni^{33}mu^{53}

亲家 ji^{33}ne^{33}ʁa^{33}tɕa^{33}

亲家公 a^{31}phe^{31}mu^{53}

亲家母 a^{31}ni^{33}mu^{53}

父子 pha^{53}ʑi^{31}

父女 pha^{53}za^{33}mi^{33}

母子 ma^{53}ʑi^{31}

母女 ma^{53}za^{33}mi^{33}

十　农工商文

种水稻 dʑa^{53}ge^{31}

播种 dʑa^{53}phu^{31}

点播 tje^{31}

撒播 phu^{31}

犁田 da^{53}lje^{33}

种田 dʑa^{53}ge^{31}

栽种 ge^{31}

耙田 mbe^{31}

挖地 jo^{22}xa^{33}tɕe^{22}

锄地 jo^{22}xa^{33}mu^{31}

除草 ʒu^{53}mo^{31}

收割 ʒa^{53}bo^{31}

开荒 jo^{22}xa^{33}tɕe^{22}

浇水 vu^{33}dzo^{22}

肥料 ljeɚ^{25}dzo^{22}

施肥 ljeɚ^{25}phu^{31}

沤肥 ljeɚ^{25}tɕe^{22}

掰玉米 ji^{22}me^{31}pu^{22}

杠子抬物用的 tha^{33}tha^{33}

楔子橛 za^{53}

连枷 khu^{31}ja^{33}

连枷把 khu^{31}ja^{33}ta^{33}

连枷头 khu^{31}ja^{33}

锄柄 dze^{22}ta^{33}

铁锹 ʃa^{33}tɕho^{53}

铲子 tɕho^{53}

犁头 du^{31}

犁铧 du^{31}

犁架 du^{31}khu^{31}la^{33}

犁弓 du^{31}khu^{31}la^{33}

犁把 du^{31}ta^{33}

铡刀 ʒu^{53}tha^{53}me^{53}tho^{31}

耙~地 be^{31}

牛轭 gu^{53}ja^{33}

打场指在谷场上脱粒 pha^{33}ja^{31}

晒谷 dʑa^{53}kho^{33}

晒谷场 da^{53}lo^{31}ba^{33}

风车扇车 me^{53}ja^{33}

磙子整地用的 lje^{22}lje^{33}

麻绳 tsi^{33}pu^{33}

撮箕 bu^{31}gi^{33}

木耙 da^{53}pa^{31}ɕe^{53}

鞭子 nju^{31}ja^{31}pu^{33}

牛鼻绳 nju^{31}pu^{33}ka^{31}

筐统称 mi^{33}bu^{22}lju^{53}

粗筛指眼大的筛子 ɕi^{33}la^{33}

细筛指眼小的筛子 ɕi^{33}la^{33}

圈儿统称，名词 ga^{33}

牛圈 nju^{31}ga^{33}

马棚 mo^{31}ga^{33}

羊圈 tɕhe^{53}ga^{33}

鸡窝 vo^{53}ʃa^{31}

笼子 bu^{22}lju^{53}

猪槽 vo^{31}gu^{31}

木槽 ɕe^{53}gu^{31}

谷桶 dʑa^{53}tɕhu^{33}pa^{53}thu^{31}

碾米 tʃhe^{53}ge^{31}

舂米 tʃhe^{53}tɕhu^{33}

猪草 vo^{31}tɕha^{33}

猪食 vo^{31}tɕha^{33}

利息 dʒe^{33}ʒo^{22}ʒo^{33}

买 vu^{33}

卖 tɕha^{53}

交换物物~ to^{33}ke^{33}

价钱 phe^{33}

借钱 ji^{31}

还钱 tsa^{31}

讨价 mja^{53}

还价 njo^{22}

出租 ja^{33}ma^{31}kho^{53}

债 zo^{53}

赢~钱 va^{53}

输~钱 kho^{53}

戥子厘秤 ke^{22}go^{22}tɕi^{33}

秤钩 ke^{22}khu^{31}la^{33}

秤盘 ke^{22}lo^{31}ba^{33}

秤星 ke^{22}zi^{53}

秤砣 ke^{22}ka^{53}ta^{31}

火车 xo^{53}tʃhe^{33}

汽车 tɕhi^{22}tʃhe^{33}

船总称 gu^{31}

渡船摆渡用的 gu^{31}ko^{31}

划船 gu^{31}dʑa^{31}

邮局 jəu^{53}tɕu^{31}

电话 do^{31}ba^{53}nja^{31}

机器 tɕi^{33}tɕhi^{22}

属相 xo^{33}tɕa^{33}lju^{53}

子属鼠 vu^{53}lju^{53}ɕu^{31}

丑属牛 nju^{31}lju^{53}ɕu^{31}

寅属虎 la^{22}pha^{33}lju^{53}ɕu^{31}

卯属兔 mi^{22}lju^{53}ɕu^{31}

辰属龙 ɚ^{33}tɕa^{33}lju^{53}ɕu^{315}

巳属蛇 vo^{33}pha^{53}lju^{53}ɕu^{31}

午属马 mo^{31}lju^{53}ɕu^{31}

未属羊 jo^{33}lju^{53}ɕu^{31}

申属猴 mi^{33}dzi^{33}lju^{53}ɕu^{31}

酉属鸡 vo^{53}lju^{53}ɕu^{31}

戌属狗 khi^{33}lju^{53}ɕu^{31}

亥属猪 vo^{31}lju^{53}ɕu^{31}

国家统称 kwei^{22}tɕa^{33}

政府 dzo^{22}mo^{33}ja^{33}

乡政府 dzo^{22}mo^{33}ja^{33}

省行政区划的～ sen^{53}

县行政区划的～ ɕən^{22}

村行政～ pu^{33}

印章统称，名词 jin^{22}tʃaŋ^{33}

私章个人用的 si^{33}tʃaŋ^{33}

记号标记 tɕi^{33}ʒi^{53}

证据 tʃu^{33}tʃu^{33}me^{33}vo^{31}tɕi^{33}

黑板 lo^{31}ba^{33}nu^{53}khu^{31}

粉笔 fen^{53}pi^{31}

笔总称 ʒi^{53}ka^{31}

纸总称 ʃa^{33}vu^{33}

书总称 dʒi^{33}dʑi^{33}

念书 dʑi^{33}dʑi^{33}na^{31}

小学 ɕao^{53}ɕo^{31}

中学 tʃoŋ^{33}ɕo^{31}

大学 ta^{22}ɕo^{31}

请假 tɕhin^{53}tɕa^{53}

放假 tɕhe^{31}tɕhe^{33}

毕业 pi^{31}nje^{31}

荡秋千 pu^{33}tɕa^{22}tɕa^{33}

踩高跷 di^{53}ge^{53}la^{31}

吹口哨 ba^{33}nja^{31}me^{53}

唱调子指民族地区说唱的一种形式 kho^{22}dʑa^{53}

练武术 so^{53}tɕe^{31}ge^{31}

打弹弓 ɕe^{33}pu^{33}ja^{31}

翻筋斗 zi^{31}zi^{33}ge^{31}

潜水 vu^{33}ge^{31}nu^{31}

跳舞 tɕhu^{53}dʑa^{22}dʑa^{33}

锣总称 dʑe^{33}tɕhu^{33}ja^{31}

钹 po^{31}

鼓总称 dʑe^{33}

腰鼓 jo^{33}ku^{53}

琴总称 tɕhin^{31}

镲小钹 me^{33}

箫 ɕao^{33}

号吹～ la^{31}pa^{33}

唢呐 xo^{53}da^{31}

口弦 khɯ^{53}ɕɛn^{31}

簧口弦～ xwaŋ^{31}

哨子 ʃao^{22}tsi^{53}

喇叭 va^{33}ba^{33}

戏演～ ɕi^{22}

木鱼 mu^{22}ji^{53}

照相 tʃau^{31}ɕjaŋ^{31}

相片 ɕjaŋ^{31}phjɛn^{31}

颜色 jən^{31}se^{22}

射击 ʑu^{53}

墨水 ʒi^{53}vu^{33}

墨汁 ʒi^{53}vu^{33}

糨糊 tɕaŋ^{22}xu^{53}

地图 da^{53}mi^{33}

图画 mi^{53}ʒi^{53}

涂改 ʒi^{53}ma^{31}du^{53}

字写～ mje^{33}nu^{53}khu^{31}

算~数 so^{53}dʒa^{31}

数~数 tɕhe^{31}

加数学中的~法 tɕa^{33}

减数学中的~法 tɕɛn^{53}

乘数学中的~法 tʃhen^{31}

除数学中的~法 tʃhu^{31}

球总称 tɕhəu^{31}

倒立 mi^{22}le^{33}pu^{31}ka^{33}

对歌 ŋa^{33}dʑa^{53}no^{33}ge^{22},no^{33}dʑa^{53}ŋa^{33}ge^{22}

唱山歌 ʃən^{33}ke^{33}dʑa^{53}

棋子统称 tɕhi^{53}tsi^{53}

比赛 tɕi^{33}ba^{22}ju^{53}

游泳 vu^{33}tɕa^{22}tɕa^{33}

骑马 mo^{31}dzi^{31}

钓鱼 ʑu^{33}khu^{22}

十一　动作行为

燃烧火~ ta^{31}nja^{31}

哈气 so^{22}pe^{33}

浮~在水面 dʑa^{33}dʑa^{33}

流水~动 ɕe^{31}

飞在天上~ dʑa^{33}dʑa^{33}

住~旅馆 tshu^{22}

来~家里 la^{31}

吹~火 me^{53}

拉~车 ɕe^{33}

挖~土豆 tɕe^{22}

捉~鸡 za^{31}ka^{33}

挠用手指或指甲抓人 khe^{31}khe^{33}

圈动词，~牲口 tʃha^{53}

刺~了一刀 ga^{31}

搓~手掌 ʑu^{53}

榨~油 tɕhu^{33}

抹~水泥 mi^{53}

笑 xa^{22}xa^{53}

旋转 go^{22}dʑo^{33}

沉~没 gi^{53}

浸~泡 tɕe^{22}

漏~雨 tshi^{33}

溢水~出来了 bi^{22}

取名 mje^{33}tshu^{22}

晾衣 kho^{33}

补~衣服 pe^{33}

剪~布 ka^{33}tsa^{33}

裁~衣服 ka^{33}tsa^{33}

织~毛线 dʒo^{31}

扎~稻草人、风筝等 tɕha^{31}

砍柴 ɕe^{53}to^{33}

淘米 tʃhe^{53}tshi^{33}

洗碗 khu^{53}tshi^{33}

搅拌 dʒo^{33}dʒo^{33}

焖~米饭 go^{31}

炖~牛肉 tɕo^{22}

烤~白薯 tɕha^{53}

腌~肉 kho^{33}

饱吃~了 ʁa^{53}

醉酒~ je^{22}

打嗝 so^{22}pe^{33}

讨饭 ʒo^{31}lja^{31}

酿酒 vu^{53}ko^{33}

搬家 na^{53}

分家 ja^{33}ji^{31}

开门 dʑa^{53}tɕhi^{33}

关门 dʑa^{53}kha^{53}

洗脸 mi^{53}tshi^{33}

漱口 kha^{33}pi^{33}ja^{31}ja^{53}

做鬼脸 tʃha^{53}zi^{33}gu^{33}

伸懒腰 dʒe^{22}

点灯 ma^{22}me^{33}tɕhu^{53}

熄灯 ma^{22}me^{33}kha^{53}

说梦话 ja^{53}ŋo^{31}

醒睡～ ja^{53}to^{33}

晒太阳 me^{31}tɕha^{33}kho^{33}

烤火 mi^{31}tɕha^{53}

暖被窝 ge^{53}ma^{31}va^{22}va^{53}

等待 lo^{53}

走路 ɕe^{33}ɕe^{33}

遇见 ʒu^{53}ʒu^{31}

去～街上 ji^{33}

进～山 ʑe^{22}

出～操 pe^{33}

进来 dʑi^{31}la^{31}

上来 dʑi^{31}la^{31}

下去 gi^{53}la^{31}

争～地盘 dʑe^{53}dʑe^{31}

吃亏 zo^{53}ko^{31}

上当 zo^{53}ko^{31}

道歉 ɕi^{33}xo^{31}

帮忙 lo^{33}pho^{33}

请客 ji^{53}khi^{31}

送礼 lo^{33}

告状 ɕa^{22}ɕa^{53}

犯法 lo^{53}la^{33}

赌博 dʒe^{33}dʑa^{22}dʑa^{33}

坐牢 ko^{22}kha^{53}

砍头 vu^{53}dʑu^{31}to^{33}

吻 xa^{22}

呛喝水～着了 tshe^{22}to^{53}

呼气 so^{22}pe^{33}

抬头 o^{31}le^{33}tɕhi^{31}

低头 me^{31}le^{33}tɕhi^{31}

点头 vu^{53}dʑu^{31}tje^{31}

摇头 vu^{53}dʑu^{31}la^{22}la^{53}

摇动 la^{22}la^{53}

招手 lo^{31}ve^{53}

举手 lo^{31}lo^{33}to^{53}to^{31}

笼手双手各自插到另一个袖子里 lo^{31}ba^{33}ja^{31}

拍手 lo^{31}za^{31}ka^{33}

握手 lo^{31}tshi^{53}

弹～手指 pje^{31}

掐～花 ɕe^{31}

抠手指～ khe^{31}

牵～一条牛 ɕe^{33}

扳～手腕 lo^{31}ge^{31}

捧～水 kho^{31}da^{53}

抛向空中～物 ʒo^{31}

掏从洞中～出来 va^{22}va^{33}

骟～猪 khe^{31}

夹～在腋下 ga^{31}

抓～把米 ʁa^{22}va^{33}tɕi^{33}

甩～水 khi^{31}

搓～面条 la^{22}la^{53}

跟～在别人的后面 ba^{33}

跪～在地上 tu^{33}

踢～了他一脚 be^{31}

躺～在地上 ja^{53}

侧睡 ga^{33}ga^{33}ja^{53}

靠～在椅子上睡着了 tshu^{22}

遗失 ka^{33}po^{31}

堆放 tso^{33}

叠~被子 za^{33}bo^{31}

摆~碗筷 tɕi^{33}

搬~粮食 na^{53}

塞堵~ lo^{53}

抢~东西 lju^{53}

砸~核桃 tɕhu^{33}

刮~胡子 khu^{22}

揭~锅盖 tɕhi^{33}

翻~地 phi^{53}pho^{31}

挂~书包 tɕa^{22}

包~饺子 le^{22}le^{33}

贴~年画 pa^{53}

割~麦子 khe^{22}

锯~木头 ɕe^{33}

雕~花 ka^{31}

箍~桶 tɕo^{22}

装~口袋 ŋa^{31}

卷~席子 ʐu^{53}

染~花布 li^{22}li^{53}

吓~人 tso^{33}be^{53}

试~衣服 ʃi^{31}

换~灯泡 za^{31}

填~土 tɕu^{33}

留~在我这里 tʃhi^{31}

使用 va^{22}va^{33}

顶用角~ kho^{33}

刨食鸡用脚~ ge^{31}

晒衣 ve^{31}le^{33}kho^{33}

摘菜 ji^{33}na^{33}ge^{31}

切菜 ji^{33}na^{33}tha^{53}

烧开水 vu^{33}tɕha^{53}

熬~茶 tɕe^{22}

烘把湿衣服~干 ko^{33}

蘸~一点辣椒酱 ɕu^{33}ɕu^{33}

溅~了一身水 tɕhu^{33}

洒水 vu^{33}phu^{31}

返回 no^{33}dʑo^{33}la^{31}

到达~北京 pa^{53}

招待 khi^{31}

认罪 ma^{31}dʑi^{53}

包庇 ku^{22}ku^{53}

卖淫 ge^{53}ma^{31}tɕha^{53}ɕu^{31}

偷盗 mo^{33}

毒~死 du^{31}

听见 ge^{22}ba^{53}nja^{31}

偷听 tha^{53}tɕhu^{33}ba^{53}nja^{31}

看见 do^{33}

瞄准 ʐu^{53}

剐蹭我的车被他的车~了 khu^{31}la^{33}

啃~骨头 kha^{33}

磕头 mu^{33}tu^{33}

拖在地上~着走 ɕe^{33}

拍~肩 lo^{31}va^{33}

托用双手~ tu^{33}

压双手~ ni^{22}

抽鞭~ ʃa^{53}

勒~在脖子上 tɕha^{22}

抖~口袋 ge^{33}ge^{33}

拄~杖 ko^{33}pi^{33}

垫~在屁股底下 kho^{33}

划刀~ ɕu^{33}

锉~锯子 la^{31}

钻～在地洞里 pi^{22}

捂用手～住嘴 bi^{53}

渗～透 ga^{33}

滤～沙子 tsha^{22}

叼～烟 kha^{31}

叉腰 dʑu^{31}tɕha^{31}

赤膊 va^{33}ba^{33}

敲打 ja^{31}

撒娇 ʒo^{22}ʒo^{33}me^{33}

呻吟 nja^{33}go^{31}me^{33}

仰睡 o^{31}le^{33}ja^{53}

喂草 ʒu^{53}tɕi^{33}

放夹捕捉猎物方式 ʃa^{33}tɕi^{33}ku^{31}

装索套捕捉猎物方式 pu^{33}thu^{33}

拔毛 mo^{31}tɕe^{33}

燎毛 mo^{31}ka^{33}

剥皮剥动物皮 gi^{33}ka^{33}

烧砖 nju^{31}tsa^{33}ta^{22}

烧窑 go^{33}le^{33}ta^{22}

烧石灰 lju^{53}tɕhu^{33}ta^{22}

刷墙 dʑa^{31}xa^{33}mi^{53}

穿针 ʁa^{31}ʑu^{53}

绣花 dje^{22}dje^{33}ga^{31}

缠足 gu^{53}du^{31}lje^{31}

磨刀 me^{53}ɕu^{33}

劈柴 ɕe^{53}kha^{53}

酒醒 vu^{53}ʃa^{53}

闩门 dʑa^{53}go^{22}

剪指甲 lo^{33}dzi^{33}ka^{33}

掏耳朵 nje^{31}ɚ^{25}tɕe^{22}

动身 ve^{53}dʑi^{31}la^{31}

赶路 jo^{22}ɕe^{33}ɕe^{33}

让路 ʒa^{33}

劝架 do^{31}ŋe^{31}

报恩 ja^{22}ɕu^{31}

报仇 na^{31}ɕa^{31}ɕa^{53}

照顾 dzu^{53}

收礼 dʒe^{33}za^{53}

抢劫 lju^{53}

杀人 tsho^{33}tɕu^{22}

劳改 kha^{53}

鞭打 pu^{33}ja^{31}

胜利 nja^{53}

失败 va^{22}li^{33}

瞪～着双眼 mi^{53}no^{33}

拽用绳子～ ʑu^{53}

捋～袖子 le^{22}le^{33}

搁把东西～在房顶上 tɕi^{33}

揣怀～ se^{31}

携带 tsa^{33}

扒～土 va^{22}va^{33}

蹦一～老高 tɕhu^{53}

跺脚 gu^{53}du^{31}be^{31}ge^{33}

打滚 ve^{53}lje^{31}

扑猫～老鼠 be^{33}be^{33}

粘～贴 pa^{53}

剖～膛开肚 pho^{31}pi^{53}

劈分开 to^{33}

漆～桌子 tɕhi^{22}mi^{53}

搓～绳 tho^{31}

钉～钉子 ʑu^{53}

绞～肉 dʒo^{33}dʒo^{33}

蒙～眼 xa^{33}xa^{33}

胡打麻将～了 va^{53}

和下象棋～了 $tɕhi^{33}ka^{33}$

发脾气 $khu^{22}tɕhu^{33}tɕhu^{33}$

赌气 $ma^{53}dʑa^{31}$

生长 $dʒi^{31}kha^{53}$

打猎 $li^{53}ta^{22}$

蛀虫子吃 kha^{31}

系围裙 $du^{33}ka^{53}xa^{22}$

打结 $ka^{53}ta^{31}tɕha^{22}$

认得 se^{22}

伤心 $khu^{22}tɕhu^{33}tɕhu^{33}$

讨喜小孩讨人喜欢 $tsho^{33}dʑa^{31}$

恨你别～我 ka^{33}

满意 $dʑi^{53}$

着急 $nje^{22}ma^{53}kha^{31}kha^{33}$

理睬 $dʑi^{53}$

担心 $sa^{33}ba^{33}ɕe^{33}$

放心 $nje^{22}ma^{53}tɕho^{53}$

愿意 $dʑa^{31}$

变～作 $ma^{31}dʑi^{53}$

恼火 $khu^{22}tɕhu^{33}tɕhu^{33}$

心痛 $nje^{22}ma^{53}nja^{33}$

记仇 ka^{33}

害～人 $phje^{53}$

反悔 $ma^{53}dʑa^{31}$

可惜 $va^{22}do^{53}la^{33}$

声音 kho^{22}

喊～话 khi^{31}

问～话 $mi^{22}do^{53}$

答应 $kho^{31}khe^{53}$

介绍 $so^{22}thje^{53}$

回答 $na^{31}pho^{53}ŋe^{22}$

造谣 $no^{33}dʑo^{33}$

打听 $do^{31}nja^{53}ŋe^{22}$

十二　性质状态

凸 $mi^{22}do^{53}$

凹 $dʑi^{31}la^{31}$

正 gi^{53}

反 $tɕi^{33}to^{31}$

斜 $to^{33}ke^{33}$

横 $ba^{33}dʑe^{31}ga^{33}ga^{33}$

竖 $ga^{33}ga^{33}$

活～鱼 xe^{22}

满水很～ bje^{53}

足分量～ $dʑe^{53}$

光滑鱼很～ $dʒi^{31}$

冷清街上～得很 $go^{31}ka^{33}ni^{33}$

浊 khu^{33}

空瓶子是～的 $tu^{33}pa^{33}$

嫩 $za^{22}za^{33}$

生 $ma^{53}mje^{22}$

熟 mje^{22}

乱 $pha^{33}la^{33}$

真 $dʑi^{53}$

假 $ma^{31}dʑi^{53}$

暗光线～ $ba^{53}dʑe^{31}ma^{31}tɕho^{53}$

闷热 $tɕha^{33}$

破碗～了 pi^{22}

缩～脖子 so^{22}

困了 $ja^{53}mu^{33}dʒe^{22}$

瘪压～了 $ni^{22}ba^{22}$

倒～着放，去声 $ga^{33}ga^{33}$

纯～棉衣服 $dʑi^{53}$

枯叶子～了 $fu^{22}tshu^{53}$

潮衣服～ dza^{22}dza^{33}

强身体～ ge^{53}ma^{31}dje^{53}

弱身体～ ka^{33}

焦烤～了 tɕhe^{22}to^{53}

清楚 dʑi^{53}

模糊 ba^{33}dʒe^{31}ma^{31}dʑi^{53}

准确 zi^{33}ga^{53}

耐用 za^{31}tɕho^{33}

空闲 la^{53}

涩柿子～嘴 kha^{33}

脆花生米～ kha^{33}tɕho^{53}

霉烂 xa^{53}mo^{31}ja^{31}ba^{31}tshi^{33}

不要紧 ma^{31}ke^{33}

方便很～ za^{31}tɕho^{33}

浪费 va^{22}do^{53}

疏忽大意 ma^{31}ʃa^{53}

顺利 tɕho^{53}

聪明 tsho^{33}dje^{53}

狡猾 ma^{31}tɕho^{53}

大胆 nje^{22}ma^{53}kha^{53}

胆小 nje^{22}ma^{53}go^{22}tɕi^{33}

慌张 kha^{31}kha^{33}

麻利 ko^{31}tsa^{53}

节俭 dʑi^{31}ma^{53}vo^{31}

厉害 tɕi^{31}xo^{31}

勇敢 nja^{53}

可怜 ɕa^{33}do^{33}

麻烦 du^{53}ma^{53}pha^{31}

光荣 mje^{33}dje^{53}

孤独 dʑa^{22}dʑa^{33}ma^{31}tɕho^{53}

亲他跟奶奶特别～ tʃi^{33}

齐心 ni^{22}ma^{53}tɕi^{33}ka^{33}ki^{33}

贪心 ni^{22}ma^{53}tɕi^{31}xo^{31}

拖拉做事情～ ɕe^{33}ɕe^{33}go^{22}go^{33}

十三　数量

十一 tɕhi^{33}tɕi^{33}

十二 tɕhi^{33}ni^{53}

十三 tɕhi^{33}so^{33}

十四 tɕhi^{33}vu^{22}

十五 tɕhi^{33}ŋo^{31}

十六 tɕhi^{33}khu^{22}

十七 tɕhi^{33}nje^{22}

十八 tɕhi^{33}ɕe^{22}

十九 tɕhi^{33}ge^{31}

二十一 nje^{22}tɕhi^{33}tɕi^{33}

四十 vu^{22}tɕhi^{33}

五十 ŋo^{31}tɕhi^{33}

六十 khu^{22}tɕhi^{33}

七十 nje^{22}tɕhi^{33}

八十 ɕe^{22}tɕhi^{33}

九十 ge^{31}tɕhi^{33}

一百零一 tɕi^{33}ja^{53}tɕi^{33}

百把个 tɕi^{33}ja^{53}ma^{53}zo^{31}

千把个 tɕi^{33}tu^{53}ma^{53}zo^{31}

左右 ma^{53}zo^{31}

三四个 so^{33}vu^{22}

十几个 tɕi^{33}tɕhi^{33}ma^{53}zo^{31}

十多个 tɕhi^{33}ma^{53}zo^{31}

第二 nu^{53}ni^{53}

第三 nu^{53}so^{33}

大约 a^{31}me^{33}a^{33}dʑo^{33}

半个 pho^{31}pi^{53}

倍 tɕhe^{22}

串一～葡萄 ka^{31}

间一～房 tsha^{33}

堆一～垃圾 ga^{33}

节一～甘蔗 la^{33}tɕhe^{31}

本一～书 pu^{31}

句一～话 tɕi^{33}khe^{33}

庹两臂伸展开后的长度 la^{33}

拃拇指和中指伸开两端间的长度 dʑa^{33}

斤重量单位 ke^{22}

两重量单位 lo^{53}

分重量单位 zi^{53}

厘重量单位 li^{31}

钱重量单位 zi^{53}

斗 ka^{22}

升 la^{31}

寸 zi^{53}

尺 ʑu^{53}

丈 la^{33}

亩一～地 muŋ^{53}

里一～地 li^{53}

步走一～ bje^{31}

次玩一～ tʃa^{53}

十四　代副介连词

这些近指 ke^{33}

那些中指 the^{33}

那些远指 the^{33}

那些更远指 the^{33}

哪些 a^{33}the^{33}

我俩 ŋa^{33}ku^{53}ni^{53}a^{33}

咱俩 ŋa^{33}ku^{53}ni^{53}a^{33}

他俩 tɕhi^{33}gu^{53}ni^{53}a^{33}

人家 ɕu^{33}tsho^{33}

每人 ja^{31}tsho^{33}

多久 a^{31}ba^{31}tʃa^{33}du^{53}

人们 tsho^{33}bu^{31}

到底 tau^{22}ti^{53}

差不多 tɕa^{53}the^{33}me^{33}

起码 jo^{22}me^{33}

马上 jo^{22}me^{33}

先～走 ɕi^{33}

后～走 ja^{53}no^{31}

一直他～没有来 ke^{33}lo^{53}

从前 xi^{33}

后来指过去 ja^{53}no^{31}la^{31}

来不及 la^{31}ma^{53}pha^{31}

来得及 la^{31}pha^{31}

偷偷地 tha^{53}tɕhu^{33}me^{33}

够～好 dʑe^{53}

真～好 dʑi^{53}

好～看 dje^{53}

难～看 ma^{31}dje^{53}

完全 ja^{22}ka^{33}

全部 ja^{22}ka^{33}

难道 ma^{53}dʑi^{31}la^{33}

究竟 a^{53}mi^{31}

也许 ka^{33}ni^{33}

一定 tsu^{22}tsu^{33}me^{33}

暂时 a^{53}mi^{31}la^{31}

互相 du^{33}la^{33}

居然 dʑi^{53}

趁～热吃 jo^{22}

像～他那样 tha^{31}ka^{33}ni^{33}

归～你管 ba^{33}

第三节

其他词

一　对通用词、扩展词的补充

月光 nje^{22}ma^{53}

山坡 ba^{33}

山沟 ba^{33}bo^{31}

岩石 ba^{33}lju^{53}bu^{31}

洞 gu^{22}ku^{33}

山洞 ba^{33}ku^{22}ku^{33}

河 vu^{33}ma^{31}

水坑 vu^{33}dza^{31}dza^{31}

水井 vu^{33}ga^{33}ga^{31}vu^{33}

波浪 vu^{33}dʑa^{33}dʑa^{33}

干土 fu^{22}tʃhu^{53}nju^{31}khu^{53}

稀泥 vu^{33}nju^{22}khu^{53}

沙地 ɲo^{53}ʃa^{33}

大火 mi^{31}kha^{53}

小火 mi^{31}ma^{31}kha^{53}

菜地 kha^{33}ko^{53}

麦田 ʃa^{33}da^{53}

旋涡 go^{22}dʑo^{33}

伍宿堡子地名 la^{31}ga^{31}tɕo^{33}

河上村堡子地名 meŋ^{31}po^{33}lo^{33}

冕宁地名 dʒo^{22}no^{33}

西昌地名 vo^{31}tʃo^{33}

一会儿 tɕi^{33}pi^{33}thu^{53}

古代、古时候 ja^{22}nje^{33}xe^{53}nje^{33}

时候 ka^{33}pa^{33}

边这～，那～ pho^{53}

刺梨 dʑu^{31}si^{33}

皂角树 dʑo^{33}ɕe^{53}

珍宝 dzo^{33}

公鹅 vo^{22}pha^{53}

母鹅 vo^{22}ma^{53}

野人 tsho^{33}le^{33}ma^{22}mu^{33}

牲口 ka^{31}tsa^{33}

烤烟房 je^{33}ko^{33}ja^{33}

平台 gu^{33}

石台 lju^{53}gu^{33}

鱼笼子 bu^{33}lju^{53}

玉米酒 ji^{22}me^{31}vu^{53}

荞子酒 je^{31}vu^{53}

葡萄酒 ma^{22}ma^{33}vu^{53}

喜布撒撒凉拌生羊肉 ɕi^{53}bu^{31}tsa^{31}tsa^{31}

哒哒线 tsa^{33}na^{53}pu

帕子 ʃo^{33}pu

包包 ma^{31}tsa^{53}

护士 me^{22}mba^{33}

病人 tsho^{33}nja^{33}

羊癫风 tɕhe^{53}vo^{31}dzo^{33}la^{33}

精神病 vu^{53}do^{31}ma^{31}dzo^{31}ka^{33}la^{33}

皮眼~、嘴~ go^{31}pha^{33}

老太婆 mu^{53}ka^{33}ma^{53}

年龄、年纪 ja^{31}

双手 lo^{31}ko^{33}dza^{22}

双脚 gu^{53}lo^{31}dza^{22}

结立局藏族火把节 tɕe^{53}nju^{31}tɕu^{22}

姑恰基藏族多续人的祭祀仪式 gu^{33}tɕha^{33}tɕi^{33}

大年初一 tɕi^{33}ne^{33}

搓巴卓祭祖节 tsho^{33}ba^{33}tso^{31}

玛尼堆 ma^{31}lju^{53}te^{33}te^{33}

石神象征祖先或神灵的石头 tɕo^{31}

碑 tsho^{33}mu^{33}ja^{33}

烧香 ɕa^{31}nu^{53}

烧纸 ʃa^{33}vu^{33}ta^{22}

棺材板子 ɕe^{53}phje^{33}

墙板 ɕe^{53}phje^{33}

楼板 ɕe^{53}phje^{33}

木板 ɕe^{53}phje^{33}

天花板 ɕe^{53}phje^{33}

门板 ɕe^{53}phje^{33}

一些、有些 tɕi^{33}be

墨绿 nu^{53}khu^{31}nje^{31}za^{53}

聋哑 njo^{22}bo^{33}ja^{22}pa^{33}

百 ja^{53}

二百 ni^{53}ja^{53}

三百 so^{33}ja^{53}

四百 vu^{22}ja^{53}

五百 ŋo^{31}ja^{53}

六百 khu^{22}ja^{53}

七百 nje^{22}ja^{53}

八百 ɕe^{22}ja^{53}

九百 ge^{31}ja^{53}

千 tu^{53}

两千 ni^{53}tu^{53}

三千 so^{33}tu^{53}

四千 vu^{22}tu^{53}

五千 ŋo^{31}tu^{53}

六千 khu^{22}tu^{53}

七千 nje^{22}tu^{53}

八千 ɕe^{22}tu^{53}

九千 ge^{31}tu^{53}

万 me^{31}

两万 ni^{53}me^{31}

三万 so^{33}me^{31}

四万 vu^{22}me^{31}

五万 ŋo^{31}me^{31}

六万 khu^{22}me^{31}

七万 nje^{22}me^{31}

八万 ɕe^{22}me^{31}

九万 ge^{31}me^{31}

十万 tɕi^{53}tɕhi^{33}me^{31}

二十万 ni^{53}tɕhi^{33}me^{31}

三十万 so^{33}tɕhi^{33}me^{31}

四十万 vu^{22}tɕhi^{33}me^{31}

五十万 ŋo^{31}tɕhi^{33}me^{31}

六十万 khu^{22}tɕhi^{33}me^{31}

七十万 nje^{22}tɕhi^{33}me^{31}

八十万 ɕe^{22}tɕhi^{33}me^{31}

九十万 ge^{31}tɕhi^{33}me^{31}

对一～耳环 tsa^{31}

指动词 tɕu^{31}

翻 tsi^{31}tsi^{53}

落下 gi^{33}

烧柴 ɕe^{53}ta^{22}

背柴 ɕe^{53}vo^{53}xo^{33}

灭火 mi^{33}tha^{53}nja^{31}

生火 mi^{31}ta^{22}

动、震动 be^{31}ge^{33}

细看 dje^{53}njo^{33}

刚到 be^{33}tshi^{33}pa^{53}

马上到 jo^{22}me^{33}pa^{53}

去看 ji^{33}njo^{33}

织布 vu^{33}ɚ^{53}ɕa^{31}

纺线 tʃhe^{33}le^{33}

刷 ɕo^{33}ɕo^{33}

自己的孩子 jo^{33}ji^{22}tɕa^{33}

子女 ji^{22}tɕa^{33}za^{33}mi^{33}be

家族 ʒu^{31}du^{33}

家族分支 de^{31}

秸秆 kho^{53}kho^{31}

山歌 ʃən^{33}ke^{33}

架子 mi^{31}gu^{53}

麻车车 tʃhe^{33}le^{33}pu

二 《多续译语》所收词汇

《多续译语》记录的是清乾隆年间四川省冕宁县安宁河上游的多续话，经过约270年的演进，多续话已有一定的变化。为此，我们请发音人对《多续译语》所涉及的词汇进行发音，这一发音的重要意义是可根据《多续译语》的记载与此发音进行比较，一方面可以研究多续话语音演变的规律，另一方面有利于对多续话与汉语等语言的语言接触模式进行研究。需要说明的是，发音人在发音过程中受到《多续译语》记音的提示，对部分词汇的发音与本章前面出现的相同词汇发音不同。现将其发音记录于后。

天 me^{31}

日 nje^{33}ma^{33}

月 lje^{22}ma^{53}

星 ki^{22}

云 tɕa^{22}

雷 me^{31}dʑi^{31}

电 me^{31}ba^{53}xa^{31}

霜 ke^{22}so^{53}

雪 je^{31}

雾 tɕa^{22}ve^{53}

露 ni^{22}ɕi^{53}

雨 va^{53}-dʑu^{31}

雹 tshu^{22}

风 me^{22}lje^{33}

虹霓 la^{22}ndo^{33}vu^{53}khe^{31}

烟 me^{22}kha^{33}

天旱 mje^{22}ge^{53}tshu^{31}

水涝 vu^{33}kha^{53}

日出 nje^{33}ma^{33}pe^{33}

日落 nje^{33}ma^{33}the^{33}

月出 lje^{22}ma^{53}pe^{33}

月落 lje^{22}ma^{53}the^{33}

金星 mi^{33}ke^{22}

木星 ɕe^{53}ke^{22}

水星 vu^{33}ke^{22}

火星 mi^{22}ke^{22}

土星 da^{53}ke^{22}

霜降 ke^{22}dʑy^{22}

风起 me^{22}lje^{33}la^{31}

风住 me^{22}lje^{33}so^{53}

虚空 pa^{33}sa^{53}

法界 me^{31}vu^{33}

天晴 me^{31}dje^{53}

天阴 mje^{31}nja^{53}

云厚 tɕa^{22}nu^{31}

云薄 tɕa^{22}ba^{31}

白霜 ke^{22}ve^{33}tɕo^{33}

黑霜 ke^{22}nu^{53}khu^{31}

有雨 va^{53}dʑu^{31}la^{31}

无雨 va^{53}ma^{53}dʑy^{31}

风慢 me^{22}lje^{33}go^{22}tɕi^{33}

风寒 me^{22}lje^{33}va^{53}

日照 nje^{33}ma^{33}dzo^{22}

日遮 nje^{33}ma^{33}xa^{33}xa^{33}

地 da^{53}

世界 tɕe^{55}ke^{31}

黄图 va^{22}mo^{33}ja^{33}

天下 mje^{33}va^{31}

中国 ju^{22}ku^{53}tɕo^{31}

地方 da^{53}tho^{31}

水 vu^{33}

火 mje^{31}

石 lju^{53}bu

山 ba^{33}

沙 lju^{53}khu^{31}la^{33}

海 vu^{33}ɕa^{31}

江 vu^{33}ma^{31}ka^{31}

河 vu^{33}ka^{31}

泉 vu^{33}bje^{53}

井 vu^{33}lje^{33}

墙 dʑa^{31}xa^{33}

园 kha^{33}ko^{53}

道 va^{33}ma^{33}

桥 dza^{33}

远 va^{33}xe^{53}

近 va^{33}nje^{31}

长 xe^{31}

短 tɕe^{53}tɕe^{31}

深 nu^{31}

浅 ba^{31}

高 mo^{33}

低 nja^{33}mo^{53}

宽 gi^{33}

窄 vu^{31}

广 kha^{53}

方 vu^{22}da^{22}pho^{53}

动 be^{31}ge^{33}

软 bje^{31}ka^{31}

硬 kho^{53}tɕo^{31}

里 ko^{33}ke^{31}

流 xe^{31}

陆路 va^{33}ma^{33}fu^{22}tʃhu^{53}

佛境 ku^{33}ɕi^{33}ta^{53}tho^{31}

佛教 ku^{33}ɕi^{33}so^{22}

京城 ni^{33}ta^{53}tho^{31}

黄河 vu^{33}ma^{31}xaə˞^{25}

好水 vu^{33}dje^{53}

恶水 vu^{33}tʃha^{31}khu^{33}

川 da^{53}ge^{33}

尘 fu^{22}la^{33}

街 dʒo^{22}no^{33}

涧 vu^{33}bje^{53}

沟 bo^{31}ka^{31}

冈 vo^{31}ba^{33}

边 dʑe^{22}du^{33}

台 da^{53}ba^{53}nje^{31}

春 nju^{31}

夏 tɕha^{33}

秋 tshu^{22}

冬 tshu^{33}

年 kho^{33}tɕe^{53}

日 ne^{33}ma^{33}

时 tɕiŋ^{55}tshu^{33}

昼夜 xe^{33}khe^{53}

热 tɕha^{33}

寒 go^{31}

暖 ba^{53}tɕe^{31}tɕha^{33}

凉 ʃo^{33}

冻 ge^{33}ge^{33}

温 ba^{53}tɕa^{31}tɕha^{33}tɕha^{33}

时节 du^{33}tshu^{33}la^{33}

夜长 nje^{53}xe^{31}

夜短 nje^{33}tɕe^{53}tɕe^{31}

今日 ta^{33}ne^{33}

明日 ʃɯ^{53}

今年 tɕhi^{33}nje^{33}

明年 ʃɯ^{53}nje^{33}

昔 ja^{22}ji^{33}

今 a^{53}mi^{31}

以后 ja^{53}no^{31}

时常 the^{33}phe^{33}

永远 mu^{33}tʃhu^{53}xe^{31}

昼 ne^{33}gu^{33}

夜 ma^{31}xa^{33}

刻 tɕa^{31}la^{33}

早 ja^{53}ŋo^{31}ko^{31}

晚 ma^{31}xa^{33}du^{53}

再 ɕe^{33}

半日 lje^{33}khje^{53}

半夜 ɕe^{33}khje^{53}

新年 ʃo^{22}tso^{53}kho^{33}ɕe^{53}

旧年 kho^{33}ʃe^{53}nu^{55}je^{33}

皇帝 va^{33}mo^{33}ja^{33}

朝廷 ə˞^{53}pu^{31}tʃhə^{31}

臣 nje^{22}pa^{33}ja^{33}

太子 va^{31}mo^{33}ja^{33}tɕi^{22}

官 dzo^{22}mo^{33}

土官 do^{33}ɕu^{33}dzo^{22}mo^{33}

头目 ɕu^{33}kha^{53}

文官 dzo^{22}mo^{33}ja^{31}kha^{53}

武官 mo^{31}dzo^{22}mo^{33}

师傅 so^{33}de^{33}

徒弟 ja^{31}ba^{33}

僧人 zu^{33}mbo^{33}

使臣 tsə^{53}tsə^{31}
道士 pe^{33}mbo^{33}
军 pa^{53}o^{33}
民 me^{33}dje^{53}ɕu^{31}
吏 pa^{53}khe^{31}
喇嘛 la^{33}ma^{33}
奴婢 be^{31}la^{33}ɕu
聪明 tsho^{33}tʃhe^{53}
亲 tʃə^{33}
高祖 phu^{31}ɕu^{31}
曾祖 pha^{53}ɕu^{31}
祖 a^{33}pu^{33}
叔 a^{33}pa^{33}tɕi^{53}
伯 a^{33}ba^{33}kha^{53}
父 a^{33}ba^{33}
母 a^{33}ma^{33}
舅 a^{31}vu^{33}
女 za^{33}mi^{33}
子 ji^{31}
兄 a^{33}ja^{33}
弟 ji^{31}no^{31}
侄 dʑu^{22}ʑi^{33}
孙 ji^{33}thu^{33}
男子 sa^{53}dʑi^{31}
妇人 mi^{31}fu^{33}na^{31}
妻 ja^{22}ʃu^{33}ma^{53}
富 va^{31}ma^{33}
贫 tsho^{33}phu^{33}
怠慢 dʒo^{31}ma^{53}
智慧 ɕu^{33}tʃha^{53}
柔善 nje^{31}gu^{33}
紧 su^{22}
化缘 lu^{33}ba^{33}me^{33}
主 se^{31}pa^{53}
岁 lju^{53}
老 mu^{53}
贼 mu^{33}ɕu^{31}
和尚 a^{53}xe^{31}va^{33}
比丘 ge^{31}ʃə^{33}
甲士 phu^{53}tʃha^{33}ve^{22}
牌手 la^{33}ma^{53}se^{31}
继父 phan^{33}kuŋ^{33}
继母 ma^{33}gu^{33}
兄弟 a^{33}ja^{33}ji^{31}no^{31}
朋友 jo^{22}pho^{33}
伶俐 la^{31}dʒo^{31}
懒惰 ma^{53}tho^{31}
身 ge^{53}ma^{31}
头 vu^{53}dʑu^{31}
顶 mo^{33}
发 tsa^{22}
眼 mi^{53}sə^{31}
眉 mi^{53}mu^{31}
耳 nje^{31}ɚ^{25}pu
鼻 nja^{22}ku^{53}
口 kha^{33}pi^{33}
唇 kha^{33}pi^{33}ko^{31}pha^{33}
齿 ɕe^{53}ma^{31}
乳 bi^{31}bi^{33}
手 lo^{31}ko^{33}
肚 do^{33}pha^{33}
心 nje^{22}ma^{53}
脚 gu^{53}du^{31}
气 so^{31}

疮 gu^{31}pa^{33}
舌 je^{53}pu^{31}
模样 zə^{33}go^{33}
筋 tsa^{33}
力气 ja^{31}ve^{53}
福禄 ja^{33}ʁa^{31}
念 na^{31}
心性 sa^{33}ba^{33}dje^{53}
想 dje^{22}mje^{33}
面 zə^{33}go^{33}
胸 ɕe^{53}kha^{31}
指 lo^{33}ni^{33}
肝 ɕe^{53}phu^{31}
肺 tshe^{22}
骨 ju^{53}ku^{31}
毛 mu^{31}
血 ʃu^{33}
强 tha^{31}pa^{53}ja^{31}kha^{53}
弱 tha^{31}pa^{53}ma^{31}dje^{53}
宫殿 phu^{53}tʃa^{31}
前殿 phu^{53}tʃa^{31}ɕe^{33}pho^{33}
后殿 phu^{53}tʃa^{31}ja^{53}no^{31}pho^{33}
房 ja^{33}
寺院 gu^{33}mba^{33}
库房 gu^{33}mba^{33}dzo^{31}
书房 dʒə^{33}dʑi^{33}ja^{33}
学堂 so^{33}be^{53}ja^{33}
衙门 dzo^{22}mo^{33}ja^{33}
馆驿 ji^{33}na^{33}ja^{33}
梁 ja^{33}ku^{31}
柱 dʑe^{33}pha^{33}
椽 go^{33}le^{33}ɕe^{53}phe^{33}

门 dʑa^{53}pu
寺 gu^{33}mba^{33}ja^{33}
窗 ku^{33}ba^{31}
簇 tsu^{53}
寨 pu^{33}
塔 tsho^{33}te^{33}
营 tsho^{33}ja^{33}
印 jin^{21}
玉印 tɕhu^{33}ba^{33}jin^{21}
金印 ni^{33}ba^{33}jin^{21}
银印 tɕhu^{33}ba^{33}jin^{21}
铜印 ʃə^{33}ba^{33}jin^{21}
碗 khu^{53}
碟 ga^{33}ma^{33}
酒盏 vu^{53}tʃu^{33}tʃu^{33}
斗 ka^{22}
盆 lo^{31}ma^{33}
锅 ge^{31}
勺 ju^{53}thu^{31}
桌 la^{31}tɕe^{33}pu
锁 khu^{31}ja^{33}
钥匙 khu^{31}pu^{33}
漆 ki^{33}ma^{33}
轿 tha^{31}hku^{33}
车 ko^{22}mo^{33}
刀 me^{53}tho^{31}
剑 me^{53}tho^{31}mi^{31}ɕe^{31}
枪 tʃhu^{53}
牌 la^{33}ma^{53}
弓 kho^{22}la^{33}
箭 ki^{33}
旗 ta^{53}tɕu^{53}

刀鞘 me^{53}tho^{31}kho^{53}kho^{31}

甲 ka^{33}tɕhu^{33}lju^{33}kwa^{53}

盔 ʃa^{33}mu^{53}

炮 tʃhu^{53}kha^{53}

兵器 mo^{31}ʑu^{33}za^{31}ku^{33}

船 gu^{31}

钟 ʃa^{33}tɕhu^{33}khu^{53}

鼓 dʑe^{33}

钹 tʃha^{33}lo^{33}

铃杵 tu^{31}tʃə^{31}tʃə^{31}

云锣 tiŋ^{33}ʃa^{33}

乐器 lo^{31}mo^{33}

香炉 ɕa^{33}nu^{53}

旛 pje^{31}

花瓶 me^{22}to^{33}tʃhu^{53}tɕi^{31}

磬 tɕa^{31}ge^{31}tɕhu^{33}

锣 ʃa^{33}tɕe^{22}

绳 pu^{33}ka^{31}

伞 va^{53}mu^{53}

鞍 ʁa^{53}tʃha^{31}

笛 me^{53}me^{31}bu^{53}bu^{31}

大鼓 dʑe^{33}kha^{53}pu

小鼓 dʑe^{33}go^{22}tɕi^{33}

响钹 ja^{31}ja^{33}ʃa^{33}

拍板 ja^{31}ja^{33}ku^{53}

铙 tʃho^{31}lo^{33}pu

螺 lje^{31}be^{53}

座 tɕi^{33}

灯 ma^{22}mi^{33}

轮 go^{22}dʑo^{33}

梯 tɕe^{33}le^{33}

饮食 za^{31}gu^{33}

吃 dʑi^{31}

饭 ʒo^{31}

面 je^{31}

米 tʃhe^{53}

酪 nu^{31}

酒 vu^{53}

茶 tʃa^{31}

酥油 su^{33}jəu^{31}

巴茶 tʃa^{33}li^{31}

蜜 bi^{31}ɚ^{33}

肉 ʃe^{33}

白酒 vu^{53}ve^{33}tɕo^{33}

黄酒 vu^{53}xaɚ^{25}

下程 ŋgi^{53}la^{31}

粮 pha^{33}

油 ʑi^{33}ɚ^{33}

盐 tɕhi^{33}

酱 tha^{53}ta^{31}

醋 tɕe^{22}vu^{33}

甜 tʃhe^{33}tɕo^{33}

苦 kha^{33}

衣 be^{22}tɕhe^{33}

帽 mu^{53}

冠帽 kha^{53}mu^{53}

圆领 ku^{53}wa^{22}

靴 dʑi^{33}kha^{53}

袜 ko^{22}tʃə^{33}

袈裟 tɕho^{53}ka^{33}

被 xa^{33}xa^{33}pu

褥 kho^{33}

缎 ʒa^{31}dje^{33}

绢 dje^{53}

绫 dje^{53}
罗 dje^{53}
布 vu^{33}ʒa^{33}
锦 dje^{53}
丝 sə^{33}tɕe^{33}
麻 tsə^{33}
氆氇 phu^{53}ʒa^{31}
彩绢 dje^{53}
线 dʑe^{22}khje^{33}
冠带 mu^{53}tɕa^{22}xa^{33}
法衣 tʃha^{53}be^{22}tɕhe^{33}
领长 ku^{53}va^{31}xe^{31}
领短 ku^{53}va^{31}tɕe^{53}tɕe^{31}
白 ve^{33}tɕo^{33}
青 be^{22}le^{33}
黄 xaɚ^{25}
红 nju^{33}xu^{53}
紫 lo^{31}pa^{31}
鹅黄 xaɚ^{25}ɕe^{31}
五彩 ŋo^{31}ɚ^{53}pa^{31}
颜料 tsho^{22}tsə^{53}
蓝 nje^{31}za^{53}
皂 le^{31}kha^{53}
柳青 nje^{31}so^{33}
明绿 tɕi^{31}tu^{31}
桃红 so^{33}a^{33}je^{31}
粉红 je^{33}mu^{53}je^{31}
燃灯 ma^{22}mi^{33}nu^{53}
释迦 ʒu^{53}lai^{53}fu^{22}
神 la^{31}
鬼 tʃha^{53}
藏经 dʒə^{33}dʑi^{33}

目录 phe^{33}
卷 ʑu^{53}
品 lje^{31}vu^{33}
佛像 zə^{33}gu^{33}
画像 tha^{22}ŋga^{53}
雕像 tɕhu^{33}zə^{33}gu^{33}
铸像 pu^{22}zə^{33}gu^{33}
经数 dʒə^{33}dʑi^{33}
三宝 ɕo^{33}ku^{31}ku^{53}
罗汉 la^{31}de^{53}
声闻 kho^{22}ge^{31}
妙法 fa^{31}de^{53}
赞美 tha^{31}pa^{33}nja^{53}
旨 tʃə^{53}
法 fa^{31}
书 dʒə^{33}dʑi^{33}
经 dʒə^{33}dʑi^{33}
纸 ʃa^{33}vu^{33}
墨 sa^{53}tɕhe^{33}
笔 ʒə^{53}ka^{31}
砚 sa^{53}ka^{33}ma^{33}
图书 jin^{24}tɕi^{21}
奏文 ki^{33}pa^{53}
真字 sa^{53}ji^{33}
番字 do^{33}ɕu^{33}dʒə^{33}dʑi^{33}
敕书 ka^{33}so^{22}
敕谕 ŋe^{33}pa^{53}
医书 me^{22}mba^{33}dʒə^{33}dʑi^{33}
语录 do^{33}vo^{53}lja^{31}
东 ʃa^{33}tɕho^{33}
西 nje^{22}tɕho^{33}
南 ge^{31}tɕho^{33}

北 la^{53}ku^{33}pə˞^{33}

上 khɯ^{53}pho^{53}

下 va^{22}pho^{33}

左 tso^{53}da^{22}pho^{53}

右 jo^{53}da^{22}pho^{53}

前 xe^{33}pho^{53}

后 ja^{53}no^{31}pho^{53}

内 ko^{31}pho^{53}

外 no^{53}pho^{53}

中间 go^{33}tɕo^{53}

内外 ko^{31}no^{53}

花 me^{33}do^{53}

木 tɕe^{33}pha^{33}

树 ɕe^{53}pu

林 ɕe^{53}lo^{33}kho^{33}

草 ʒu^{53}

竹 mi^{33}

莲花 ni^{31}tho^{31}

根 me^{33}tsu^{53}

枝 ɕe^{53}lo^{53}

叶 tɕha^{22}tɕha^{33}

果品 ɕe^{53}ma^{22}ma^{33}

茜 nje^{22}me^{33}

李 sə^{33}be^{33}

杏 tɕe^{22}ni^{53}

桃 so^{31}a^{31}

麦 ʃa^{33}

菜 ji^{33}na^{33}

芝麻 kho^{53}ma^{22}ma^{33}

畜生 ʑu^{22}mu^{33}

猛兽 ɕe^{53}nju^{31}

彪 khe^{33}i^{33}ʃə^{33}tsə^{33}

狮子 sə^{33}ge^{33}

麒麟 sə^{53}mu^{31}

熊 xa^{33}

狐 tʃu^{31}ma^{33}

豹 dʑe^{31}phu^{33}

鹿 ju^{31}ma^{33}

狼 la^{31}pha^{33}

鼠 vu^{53}

貂鼠 ʃa^{31}vu^{53}

海青 xai^{53}tɕhiŋ^{33}

鹰 kho^{22}ma^{31}

驼 a^{53}mo^{31}

牛 nju^{31}

虎 la^{31}pha^{33}

兔 tho^{33}la^{33}

龙 ə˞^{31}tɕa^{33}

蛇 vu^{31}pha^{53}

马 mo^{31}

羊 tɕhe^{53}

猴 mi^{22}

鸡 vo^{53}

狗 khi^{33}

猪 vo^{31}

犏牛 tso^{33}nju^{31}

水牛 vu^{53}nju^{31}

凤凰 ɕim^{53}tsa^{31}

孔雀 ma^{33}tsa^{31}

仙鹤 lo^{31}va^{33}

鹅 o^{31}

鱼 ʑu^{33}

飞 tɕa^{33}

鸣 ʒa^{31}

宿 ja^{53}pa^{31}

食 dʑi^{31}

好马 mo^{31}dje^{53}

骟马 mo^{31}pa^{53}

马行 mo^{31}ji^{33}

马熊 mo^{31}xa^{33}

土豹 da^{53}ʑe^{31}pho^{33}

青马 mo^{31}nje^{33}za^{53}

白马 mo^{31}ve^{33}tɕo^{33}

黄马 mo^{31}xaɚ^{25}

黑马 mo^{31}nu^{53}khu^{31}

紫马 mo^{31}dje^{33}ma^{33}

花马 mo^{31}dje^{22}dje^{33}

赤马 mo^{31}nju^{33}xu^{53}

青沙 mo^{31}phu^{33}

宝 ju^{33}mbo^{33}tɕhe^{53}

宝石 ju^{33}mbo^{33}tɕhe^{53}lju^{53}

珍珠 mu^{33}dje^{53}

玛瑙 mo^{31}mje^{33}

珊瑚 ʃan^{33}xu^{31}

琥珀 xu^{53}phje^{31}

玉 njo^{33}pu^{31}

碧玉 pi^{31}tɕi^{31}

金 ni^{33}

银 ŋu^{33}

铜 tha^{53}əŋ^{31}

锡 tɕi^{33}

铁 ʃa^{33}

水晶 tɕhu^{33}lju^{53}

火晶 mi^{31}ŋo^{33}

水银 vu^{33}tɕhu^{33}

钱 ba^{33}dʒe^{33}

象牙 lju^{53}pu^{31}ɕe^{53}ma^{31}

香 ɕaŋ^{33}

檀香 tsa^{33}nda^{33}

沉香 tsa^{33}nda^{33}ɕe^{33}mbo^{33}

速香 ɕu^{31}ɕaŋ^{33}

人参 ʑu^{33}kha^{53}

甘草 kan^{33}tshao^{53}

官桂 kwan^{35}kwən^{31}

丁香 tin^{33}ɕaŋ^{33}

木香 mu^{21}ɕaŋ^{33}

片脑 phje^{31}lao^{53}

樟脑 tʃaŋ^{33}lao^{53}

蓿砂 ɕu^{21}ʃa^{33}

豆蔻 təu^{31}khəu^{31}

杏仁 ʒu^{33}ʒo^{33}

菖蒲 tshaŋ^{33}phu^{31}

当归 tan^{33}kwei^{33}

白芨 pe^{31}tɕi^{31}

草果 tshao^{53}ko^{33}

槟榔 pin^{33}naŋ^{31}

川芎 tɕhuan^{33}ɕjoŋ^{33}

陈皮 tʃhen^{31}phje^{31}

阿魏 a^{33}wei^{31}

巴豆 pa^{33}təu^{31}

姜黄 tɕiaŋ^{33}xwaŋ^{31}

朱砂 tʃu^{33}ʃa^{33}

药材 zə^{31}phe^{33}

白檀 tsa^{33}nda^{33}ve^{33}tɕo^{33}

紫檀 tsa^{33}nda^{33}ma^{31}pu^{53}

桂皮 kwei^{22}phje^{31}

黄丹 xwaŋ^{31}tan^{33}

甘松 kan^{33}səuŋ^{33}

牛黄 lju^{31}xwaŋ^{31}

一 tɕi^{33}

二 ni^{53}

三 so^{33}

四 vu^{22}

五 ŋo^{31}

六 khu^{22}

七 nje^{22}

八 ɕe^{22}

九 ge^{31}

十 tɕhi^{33}

百 ja^{53}

千 tu^{53}

万 me^{31}

多 mja^{53}

少 njo^{33}

一斤 tɕi^{33}ke^{22}

一两 tɕi^{33}lo^{53}

一件 tɕi^{33}tɕha^{31}

一匹 tɕi^{33}pu^{31}

一副 tɕi^{33}dza^{31}

一包 tɕi^{33}ka^{53}ta^{31}

一同 tɕi^{33}ba^{31}

我 ŋa^{33}

你 no^{33}

他 the^{33}

谁 se^{33}gu^{33}

自 jo^{33}

别 ɕu^{33}

舞 tɕhu^{53}tɕhu^{31}

唱 dʑa^{53}

喜 dʑa^{31}

敬拜 tsho^{33}mu^{33}tu^{33}

笑 xa^{22}xa^{53}

乐 sa^{33}ba^{33}tɕho^{53}

行 ji^{33}

去 ji^{33}

来 la^{31}

请 khi^{31}khi^{33}

走 ɕe^{33}ɕe^{33}

到 pa^{53}

得 va^{53}

引领 fu^{33}tsa^{33}ji^{33}

若是 the^{33}me^{33}

生活 za^{31}gu^{33}

职事 man^{22}kan^{33}

袭职 ɕi^{31}tʃə^{31}

寻 lja^{22}lja^{53}

起 ve^{53}

入 ko^{31}ke^{31}la^{31}

借 ji^{31}

便益 tsho^{33}ɕa^{53}

受用 so^{22}me^{33}

知 ŋa^{33}se^{22}

在 dʑo^{33}

肯 do^{31}

安 tshu^{33}

真实 tʃu^{33}tʃu^{33}me^{33}

必定 zo^{53}

缘事 tho^{33}tho^{31}me^{22}me^{33}

如何 xo^{33}me^{33}xuŋ^{33}

执 tshə^{53}

持 tshə^{53}

若干 xo^{33}me^{33}la^{33}

禁约 tɕin^{22}jo^{31}

迟 da^{33}va^{33}

急 kha^{31}kha^{33}

勘合 khan^{53}xo^{31}

商议 du^{33}la^{33}

勘可 khan^{31}khu^{53}

可惜 va^{22}do^{53}

不见 ma^{31}do^{33}

不到 ma^{31}pa^{53}

暂且 ə^{31}tɕi^{33}

显露 lo^{31}da^{33}

考校 khao^{53}ɕjao^{31}

应用 ʃə^{33}tsa^{33}ji^{33}

太平 du^{53}la^{31}

人夫 da^{33}pu^{33}

公干 ke^{33}sə^{53}me^{33}

跟随 ja^{53}no^{31}me^{33}

打 ja^{31}

叩头 tsho^{33}mu^{33}tu^{33}

皈依 ma^{22}de^{33}

慈悲 ja^{53}so^{22}

修理 tɕi^{33}ɕa^{31}ɕe^{53}

誊写 thiŋ^{31}ɕe^{33}

对读 ʑu^{53}ka^{33}

管待 dza^{31}du^{53}

丰足 ga^{31}la

或 xa^{31}do^{53}

愿 ja^{31}

就 tɕa^{53}

相同 ka^{33}ni^{33}

了 pi^{31}ta^{53}

全 ja^{22}ka^{33}

可怜 ɕa^{31}du^{53}

敬 so^{31}

跪 tu^{33}

拜 tsho^{22}mu^{31}tu^{33}

众 mja^{53}

为 ni^{31}ba^{33}me^{33}

常 the^{33}me^{33}

恩 ja^{22}ɕu^{31}

各 se^{33}jo^{33}

如 ne^{33}ma^{53}tshə^{31}

与 kho^{31}

藏 mo^{31}

赏 lo^{33}

罚 tshu^{22}

新 ʃo^{22}tso^{53}

旧 li^{53}

是谁 se^{33}gu^{33}

是我 ŋa^{33}ji^{33}

清静 tsho^{31}ɕa^{53}

图报 ʃa^{33}

催促 dje^{53}

阻当 lo^{53}

穿靴 ʑi^{33}ve^{22}

穿甲 ko^{33}la^{53}ve^{22}

起营 jo^{33}ji^{33}

抢夺 lju^{53}

反叛 tɕhi^{33}to^{31}

势大 jo^{33}tsə^{31}jo^{33}kha^{53}

势小 jo^{33}go^{22}tɕi^{33}

投顺 ko^{31}ta^{33}

祭祀 la^{33}ju^{53}

圆满 du^{53}la^{31}

功德 kuŋ^{33}te^{22}
无边 dʑe^{22}du^{33}ma^{31}ni^{33}
其余 ʒo^{31}ʒo^{33}
不尽 pi^{53}ma^{53}pha^{31}
说 ŋe^{22}
升 tɕa^{33}
收 so^{22}
留 ʃə^{31}
写 ʒə^{53}
重 li^{31}
罪 zo^{53}ko^{31}
其 the^{33}
用 za^{31}
觔 ke^{22}
平 ba^{31}
瘦 ka^{33}
肥 phje^{33}
许 dʑi^{53}
皮 gi^{33}
字 bu^{33}ma^{33}
当 lo^{53}
轻 ji^{33}tsho^{33}
换 to^{33}ke^{33}
谨 tɕin^{53}
薄 ba^{31}
厚 nu^{31}
生番 sɛn^{33}fan^{33}
不听 ma^{31}ba^{53}nja^{31}
照例 the^{33}me^{33}
朵甘 to^{53}kan^{33}
金箔 ni^{53}phei^{33}
银箔 tɕhu^{53}phei^{33}
西番 do^{33}ɕu^{33}
大小 kha^{53}go^{22}
庆贺 tɕi^{33}ka^{33}pa^{53}
打发 pe^{22}tɕi^{53}
番僧 do^{33}ɕu^{33}la^{33}ma^{33}
替职 sa^{31}me^{33}
升职 ja^{31}kha^{53}
经典 dʒə^{33}dʑi^{33}
经文 dʒə^{33}dʑi^{33}
祭文 dʒə^{33}dʑi^{33}
正月 tʃeŋ^{33}je^{33}
番汉 do^{33}ɕu^{33}tɕhe^{53}pu^{31}
番人 do^{33}ɕu^{33}mje^{33}
率领 fu^{33}tsa^{33}ji^{33}
所有 the^{33}bu^{31}
金阙 tɕin^{33}tɕhi^{22}
不许 ma^{31}ji^{33}
侵占 tɕhi^{33}du^{53}la
兴隆 dje^{53}
五谷 pha^{33}ŋo^{31}pha^{33}
行移 na^{53}tsa^{31}ji^{33}
临洮 nin^{31}thao^{31}
河州 xo^{31}tʃou^{33}
进马 mo^{31}phu^{33}
财物 dʒe^{33}ja^{31}ka^{33}
好生 dje^{53}ka^{31}
我每 ŋa^{33}de^{31}
外国 ɕu^{33}ta^{53}ju^{53}
艰难 za^{31}gu^{33}ma^{31}tɕho^{53}
回回 vu^{31}tʃa^{53}
买卖 vu^{22}lo^{33}
数珠 tʃu^{33}tɕhe^{22}

朝贡 tʃhao^{53}kuŋ^{33}

分外 tɕa^{31}

利害 nja^{53}

地界 da^{53}ge^{33}

连累 tsi^{31}da^{53}

钞贯 ba^{33}dʒe^{33}

怜悯 ɕa^{33}do^{33}

鞑靼 ta^{31}ta^{31}

城池 va^{53}ku^{22}

自己 jo^{33}

阐化 tshan^{53}xwa^{33}

阐教 tsha^{53}tɕjao^{22}

辅教 fu^{53}tɕjao^{22}

大宝 ta^{31}pao^{33}

大乘 ta^{22}tʃhen^{31}

国师 ke^{31}sə^{33}

禅师 tshan^{53}sə^{33}

都纲 tu^{33}kaŋ^{33}

第五章 语法

第一节

词类

根据是否能充任句法结构成分，多续话的词可以分为实词和虚词两大类。其中实词按照语法功能可以分为名词、动词、形容词、代词、数词、量词等；虚词可以分为副词、助词、连词等。

一　名词

名词是表示人或事物名称的词，包括具体、抽象的事物，也包括时间、方位、处所及亲属称谓、专有名称等。

（一）名词的语法特点

1. 与其他语言一样，多续话的名词可以直接充任句子的主语和宾语，例如以下以斜体方式标记的都是名词。

li^{53}ji^{31}　*ʐi^{31}*　*gu^{31}*　dʐa^{31}　*vu^{33}-ma^{31}*　ko^{53}　go^{31}dʐo^{33}.

李一　儿子　船　划　河-SUFF　LOC　旋转

李一的儿子划船的时候把船弄得在河里打转转。

the^{33}　*tsho^{33}le^{33}*　*ma^{22}mu^{33}*　ma^{53}　dʐa^{31}　la,　*va^{33}dzi^{33}*　pu　ʃi^{33}　la,　ke^{33}

那　野人　老婆　NEG　喜欢　CSM　斧头　CLF　拿　CSM　这

ɕe^{53}-pu　mi^{31}-to^{33}.

树-CLF　PFV-砍

那女野人不高兴了，就去拿了一把斧头来砍树。

2. 可以接受数（量）词的修饰、限制。例如：

ʃe^{33}so^{33}ke^{22}	三斤肉	ɕe^{31}nje^{33}	八年
vo^{31}ŋo^{31}a^{33}	五头猪	tsho^{33}tɕhi^{33}ŋo^{31}	十五人

3. 名词前面不能加ma^{53}或tha^{53}等否定词。判断句可以加否定词ma^{53}，只不过其否定的对象是整个谓语部分。例如：

ja^{53}no^{31} vo^{31} ma^{31} dʑi^{53}, tɕhe^{53} dʑi^{53}.

后面 猪 NEG 是 羊 是

后面的不是猪，是羊。

（二）名词小类

多续话的名词可以从多个角度进行分类。可根据所指对象是否表达特有的概念而分为专有名词和普通名词，其中专有名词是表示特定的人、地方、事物等概念的名词；也可根据其可数性分为可数名词（可数名词包括个体名词和集体名词）和不可数名词（不可数名词包括物质名词和抽象名词）。

1. 专有名词和普通名词

专有名词是表示特定的人、地方、事物等概念的名词。例如：

nje^{33}ma^{33}	太阳	nje^{22}ma^{53}	月亮
nje^{22}ma^{53}	人名	dʒo^{22}no^{33}	冕宁
la^{31}ga^{31}tɕo^{33}	伍宿堡子	meŋ^{31}po^{33}lo^{33}	河上村堡子

2. 可数名词和不可数名词

多续话中的部分名词能够后加bu表示复数。例如：

tsho^{33}bu 人们 人 PL	tsho^{33}mu^{53}bu 老人们 老人 PL
tɕhe^{53}bu 羊的复数形式 羊 PL	vo^{53}bu 鸡的复数形式 鸡 PL
dʑa^{53}bu 水稻的复数形式 水稻PL	ji^{22}tɕa^{33}bu 孩子们 孩子 PL

这些名词也可以接受ja^{22}ka^{33}“全部、所有的”、mja^{53}“多”、lju^{31}“少”等度量形容词的限制，这样的名称我们称为可数名词。

与可数名词相对的是不可数名词。不可数名词只能接受度量形容词的限制，但没有复数形式，也不能接受数量词语的修饰或限制，如na^{31}kha^{33}me^{31}“天”、vu^{33}“水”、vu^{53}“酒”、so^{31}“气”等。

3. 指小形式及名词的有生性

多续话的名词存在分析性的指小形式。根据名词的有生性，指小形式可分为如下两种情况：

（1）NP+go^{22}tɕi^{33}

有生性名词后面加上go^{22}tɕi^{33}表示该事物在个体、排行等处于较小或较低的位置。例如：

a^{33}ba^{33}go^{22}tɕi^{33}　排行最小的叔父　ŋo^{33}tɕi^{33}go^{22}tɕi^{33}　小鸟

mo^{31}go^{22}tɕi^{33}　小马　tɕhe^{53}go^{22}tɕi^{33}　小羊

无生性名词后面加上go^{22}tɕi^{33}表示该事物在体积、面积或长、宽、高等维度上处于较低水准。例如：

va^{53}go^{22}tɕi^{33}　小雨　ba^{33}go^{22}tɕi^{33}　小山

va^{33}ma^{33}go^{22}tɕi^{33}　小路　khu^{53}go^{22}tɕi^{33}　小碗

pa^{33}de^{53}go^{22}tɕi^{33}　小板凳　va^{33}dzi^{33}go^{22}tɕi^{33}　小刀

（2）NP+me^{22}me^{33}

如果要表示刚出生不久的人或动物，可在有生性名词后面加上me^{22}me^{33}。例如：

ʐu^{33}me^{22}me^{33}　鱼苗　ji^{22}tɕa^{33}me^{22}me^{33}　小男孩儿

za^{33}mi^{33}me^{22}me^{33}　小女孩儿　mo^{31}me^{22}me^{33}　马驹

（3）NP+ji^{33}

多续话也可在动物名称后面加上ji^{33}表示该动物较小或未成年。例如：

jo^{33}　绵羊　jo^{33}ji^{33}　绵羊羔

khi^{53}　狗　khi^{53}ji^{33}　小狗

mo^{31}　马　mo^{31}ji^{33}　马驹

tɕhe^{53}　山羊　tɕhe^{53}ji^{33}　山羊羔

ji^{33}是ji^{22}tɕa^{33}“儿子、小孩儿等”的缩减形式。

4. 动物名词的性别区分

所有的动物名词后面都可以加上ma^{53}“母亲”来表示雌性。例如：

mu^{22}ni^{33}ma^{53}　母猫　vo^{31}tsho^{33}ma^{53}　母鸡

nju^{33}ma^{53}　母牛　vo^{31}ma^{53}　母猪

但是，雄性动物名词的性别表达有两套形式：

（1）动物名词的后面加上pha^{53}“父亲”表示雄性。例如：

vo^{31}pha^{53}　公猪　mu^{22}ni^{33}pha^{53}　公猫

khi^{33}pha^{53}　公狗　nju^{33}pha^{53}　公牛

（2）禽类动物名词的后面也可以加phu^{33}表示雄性。例如：

vo^{31}phu^{33}　公鸡　e^{33}ja^{33}phu^{33}　公鸭

5. 时间名词

多续话中的时间名词有表示年月日的，例如ta^{33}nje^{33}“今年”、so^{33}nje^{33}“三月”、

ʃəu^{53}ne^{33} "明天" 等；也有表示季节的，例如nje^{31}kha^{33}ve^{53}la^{33} "春天"、va^{53}tɕu^{31}pa^{53}la^{33} "夏天"；有表示昼夜的，例如tɕi^{33}ne^{33}xo^{22}tsa^{33} "每天"、ja^{53}ŋo^{31} "早晨"、dza^{22}ba^{53}nu^{53} "上午"、dʒo^{33}dʑi^{31}nu^{53} "中午"、tɕha^{33}dʑi^{31}nu^{53} "下午"、ba^{33}dʑe^{31}ma^{31}xa^{33} "傍晚"、ne^{33}gu^{33} "白天"、tɕi^{53}jo^{31} "夜晚"、ɕe^{33}khe^{53} "半夜"；也有表示古今前后的，例如xi^{33} "从前"、ja^{22}nje^{33}xe^{53}nje^{33} "古代、古时候"、a^{53}mi^{31}ka^{33}pa^{33} "现在、现代"；也有表示时间长短的，例如tɕi^{33}pi^{33}thu^{53} "一会儿"、tɕi^{33}ne^{33}ka^{33}la^{33} "整天"。

6. 方位词、处所名词

（1）方位词

多续话中常用的方位词只有几个，包括：khɯ^{53} "上面"、khɯ^{31} "下面"、jo^{53}da^{22}pho^{53} "左边"、jo^{33}da^{22}pho^{53} "右边"、go^{33}tɕo^{53} "中间"、xi^{33}pho^{53} "前面"、ja^{53}no^{31}pho^{53} "后面"、ja^{53}no^{31}ja^{53}no^{31}pho^{53} "末尾"、na^{22}ba^{33} "面前"、ko^{22}ke "里面"、no^{53}pho^{53} "外面"、dʑe^{31}du^{33}pho^{53} "旁边" 等。

（2）处所名词

处所名词可以用a^{33}ke^{31} "哪里"、the^{33}ke^{31} "这里"、jo^{53}the^{33} "那里" 等替换用于表达空间位置场所的名词。

典型的处所名词是地名。例如：

dʒo^{22}no^{33}	冕宁	la^{31}ga^{31}tɕo^{33}	伍宿堡子
meŋ^{31}po^{33}lo^{33}	河上村堡子	vo^{31}tʃo^{33}	西昌

上述这些地名不加任何标记就可以直接充任动词la^{31}"来"、ji^{33}"去"、pa^{53}"到"的宾语。例如：

ne^{33}de^{31}　se^{33}gu^{33}　dʒo^{22}no^{33}　ji^{33}?
2pl　谁　冕宁　去
你们哪个去冕宁？

ŋa^{33}de^{31}　meŋ^{31}po^{33}lo^{33}　la^{31}.
1pl　河上村堡子　来
我们从河上村堡子来。

以上两个例子中，dʒo^{22}no^{33} "冕宁" 和meŋ^{31}po^{33}lo^{33} "河上村堡子" 分别充任ji^{33} "去" 和la^{31} "来" 的处所宾语，但都不带任何附加成分。

（三）名词的数

多续话有相当于汉语的"-们"后缀，即bu。例如：

tsho^{33}bu	人们	tsho^{33}mu^{53}bu	老人们
ji^{22}tɕa^{33}bu	孩子们	ja^{22}ka^{33}bu	大家伙儿

多续话中除使用bu表示复数以外，表示多数时，也可在名词后面加上mja^{53} "多"。例如：

tsho^{33}mja^{53}　　人（复数）　　nju^{33}mja^{53}　　牛（复数）

tɕhe^{53}mja^{53}　　羊（复数）　　ji^{22}tɕa^{33}mja^{53}　　孩子（复数）

在表示数量较少的复数形式时，多续话采用的是在名词后面加上 lju^{31}"少"。例如：

tsho^{33}lju^{31}　　人（复数，少）　　mo^{31}lju^{31}　　马（复数，少）

在多续话名词中，如果加上了表示数量的修饰语后，就不能在名词后面加表示复数形式的标记bu。此外，复数形式还可以放在指人名词构成的并列词组后面。例如：

tsho^{33}　kha^{53}　ji^{22}tɕa^{33}　bu　大人和孩子们
人　大　孩子　PL

ma^{22}-ma^{53}　ɕu^{31}　dʒi^{33}dʑi^{33}　so^{22}　ji^{22}tɕa^{33}　bu　老师和学生们
教-教　NMLZ. ANM　文字　学　孩子　PL

（四）多续话的亲属称谓前面往往加上a^{33}。例如：

爷爷	a^{33}pu^{33}	奶奶	a^{33}tɕi^{33}
父亲	a^{33}ba^{33}	母亲	a^{33}ma^{33}
外祖父	a^{33}va^{33}pu^{33}	外祖母	a^{33}va^{33}tɕi^{33}
舅舅	a^{31}vu^{33}	舅母	a^{31}ni^{33}
公公	a^{31}phe^{31}mu^{53}	婆婆	a^{31}ni^{33}mu^{53}

二　代词

代词是代替名词、动词、形容词、副词和数量词等的词。多续话的代词可以划分为四类：人称代词、反身代词、疑问代词、指示代词。

（一）人称代词

多续话的人称代词有第一人称、第二人称、第三人称，都分单数、复数和双数。单数后加de^{31}表示复数，加gu^{53}nja^{53}（两个）表示双数。人称代词详见下表：

表5-1　多续话人称代词的单复数及双数形式

人称	单数	复数	双数
第一人称	ŋa^{33}我	ŋa^{33}de^{31}我们	ŋa^{33}gu^{53}nja^{53}我俩
第二人称	no^{33}你	no^{33}de^{31}你们	no^{33}gu^{53}nja^{53}你俩
第三人称	the^{33}他	the^{33}de^{31}他们	the^{33}gu^{53}nja^{53}他俩

需要注意的是，第一人称代词的复数和双数有排除式和包括式之分：

排除式：ŋa^{33}de^{31}我们　　ŋa^{33}gu^{53}nja^{53}我俩

包括式：jo^{33}de^{31}咱们　　jo^{33}gu^{53}nja^{53}咱俩

此外，人称代词有主格、宾格、属格的区别：

表5-2 多续话人称代词的主格、宾格、属格形式

人称	主格	宾格	属格
第一人称	ŋa³³	ŋa³³	ŋe³³
第二人称	no³³	na³¹	ni³³或ne³³
第三人称	the³³	tha³¹	tɕhi³³

例如：

ŋa³³　tha³¹　　pho⁵³　ŋe²².

1sg　3sg. DAT　边　　说

我对他说。

the³³　ŋa³³　　pho⁵³　ŋe²².

3sg　1sg. DAT　边　　说

他对我说。

ŋa³³　　a³³-ma³³　　la³¹　la.

1sg. GEN　亲属前缀-妈　来　CSM

我的妈妈来了。

（二）反身代词

多续话的反身代词主要由三种形式构成。

1. 重叠单数或复数人称代词以表示反身。例如：

ŋa³³　ŋa³³　ŋe²². no³³de³¹　no³³de³¹　ŋe²².

1sg　1sg　说　2pl　　1pl　　说

我自己说。你们自己说。

2. 以在人称代词后面加jo³³“自己”来表示。例如：

“ŋa³³　de²²mje³³　ja³³khe³¹　ji³³.”　no³³　jo³³　tɕa⁵³　the³³　me³³　ŋe²².

1sg　想　　家里　　去　　2sg　自己　TOP　那　　做　　说

“我想到家里去。”你自己那样说的。

3. 在双数人称代词后加反身代词tɕi⁵³tɕa³¹“自己”表示。例如：

ŋa³³ku⁵³　ni⁵³　a³³　　tɕi⁵³tɕa³¹　ji³³.

1dl　　两　　CLF　自己　　去

我俩自己去。

多续话反身代词的具体情况如下表所示：

表 5-3 多续话的反身代词

人称	单数	双数	多数
第一人称	ŋa^{33}jo^{33}、ŋa^{33}ŋa^{33} 我自己	ŋa^{33}gu^{53}nja^{53}tɕi^{53}tɕa^{31} 我俩自己	ŋa^{33}de^{31}jo^{33} 我们自己
第二人称	no^{33}jo^{33}、no^{33}no^{33} 你自己	no^{33}gu^{53}nja^{53}tɕi^{53}tɕa^{31} 你俩自己	no^{33}de^{31}jo^{33} 你们自己
第三人称	the^{33}jo^{33}、the^{33}the^{33} 他自己	the^{33}gu^{53}nja^{53}tɕi^{53}tɕa^{31} 他俩自己	the^{33}de^{31}jo^{33} 他们自己

（三）指示代词

多续话中最基本的指示代词有三个：ke^{33}“这”、jo^{53}“那”、the^{33}“那”；它们均可单独使用，也可对举使用。例如：

ke^{33} ja^{33} ŋa^{33} ni, the^{33} ja^{33} the^{33} ni.

这 房子 1sg GEN 那 房子 3sg GEN

这个房子是我的，那个房子是他的。

dzo^{22}mo^{3} na^{31}pho^{53} ŋe^{22}: “the^{33} the^{33} ji^{33}.”

领导 回答 说 那 3sg 去

领导回答说：“那儿他去。”

多续话的指示代词可以在后面加上各种成分构成复合性指示代词，但在表示“这样”和“这么”的时候，附加成分前的基本形式却是表示“那”的the^{33}。这是一个非常奇怪的现象，可能是多续话指示代词的一个特点，也可能是发音人自身原因导致的混用现象。

表 5-4 多续话的指示代词

基本形式	ke^{33}这	jo^{53}那
～the^{33}	ke^{33}the^{33}这儿/个	jo^{53}the^{33}那儿/个
～me^{33}	the^{33}me^{33}这样	jo^{53}me^{33}那样
～ba^{31}	the^{33}ba^{31}这么	jo^{53} ba^{31}那么
～xa^{33}	ke^{33}xa^{33}这时	the^{33}xa^{33}那时
～ko^{33}ke	ke^{33}ko^{33}ke这里面	the^{33}ko^{33}ke那里面

基本形式	ke^{33}这	jo^{53}那
～ $the^{33}bu$	$ke^{33}the^{33}bu$这些有生命	$jo^{53}the^{33}bu$那些有生命
～ ke	$ke^{33}ke$这里	$jo^{53}ke$那里
～ pho^{53}	$ke^{33}pho^{53}$这边	$jo^{53}pho^{53}$那边

（四）疑问代词

多续话中的疑问代词比较丰富，基本的疑问代词有$se^{33}gu^{33}$“谁、哪个、哪一个”、$a^{33}ke^{31}$“哪里”、$xo^{33}tɕa^{33}$“什么、哪样、哪种”、$xo^{33}me^{33}ɕe^{33}$“怎么”、$xo^{33}me^{33}$“为什么、怎么、怎样”、$mja^{53}nju^{31}$“多少”等，涉及对人或物、处所、数量、时间、方式或程度等的询问。具体情况简述如下：

1. 疑问代词的类别

按照疑问的内容，多续话疑问代词可分为指人疑问代词、指物疑问代词、处所疑问代词、时间疑问代词、数量疑问代词、方式或程度疑问代词等。详见下表：

表5-5 多续话疑问代词分类

1.指人疑问代词	$se^{33}gu^{33}$	谁，哪个，哪一个
	$xo^{33}tɕa^{33}$	什么，哪样，哪种
2.指物疑问代词	$a^{33}the^{33}$	哪一个
3.处所疑问代词	$a^{53}ke^{31}$	哪里
4.时间疑问代词	$a^{33}thu^{53}$	什么时间
5.数量疑问代词	$a^{31}mi^{31}a^{33}$	几个
	$mja^{53}nju^{31}$	多少指物
6.方式或程度疑问代词	$xo^{33}me^{33}$	怎么，怎么样

（1）指人疑问代词

$se^{33}gu^{33}$“谁”是指人的疑问代词。例如：

the^{33}　$tsho^{33}$　$se^{33}gu^{33}$?

那　人　谁

那人是谁?

no^{33}　ni^{33}　$na^{31}ma^{53}$　$se^{33}gu^{33}$?

2sg　GEN　妹妹　哪个

你的妹妹是哪个？

xo^{33}tɕa^{33} “什么、哪样、哪种” 也能够用于指人。

（2）指物疑问代词

多续话中xo^{33}tɕa^{33} “什么、哪样、哪种”、a^{33}the^{33} “哪一个” 主要用于指物。例如：

no^{33} xo^{33}tɕa^{33} dʑi^{31} pa^{31}tʃe^{33}? ŋa^{33} xo^{33}tɕa^{33} la^{33} ma^{53} dʑi^{31}.

2sg 什么 吃 想要 1sg 什么 CONJ NEG 吃

你想吃点什么？我什么也不想吃。

（3）处所疑问代词

a^{53}ke^{31} “哪里” 是处所疑问代词。例如：

no^{33} a^{33}ke^{31} ni^{31}?

2sg 哪里 坐

你住在哪里？

no^{33} a^{33}-ma^{33} a^{33}ke^{31} ji^{33} la?

2sg 亲属前缀-妈 哪里 去 CSM

你妈妈去哪里了？

（4）时间疑问代词

a^{33}thu^{53} “什么时间” 是多续话表示时间的疑问代词。例如：

no^{33} a^{33}thu^{53} la^{31}?

2sg 什么时候 来

什么时候来？

no^{33} ni^{33} ji^{53} a^{33}thu^{53} la^{31}?

2sg GEN 客人 何-时刻 来

你的客人什么时候到？

（5）数量疑问代词

多续话表示数量的疑问代词有a^{31}mi^{31}a^{33} “几个”、mja^{53}nju^{31} “多少”，用法基本相同。例如：

no^{33}de^{31} ja^{33}khe^{31} tsho^{33} a^{31}mi^{31} a^{33} dʑo^{31}?

1pl 家里 人 几 CLF 有.ANM

你们家有几口人？

no^{33} be^{22}tɕhe^{33} mja^{53}nju^{31} bo^{53}?

2sg 衣服 多少 拥有

你有多少衣服？

（6）方式或程度疑问代词

多续话中表示方式或程度的疑问代词只有xo^{33}me^{33}“怎么，怎么样”一个。例如：

the^{33} xo^{33}me^{33} ma^{53} ba^{53}nja^{31}?

3sg 怎么 NEG 听

他怎么不听？

ta^{33}nje^{33} wu^{33}ma^{22}ma^{33} xo^{33}me^{33} tɕha^{53} ma^{53} pha^{31}?

今年 水果 怎么 卖 NEG 能

今年的水果为什么不好卖？

the^{33}de^{31} xo^{33}me^{33} dʑi^{31} la?

3pl 怎么 吃 CSM

他们是怎么吃的？

2. 疑问代词的非疑问用法

绝大多数疑问指代形式都有非疑问用法。例如：

ne^{33}de^{31} se^{33}gu^{33} dʑa^{22}-dʑa^{33} la ŋa^{33} dʒe^{33} ma^{31} kho^{53}.

2pl 谁 要–要 CSM 1sg 钱 NEG 给

你们谁去玩了，我就不给工钱。

ne^{33}de^{31} a^{53}ke^{31} la^{31} la a^{53}ke^{31} ji^{33}.

2pl 哪里 来 CSM 哪里 去

你们哪里来的哪里去。

三 数词

数词是表示数目的词。多续话中的数词可分为基数词、序数词、概数词三类。

（一）基数词

多续话用十进制基数。基数词分为单纯数词和合成数词。表示合成数词时，用单纯数词与位数加tɕhi^{33}“十”、ja^{53}“百”、tu^{53}“千”、me^{31}“万”等构成，中间不用连词。

1. 零至十的基数

多续话中没有“零”，只能用汉语表示，“一至十”的基数均用多续话表示。例如：

零	liŋ^{31}	一	tɕi^{33}	二	ni^{53}	三	so^{33}
四	vu^{22}	五	ŋo^{31}	六	khu^{22}	七	nje^{22}
八	ɕe^{22}	九	ge^{31}	十	tɕhi^{33}		

2. 含“十”的基数

二十	ni^{53}tɕhi^{33}	六十	khu^{22}tɕhi^{33}

三十	so^{33}tɕhi^{33}	七十	nje^{22}tɕhi^{33}
四十	vu^{22}tɕhi^{33}	八十	ɕe^{22}tɕhi^{33}
五十	ŋo^{31}tɕhi^{33}	九十	ge^{31}tɕhi^{33}

3. 含“百、千、万、亿”的基数

一百	tɕi^{33}ja^{53}	一万	tɕi^{53}me^{31}
二百	ni^{53}ja^{53}	两万	ni^{53}me^{31}
三百	so^{33}ja^{53}	三万	so^{33}me^{31}
一千	tɕi^{33}tu^{53}	十万	tɕhi^{33}me^{31}
两千	ni^{53}tu^{53}	一百万	tɕi^{33}ja^{53}me^{31}
三千	so^{33}tu^{53}	一亿	tɕi^{53}me^{31}me^{31}

现在由于多续话发音人的日常生活中其交际语已经使用汉语，用多续话说较长数字时往往力不从心。所以，遇到数字较多时就直接借用汉语。例如：

lu^{22} tɕhjən^{33} ji^{31} pe^{31} ɚ^{31} ʃi^{31} tɕəu^{53}

六 千 一 百 二 十 九

六千一百二十九

ji^{31} wən^{31} ɚ^{31} tɕhjən^{33} sən^{33}

一 万 二 千 三

一万二千三

ji^{31} pe^{31} ɚ^{31} ʃi^{31} wən^{31}

一 百 二 十 万

一百二十万

sən^{33} tɕhjən^{33} ji^{31} pe^{31} wu^{53} ʃi^{31} wən^{31}

三 千 一 百 五 十 万

三千一百五十万

ji^{31} ji^{31} wu^{53} tɕhjən^{33} wən^{31}

一 亿 五 千 万

一亿五千万

4. 多续话基数词在很多场合不再使用

（1）基数词用于车牌、电话号码、身份证号码等方面时，多续话几乎全部借用汉语数词。例如：

tʃhuən^{33} ɛ^{33} wu^{53} si^{31} si^{31} pa^{31}

川 A 五 四 四 八

川A5448

ji^{31} wu^{53} pa^{31} pa^{31} ji^{31} ɚ^{31} wu^{53} wu^{53} sən^{33} tɕhi^{31} lu^{31}

一 五 八 八 一 二 五 五 三 七 六

15881255376

wu^{53} ji^{31} liŋ^{31} si^{31} ji^{31} ji^{31} tɕəu^{53} pa^{31} tɕhi^{31} liŋ^{31} lu^{31} liŋ^{31} tɕhi^{31} wu^{53}

五 一 零 四 一 一 九 八 七 零 六 零 七 五

wu^{53} ɚ^{31} tɕəu^{53}

五 二 九

510411987060755 29

（2）基数词用于计年、计时、计价、计量等方面时，全部借用汉语数词。例如：

ji^{31} tɕəu^{53} tɕəu^{53} tɕəu^{53} njɛn^{31}

一 九 九 九 年

1999年

sən^{33} tjɛn^{53}

三 点

3点

表达几点过几分，用汉语借词ko^{31}“过”。例如：

ʃi^{31} ɚ^{31} tjɛn^{53} ko^{31} sən^{33} ʃi^{31} ji^{31}

十 二 点 过 三 十 一

12点31分

（3）用于表示价格单位“pu^{31}‘块’”，表示计量单位ke^{22}“斤”、lo^{53}“两”、zi^{53}“钱”时，则用多续话基数词。例如：

tɕi^{33} ja^{53} tɕi^{53} pu^{31}

一 百 一 块

一百零一块（钱）

tɕi^{53} pu^{31} so^{33} ke^{22}

一 块 三 斤

一块（钱）三斤

（二）序数词

序数词是表示次序的数目的词。多用于排列先后、长幼排行及时间顺序等。

1. 多续话表示“第一”“第二”“第三”等顺序时，基本上借用汉语。例如：

第一 ti^{31}ji^{31} 第二 ti^{31}ɚ^{31}

第三　ti^{31}sən^{33}　　第四　ti^{31}si^{31}

2. 长幼排序

长幼排序时，老大用kha^{53}表示，老二、老三等用基数词加ku^{33}pa^{33}表示。例如：

a^{33}ma^{33}kha^{53}　大婶　　a^{33}ba^{33}kha^{53}　大伯

a^{33}ma^{33}ni^{53}ku^{33}pa^{33}　二婶　　a^{33}ba^{33}ni^{53}ku^{33}pa^{33}　二叔

a^{33}ma^{33}so^{33}ku^{33}pa^{33}　三婶　　a^{33}ba^{33}so^{33}ku^{33}pa^{33}　三叔

3.时间顺序

（1）周序

多续话表示周序完全借用汉语。例如：

星期一　ɕiŋ^{33}tɕhi^{33}ji^{31}　　星期二　ɕiŋ^{33}tɕhi^{33}ɚ^{31}

星期三　ɕiŋ^{33}tɕhi^{33}sən^{33}　　星期四　ɕiŋ^{33}tɕhi^{33}si^{31}

星期五　ɕiŋ^{33}tɕhi^{33}wu^{53}　　星期六　ɕiŋ^{33}tɕhi^{33}lu^{31}

星期天　ɕiŋ^{33}tɕhi^{33}thjɛn^{33}

（2）月序

月份次序用“基数词+nje^{33}‘月’”的形式表示。例如：

一月　tɕi^{33}nje^{33}　　二月　ni^{53}nje^{33}

三月　so^{33}nje^{33}　　四月　vu^{22}nje^{33}

五月　ŋo^{31}nje^{33}　　六月　khu^{22}nje^{33}

七月　nje^{22}nje^{33}　　八月　ɕe^{22}nje^{33}

九月　ge^{31}nje^{33}　　十月　tɕhi^{33}nje^{33}

十一月　tɕhi^{33}tɕi^{33}nje^{33}　　十二月　tɕhi^{33}ni^{53}nje^{33}

（3）日期次序

日期借用汉语基数词加汉语xau^{31}来表示。例如：

一日　ji^{31}xau^{31}　　二日　ɚ^{31}xau^{31}

三日　sən^{33}xau^{31}　　十六日　ʃi^{31}lu^{31}xau^{31}

二十日　ɚ^{31}ʃi^{31}xau^{31}　　二十一日　ɚ^{31}ʃi^{31}ji^{31}xau^{31}

农历的“初一”到“初十”也借用汉语。例如：

初一　tʃhu^{33}ji^{31}　　初二　tʃhu^{33}ɚ^{31}

初三　tʃhu^{33}sən^{33}　　初六　tʃhu^{33}lu^{31}

初七　tʃhu^{33}tɕhi^{31}　　初八　tʃhu^{33} pa^{31}

初十后则直接用基数词。例如：

十五 $ʃi^{31}wu^{53}$ 十六 $ʃi^{31}lu^{31}$

二十 $ɚ^{31}ʃi^{31}$ 二十四 $ɚ^{31}ʃi^{31}si^{31}$

（三）概数词

多续话在数词后加$ma^{53}zo^{31}$，表示“余、多、不止”。例如：

nje^{22} ja^{53} pu^{31} $ma^{53}zo^{31}$

七 百 块 APPR

七百多元

$tɕhi^{33}$ pu^{31} $ma^{53}zo^{31}$

十 块 APPR

十多块

vo^{31} $tɕhi^{33}$ pu^{31} $ma^{53}zo^{31}$

猪 十 头 APPR

十多头猪

so^{33} ke^{22} $ma^{53}zo^{31}$

三 斤 APPR

三斤多

$tɕhi^{33}$ nje^{33} $ma^{53}zo^{31}$

十 月 APPR

十个多月

四 量词

量词是表示事物或动作单位的词。量词分为名量词和动量词两类。多续话的量词比较丰富，也有名量词和动量词之分。其中，名量词多，动量词少。多续话名量词主要可分为专用量词和借用量词两个次类。

（一）名量词

1. 个体量词

个体量词是用于指称单一个体的计量单位的词。这类词数量较多，可分为通用量词、类别量词、性状量词等。

（1）通用量词

a^{33}是多续话使用较频繁的通用量词，表示“个，只，条，头”等意义。a^{33}与前面的数词或名词的韵母结合程度比较紧，有时会合成一个音节（例如：数词$tɕi^{33}$“一”与a^{33}结合时会变成$tɕa^{33}$，ni^{53}“二”与a^{33}结合时会变成nja^{53}）。例如：

一个	tɕi^{33} a^{33}（tɕa^{33}）	两个	ni^{53} a^{33}（nja^{53}）
三个	so^{33} a^{33}	四个	vu^{22} a^{33}
九个	ge^{31} a^{33}	十个	tɕhi^{33} a^{33}
一个人	tsho^{33}tɕi^{33} a^{33}（tɕa^{33}）	两个人	tsho^{33} ni^{53} a^{33}（nja^{53}）
两支笔	ʒi^{53} ni^{53} a^{33}（nja^{53}）	两只兔子	mi^{33}dzi^{33} ni^{53} a^{33}（nja^{53}）
三只鸟	ŋo^{33}tɕi^{33} so^{33} a^{33}	一个木匠	to^{33}to^{33}ɕu^{31} tɕi^{33} a^{33}（tɕa^{33}）
一根绳子	pu^{33} tɕi^{33} ka^{31}	两颗牙	ɕe^{53}ma^{31} ni^{53} a^{33}
一个名字	mje^{33}khe^{33} tɕi^{33} a^{33}（tɕa^{33}）	一个村子	pu^{33}ke^{53} tɕi^{33} a^{33}（tɕa^{33}）

（2）类别量词

类别量词用于称量同一类事物，多续话中这类量词使用频率较高。例如：

张$_1$	一～桌子	pu^{31}
床	一～被子	pu^{31}
领	一～席子	pu^{31}
双	一～鞋	pu^{31}
块	一～香皂	pu^{31}
辆	一～车	pu^{31}
座	一～房子	pu^{31}
朵	一～花	pu^{31}
颗	一～珠子	pu^{31}
把$_1$	一～锁	pu^{31}
根	一～绳子	ka^{31}
支	一～毛笔	ka^{31}
副	一～眼镜	ka^{31}
条	一～河	ka^{31}
条	一～路	ka^{31}
棵	一～树	ka^{31}
股	一～香味	ka^{31}
串	一～葡萄	ka^{31}
条	一～蛇	ka^{31}
张$_2$	一～嘴	ka^{31}
把$_2$	一～刀	dʑa^{31}
顿	打一～	dʑa^{31}
点儿	一～东西	tsu^{53}

些　　一～东西　　tsu^{53}

下　　打一～，动量，不是时量　　tsu^{53}

ko^{33}“只”，称量人和动物身体中成对出现的部位、器官中的一只或一个。例如：

mi^{53}si^{31}　tɕi^{33}　ko^{33}　一只眼睛
眼睛　一　只

njeɚ^{25}pu　tɕi^{33}　ko^{33}　一只耳朵
耳朵　一　只

gu^{53}du^{31}　tɕi^{33}　ko^{33}　一只脚
脚　一　只

du^{33}ka^{53}　tɕi^{33}　ko^{33}　一只翅膀
翅膀　一　只

pu^{31}“棵”，称量各种树的数量。

so^{31}va^{33}-ɕe^{53}　tɕi^{33}　pu^{31}　一棵桃树
桃-树　一　棵

dʑo^{33}-ɕe^{53}　tɕi^{33}　pu^{31}　一棵皂角树
皂角-树　一　棵

（3）性状量词

性状量词用于称量具有同类性质或特征的事物的名词。

ka^{31}用于具有粗细、条状、弯曲等特征的事物。例如：

pu^{33}　tɕi^{33}　ka^{31}　一条绳子
绳子　一　条

dza^{33}　tɕi^{33}　ka^{31}　一座桥
桥　一　座

va^{33}-ma^{33}　tɕi^{33}　ka^{31}　一条路
路-SUFF　一　条

ʃa^{33}vu^{33}　tɕi^{33}　ka^{31}　一张纸
纸　一　张

pu^{31}用于刀具等扁平状事物。例如：

dze^{22}　tɕi^{33}　pu^{31}　一把锄头
锄头　一　把

va^{33}dzi^{33}　tɕi^{33}　pu^{31}　一把斧子
斧子　一　把

me^{53}tho^{31}　tɕi^{33}　pu^{31}　一把刀
刀　一　把

2. 集体量词

集体量词指称两个或两个以上个体计量单位的词。

（1）定量集体量词

定量集体量词是指称两个计量单位的词。

dza^{31}“对、双”用于成双成对的事物。例如：

mi^{53}si^{31}　tɕi^{33}　dza^{31}　一双眼睛
眼睛　一　双

ʑi^{33}　tɕi^{33}　dza^{31}　一双鞋
鞋　一　双

lo^{31}ko^{33}　tɕi^{33}　dza^{31}　一双手
手　一　双

lo^{22}gu^{33}　tɕi^{33}　dza^{31}　一对手镯
手镯　一　对

du^{33}ka^{53}　tɕi^{53}　dza^{31}　一对翅膀
翅膀　一　对

gu^{53}du^{31}　tɕi^{53}　dza^{31} 一双脚
脚　一　双

njeɚ^{25}pu　tɕi^{53}　dza^{31} 一双耳朵
耳朵　一　双

（2）不定量集体量词

不定量集体量词是指称三个或三个以上不定量单位的词。例如：

点儿　一～东西　tsu^{53}
些　一～东西　tsu^{53}

vu^{33}　tɕi^{33}　tsu^{53}　一点儿水
水　一　点儿

ʒu^{53}　tɕi^{33}　tsu^{53}　一些草
草　一　些

dʒe^{33}　tɕi^{33}　tsu^{53}　一些钱
钱　一　些

tsho^{33}　tɕi^{33}　tsu^{53}　一些人
人　一　些

3. 度量衡量词

（1）度量衡量词有 ke^{22} “斤”、lo^{53} “两”、ka^{22} “斗”、la^{31} “升”、tɕe^{33} “寸”、ʑu^{53} “尺”、la^{33} “丈”、zi^{53} “钱” 等。例如。

tɕi^{53}　ke^{22}　一斤
一　斤

ni^{53}　ke^{22}　两斤
两　斤

tɕi^{53}　ke^{22}　pho^{31}pi^{53}　一斤半
一　斤　半

ʃe^{33}　tɕi^{53}　ke^{22}　一斤肉
肉　一　斤

tʃhe^{53}　tɕi^{53}　ke^{22}　一斤米
米　一　斤

tɕi^{33}　lo^{53}　一两
一　两

ŋo^{31}　lo^{53}　五两（半斤）
五　两

tɕi^{33}　ka^{22}　一斗
一　斗

tɕi^{33}　la^{31}　一升
一　升

tɕi^{33}　tɕe^{33}　一寸
一　寸

tɕi^{33}　ʑu^{53}　一尺
一　尺

tɕi^{33}　la^{33}　一丈
一　丈

tɕi^{33}　zi^{53}　一钱
一　钱

（2）有部分度量衡量词借用了汉语词：li^{31} “厘”、muŋ^{53} “亩”、li^{53} “里”。例如：

tɕi^{33}　li^{31} 一厘
一　厘

tɕi^{33}　muŋ^{53} 一亩
一　亩

tɕi^{33}　li^{53} 一里
一　里

（3）其他本族群自有的量词，数量不多。例如：

tɕi^{33} la^{33} 一庹
一 庹

tɕi^{33} tɕe^{33} 一拃
一 拃

tɕi^{33} bje^{31} 一步
一 步

tɕi^{33} bje^{31} ɕe^{33}-ɕe^{33} 走一步
一 步 走-走

tɕi^{33} tʃa^{53} 一次
一 次

tɕi^{33} tʃa^{53} ji^{33} 去一趟
一 次 去

tɕi^{33} tʃa^{53} la^{31} 来一趟
一 次 来

4. 时间量词

时间量词是计算时间的单位。多续话有其固有的词语。例如：

tɕi^{33} thu^{53} 一会儿
一 会儿

tɕi^{33} ne^{33} 一天
一 天

tɕi^{53} jo^{31} 一夜
一 夜

tɕi^{33} ne^{33} tɕi^{53} jo^{31} 一天一夜
一 天 一 夜

tɕi^{53} nje^{33} 一月
一 月

tɕi^{33} nje^{33} 一年
一 年

tɕi^{33} ʐu^{53} 一辈子
一 生

jo^{22}xa^{33} tɕi^{33} ne^{33} tɕe^{22}
地 一 天 挖
挖了一天的地。

the^{33} tɕi^{53} lja^{22} ɕe^{33}-ɕe^{33}.
3sg 一 月 走-走
他走了一个月。

5. 名量词的特点

（1）多续话名量词不能单独做句子成分，只能与名词或数词组合起来后才能充当句子成分。例如：

the^{33} tsho^{33} li^{53} a^{33} ɕe^{33}-ɕe^{33} ji^{33} la, …….
那 人 两 CLF 走-走 去 CSM
他二人走后，……。

ʃa^{33}-vo^{53} de^{31} da^{53} mja^{53} i^{33} mja^{53}, tɕhi^{33} dzəu^{53} vu^{22}-tsha^{33} bo^{53}.
铁-鸡 家族 地 多 INF 多 3sg. GEN 楼 四-间 拥有

铁公鸡家有很多田，住宅有四层楼。

tɕi^{33} nje^{33} du^{53} la dʒe^{33} mja^{53} kho^{53}.

一 年 成 CSM 钱 多 给

工作一年之后就能拿很多钱。

the^{33} za^{33}mi^{33} ni^{53} nje^{33} the^{33} a^{33}-ma^{33} si^{31}ka^{33} la.

那 女儿 二 年 那 亲属前缀–妈 死 CSM

女儿两岁的时候，她妈妈就去世了。

ba^{33}-tho^{53} tsho^{33}le^{33} ma^{22}mu^{33} a ʒu^{53}-ʒu^{31} la.

山–上 野人 老婆 CLF 遇见–遇见 CSM

在山梁上遇见了一个野人婆。

（2）多续话名量词可以单独修饰名词（即可以成为名词的一部分），也可以表示所修饰名词为单数。

多续话中在表述单个无生命事物名称的时候，习惯加上名量词pu^{31}，使其成为事物名称的一部分，同时在表述单个事物时也是相同的，只是将数词tɕi^{33}“一”省略。例如：

lju^{53}tsi“石头”后加pu^{31}“个”形成的词汇lju^{53}tsipu^{31}就是“一块石头”的意思，而表述两块石头的时候是lju^{53}tsi ni^{53}pu^{31}。

la^{31}dʑe^{33}“桌子”后加pu^{31}“张”形成的词汇la^{31}dʑe^{33}pu^{31}就是“一张桌子”的意思，表示两张桌子的时候则是la^{31}dʑe^{33} ni^{53}pu^{31}。

dʑa^{53}“门”后加pu^{31}“扇”形成的词汇dʑa^{53}pu^{31}就是“一扇门”的意思。

xa^{33}xa^{33}“被子”后加pu^{31}“床”就是“一床被子”的意思。

（二）动量词

动量词是计量行为动作的量词，有专用和借用两类。多续话中动量词较少，和数词连用一起修饰动词，做状语。其位置常见于动词之前，构成“数词+量词+动词”的结构。最常用的专用动量词是tʃa^{53}。例如：

tɕi^{33} tʃa^{5} ji^{33} tɕhe^{53} 去过一次

一 次 去 EXP

ŋa^{33} a^{31}mi^{31} tʃa^{53} lja^{22}-lja^{53} 我找了几遍

1sg 几 次 寻找–寻找

五 形容词

作为实词的重要类别之一，多续话的大部分形容词可以通过各种附加手段构成生动形式（简称“生动式”），以表示程度的加深。

（一）多续话形容词的形式

1. 单音节形容词

在《调查手册》（藏缅语族）通用词和扩展词中，多续话的单音节形容词有84个，占形容词总数的44.21%，是多续话形容词的主要形式之一。例如：

kha^{53}	大苹果～	ve^{53}	粗绳子～
njo^{31}	细绳子～	xe^{31}	长线～
ni^{31}	近路～	no^{31}	深水～
ba^{31}	浅水～	khu^{33}	浑水～

2. 双音节形容词

在《调查手册》通用词和扩展词中，多续话的双音节形容词有84个，占形容词总数的44.21%，也是多续话形容词的主要形式之一。多续话双音节词以合成词占主导地位。例如：

$go^{22}tɕi^{33}$	小苹果～	$tɕe^{53}tɕe^{31}$	短线～
$tɕe^{53}tɕe^{31}$	短时间～	$ma^{31}mo^{33}$	低鸟飞得～
$ma^{31}mo^{33}$	矮他比我～	$ʃo^{22}tso^{53}$	清水～
$no^{31}dʑi^{53}$	瘦～肉	$nu^{53}khu^{31}$	黑黑板的颜色

3. 多音节形容词

三个及三个以上音节的形容词是多音节形容词。多续话中的多音节形容词包括了三音节、四音节和五音节三种形式，均属于合成词。通过对《调查手册》通用词和扩展词的统计，我们得到多续话多音节形容词共22个，占总数的11.58%。例如：

$da^{22}lje^{33}pu^{31}$	圆	$vu^{22}da^{22}pho^{53}$	方
$ja^{31}go^{22}tɕi^{33}$	年轻人～	$ɕu^{22}ji^{22}na^{33}$	气味闻闻～
$ba^{53}ji^{31}na^{33}$	腥鱼～	$tʃu^{31}tʃu^{33}me^{33}$	老实
$kho^{53}pa^{33}ma^{31}tɕa^{33}$	小气吝啬	$ba^{53}dʑe^{31}ga^{33}ga^{33}$	横

4. 形容词重叠

多续话形容词可以重叠，以表示程度加深，但重叠时需要在两个音节中间加i^{33}。i^{33}的声调与形容词的末尾音节的声调有关：一般来说，形容词的第一个音节是高降调53时，则i^{33}保持中平调33；当形容词第一个音节是中平调33、低降调31或低平调22时，则i^{33}变成高降调53。例如：

$ve^{33}tɕo^{33}$	白的	$ve^{33}tɕo^{33}i^{53}ve^{33}tɕo^{33}$	白白的
$nju^{53}xu^{53}$	红的	$nju^{33}xu^{53}i^{53}nju^{33}xu^{53}$	红红的
$dʑa^{31}$	高兴	$dʑa^{31}i^{53}dʑa^{31}$	高高兴兴

ka^{53} 大 ka^{53}i^{33}ka^{53} 大大的

go^{22}tɕi^{33} 小 go^{22}tɕi^{33}i^{53}go^{22}tɕi^{33} 小小的

tɕe^{53}tɕe^{31} 短 tɕe^{53}tɕe^{31}i^{33}tɕe^{53}tɕe^{31} 短短的

（二）形容词的比较前缀ja^{31}

多续话的形容词前缀是构形前缀，不改变原词的词汇意义，而仅构成该词的语法形式。例如：

ta^{33}ne^{33} ʃɯ^{53}ne^{33} ja^{31}-tɕha^{33}.

今天 昨天 COMPR–热

今天比昨天更热。

ba^{33}va^{22} je^{31} tɕi^{53} ve^{33}tɕo^{33}, ba^{33} khəu^{53} je^{31} ja^{31}-ve^{33}tɕo^{33}, ba^{33} vu^{53}dʑu^{31}

山谷 雪 一 白 山 上 雪 COMPR–白 山 头

ve^{33}tɕo^{33} i^{53} ve^{33}tɕo^{33}.

白 INF 白

山边的雪是白的，山坡上的雪更白，而山顶的雪最白。

ke^{33} vu^{33}ga^{31} ka^{31} ŋo^{31} la^{33}ba^{33} ja^{31}-gi^{33}.

这 河 CLF 五 庹 COMPR–宽

这条河最多有五庹宽。

a^{33}ja^{33} ji^{31}no^{31} ba^{33} ja^{31}-kha^{53}.

哥哥 弟弟 边 COMPR–大

哥哥比弟弟高多了。

（三）形容词的否定形式

形容词受否定副词ma^{31}“不”的修饰和限制，表示否定意义。ma^{31}在形容词高降调53之前为低降调，即读为ma^{31}；ma^{31}在形容词低降调31和低平调22之前则为高降调，即读为ma^{53}；ma^{31}在形容词中平调33之前则还是读为ma^{31}。例如：

mja^{53} 多 ma^{31}mia^{53} 不多

ʃo^{22}ʃo^{53} 干净 ma^{53}ʃo^{22}ʃo^{53} 不干净

go^{22}tɕi^{33} 小 ma^{53}go^{22}tɕi^{33} 不小

xe^{31} 长 ma^{53}xe^{31} 不长

tɕe^{53}tɕe^{31} 短 ma^{31}tɕe^{53}tɕe^{31} 不短

gi^{33} 宽 ma^{31}gi^{33} 不宽

（四）形容词的疑问形式

多续话可通脱重叠形容词词根并在两个词根之间加ma^{31}“不”的方式构成“A ma^{31} A”这样的选择问形式。重叠后的形容词为低降调31和低平调22时，音节中间的ma^{31}为高降调53；重叠后的形容词为高降调53时，音节中间的ma^{31}为低降调31；重叠后的形容词为中平调33时，音节中间的ma^{31}为低降调31。例如：

mja^{53} ma^{31} mja^{53}?
多 NEG 多
多吗?

ko^{31} ma^{53} ko^{31}?
早 NEG 早
早吗?

$go^{22}tɕi^{33}$ ma^{53} $go^{22}tɕi^{33}$?
小 NEG 小
小吗?

xe^{31} a^{33} ma^{53} xe^{31}?
长 QUES NEG 长
长吗?

$tɕe^{53}tɕe^{31}$ ma^{31} $tɕe^{53}tɕe^{31}$?
短 NEG 短
短吗?

gi^{33} ma^{31} gi^{33}?
宽 NEG 宽
宽吗?

ke^{33} $xo^{22}tɕo^{33}$ so^{53} ma^{31} so^{53}?
这 辣椒 辣 NEG 辣
这些辣椒辣吗?

ke^{33} $ʃe^{33}$ $ji^{31}na^{33}$ ma^{53} $ji^{31}na^{33}$?
这 肉 臭 NEG 臭
这些肉臭了吗?

ke^{33} $me^{53}tho^{31}$ $tɕho^{53}$ ma^{31} $tɕho^{53}$?
这 刀 锋利 NEG 锋利
这把刀锋利不锋利?

六　动词

动词是表示动作、变化、存在的词。基本上每个完整的句子都有一个动词，而要表示第二个动作时可使用动名词、对等连接词、从属连接词或增加子句等方法来实现。

（一）动词的分类

多续话的动词可以从所表达的意义角度分为动作行为动词、心理动词、存现动词等类别。下面就这几种类别的动词做简单介绍。

1. 动作行为动词。例如：

njo^{33}	看	ba^{53}nja^{31}	听
ɕu^{22}	闻	ɕu^{31}	吸
pha^{33}	睁	tɕi^{22}tɕi^{53}	闭
tɕhu^{53}	眨	xa^{31}	张
kha^{31}	咬	ʁa^{31}	嚼

动作行为动词是动词的核心部分，这类动词之所以是动词的核心部分，并不单纯因为它们表达的是动作行为意义，更为重要的是它们可以附加各种用以负载语法意义的准形态成分，比如负载人称、时、体、趋向及各种“态”和“式”等语法意义的附加成分等。

2. 心理动词。例如：

de^{22}mje^{33}	想	ʃa^{53}	记得
ma^{31}ʃa^{53}	忘记	ki^{33}ʃa^{33}	怕
dʑi^{53}	相信	ɕe^{33}mi^{53}kho^{31}tʃha^{33}	发愁
nje^{22}ma^{53}go^{22}tɕi^{33}	小心	dʑa^{31}	喜欢
ma^{53}dʑa^{31}	讨厌	tho^{31}	舒服
ma^{53}dʑa^{31}, ma^{31}tɕho^{53}	难受	ʁa^{31}, ma^{53}dʑa^{31}	难过
nje^{22}ma^{53}tɕho^{53}	高兴	tɕhi^{53}	生气
ʒa^{31}, ma^{53}dʑa^{31}	责怪	ja^{53}no^{31}ma^{53}dʑa^{31}	后悔
ma^{53}dʑa^{31}	忌妒	ɕi^{53}xo^{33}	害羞
mi^{53}ma^{31}bo^{53}	丢脸		

这些词都能通过重叠的方式表示程度的加深。例如：

de^{22}mje^{33}i^{53}de^{22}mje^{33}	非常想	ʃa^{53}i^{53}ʃa^{53}	牢记
ma^{31}ʃa^{53}i^{53}ma^{31}ʃa^{53}	完全记不得	ki^{33}ʃa^{33}i^{53}ki^{33}ʃa^{33}	非常害怕
dʑi^{53}i^{53}dʑi^{53}	深信	ɕi^{53}xo^{33}i^{53}ɕi^{53}xo^{33}	很害羞

3. 存现动词

多续话的存现动词有 bo^{53}、dzo^{33}、dʒe^{53}、ni^{33} 等四个。

（1）bo^{53}“拥有、里面有”。例如：

ŋa^{33}de^{31}	u^{53}nju^{31}	ni^{53}	a^{33}	bo^{53}.
1pl	牛	两	CLF	拥有

我家有两头牛。

ŋa33　a33-ja33　bo53.

1sg　亲属前缀-哥　拥有

我有哥哥。

a33-tɕi33　be22tɕhe33　ʃo22tso53　bo53.

亲属前缀-奶　衣服　新　拥有

奶奶有新衣服。

vu33ma31　ko53　ẽ33ja33　bo53.

河　LOC　鸭　拥有

河里有鸭。

（2）dzo33“有、在”。例如：

a33-ma33　ja33khe31　dzo33.

亲属前缀-妈　家里　有.ANM

妈妈在家。

a33-ba33　ba33　ko31　dzo33.

亲属前缀-爸　山　LOC　有.ANM

爸爸在山上。

se33gu33　ja33khe31　dzo33?

谁　家里　有.ANM

谁在家里？

（3）dʒe53“里面有”。例如：

nju33khu53　ke53　vu33　dʒe53.

泥土　里LOC　水　有ANM

泥土里有水。

ji33na33　ke53　ʐu31phu33　dʒe53.

菜　里LOC　猪油　有ANM

菜里有猪油。

（4）ni33“有”。

表示抽象事物的存在，如“有时间”“有某个样子”中的“有”就用ni33。例如：

ŋe33　a33-ma33　lo31ko33　mu31　ma31　ni33,　no33　ni　mu31　ni33.

1sg.GEN　亲属前缀-妈　手　毛　NEG　有（抽象）　2sg　GEN　毛　有（抽象）

我们阿妈的手没有毛，你的手上有毛。

ji^{33}ka^{53}, pa^{22}ka^{53} njo^{33}-njo^{33} ne, mu^{31} ma^{31} ni^{33} la.

一噶 八噶 看-看 TOP 毛 NEG 有（抽象） CSM

一噶八噶一看，手上没有毛了。

（二）动词的否定式

1. ma^{31}+动词

在动词前加ma^{31}“不、没”，表示否定。ma^{31}在声调为中平调33和高降调53的动词音节前为ma^{31}，在声调为低降调31的动词音节前为高降调ma^{53}。例如：

ma^{31}njo^{33}	不看	ma^{31}pha^{33}	不睁
ma^{31}ba^{53}nja^{31}	不听	ma^{31}kho^{53}	不给
ma^{53}dʑi^{31}	不吃	ma^{53}kha^{31}	不咬

举例如下：

a^{33}-ba^{33} ɕe^{53} ma^{31} to^{33}.

亲属前缀-爸 柴 NEG 砍

爸爸没有砍柴。

the^{33} ŋa^{33} ma^{31} ʒu^{53}-ʒu^{31}.

3sg 1sg NEG 遇见-遇见

我没有遇见他。

ŋa^{33} ta^{33}nje^{33} ɕe^{53}-pu ma^{53} ge^{31}.

1sg 今年 树-CLF NEG 栽

我今年没有栽树。

a^{33}-ma^{33} ʒi^{53} ma^{53} dʑa^{31}.

亲属前缀-妈 写 NEG 喜欢

妈妈不喜欢写字。

a^{33}-ba^{33} dʑa^{53} ma^{53} dʑa^{31}.

亲属前缀-爸 唱 NEG 喜欢

爸爸不喜欢唱歌。

ŋa^{33} me^{31}kha^{53} va^{31}-pho^{53} ji^{33} ma^{31} nju^{53}.

1sg 晚上 外-边 去 NEG 敢

我晚上不敢出去。

2. tha^{31}+动词

在动词前加tha^{31}“别、不要”，表示劝告或禁止做某事。tha^{31}在声调为中平调33和高降调53的动词音节前为tha^{31}，在声调为低降调31的动词音节前为高降调tha^{53}。例如：

tha^{53}la^{31} 别来　　tha^{31}tshi^{33} 别洗

tha^{31}me^{33} 别做　　tha^{31}ja^{53} 别睡

举例如下：

xi^{33}-pho^{53} tha^{53} ŋe^{31}.

前-边 PROH 说

别告诉前边的。

tɕhi^{33} ja^{33} tha^{31} ji^{33}.

3sg.GEN 家 PROH 去

不准去他家。

the^{33} do^{31} la no^{33} tha^{31} ba^{53}nja^{31}.

3sg 话 CONJ 2sg PROH 听

他说的你不要听。

（三）动词的态

多续话的动词有“态”的区分。多续话动词的“态”包括使动态、反复态等。

1. 使动态

使动态表示某人、某物或者某种动作行为导致其他人、物或事情产生某种行为或结果。多续话通常使用khi^{31}“让、叫、喊”表示使动态。例如：

a^{33}-ma^{33} na^{31}ma^{53} khi^{31} vu^{33} ba^{53}.

亲属前缀-妈 妹妹 让 水 喝

妈妈让妹妹喝水。

a^{33}-ma^{33} ji^{22}tɕa^{33} khi^{31} ɕe^{53} to^{33}.

亲属前缀-妈 孩子 让 柴 砍

妈妈让儿子去砍柴。

a^{33}-ba^{33} na^{31}ma^{53} khi^{31} ji^{33} na^{33} tshi^{33}.

亲属前缀-爸 妹妹 让 去 菜 洗。

爸爸让妹妹去洗菜。

2. 反复态

多续话用动词重叠式表示动作的反复进行。例如：

ɕe^{33} ŋe^{22}, ŋe^{22} ŋe^{22} pa^{53} la.

走 说 说 说 到 CSM

边走边说，说着说着就到了。

a^{33}-pu^{33} njo^{33} njo^{33} mi^{53}si^{33} pi^{22} ja^{53}mu^{31} khe^{31} la.

亲属前缀-爷 看 看 眼睛 闭 梦 睡 CSM

爷爷看着看着慢慢闭上眼睛睡着了。

（四）动词的体

多续话动词的“体”包括将行体、经历体、持续体、完成体等类。

1. 将行体

多续话将行体的表示方法是在动词后加助词o^{53}，表示动词所陈述的动作行为即将发生或状态即将发生改变。例如：

ŋa^{33} ta^{33}ne^{33} dʒo^{22}no^{33} ji^{33} o^{53}.

1sg 今天 城里 去 PROS

我今天要去城里。

na^{31}ma^{53} na^{33}pu^{33}-de^{31} ji^{33} o^{53}.

妹妹 丈夫-家 去 PROS

妹妹要嫁人了。

ŋa^{33}de^{31} ʃɯ^{53} ji^{53} la^{31} o^{53}.

1pl 明天 客人 来 PROS

我们家明天要来客人。

ŋa^{33} ʃɯ^{53} vo^{31}dʒo^{33} ji^{33} o^{53}.

1sg 明天 西昌 去 PROS

我明天要到西昌。

2. 经历体

多续话经历体是在动词后加经历体助词tɕhe^{53}“过”，表示曾经发生过某种事情或出现过某种情况。例如：

the^{33} mo^{31} me^{33} ji^{33} tɕhe^{53}.

3sg 兵 做 去 EXP

他当过兵。

ŋa^{33} ke^{33} ʃa^{22}bi^{31} dʑi^{31} tɕhe^{53}.

1sg 这 糖 吃 EXP

我吃过这种糖。

tʃhe^{33}tsi^{53} ŋa^{33} ni^{31} tɕhe^{53}, mo^{31} dzi^{31} ma^{31} tɕhe^{53}.

车 1sg 坐 EXP 马 骑 NEG EXP

我坐过车，没骑过马。

3. 持续体

持续体表示动作或状态的持续。持续体以动词后加上助词izo构成。多续话的持续体也适用于静态动词。例如：

ŋa^{33}de^{31} xi^{33} ja^{33}khe^{31} tɕəu^{22}phu^{31} ni^{31} izo.
1pl 前 家里 九堡 坐 DUR
我家以前在九堡住。

the^{33} ja^{53}no^{33} the^{33} ne^{33} ɕe^{53} to^{33} ma^{31} ji^{33} va^{31}-pho^{33} mo^{22} izo.
3sg 后 那 天 柴 砍 NEG 去 外–边 藏 DUR
后来有一天，他假装去打柴，偷偷地藏在房子外面。

pu^{33} ka^{31} mo^{31} mje^{22}pu^{33} tho^{53} tɕha^{22} izo.
绳子 CLF 马 脖子 上 拴 DUR
绳子拴在马脖子上。

no^{33} ke^{33} ke pu^{33}ke^{53}dzo^{22}mo^{33} de^{31} a^{33}ke^{31} ni^{31} izo?
2sg 这 LOC 村主任 家 哪里 坐 DUR
你知道村主任家住在哪里吗？

4. 完成体

（1）多续话完成体表示动作或行为完成，可以用动词前缀u-作为标记。例如：

pu^{33}ke^{53}dzo^{22}mo^{33} ʃa^{33}ga^{22}khu^{33} tɕa^{53} li^{53} pho^{22}pi^{53} u^{31}-pi^{22} la.
村主任 馒头 TOP 二 半 掰开 CSM
村主任把馒头掰成了两半。

tɕhi^{33} a^{33}ma^{33} be^{22}tɕhe^{33} u^{31}-ve^{22}.
3sg. GEN 阿妈 衣服 穿
她妈妈穿好了衣服。

the^{33} a^{33}ma^{33} ʑi the^{33} dzu^{22}gu^{33}be ʑa^{22}ka^{33} ka^{22} ne tɕhi^{33} dʑu^{31}tho^{53} u^{31}-khu^{22} la.
3sg 阿妈 GEN 那个 东西 全部 捡 LNK 3sg. GEN 腰上 挂 CSM
她妈妈将那些东西全部捡起来挂在腰上。

（2）多续话完成体表示动作或行为完成，也可以用动词前缀mi^{31}-作为标记。例如：

tɕhi^{33} khɯ^{53} ni^{53} so^{33} a^{33} mi^{31}-tɕhi^{33} la tɕa^{53}.
3sg. GEN 上 两 三 CLF PFV–开 CSM PRT
她就从他身上跨了两三次。

a^{33}-ba^{33} vo^{53} mi^{31}-ɕe^{22} la.

亲属前缀-爸 鸡 PFV-杀 CSM

爸爸把鸡杀了。

a^{33}ja^{33} me^{53}tho^{31} ʃi^{33} la tɕa^{53} the^{33} ɕe^{53} mi^{31}-to^{33} la.

哥哥 刀 拿 CSM TOP 那 树 PFV-砍 CSM

哥哥把刀拿来将树砍断了。

七 副词

副词是指在句子中表示行为或状态特征的词，用以修饰动词、形容词以及其他副词或全句，表示动作行为、事件、状态发生的时间、地点、程度、方式等。多续话副词可分为时间副词、范围副词、关联副词、否定副词、次序副词等次类，具体如下表所示：

表5-6 多续话副词分类

时间副词	a^{53}mi^{31}ke^{33}-thu^{53} “立刻、马上”、tɕi^{33}tsa^{33}xo^{31}tsa^{33} “经常”
范围副词	ja^{22}ka^{33} “全部、完全、都”、la^{33} “都”
关联副词	xa^{31}ʃi^{31} “还是”、je^{53} “也”
否定副词	tha^{31} “别、不要”、ma^{31} “不、没”
次序副词	xi^{33} “先、从前、在……之前”、ja^{53}no^{31} “后、后来”

（一）时间副词

多续话时间副词中最常见的是a^{53}mi^{31}ke^{33}-thu^{53} “立刻、马上” 和tɕi^{33}tsa^{33}xo^{31}tsa^{33} “经常”，表示动作行为发生的时间或频率。例如：

ŋa^{33} a^{53}mi^{31}ke^{33}-thu^{53} ʒo^{31} dʑi^{31}.

1sg 现在这-时刻 饭 吃

我马上去吃饭。

ŋa^{33}de^{31} a^{53}mi^{31}ke^{33}-thu^{53} ja^{33}khe^{31} ji^{33}.

1pl 现在这-时刻 家里 去

我们马上就回家。

the^{33} tɕi^{33}tsa^{33}xo^{31}tsa^{33} ŋe^{33}.

3sg 经常 哭

他经常哭。

（二）范围副词

多续话固有的范围副词很少，目前记录到只有ja^{22}ka^{33}“全部”和la^{33}“都”两个，用以修饰动词或形容词，表示强调。例如：

ŋa^{33} ja^{22}ka^{33} dʑi^{31} pi^{53} la.

1sg 全部 吃 结束 CSM

我都吃完了。

the^{33}de^{31} ja^{22}ka^{33} tho^{31} i^{53} tho^{31}.

3pl 全部 好 INF 好

她们都很漂亮。

ni^{53} a^{33} la^{33} ji^{22}tɕa^{33}.

两 CLF 都 孩子

两个都是男孩。

（三）关联副词

多续话关联副词大都借自汉语，有je^{53}“也”、xa^{31}ʃi^{31}“还是”等，修饰动词或形容词，用以把当前命题与其他命题表达关联起来。例如：

the^{33} je^{53} ma^{53} la^{31}.

3sg 也 NEG 来

他也没有来。

the^{33} je^{53} ʒo^{31} ma^{53} dʑi^{31}.

3sg 也 饭 NEG 吃

他也没有吃饭。

the^{33} dʒo^{22}no^{33} ji^{33}, ŋa^{33} xai^{31}ʃi^{31} dʒo^{22}no^{33} ji^{33}.

3sg 城里 去 1sg 还是 城里 去

他去城里了，我还是要去城里。

no^{33} dʑi^{31}, ŋa^{33} xai^{31}ʃi^{31} dʑi^{31}.

2sg 吃 1sg 还是 吃

你吃，我还是要吃。

（四）否定副词

多续话否定副词有两个，分别是tha^{31}“别、不要”和ma^{31}“不、没”，表示对动作行为的否定。否定副词后面的动词为低降调31和低平调22时，否定副词为高降调53；否定副词后面的动词为高降调53和中平调33时，否定副词为低降调31。例如：

no^{33} tha^{31} ji^{33}.

2sg 别 去

你别去。

ne^{33}de^{31} tha^{53} ja^{31}ja^{33}tɕhe^{53}.

2pl 不要 打架

你们不要打架。

the^{33} ma^{31} ɕe^{33}.

3sg NEG 走

他不走。

ŋa^{33} ʒo^{31} dʑi^{31} ma^{31} bo^{53}.

1sg 饭 吃 没 有

我没有吃饭。

（五）次序副词

多续话的次序副词有：xi^{33}“先、从前、在……之前”、ja^{53}no^{31}“后、后来”，表示一系列动作的先后顺序。例如：

ŋa^{33} the^{33} xi^{33} ji^{33}.

1sg 3sg 前 去

我比他先走。

xi^{33} ʒo^{31}dʑi^{31} ja^{53}no^{33} ʑa^{53}mu^{31} tʃe^{31}.

前 吃饭 后 梦 睡

先吃饭后睡觉。

lo^{31}ko^{33} xi^{33} tshi^{33}, ja^{53}no^{33} tɕha^{33}dʑi^{31}, ja^{53}no^{33} va^{31}-pho^{33} dʑa^{22}dʑa^{33}.

手 前 洗 后 吃饭 后 外–边 耍–耍

先洗手，然后吃饭，再出去玩。

八 助词

助词是在句中起连接句法结构、表示语法意义、体现句子语气等作用的一类虚词。多续话的助词可分格助词、名物化助词、状语助词和句尾助词等次类。

（一）格助词

格助词置于名词性词语后表示其与句中其他词语的句法关系。有以下几类：

1. 属格助词ni和i。例如：

the^{33} ni vo^{31} ji^{22}me^{31} dʑi^{31}.

3sg GEN 猪 玉米 吃

他的猪要吃玉米。

no^{33} ni dʒi^{33}dʑi^{33} ŋa^{33} tɕi^{33} njo^{33} ɕe^{53}.

2sg GEN 书 1sg 一 看 TNT

你的书让我看一下。

ŋa^{33} ni dʑi^{31}-lju^{31} ba^{53}-lju^{31} ʃi^{33} a^{53} la^{31} la o?

1sg GEN 吃-NMLZ 喝-NMLZ 拿 QUES 来 CSM PRT

你给我带的吃的东西呢?

ŋa^{33} ni vu^{53}dʑu^{31} tho^{53} ʃa^{22}-ma^{33} dʑo^{33}, ŋe^{22} ba^{33} ʃa^{22}-ma^{33} pha^{22}.

1sg GEN 头 上 虱子-SUFF 有-ANM 2sg-GEN 边 虱子-SUFF 捉

我头上有虱子，你帮我捉虱子。

tsho^{33}le^{33} ma^{22}mu^{33} tɕa^{53} ji^{33}ka^{53} pa^{22}ka^{53} i dʑa^{53}-pu na^{22}ba^{33} la^{31} la.

野人 老婆 TOP 一噶 八噶 GEN 门-CLF 旁边 来 CSM

女野人来到一噶八噶家门口。

有时候存在属格助词零标记的情况。例如：

a^{33}-ja^{33} mu^{53} 哥哥的帽子

亲属前缀-哥 帽子

2. 对格助词pho^{53}“对、向”。例如：

the^{33} so^{22}-ji^{22}tɕa^{33} pho^{53} ʑa^{22}ba^{53}ga^{31}.

3sg 学生 边 讲故事

他对学生讲故事。

the^{33} ŋa^{33} pho^{53} mja^{53} me^{33} ŋe^{22} la.

3sg 1sg 边 多 做 说 CSM

他对我说了很多。

ja^{53}no^{31} tɕa^{53} dʑa^{53}pu xe^{33}-pho^{53} ŋe^{22}.

后 TOP 门-CLF 前-边 说

然后对着门外说。

the^{33} tsho^{33}le^{33} ma^{22}mu^{33} tha^{31} pho^{53} ŋe^{22}.

那 野人 老婆 3sg. DAT 边 说

女野人突然问。

3. 从格助词me^{33}，表空间起始处。例如：

ŋa^{33}ku^{53} ni^{53} a pe^{31}tɕi^{33} me^{33} la^{31}.

1dl 两 CLF 北京 ABL 来

我俩从北京来。

the^{33} tsho^{33} a^{33}ke^{31} me^{33} la^{31}?

那 人 哪儿 ABL 来

那个人从哪儿来？

（二）名物化助词

名物化助词置于动词性词语后，使其变为名词性词语。有以下几类：

1. lju^{31} “用以……的”

此类名物化后的词语表示具有某种功用。例如：

ke^{33}-the^{33} dʑi^{31}-lju^{31}, jo^{53}-the^{53} ve^{22}lju^{31}.

这–那 吃–NMLZ 那–那 穿–NMLZ

这个（是）吃的，那个（是）穿的。

za^{33}mi^{33} lo^{31}ko^{33} tɕi^{53} tɕu^{31} ɕe^{53} dʑi^{31}-lju^{31} pe^{33} la^{31} la.

姑娘 手 一 指 TNT 吃–NMLZ 出来 来 CSM

姑娘用手一指，吃的东西就变出来了。

dʑi^{31}-lju^{31} je^{53} ma^{31} bo^{53}, xo^{33}tɕa^{33} təu^{33} ma^{31} bo^{53}.

吃–NMLZ 也 NEG 有 什么 都 NEG 有

吃的也没有，什么都没有。

2. ko^{31} “……处”，名物化后的词语表示动作行为的处所。例如：

ke^{33}-the^{33} khai^{33}xwei^{31} ko^{31}, jo^{53}-the^{53} ja^{53}ko^{31}.

这–那 开会 LOC 那里 卧室（睡–LOC）

这里（是）开会的地方，那里（是）睡觉的地方。

ke^{33}-the^{33} ŋa^{33}de^{31} ʒo^{31} dʑi^{31} ko^{31}.

这里 1pl 饭 吃 LOC

这里（是）我们吃饭的地方。

3. ɕu^{31} “……者”，名物化后的词语表示动作行为发出者。例如：

ŋa^{33} ma^{22}-ma^{53} ɕu^{31}, the^{33} ʒo^{31}-tɕo^{22} ɕu^{31}.

1sg 教–教 NMLZ. AGT 3sg 饭–煮 NMLZ.AGT

我是老师，他是厨师。

ŋa^{33} ja^{33}ne^{33} la^{31} ɕu^{31}, the^{33} ta^{33}ne^{33} la^{31} ɕu^{31}.

1sg 昨天 来 NMLZ. AGT 3sg 今天 来 NMLZ.AGT

我（是）昨天来的，他（是）今天来的。

（三）状语助词

me^{33}用于形容词性词语后使其做状语。例如：

$tho^{31}tho^{31}me^{33}$　　好好地

$tha^{53}tɕhu^{33}me^{33}$　　悄悄地

$a^{31}za^{33}me^{33}$　　慢慢地

the^{33}　$tʃu^{33}$-$tʃu^{33}$　me^{33}　tho^{31}.

3sg　真-真　做　好

他真好。

$nu^{53}khu^{31}$　me^{33}　变黑

黑　做

$ŋa^{33}de^{31}$　$xu^{31}ɕaŋ^{33}$　me^{33}　$lo^{33}pho^{33}$

1pl　互相　做　帮助

我们互相帮助。

（四）句尾助词

句尾助词la“了”用途很广，一般用于句子末尾，是状态转换标记。

1. 最常见的用法是用于谓语是已行体或完成体的陈述句或疑问句末尾，辅助表示动作已经完成。例如：

$ŋa^{33}$　$ʒo^{31}$　mi^{31}-$dʑi^{31}$　la.

1sg　饭　PFV-吃　CSM

我吃了饭了。

$ŋa^{33}$　$ʒo^{31}$　$dʑi^{31}$　pi^{53}　la^{33}.

1sg　饭　吃　结束　CSM

我吃完饭了。

no^{33}　$ʒo^{31}$　a^{33}　$dʑi^{31}$　la?

2sg　饭　QUES　吃　CSM

你吃过饭了吗?

2. 用于句末的形容词谓语或补语后，表示已发生的变化。例如：

the^{33}　vu^{53}　mi^{31}-ba^{53}，$pje^{33}ma^{33}$　$nju^{33}xu^{53}$　la.

3sg　酒　PFV-喝　脸　红　CSM

他喝了酒脸红了。

$be^{22}tɕhe^{33}$　so^{31}　$go^{22}tɕi^{33}$　la.

衣服　缩　小　CSM

衣服缩小了。

3. 用于假设句末尾，表示在某种情况下将出现某种情况。例如：

ʃɯ^{53}ne^{33} va^{53} dʑu^{31}, ŋa^{33} tɕa^{53} ma^{53} la^{31} la.

明天 雨 下 1sg TOP NEG 来 CSM

明天如果下雨，我就不来了。

4. 用于感叹句尾，加重感叹语气。例如：

a^{33}ja^{31}! ŋa^{33} nja^{33} si^{31}ka^{33} o^{33} la^{33}!

哎呀 1sg 痛 死 PROG CSM

哎呀！我痛死了！

5. 用于动词禁止式后，表示劝阻语气。例如：

the^{33} ɕe^{53} tɕi^{33} to^{33}-to^{33} tho^{31} la^{33}, no^{33} tha^{31} to^{33} la!

3sg 柴 一 砍-砍 好 CSM 2sg PROH 砍 CSM

他已砍好柴了，你别砍了！

九 连词

连词是用来连接词与词、词组与词组或句子与句子，表示某种逻辑关系的虚词。连词可以表并列、承接、转折、因果、选择、假设、比较、让步等关系。就目前的调研成果来看，多续话的连词很少，只有tɕa^{53}（就）这一个词。

tɕa^{53}是多续话中使用频率较高的连词，相当于汉语的"就"，表达的是顺承关系。例如：

no^{33} ja^{33}khe la^{31} la tɕa^{53} dʑi^{31}-lju^{31} ba^{53}-lju^{31} tsu^{53} ʃi^{33} la.

2sg 家里 来 CSM TOP 吃-NMLZ 喝-NMLZ 点 拿 CSM

你从家里回来的时候就带一点吃的喝的来。

no^{33} ʃi^{33} ma^{53} la^{31} tɕa^{53} ŋa^{33} na^{31} mi^{31}-dʑi^{31}.

2sg 拿 NEG 来 TOP 1sg 2sg. DAT PFV-吃

你没有拿来我就吃掉你。

第二节

短 语

一 短语的类别

短语也称词组，是由两个或者两个以上有实在意义的词，按一定的规则搭配而成的区别于词和句子的语言单位。多续话中的短语大体分为并列短语、主谓短语、偏正短语、动宾短语、述补短语等几类。

（一）并列短语

并列短语一般是由两个或两个以上的名词、动词、形容词、代词或数量词等组合而成，词与词之间是并列关系，中间常用顿号或并列连词加以连接。

1. 名词+名词

多续话中两个名词的并列，尤其是亲属称谓的并列，有约定俗成的先后次序，中间没有连接词。如下表所示：

表 5-7 多续话亲属称谓的习惯用法和非习惯用法

习惯用法		非习惯用法	
$a^{33}ba^{33}$ $a^{33}ma^{33}$	阿爸阿妈	$a^{33}ma^{33}$ $a^{33}ba^{33}$	阿妈阿爸
$a^{33}pu^{33}$ $a^{33}tɕi^{33}$	爷爷奶奶	$a^{33}tɕi^{33}$ $a^{33}pu^{33}$	奶奶爷爷
$a^{33}ja^{33}$ $a^{31}tɕha^{31}$	哥哥嫂嫂	$a^{31}tɕha^{31}$ $a^{33}ja^{33}$	嫂嫂哥哥
$a^{33}va^{33}pu^{33}$ $a^{33}va^{33}tɕi^{33}$	外公外婆	$a^{33}va^{33}tɕi^{33}$ $a^{33}va^{33}pu^{33}$	外婆外公
$ji^{31}no^{31}$ $na^{31}ma^{53}$	弟弟妹妹	$na^{31}ma^{53}$ $ji^{31}no^{31}$	妹妹弟弟
$ji^{31}no^{31}$ $ja^{22}ʃu^{33}ma^{53}$	弟弟弟媳	$ja^{22}ʃu^{33}ma^{53}$ $ji^{31}no^{31}$	弟媳弟弟

除此之外，多续话中还有一些固定的习惯用法。例如：

na^{31}kha^{33}me^{31} da^{53} 天地　　khɯ^{53} khɯ^{31} 上下

dʒo^{33}ko^{33} khu^{53} 碗筷　　jo^{53} jo^{33} 左右

2. 动词+动词

多续话两个动词连用，表示动作行为的两种方式不分先后，中间没有连接词。例如：

tha^{33}-tha^{53} vo^{53}xo^{33} 又挑又背　　dʑi^{31} ba^{53} 又吃又喝

ŋe^{33} xa^{22}-xa^{53} 又哭又笑　　dʑa^{53} tɕho^{53} 又唱又跳

3. 形容词+形容词

形容词加形容词构成并列短语时，不用连词。例如：

kha^{53}go^{22} tɕi^{33} 大小　　xe^{31} tɕe^{53}tɕe^{31} 长短

大　小　　长　短

ve^{33}tɕo^{33} nu^{53}khu^{31} 黑白　　tɕha^{33}tɕha^{33} va^{33}va^{33} 冷热

白　黑　　热　凉

4. 代词+代词

多续话两个代词连用表示两者的并列关系，中间不使用连接词。例如：

no^{33} ŋa^{33} 我和你　　ne^{33}de^{31} ŋa^{33}de^{31} 我们和你们

2sg 1sg　　2pl 1pl

tɕhi^{33} ka^{33} ni^{33} tɕi^{33} ka^{33} ni^{33} 这样和那样

那GEN 样子 有（抽象） 一 样子 有（抽象）

the^{33} me^{33} ke^{33} me^{33} 这些和那些

那 做 这 做

5. 数词+数词

数词构成并列短语时，不用连词，但后面带有量词。例如：

tsho^{33} vu^{22} ŋo^{31} a^{33} 四五个人　　ʒo^{31} so^{33} vu^{22} khu^{53} 三四碗饭

人 四 五 个　　饭 三 四 碗

mi^{33} so^{33} vu^{22} ka^{31} 三四根竹子　　vo^{53} nje^{22} ɕe^{22} a^{33} 七八只鸡

竹子 三 四 根　　鸡 七 八 只

（二）主谓短语

主谓短语由两个成分构成，前一个成分的功能是提出主题，称为主语，后一个成分对主题加以陈述，称为谓语。主语和谓语构成了主谓关系（或主述关系，即“主题—陈述”关系）。例如：

1. 名词+形容词。例如：

nje^{22}ma^{53} dje^{53} 心肠好
心 好

dje^{22}dje^{33} nju^{33}xu^{53} 花红
花 红

vu^{53}dʑu^{31} nja^{33} 头痛
头 痛

ba^{33} mo^{33} 山高
山 高

vu^{33} xe^{31} 水长
水 长

do^{33}pha^{33} nja^{33} 肚子痛
肚子 痛

2. 名词+动词。例如：

ɕi^{33} phje^{22} 吐须
须 吐

va^{53} dʑu^{31} 下雨
雨 下

dje^{22} ʒo^{53} 凋谢
花 落

ŋo^{33}tɕi^{33} dʑa^{33}dʑa^{33} 鸟儿飞翔
鸟 飞

3. 代词+动词。例如：

the^{33}de^{31} dʑi^{53} 他们相信
他们 相信

ne^{33}de^{31} dʑa^{53} 你们唱歌
你们 唱歌

ŋa^{33}de^{31} de^{22}mje^{33} 我们思考
我们 思考

4. 代词+形容词。例如：

ja^{22}ka^{33} nje^{22}ma^{53}tɕho^{53} 大家高兴
大家 高兴

the^{33}de^{31} ki^{33}ʃa^{33} 他们害怕
他们 害怕

5. 名词+数量词。例如：

ʃa^{33}vu^{33} so^{33} pu^{31} 纸三张
纸 三 张

dʒi^{33}dʑi^{33} tɕi^{33} pu^{31} 书一本
书 一 本

so^{33}wa^{33} so^{33} a^{33} 桃子三个
桃子 三 个

dza^{33} tɕi^{33} tsha^{33} 桥一座
桥 一 座

6. 名词+名词。例如：

ta^{33}ne^{33} tɕhi^{33}ŋo^{31} 今天十五
今天 十五

ʃɯ^{53}ne^{33} tɕe^{53}li^{31}tɕu^{31} 明天老牛节
明天 老牛节

（三）偏正短语

偏正短语由修饰语和中心语两部分构成。其中，中心语是主要的，修饰语是用来限定或修饰中心语的。充任中心语的一般是名词、动词、形容词；充任修饰语的可以是名词、动词、形容词、数量词、副词等。按中心语的词性，偏正短语分为以下几种：

1. 中心语是体词性的

（1）名词+名词。例如：

ŋu^{33} lo^{22}gu^{33} 银手镯
银 手镯

mi^{33} bu^{33}lju^{53} 竹篮
竹 篮子

çe^{53} me^{53}tho^{31} 木刀
木 刀子

mi^{33} ja^{53}tʃha^{31} 竹床
竹 床

（2）代词+名词。例如：

ŋa^{33} a^{33}-ba^{33} 我爸
1sg 亲属前缀–爸

the^{33} a^{33}-ma^{33} 他妈
3sg 亲属前缀–妈

tɕhi^{33} ji^{22}tɕa^{33} 他的孩子
3sg. GEN 孩子

tɕhi^{33} jo^{22}pho^{33} 他的朋友
3sg.GEN 朋友

（3）代词+名词+数词+量词。例如：

the^{33} vu^{33}ma^{31} tɕi^{53} ka^{31} 那条河
那 河 一 CLF

the^{33} jo^{33} tɕi^{33} a^{33} 那只羊
那 绵羊 一 CLF

ke^{33} tsho^{33} tɕi^{33} a^{33} 这个人
这 人 一 CLF

ke^{33} dje^{22}dje^{33} tɕi^{53} pu^{31} 这朵花
这 花 一 CLF

（4）名词+形容词。例如：

vu^{33}ma^{31} kha^{53} 大河
河 大

ja^{33} kha^{53} 大房子
房子 大

va^{33}-ma^{33} tɕe^{53}to^{31} 直路
路–SUFF 直

va^{33}-ma^{33} go^{22}dʑo^{33} 弯路
路–SUFF 弯

（5）名词+数词+量词。例如：

mi^{33} ni^{53} a^{33} 两根竹子
竹子 两 CLF

vo^{53} so^{33} a^{33} 三只鸡
鸡 三 CLF

çe^{53} tɕi^{53} pu^{31} 一棵树
树 一 CLF

dʒo^{33}ko^{33} so^{33} dza^{31} 三双筷子
筷子 三 双

（6）代词+名词+形容词+数量词。例如：

the^{33} vo^{31} ve^{33}tɕo^{33} tɕi^{33} a^{33} 那头白猪
那 猪 白 一 CLF

the^{33} u^{53}nju^{31} nu^{53}khu^{31} tɕi^{33} a^{33} 那头黑牛
那 牛 黑 一 CLF

the^{33} tsho^{33} dje^{53} tɕi^{33} a^{33} 那个好人
那 人 好 一 CLF

2. 中心语是动词性的

（1）名词+动词。例如：

va^{31}-pho^{33} dʑa^{22}dʑa^{33} 外面要
外-边 要-要

go^{33}tɕo^{53} ndʑa^{31} 中间站
中间 站

ta^{33}ne^{33} ji^{33} 今天去
今天 去

ʃɯ^{53} la^{31} 明天来
明天 来

（2）副词+动词。例如：

a^{31}za^{33} me^{33} dʑi^{31} 慢慢吃
慢慢 做 吃

ja^{31}-ku^{33} me^{33} ɕe^{33}-ɕe^{33} 快快走
COMPR-快 做 走-走

tha^{31} do^{31} 别说
PROH 话

ma^{31} xuŋ^{33} 不要
NEG 要

（3）数词+量词+动词。例如：

tɕi^{33} tʃa^{53} ko^{22}-ko^{33} 跑一次
一 次 跑-跑

ni^{53} tʃa^{53} tɕhu^{53}-tɕhu^{33} 跳两下
两 下 跳-跳

tɕi^{33} ja^{31} ɕe^{53} 打一下
一 打 TNT

tɕi^{33} xa^{31} ɕe^{53} 亲一下
一 亲 TNT

（4）疑问代词+动词。例如：

xo^{33}me^{33} ji^{33} 怎么去
怎么 去

se^{33}gu^{33} ŋe^{22} 哪个说
哪个 说

a^{33}je^{31} ji^{33} 哪里去
哪里 去

a^{33}thu^{53} la^{31} 什么时候来
什么时候 来

3. 中心语是形容词性的

（1）副词+形容词。例如：

ma^{31} li^{31} 不重
NEG 重

ma^{31} mo^{33} 不高
NEG 高

ma^{53} no^{31} 不深
NEG 深

ma^{31} kha^{53} 不大
NEG 大

（2）代词+形容词。例如：

ke^{33} tho^{31} 这么好
这 好

ke^{33} phe^{33}-kha^{53} 这么贵
这 价钱-大

ke^{33} tɕe^{53}-tɕe^{31} 这么短　　ke^{33} xe^{31} 这么长

这 短-短　　这 长

（四）动宾短语

动宾短语又称述宾短语，动宾之间是支配与被支配、关涉与被关涉的关系。由动词与前面受动词支配的成分组合而成；起支配作用的成分是动词，受动词支配的成分是宾语。宾语表示动作行为所涉及的人或事物，常由名词、代词等充当。多续话动宾短语是宾语在前，动词在后，按照词的顺序来说应是“宾动结构”。

1. 名词+动词。例如：

be^{22}tɕhe^{33} ve^{22} 穿衣服　　ʑi^{33} ka^{33} ve^{22} 穿鞋

衣服 穿　　鞋 CLF 穿

ʒo^{31} tɕo^{22} 煮饭　　vo^{31} to^{31} 喂猪

饭 煮　　猪 喂

2. 代词+动词。例如：

no^{33} die^{22}mje^{33} 想你　　no^{33} ja^{31} 打你

2sg 想　　2sg 打

the^{33} dʒe^{22} 骂他　　ŋa^{33} ŋe^{22} 告诉我

3sg 骂　　1sg 说

3. 形容词+动词。例如：

kha^{53} vu^{33} 买大的　　tʃhe^{33}tɕo^{33} ba^{53} 喝甜的

大 买　　甜 喝

go^{22}tɕi^{33} dʑi^{31} 吃小的　　li^{31} vo^{53}xo^{31} 背重的

小 吃　　重 背

4. 名词+数量词+动词。例如：

u^{53}nju^{31} tɕi^{33} a^{33} vu^{33} 买一头牛　　ɕe^{53} tɕi^{33} ve^{33} vo^{53}xo^{31} 背一背柴

牛 一 CLF 买　　柴 一 背 背

vo^{53} tɕi^{33} a^{33} za^{31}ka^{33} 捉一只鸡　　ʒo^{31} tɕi^{33} tsa^{31} tɕo^{22} 煮一顿饭

鸡 一 CLF 捉　　饭 一 顿 煮

5. 数量词+动词。例如：

so^{33} a^{33} dʑi^{31} 吃三个　　tɕi^{33} khu^{53} dʑi^{31} 吃一碗

三 CLF 吃　　一 碗 吃

tɕi^{33} a^{33} ɕe^{53} 拉一头　　ni^{53} khe^{33} dʑa^{53} 唱两句

一 CLF 拉　　两 句 唱

（五）述补短语

述补短语是由中心语和补足语组成。补足语位于中心语后，补充、说明动作行为的结果、趋向等。

1. 动词+动词。例如：

ve53　ndʑa31　站起来
起　站

çe33-çe33　pe33gi53　走出去
走-走　出去

çe33-çe33　dʑi31la33　走进来
走-走　进来

gi53　la31　流下来
落下　来

2. 动词+形容词。例如：

dʑi31　ʁa53　吃饱
吃　饱

ba53　je31　喝醉
喝　醉

ja31　pha33　打烂
打　坏

ni31　pha33　坐坏
坐　坏

二　短语的句法功能

（一）并列短语

1. 做主语。例如：

a33-ba33　a33-ma33　ja33khe31　ji33.
亲属前缀-爸　亲属前缀-妈　家里　去
阿爸阿妈回家去。

2. 做宾语。例如：

no33　la31dʑe33　pu　pa33de53　na53　pe33　la.
2sg　桌　CLF　凳　搬　出来　CSM
你把桌凳搬出来。

3. 做谓语。例如：

the33de31　jo53-the33　dʑa53　tɕhu53　dʑo33.
3pl　那-那　唱　跳　在.ANM
他们在那里唱歌跳舞。

4. 做定语。例如：

a33-pu33　a33tɕi33　ja33　pha33　la.
亲属前缀-爷　亲属前缀-奶　房子　坏　CSM
爷爷奶奶的房子坏了。

5. 做补语。例如：

the^{33} dʒi^{31} ve^{33}tɕo^{33} tho^{31}.

3sg 长 白 好

她长得又白又漂亮。

（二）主谓短语

1. 做主语。例如：

da^{53} be^{31}gi^{33} va^{33}-ma^{33} ʃo^{22}tso^{53} pi^{22}.

地 动 路–SUFF 新 破

地震把新修的路震垮了。

2. 做宾语。例如：

the^{33} nje^{22}ma^{53} dje^{53} tɕi^{33}a dʑo^{33}.

3sg 心 好 一个 有

她有一副好心肠。

（三）偏正短语

1. 做主语。例如：

ŋa^{33} a^{33}-ba^{33} ma^{22}ma^{53}ɕu^{31} dʑi^{53}.

1sg 亲属前缀–爸 老师 是

我阿爸是老师。

2. 做宾语。例如：

the^{33} ŋo^{33}lo^{22}go^{33} tɕi^{33} a dʑo^{33}.

3sg 银手镯 一 个 有

她有一只银手镯。

（四）动宾短语

1. 做谓语。例如：

the^{33} be^{22}tɕhe^{33} ve^{22}.

3sg 衣服 穿

他穿衣服。

2. 做宾语。例如：

ŋa^{33} die^{22}mje^{33} no^{33} ja^{31}.

1sg 想 2sg 打

我想打你。

3. 做主语。例如：

do^{31} kha^{33}tho^{33} si^{53} me^{33} dʑi^{53}.

话 说 事 做 是

说话是做事。

（五）述补短语

述补短语在句子中的基本功能就是充当谓语。例如：

ta^{22}wa^{33} tɕa^{53} dʑa^{53} bu ʒa^{53} pi^{53} la^{33}.

达娃 TOP 稻子 PL 收 结束 CSM

达娃家的稻子收完了。

第三节

句子

一　语序

1. 基本语序

多续话的句子基本语序是主语—宾语—谓语。例如：

ŋa^{33}　tɕha^{33}　dʑi^{31}.

1sg　饭　吃

我吃饭。

ji^{53}　vu^{33}　ba^{53}.

客人　水　喝

客人们喝水。

有双宾语的句子，间接宾语在直接宾语前。例如：

ŋa^{33}　na^{31}　dʑe^{31}-na^{31}　dʒi^{33}dʑi^{33}　so^{22}.

1sg　2sg. DAT　汉族-语言　文字　学

我教你学汉文。

2. 其他语序

（1）名+数+量

ɕe^{53}　tɕi^{33}　ka^{31}.

树　一　棵

一棵树。

（2）指+名+形+数+量+动

ke^{33} ɕe^{53} kha^{53} tɕi^{33} ka^{31} dʑi^{53}。

这 树 大 一 棵 是

这是一棵大树。

（3）领属语位于名词之前。例如：

ŋa^{33}de^{31} a^{33}ma^{33} 我们的妈妈

1pl 阿妈

二 单句

多续话句子分为单句和复句两大类。单句又可分为主谓句和非主谓句两类。

（一）主谓句

主谓句可分为主语和谓语两个部分。根据谓语部分的性质，主谓句分为名词谓语句、动词谓语句、形容词谓语句。

1. 名词谓语句

名词谓语句是指由名词或名词短语充当谓语的句子，谓语对主语进行判断、说明。例如：

ja^{53}nji^{31} khe^{33} nje^{33}.

明年 狗 年

明年狗年。

the^{33} dʑe^{31}, ŋa^{33} do^{33}ɕu^{33}.

3sg 汉族 1sg 藏族

他汉族，我藏族。

ja^{33}ne^{33} tɕi^{33}, ta^{33}ne^{33} ni^{53}.

昨天 初一 今天 初二

昨天初一，今天初二。

ŋa^{33}de^{31} tsho^{33} tɕi^{33} ja^{33}.

1pl 人 一 家

我们一家人。

2. 动词谓语句

动词谓语句是指由动词或动词短语充当谓语的句子，是主谓句中最常见的句型。动词谓语句主要是用来叙述人或事物的动作行为、事件的发展变化、状态以及人的心理活动等。从充当谓语的成分看，又可分为动宾谓语句、动补谓语句、双宾谓语句、状动谓语句等。

（1）动宾谓语句

动宾谓语句是指动词和宾语构成谓语的句子。例如：

a^{33}-ba^{33} ke^{53}-thu^{53} tɕha^{33} dʑi^{31}.

亲属前缀-爸 这-时刻 饭 吃

爸爸正在吃饭。

the^{33} so^{31}va^{33} mja^{53} i^{53} mja^{53} vu^{33} la.

3sg 桃子 多 INF 多 买 CSM

他买了很多桃子。

a^{33}-ma^{33} ji^{33}na^{33} mja^{53} i^{53} mja^{53} tje^{31} la.

亲属前缀-妈 菜 多 INF 多 种 CSM

妈妈种了很多菜。

a^{33}-ja^{33} ɕe^{53} mja^{53} i^{53} mja^{53} to^{33} la.

亲属前缀-哥 树 多 INF 多 砍 CSM

哥哥砍了很多树。

（2）动补谓语句

动补谓语句是指由动词和补语构成谓语的句子。例如：

the^{33} ɕe^{33}-ɕe^{33} ba^{53} la.

3sg 走-走 累 CSM

他走累了。

be^{22}tɕhe^{53} ve^{22} pha^{33} la.

衣服 穿 破 CSM

衣服穿破了。

vo^{31} ʐo^{33} kha^{53} la.

猪 养 大 CSM

猪养大了。

the^{33} vu^{33} kha^{53} la.

3sg 水 关 CSM

他把水关了。

（3）双宾谓语句

双宾语一般由一个间接宾语和一个直接宾语构成。一般间接宾语在前，直接宾语在后。例如：

a^{33}-ma^{33} ve^{31}tɕe^{33} ni^{53} a^{33} the^{33}de^{31} mi^{31}-kho^{53}.

亲属前缀-妈 鸡蛋 两 CLF 3pl PFV-给

妈妈给了他们两只鸡蛋。

the^{33} tʃhe^{53} tɕi^{33} tɕha^{31}tɕho^{33} ŋa^{33} kho^{53} la.

3sg 米 一 袋 1sg.DAT 给 CSM

他给我一袋米。

(4)状动谓语句

状动谓语句是指由状语和动词构成谓语的句子。例如:

ne^{33}de^{31} the^{33} me^{33} tha^{31} dʑa^{53}.

2pl 那 做 PROH 唱

你们不要这样唱。

a^{33}-ja^{33} tɕi^{33} ne^{33} tɕi^{33} ne^{33} dʑa^{53}.

亲属前缀-哥 一 天 一 天 唱

哥哥天天唱。

the^{33}de^{31} ja^{22}ka^{33} ji^{33} la.

3pl 全部 去 CSM

他们全部都去了。

3. 形容词谓语句

形容词谓语句是指由形容词或形容词短语充当谓语的句子。

(1)主语+形容词。例如:

ta^{33}ne^{33} tɕha^{33}.

今天 热

今天热。

so^{31}va^{33} mje^{22} la.

桃子 熟 CSM

桃子熟透了。

the^{33} pje^{33}-ma^{33} nju^{33}xu^{53} la.

3sg 脸-SUFF 红 CSM

他的脸红了。

(2)主语+动词+形容词。例如:

ba^{33} va^{33}-ma^{33} ɕe^{33}-ɕe^{33} tho^{31}.

山 路-SUFF 走-走 好

山路好走。

ja^{33} ni^{31} zu^{31}ga^{53}.

房子 坐 对

房子好住。

（二）非主谓句

非主谓句分不出主语和谓语，由主谓短语以外的短语或单词构成。可分为名词性非主谓句、形容性非主谓句、动词性非主谓句和叹词句等。

1. 名词性非主谓句。例如：

dʒi^{33}dʑi^{33}.

书。

ŋa^{33}no^{33}.

我和你。

2. 动词性非主谓句。例如：

so^{53}dʒa^{31}.

考试。

ba^{53}nja^{31}.

听。

tha^{53} ŋe^{22}!

PROH 说

别说！

tha^{31} ba^{53}!

PROH 抽

别抽！

mi^{31} tha^{53} tɕhu^{53}!

火 PROH 点燃

严禁烟火！

3. 形容词性非主谓句。例如：

dje^{53}.

好。

4. 叹词句。例如：

a^{33}me^{33}!

哎呦！

5. 独词句

独词句是指由一个词构成的句子。例如：

mi^{31}！火！

vu^{33}！水！

va^{53}！雨！

ɕe^{33}ɕe^{33}！走！

ko^{22}！跑！

xa^{22}xa^{53}！笑！

ŋe^{33}！哭！

tɕho^{53}！快！

da^{33}va^{33}！慢慢的！

tho^{31}！漂亮！

dʑi^{53}！好！

se^{33}gu^{33}？谁？

a^{33}ke^{31}？哪里？

mja^{53}nju^{31}？多少？

（三）句类

根据句子表达的语气，多续话的句子可以分为陈述句、疑问句、祈使句和感叹句四类。

1. 陈述句

陈述句是用以叙述或说明事实的句子，在语言交际中使用最广泛。它有时可以带语气词。例如：

the^{33} dʒi^{33}dʑi^{33} tɕhi^{33} mja^{53} ma^{53}zo^{31} vu^{33} ʃi^{33} la.

3sg 书 十 多 左右 买 拿 CSM

他买了十几本书。

a^{33}-ba^{33} go^{22}tɕi^{33} lje^{31}to^{33} ʒu^{53} khe^{22}.

亲属前缀-爸 小 镰刀 草 割

叔叔用镰刀割草。

no^{33} dʒi^{33}dʑi^{33} ma^{53} so^{22} ja^{53}no^{31} ji^{33}.

2sg 书 NEG 学 后 去

你不读书就落后了。

2. 疑问句

疑问句表示对一件事的问询。表达疑问的手段主要靠语调、句末语气词、疑问代词等。根据问答的情况和结构特点，疑问句可分为是非疑问句、特指疑问句、选择疑问句、反问句等。

（1）是非疑问句

是非疑问是提出一种情况，要求做肯定或否定回答的句子。多用“是、对”或“不是、没有”等回答。例如：

vo^{31}nja^{33} ma^{53} vo^{31}nja^{33}？

饿 NEG 饿

饿不饿？

tɕhu^{53} ma^{31} tɕhu^{53}?

跳 NEG 跳

跳不跳?

a^{33}-ma^{33} dʑi^{31} ma^{53} dʑi^{31}?

亲属前缀-妈 吃 NEG 吃

妈妈吃不吃?

(2)特指疑问句

在多续话中，特指疑问句常用a^{33}ke^{31}“哪里”、a^{31}mi^{33}a^{33}“多少”、se^{33}gu^{33}“谁”、xo^{33}me^{33}“怎么”等来表示疑问焦点。例如:

no^{33} a^{33}je^{31} ji^{33}?

2sg 哪里 去

你去哪里?

no^{33} vo^{31} a^{31}mi^{33} a^{33} ʐo^{33} izo?

2sg 猪 多少 CLF 喂 DUR

你喂了多少头猪?

no^{33} jo^{22}pho^{33} a^{31}mi^{33} a^{33} bo^{33}?

2sg 朋友 多少 CLF 拥有

你有几个朋友?

the^{33} se^{33}gu^{33}?

3sg 谁

他是谁?

a^{33}-ma^{33} xo^{33}me^{33} la^{31}?

亲属前缀-妈 怎么 来

妈妈怎么了?

(3)选择疑问句

选择疑问句提出几个项目供对方选择，多数情况是用语气词a^{33}连接不同的选项，表示对举的几种情况；有时还在句中添加汉语借词xa^{31}ʃi^{31}“还是”来连接选择项。例如:

ju^{22}me^{33} tje^{31} a^{33} tu^{22} tje^{31}?

玉米 点播 QUES 黄豆 点播

是种玉米还是种黄豆?

no^{33} dʒo^{22}no^{31} ji^{33} a^{33} vu^{31}dʒo^{31} ji^{33}?

2sg 冕宁 去 QUES 西昌 去

你去冕宁还是去西昌？

no^{33} vu^{33} ba^{53} a^{33} vu^{53} ba^{53}?

2sg 水 喝 QUES 酒 喝

你是要喝水还是要喝酒？

no^{33} ji^{33} xa^{31}ʃi^{31} ŋa^{33} ji^{33}?

2sg 去 还是 1sg 去

你去呢还是我去？

（4）反问句

多续话反问句是一种特殊疑问句，常以语气词a^{33}结尾，起强调作用。例如：

no^{33} do^{33}ɕu^{33} dʑi^{53} ma^{31} dʑi^{53} a^{33}?

2sg 藏族 COP NEG COP QUES

难道你不是藏族吗？

no^{33} the^{33} ma^{53} dʑa^{31} a^{33}?

2sg 3sg NEG 喜欢 QUES

难道你不喜欢他吗？

3. 祈使句

祈使句是要求对方做或不做某事的句子，可带或不带主语。在不同语境里用来表示建议、请求、命令、告诫、劝阻、禁止、叮嘱等语气。

（1）在句末加语气词a^{33}表示请求、建议。例如：

ŋa^{33}de^{31} ɕe^{53} to^{33} ji^{33} a^{33}.

1pl 柴 砍 去 PRT

我们去砍柴吧。

no^{33} dʒi^{33}dʑi^{33} so^{22} ji^{33} a^{33}.

2sg 书 学 去 PRT

你去看书吧。

（2）表示劝阻、禁止

多续话表示劝阻和禁止的祈使句一般无主语，明确要求听话人不要或不得做某事，常用副词tha^{31}"别、不得"表示，句末没有语气词。若表示劝阻的动词重复使用，且语速加快，此时则表示强烈禁止。例如：

tha^{31} dʑa^{53} tɕhi^{33}.

PROH 门 开

别开门。

tha^{31} je^{33} ba^{53}.

PROH 烟 抽

不要抽烟。

tha^{53} ɲe^{22}. tha^{53} ɲe^{22}.

PROH 说 PROH 说

别说，别说。

tha^{31} ja^{53}mu^{31} tʃe^{31}. tha^{31} ja^{53}mu^{31} tʃe^{31}.

PROH 梦 睡 PROH 梦 睡

别睡，别睡。

（3）表示命令、催促

多续话表命令、催促的句子，主语常常省略，语速较快，口气显得很硬。例如：

ɕe^{33}-ɕe^{33}！

走-走

走吧！

ʒo^{31} dʑi^{31} ji^{33}！

饭 吃 去

去吃饭！

ko^{31}tsa^{53} khɯ^{31} ji^{33}！

快 下 去

赶快下去！

（4）表示叮嘱

多续话叮嘱对方做事要小心谨慎时，句尾加语气词o^{33}，语速较慢、语调舒缓。例如：

ne^{33}de^{31} ʁa^{53} me^{33} dʑi^{31} o^{33}.

2pl 饱 做 吃 PRT

你们要吃饱哦。

ʒo^{31} dʑi^{31} mi^{31} go^{22}tɕi^{33} o^{33}.

饭 吃 火 小 PRT

做饭的时候火要小点哦。

ne^{33}de^{31} a^{31}za^{33} me^{33} ɕe^{33}-ɕe^{33} o^{33}.

2pl 慢慢 做 走-走 PRT

你们慢慢走哦。

4. 感叹句

感叹句是用来表达高兴、厌恶、愤怒、轻蔑、惧怕、惊讶、叹息等强烈感情的句子。

多续话的感叹句按表达情感的不同分为多种类型。

（1）惊喜、赞叹

在多续话中，表示惊喜或赞叹的语气时，句末常用语气词o^{214}。当感叹句句末出现语气词o时，o的语调是先降再升（214）。例如：

ke^{33}-the^{33} be^{22}tɕhe^{33} tɕho^{53} i^{53} tɕho^{53} o^{214}！

这-那 衣服 美 INF 美 PRT

这件衣服很漂亮！

ke^{33}-the^{33} be^{22}tɕhe^{33} ʃo^{22}ʃo^{53} i^{53} ʃo^{22}ʃo^{53} o^{214}！

这-那 衣服 干净 INF 干净 PRT

这件衣服好干净呀！

（2）意外、惊叹

在多续话中，表示意外或惊叹的语气时，句末常用语气词o^{214}。例如：

vu^{33}pha^{53} dʑo^{33} o^{214}!

蛇 有.ANM PRT

啊！有蛇！

khe^{53}ni^{33} la^{31} o^{214}!

狗 来 PRT

啊！狗来了！

the^{33} tsho^{33} jo^{33} la^{33} o^{214}!

那 人 自己 来 PRT

啊！那人又来了！

（3）痛楚、哀叹

在多续话中，表示痛楚或哀叹的语气时，句末常用语气词la^{33}。例如：

ŋa^{33} gu^{53}du^{33} nja^{33} la^{33}!

1sg 脚 痛 PRT

我的脚痛了！

tɕha^{33} si^{31}ka^{33} la^{33}!

热 死 PRT

热死了！

the^{33} jo^{33} ŋe^{22} la^{33}!

3sg 自己 说 PRT

他又说了！

（4）鄙视、厌恶

在多续话中，表示鄙视或厌恶的语气时，句末也常用语气词la³³。例如：

the³³ jo³³ ma⁵³ la³¹ la³³!

3sg 自己 NEG 来 PRT

他不来了！

the³³ dʒe³³ ma⁵³ tsa³¹ la³³!

3sg 钱 NEG 还 PRT

他不还钱了！

（5）呼唤、应答

在多续话中，表示呼唤或答应的语气时，句末常用语气词o³³。例如：

dʑi⁵³ ma³¹ dʑi⁵³ o³³!

COP NEG COP PRT

是不是啊？

a³³ke³¹ dʑo³³ o³³!

哪里 有.ANM PRT

在哪里啊？

khɯ³¹ la³¹ o³³!

下 来 PRT

哎！下来吧！

（6）警告、惊恐

在多续话中，表示警告或惊恐的语气时，句末常用语气词la³³、o³³。例如：

u⁵³njo³¹ ko²²-ko³³ la³³!

牛 跑-跑 PRT

牛跑了！

ŋa³³ ŋa³¹ la³³!

1sg 吓 PRT

吓我一跳！

tʃha⁵³ dʑo³³ o³³!

鬼 有.ANM PRT

有鬼啊！

三 复句

复句是由两个或两个以上互不包含的小句（clause）构成的句子。多续话复句可以分为联合复句和偏正复句两大类。

（一）联合复句

联合复句是指分句之间关系平等，没有主从之分的复句。几个分句之间有的不需要关联词，只根据语义稍微停顿一下；有的需要用关联词连接。多续话联合复句按意义关系可分为承接句、选择句、并列句、递进句等类型。

1. 承接句

承接是指各分句共同叙述连续发生的几个动作或几件事情。分句之间先后次序不能颠倒，有时要用关联词连接。例如：

ŋa^{33} dʒa^{22} mi^{31}-ba^{53} ja^{53}no^{31}, ba^{33}-tho^{31} khe^{53}ni^{33} ve^{22}-ve^{33}.

1sg 早饭 PFV–喝 后 山–上 狗 赶–赶

我吃完早饭后，就上山打猎。

no^{33} tɕha^{33} mi^{31}-dʑi^{31}, ja^{53}no^{31} ji^{33}.

2sg 饭 PFV–吃 后 去

你吃完饭再走。

a^{33}-pu^{33} do^{31} ɲe^{22} pi^{53} la, ja^{53} la^{33}.

亲属前缀–爷 话 说 结束 CSM 睡 CSM

爷爷说完话，就去睡觉了。

2. 选择句

选择是指两个或两个以上语义相关的分句分别叙述几件事情，从中任选其一。例如：

ŋa^{33} se^{33} be^{31}la^{31}, ŋa^{33} a^{33}-ma^{33} tha^{53} be^{31}la^{31}.

1sg 谁 劳动 1sg 亲属前缀–妈 PROH 劳动

我宁愿自己做，也不让妈妈做。

ju^{22}me^{31} tje^{31}, ʃa^{33}nu^{53} ma^{22}ma^{33} tje^{31}.

玉米 点播 豌豆 果子 点播

与其种玉米，不如种豌豆。

ŋa^{33} dʑi^{53} me^{33} vo^{31}nja^{33}, ŋa^{33} mu^{33} ɕu^{31} ma^{31} me^{33}.

1sg 真 做 饿 1sg 偷 NMLZ.AGT NEG 做

我宁可挨饿，也不去偷。

3. 并列句

并列是指各分句结构基本相同、叙述几件事或同一事物的几个方面，可不用关联词。

例如：

ba^{33} khɯ^{53} va^{33}-va^{33}, ba^{33} khɯ^{31} tɕha^{33}.

山 上 凉-凉 山 下 热

山上凉，山下热。

no^{33} tɕha^{33} ɕa^{22}, ŋa^{33} khu^{53} tshi^{33}.

2sg 饭 做 1sg 碗 洗

你做饭，我洗碗。

ja^{33}ne^{33} va^{53} dʑu^{31}, ta^{33}ne^{33} me^{31}dje^{53}.

昨天 雨 下 今天 天晴

昨天下雨，今天晴朗。

4. 递进句

递进是指分句的意思一句比一句更为深入。例如：

ja^{33}khe^{31} vo^{31} ʑo^{33}, vo^{53} ʑo^{33}, jo^{33} ʑo^{33}.

家里 猪 养 鸡 养 绵羊 养

家里有猪，有鸡，还有羊。

ŋa^{33}de^{31} dʒo^{22}no^{33} tsho^{33} so^{33} a^{33}, tɕa^{33} ne do^{33}ɕu^{33},

1pl 冕宁 人 三 CLF 一.CLF TOP 藏族

tɕa^{33} ne dʑe^{31}, tɕa^{33} ne no^{53}.

一.CLF TOP 汉族 一.CLF TOP 彝族

我们冕宁有三个民族，有藏族、汉族，还有彝族。

（二）偏正复句

偏正复句内各分句间意义有主有从，即有正句和偏句。正句是句子的正意所在，偏句的意义是从属的。多续话的偏正复句从语义关系和语法特点看主要有假设句、转折句、条件句等几类。

1. 假设句

分句之间是一种假设与结果关系。多续话假设句中分句之间凭据语义来停顿，可以没有连词，也可以使用借词tɕəu^{31}作为连词。例如：

no^{33} vo^{31}nja^{33}, no^{33} tɕəu^{31} xi^{33} dʑi^{31}.

2sg 饿 2sg （就） 前 吃

如果你饿了，你就先吃。

ʃɯ^{53} me^{31}dje^{53}, ŋa^{33}de^{31} dʒo^{22}no^{33} ji^{33}.

明天 天晴 1pl 城里 去

如果明天天气好，我们就去城里。

va^{53} ma^{53} dʑu^{31}, ju^{22}me^{31} be fu^{22}tʃhu^{53} si^{31}ka^{33} la.

雨 NEG 下 玉米 PL 干 死 CSM

如果不下雨，玉米就要干死了。

2. 转折句

分句之间意思相反或相对。例如：

the^{33} dje^{22}dje^{33} ma^{31} ŋo^{33} a^{33} ŋo^{33}tɕi^{53}, tɕho^{53} i^{53} tɕho^{53}.

那 花 NEG 香 QUES 香 美 INF 美

这花不香，但很漂亮。

the^{33} ju^{22}me^{31} ma^{53} tho^{31}, ŋo^{33} i^{53} ŋo^{33}.

那 玉米 NEG 好 香 INF 香

这玉米不好看，但是很香。

the^{33} go^{22}tɕi^{33}, tsho^{33}dje^{53} i^{53} tsho^{33}dje^{53}.

3sg 小 人好 INF 人好

他很小，但是很聪明。

ŋa^{33}de^{31} ma^{53} dʑi^{53} ji^{33}, ne^{33}de^{31} dʑi^{53} ji^{33}.

1pl NEG COP 去 2pl COP 去

我们不能去，但是你们可以去。

3. 条件句

分句之间是条件与结果的关系。偏句提出条件，正句说明在这种条件下产生的结果。例如：

dʒe^{33} bo^{53} ŋa^{33}de^{31} dʒo^{22}no^{33} ji^{33}.

钱 拥有 1pl 城里 去

如果有钱，我们就去城里。

dʑa^{53} mja^{53} tsu^{53} ge^{31}, dʑi^{31} njo^{31} ma^{31} dʑe^{53}.

稻 多 点 种 吃 少 NEG 够

多种点水稻，不然不够吃。

be^{22}tɕhe^{33} mja^{53} ve^{22}, vu^{53}dʑu^{31} nja^{33}.

衣服 多 穿 头 痛

多穿衣服，不然会头痛。

第六章　语料

第一节

语法例句

001 老师和学生们在操场上玩。

ma^{22}-ma^{53} ɕu^{31} dʒi^{33}dʑi^{33} so^{22} ji^{22}tɕa^{33} bu da^{53}kho^{33} dʑa^{22}-dʑa^{33}.

教–教 NMLZ. ANM 书 学 孩子 PL 坝子 耍–耍

002 老母猪下了5头小猪崽。

vo^{31}-ma^{33} tɕi^{33}tɕa^{53} ŋo^{31} a^{33} ba^{31}.

猪–母 一共 五 CLF 生

003 我爸爸教他们的孩子说汉语。

ŋe^{33} a^{33}-ba^{33} the^{33} ji^{22}tɕa^{33} bu dʑe^{31}-na^{31} ma^{22}-ma^{53}.

1sg. GEN 亲属前缀–爸 那 孩子 PL 汉–语言 教–教

004 村子里事事都有人做，人人都很高兴。

ŋa^{33}de^{31} pu^{33}-ke^{53} tsho^{33} dʑo^{33}, xo^{33}tɕa^{33} si^{53} me^{33} ɕu^{31} la^{33}

1pl 村子–LOC 人 有. ANM 什么 事情 做 NMLZ.ANM CONJ

dʑo^{33}, dʑa^{31} i^{53} dʑa^{31}.

有. ANM 喜欢 INF 喜欢

005 咱们今天上山去吧。

ta^{33}ne^{33} ŋa^{33}de^{31} ba^{33}-tho^{53} ji^{33}.

今天 1pl 山–上 去

006 你家有几口人？

ne^{33}de^{31} tsho^{33} a^{31}mi^{31} a^{33} dʑo^{33}?

2pl 人 几 CLF 有. ANM

007 你自己的事情自己做。

no³³ jo³³ si⁵³ jo³³ me³³.

2sg 自己 事情 自己 做

008 这是我的手镯，那是你的手镯。

ke³³ ŋa³³ ni³¹ lo²²gu³³, the³³ no³³ ni³¹ lo²²gu³³.

这 1sg GEN 手镯 那 2sg GEN 手镯

009 这些问题他们说自己去解决。

ke³³ si⁵³ the³³ bu, the³³ si⁵³ the³³ me³³, jo³³ si⁵³ jo³³ me³³.

这 事情 那 PL 那 事情 3sg 做 自己 事情 自己 做

010 他是谁？

the³³ xo³³tɕa³³ tsho³³?

3sg 什么 人

011 你想吃点什么？我什么也不想吃。

no³³ xo³³tɕa³³ dʑi³¹ pa³¹tʃe³³? ŋa³³ xo³³tɕa³³ la³³ ma⁵³ dʑi³¹.

2sg 什么 吃 想要 1sg 什么 CONJ NEG 吃

012 他们从哪儿来的？

the³³ tsho³³ a³³ke me³³ la³¹?

那 人 哪儿 ABL 来

013 你想怎么样？

no³³ xo³³tɕa³³ de²²mje³³?

2sg 怎么 想

014 你家有多少头牛？

ne³³de³¹ u⁵³nju³¹ a³¹mi³¹ a³³ dʑo³³?

2pl 牛 几 CLF 有.ANM

015 客人什么时候到？

ji⁵³ a³¹na³¹ pa⁵³ la³³?

客人 何时 到 CSM

016 今天的会就开到这里。

ta³³ne³³ du³³la³³ pi⁵³ la³³.

今天 商量 结束 CSM

017 粮食运来后就分给大家了。

pha^{33} ɕe^{33} pa^{53} la^{33} ji^{22}-ji^{33} mi^{31}-kho^{53} la^{33}.

粮食 运 到 CSM 分–分 PFV–给 CSM

018 人家的事情咱们别多管。

ɕu^{33} si^{53} ŋa^{33}de^{31} ʒo^{22}-ʒo^{33} tha^{31} me^{33}.

别人 事情 1pl 管–管 PROH 做

019 这件事我也不清楚，你去问别人吧！

ke^{33} si^{53} ŋa^{33} ma^{53} se^{22}, no^{33} ji^{33} ɕu^{33} mi^{22}do^{53} !

这 事情 1sg NEG 知道 2sg 去 别人 问

020 今天是2015年10月1日。

ta^{33}ne^{33} ɚ^{22}liŋ^{31}i^{22}vu^{53} njɛn^{31} ʃi^{22} je^{31} i^{22} xao^{22}.

今天 2015 年 10 月 1 号

021 那个老太太94岁了，是我年龄的两倍左右。

the^{33} mu^{53}ka^{33}-ma^{53} ge^{31}tɕhi^{33}vu^{22} nje^{33} du^{53} la^{33}, ŋa^{33} ba^{53}nja^{31} ni^{53} ba^{31} du^{53}.

那 老人–母 94 岁 成 CSM 1sg 左右 两 倍 成

022 山下那群羊有108只。

ba^{33}va^{22} tɕhe^{53} tɕi^{33}ja^{53}ɕe^{22} dʑo^{33}.

山谷 羊 108 有.ANM

023 我排第一，你排第二，他排老末。

ŋa^{33} xi^{33}, no^{33} ja^{53}no^{31}, the^{33} mu^{53}tʃhu^{31} ja^{53}no^{31}.

1sg 前 2sg 后 3sg 尾巴 后

024 我今天买了一只鸡、两条鱼、三斤肉。

ŋa^{33} ta^{33}ne^{33} vo^{53} a^{33} vu^{33} ʐu^{33} ni^{53} ka^{31} ʃe^{33} so^{33} ke^{22} khe^{31} ʃi^{33}

1sg 今天 鸡 CLF 买 鱼 两 CLF 肉 三 斤 取 拿

la^{31} la^{33}.

来 CSM

025 这本书我看过三遍了。

ke^{33} dʒi^{33}dʑi^{33} ŋa^{33} so^{33} tʃa^{53} njo^{33} la^{33}.

这 书 1sg 三 次 看 CSM

026 你数数看，这圈里有几头猪。

no^{33} vo^{31}dzo^{53} ke^{53} tɕi^{53} tɕhe^{31} ɕe^{53} vo^{31} a^{31}me^{31} a^{33} dʑo^{31}.

2sg 猪圈 LOC 一 数 TNT 猪 几 CLF 有.ANM

027 这两把雨伞是我的。

ke^{33} va^{53}mu^{53} ni^{53} pu^{31} ŋa^{33} ni^{31}.

这 雨伞 两 CLF 1sg GEN

028 他年年都回家。

the^{33} tɕi^{33} nje^{33} xo^{22}tsa^{33} ja^{33}khe^{31} ji^{33}.

3sg 一 年 每 家里 去

029 他要去街上买肉。

the^{33} dʒo^{22}no^{33} ʃe^{33} khe^{31} ji^{33}.

3sg 城里 肉 取 去

030 我正在山上砍柴。

ŋa^{33} ba^{33} tho^{31} dʑi^{53} me^{33} ɕe^{53} me^{33}.

1sg 山 上 真 做 柴 做

031 昨天我背粮食去了。

ja^{33}ne^{33} ŋa^{33} pha^{33} vo^{53}xo^{31} ji^{33} la^{33}.

昨天 1sg 粮食 背 去 CSM

032 你们俩一定要好好地学习。

ŋe^{33} ni^{53} a^{33} tɕi^{53} me^{33} du^{33}la^{33}.

1sg. GEN 两 CLF 一 做 互相

033 他们看电影去了。

the^{33} bu^{31} mi^{53} njo^{33} ji^{33}.

那 PL 相 看 去

034 他在山上看见过野牛。

the^{33} ba^{33} tho^{53} ba^{33}nju^{31} do^{33} la^{33}.

3sg 山 上 野牛 看见 CSM

035 你们今后一定要互相学习，互相帮助，互敬互爱。

ne^{33}de^{31} ja^{53}no^{31} tɕi^{53}ba^{31} du^{33}la^{33}, tɕi^{53}ba^{31} lo^{33}pho^{33}, tɕi^{53}ba^{31} jo^{22}pho^{33} tɕho^{53}.

2pl 后 一起 商量 一起 帮忙 一起 朋友 美

036 请你帮他把衣服收起来。

tɕhi^{33} ba^{33} lo^{33}pho^{33} be^{22}tɕhe^{33} ʒa^{53}bo^{31} dʑi^{31} la^{31}.

3sg. GEN 边 帮忙 衣服 收拾 进 来

037 地震把新修的路震垮了。

da^{53} be^{31}gi^{33} va^{33}-ma^{33} ʃo^{22}tso^{53} pi^{22}.

地 动 路–SUFF 新 破

038 **你们俩把鸡杀了。**

no^{33}ku^{53} ni^{53} a^{33} vo^{53} tɕu^{22}.

2dl 两 CLF 鸡 杀

039 **你看见那个乞丐了吗？**

no^{33} lo^{33}lo^{33}ɕu^{31} do^{33} a^{31} tɕhe^{53} o^{31}?

2sg 乞丐 看见 QUES EXP PRT

040 **他笑了。我把他的小孩逗笑了。**

the^{33} xa^{22}xa^{53}. ŋa^{33} the^{33} ji^{22}tɕa^{33} tu^{33} xa^{22}xa^{53} la^{33}.

3sg 笑 1sg 那 孩子 逗 笑 CSM

041 **那个猎人进来以后又出去了，随后拿回来一只野鸡。**

ni^{53}ta^{22}ɕu^{31} ja^{33}khe^{31} dʑi^{31}la^{31} iəu^{31} pe^{33}gi^{53}, ba^{33}vo^{53} tɕa^{22} ʃi^{33} dʑi^{31}la^{31}.

猎人 家里 进来 又 出去 野鸡 捡 拿 进来

042 **我亲眼看见那只花狗跳上跳下，可好玩了。**

ŋa^{33} do^{33} the^{33} dje^{22}dje^{33}khi^{33} tɕa^{22} ʃi^{33} dʑi^{31}la^{31}, tɕa^{22} ʃi^{33} tʃhu^{53} ji^{33},

1sg 看见 那 花狗 捡 拿 进来 捡 拿 出现 去

dʐa^{22}-dʐa^{33} tɕho^{53}.

耍–耍 美

043 **朝上飞四十里，朝下飞五十里。**

o^{31}le^{33} dʐa^{33}-dʐa^{33} vu^{22}tɕhi^{33} li^{53}, me^{31}le^{33} dʐa^{33}-dʐa^{33} ŋo^{31}tɕhi^{33} li^{53}.

朝上 飞–飞 四十 里 朝下 飞–飞 五十 里

044 **这个东西拿来拿去太费事了，你就别拿了。**

ke^{33} dzu^{31}gu^{33} ʃi^{33} ji^{33} ʃi^{33} la^{31} va^{22}do^{53} la^{33}, no^{33} tha^{53} ka^{22}.

这 东西 拿 来 拿 去 浪费 CSM 2sg PROH 拿

045 **那个穿破衣裳的家伙一会儿过来、一会儿过去的，到底在做什么？**

the^{33} tsho^{33} be^{22}tɕhe^{33} pha^{33}la^{33} ve^{22} ɕu^{31} tɕi^{33} thu^{53} tʃhu^{53} ji^{33}

那 人 衣服 破 穿 NMLZ. ANM 一 时刻 出现 去

tɕi^{33} thu^{53} tʃhu^{53} la^{31}, xo^{31}tɕa^{33} me^{33} ma^{53} se^{22}?

一 时刻 出现 来 什么 做 NEG 知道

046 **他是藏族，不是回族。**

the^{33} do^{33}ɕu^{33} dʑi^{53}, xwei^{33}tɕhu^{31} ma^{31} dʑi^{53}.

3sg 藏族 COP 回族 NEG COP

047 **他们家有三个孩子，一个在学校，一个在家里，还有一个已经工作了。**

the^{33}de^{31} ji^{22}tɕa^{33} so^{33} a^{33} dʑo^{33}, tɕi^{33} a^{33} dʒi^{33}dʑi^{33} so^{22},
3pl 孩子 三 CLF 有.ANM 一 CLF 书 学
tɕi^{33} a^{33} ja^{33}khe^{31} dʑo^{33}, tɕi^{33} a^{33} vu^{22}lo^{33} me^{33}.
一 CLF 家里 有.ANM 一 CLF 生意 做

048 我们很愿意听爷爷讲故事。
ŋa^{33}de^{31} a^{33}-pu^{33} do^{31} ba^{53}nja^{31} dʑa^{31}.
1pl 亲属前缀-爷 话 听 喜欢

049 这只狗会咬人。
ke^{33} khi^{53}ni^{31} tsho^{33} kha^{31}.
这 狗 人 咬

050 她不敢一个人睡觉。
the^{33} tɕi^{53}tɕa^{31} ja^{53}mu^{31} khe^{31} ma^{53} tho^{31}.
3sg 单独 梦 睡 NEG 舒服

051 你能来吗？我能来。
ne^{33}de^{31} a^{53} la^{31}? ŋa^{33}de^{31} la^{31}.
2pl QUES 来 1pl 来

052 这些人我恨透了。
the^{33} tsho^{33} ŋa^{33} ka^{33} i^{53} ka^{33}.
那 人 1sg 恨 INF 恨

053 达娃家的稻子收完了，但格西家的稻子还没有收完。
ta^{22}wa^{33} tɕa^{53} dʑa^{53} bu ʒa^{53} pi^{53} la^{33}, ke^{22}ɕi^{33} de^{22} tɕa^{53} ʒa^{53}bo^{31}
达娃 TOP 稻子 PL 收 结束 CSM 格西 家 TOP 收割
ma^{31} pi^{53}.
NEG 结束

054 我找了一遍又一遍，终于找着了。
ŋa^{33} a^{31}mi^{31} tʃa^{53} lja^{22}-lja^{53}, ja^{53}no^{33} tɕa^{53} lja^{22}-lja^{53} va^{53} la^{33}.
1sg 几 遍 找-找 后 TOP 找-找 获得 CSM

055 你先休息休息，我试着跟她谈谈。
no^{33} tɕi^{33} ba^{53}nja^{31} ɕe^{53}, ŋa^{33} tha^{31} pho^{53} tɕi^{53} ɲe^{22} ɕe^{53}.
2sg 一 休息 TNT 1sg 3sg.DAT 边 一 说 TNT

056 他们边唱边跳，玩得可高兴了。
the^{33} bu tɕi^{33} dʑa^{53} tɕi^{33} tɕhu^{53} ɕe^{53}, dʑa^{22}-dʑa^{33} dʑa^{31} i^{33} dʑa^{31}.
3sg PL 一 唱 一 跳 TNT 耍-耍 喜欢 INF 喜欢

057　吃的、穿的都不愁。

dʑi^{31}　lju^{31}　ve^{22}　lju^{31}　ma^{31}　ɕe^{33}.

吃　NMLZ　穿　NMLZ　NEG　发愁

058　这些猪呢，肥的宰掉，瘦的放到山上去。

ke^{53}　vo^{31}　phje^{33}　me^{31}tɕu^{31},　vo^{31}　ka^{33}　ba^{33}　tho^{53}　tɕhe^{22}.

这　猪　肥　宰　猪　瘦　山　上　放牧

059　他的脸红起来了。

the^{33}　pje^{33}-ma^{33}　nju^{33}xu^{53}　la.

3sg　脸-SUFF　红　CSM

060　碗里的饭装得满满的。

khu^{53}　ʒo^{31}　tso^{22}　be^{53}.

碗　饭　装　满

061　山边的雪是白的，山坡上的雪更白，而山顶的雪最白。

ba^{33}va^{22}　je^{31}　tɕi^{53}　ve^{33}tɕo^{33},　ba^{33}　khɯ^{53}　je^{31}　ja^{31}-ve^{33}tɕo^{33},　ba^{33}　vu^{53}dʑu^{31}

山谷　雪　一　白　山　上　雪　COMPR-白　山　头

ve^{33}tɕo^{33}　i^{53}　ve^{33}tɕo^{33}.

白　INF　白

062　这把刀好是好，就是太贵了点。

ke^{33}　me^{53}tho^{31}　dje^{53}　i^{53}　dje^{53},　phe^{33}-kha^{53}　phe^{33}-kha^{53}.

这　刀　好　INF　好　价钱-大　价钱-大

063　弄坏了人家的东西是一定要赔偿的。

ɕu^{33}　dzu^{31}gu^{33}　ja^{31}　pha^{33}la^{33}　la^{33}　ɕu^{33}　tsa^{31}.

别人　东西　打　破　CSM　别人　还

064　他经常去北京出差。

the^{33}　tɕi^{33}　nje^{33}　xo^{22}tsa^{33}　pe^{31}tɕiŋ^{33}　me^{33}　ko^{31}　ji^{33}.

3sg　一　年　每　北京　做　目标　去

065　昨天他答应了我的要求，说是明天再来玩。

the^{33}　ja^{33}ne^{33}　ŋa^{33}　pho^{53}　ŋe^{22},　ʃəu^{53}　ni^{53}　ka^{31}　dʑa^{22}-dʑa^{33}　la^{31}.

3sg　昨天　1sg. DAT　边　说　明天　两　CLF　要-要　来

066　我一会儿就回来。

ŋa^{33}　tɕi^{33}-thu^{53}　ja^{33}khe^{31}　la^{31}.

1sg　一-时刻　家里　来

067 村主任可是个好人。

pu^{33}ke^{53}dzo^{22}mo^{33} si^{53} me^{33} ɕu^{31} tsho^{33} dje^{53}.

村主任 事情 做 NMLZ.ANM 人 好

068 这条鱼至少有五斤重。

ke^{33} ʑu^{33} ŋo^{31} ke^{22} ma^{53}zo^{31}.

这 鱼 五 斤 左右

069 这条河最多有五米宽。

ke^{33} vu^{33} ga^{31} ka^{31} ŋo^{31} la^{33}ba^{33} ʑa^{31}-gi^{33}.

这 河 CLF 五 米 COMPR-宽

070 他全家人我都熟悉。

the^{33} tsho^{33} ja^{22}ka^{33} se^{22}.

3sg 人 全部 知道

071 妈妈不会来了。妈妈还没回来。你别回去了。

a^{33}-ma^{33} ja^{33}khe^{31} ma^{53} la^{31} ɕi^{31}. a^{33}-ma^{33} ma^{53} la^{31}.

亲属前缀-妈 家里 NEG 来 还 亲属前缀-妈 NEG 来

no^{33} ja^{33}khe^{31} tha^{31} ji^{33}.

2sg 家里 PROH 去

072 客人们都在悄悄地议论这件事。

ji^{53} bu ja^{22}ka^{33} tha^{53}tɕhu^{31} me^{33} du^{33}la^{33} ke^{33} si^{53}.

客人 PL 全部 悄悄 做 商量 这 事情

073 你们究竟来了多少人?

ne^{33}de^{31} tsho^{33} a^{31}ba^{31} bu la^{31}?

2pl 人 多少 PL 来

074 他不去也行，但你不去不行。

the^{33} ma^{31} ji^{33} dʑi^{53}, no^{33} ma^{31} ji^{33} ma^{31} dʑi^{53}.

3sg NEG 去 COP 2sg NEG 去 NEG COP

075 这是我的衣服，那是你的，床上摆着的是人家的。

ke^{33} be^{22}tɕhe^{33} ŋa^{33}de^{31}, the^{33} be^{22}tɕhe^{33} ne^{33}de^{31}, ja^{53} ko^{31} be^{22}tɕhe^{33} ɕu^{33} i.

这 衣服 1pl 那 衣服 2pl 床 LOC 衣服 别人 GEN

076 猎人打死了兔子。猎人把兔子打死了。兔子被猎人打死了。

ni^{53}ta^{22}ɕu^{31} mi^{33}dzi^{33} ja^{31} si^{31}ka^{33}. ni^{53}ta^{22}ɕu^{31} mi^{33}dzi^{33} ja^{31} si^{31}ka^{33}.

猎人 兔子 打 死 猎人 兔子 打 死

ni^{53}ta^{22}ɕu^{31} mi^{33}dzi^{33} ja^{31} si^{31}ka^{33}.

猎人 兔子 打 死

077 他给了弟弟一支笔。

the^{33} ʒi^{53}-ka^{31} ji^{31}no^{31} kho^{53}.

3sg 写-CLF 弟弟 给

078 妈妈为我缝了一件新衣服。

a^{33}-ma^{33} be^{22}tɕhe^{33} ʃo^{22}tso^{53} ga^{31}.

亲属前缀-妈 衣服 新 缝

079 学生们用毛笔写字。我用这把刀切肉。

ma^{22}-ma^{53} ɕu^{31} mo^{22}-ʒi^{53}-ka^{31}. ŋa^{33} tɕhe^{31}to^{53} ʃe^{33} tha^{53}.

教-教 NMLZ. ANM 墨-写-CLF 1sg 菜刀 肉 切

080 人们用铁锅做饭。

tsho^{33} bu ʃa^{33}ge^{31} ʒo^{31} tɕo^{22}.

人 PL 铁-锅 饭 煮

081 树上拴着两匹马。

ɕe^{53}pu tho^{53} mo^{31} ni^{53} a^{33} phu^{53}.

树 上 马 两 CLF 拴

082 水里养着各色各样的鱼。

vu^{33} ke^{53} xo^{33}tɕa^{33} xo^{33}tɕa^{33} ʐu^{33} bo^{53}.

水 LOC 什么 什么 鱼 拥有

083 桌子下躺着一只狗。

la^{31}dʐe^{33} khɯ^{31} khi^{33} a^{33} ja^{53}.

桌子 下 狗 CLF 睡

084 山上到山下有三十多里地。

ba^{33} khɯ^{53} jo^{22}xa^{33} so^{33}tɕhi^{33} ma^{53}zo^{31} dʐo^{33}.

山 上 旱地 三十 左右 有. ANM

085 哥哥比弟弟高多了。

a^{33}ja^{33} ji^{31}no^{31} ba^{33} ja^{31}-kha^{53}.

哥哥 弟弟 边 COMPR-大

086 小弟跟爷爷上山打猎去了。

ji^{31}no^{31} a^{33}-pu^{33} ja^{53}no^{31} ba^{33} ni^{53}ta^{22}.

弟弟 亲属前缀-爷 后 山 打猎

087 今天、明天和后天都有雨，爷爷和奶奶都不能出门了。

ta^{33}ne^{33} ja^{33}ne^{33} ʃɯ^{53} va^{53}-dʑu^{31}, a^{33}pu^{33} a^{33}tɕi^{33} ja^{53}-xi^{33} tha^{31} ji^{33}.

今天 明天 后天 雨-下 亲属前缀-爷 亲属前缀-奶 后-前 PROH 去

088 买苹果或香蕉都可以。

piŋ^{31}ko^{53} ɕaŋ^{33}tɕao^{33} vu^{33} tɕi^{33} ka^{33} ni^{33}.

苹果 香蕉 买 一 样子 有（抽象）

089 哎呀！好疼！

a^{31}ja^{31}！ nja^{33} i^{53} nja^{33}!

哎呀 疼 INF 疼

090 昨天丢失的钱找到了吗？

ja^{33}ne^{33} dʒe^{33} ka^{33}po^{31} a^{31} va^{53} la^{33}?

昨天 钱 掉 QUES 获得 CSM

091 他们早已经走了吧？

the^{33} bu ko^{31} me^{33} ji^{33} la^{33}?

那 PL 早 做 去 CSM

092 我走了以后，他们又说了些什么？

ŋa^{33} ji^{33} ja^{53}no^{31}, the^{33} bu xo^{33}tɕa^{33} bu ŋe^{22}?

1sg 去 后 那 PL 什么 PL 说

093 叔叔昨天在山上砍柴的时候，看见一只大大的野猪。

a^{33}ba^{33} go^{22}tɕi^{33} ba^{33} tho^{31} ɕe^{53} me^{31}, ba^{33}vo^{31} kha^{53} i^{53} kha^{53}

亲属前缀-爸 小 山 上 柴 砍 野猪 大 INF 大

du^{33} la^{33}.

看见 CSM

094 藏族住在上游，纳西族住在下游。

do^{33}ɕu^{33} vu^{33}-ma^{31} khɯ^{53} ni^{31}, la^{22}ɕi^{33}tɕhu^{31} vu^{33}ma^{31} khəu^{31} ni^{31}.

藏族 河-SUFF 上 坐 纳西族 河-SUFF 下 坐

095 他不单会说，而且也很会做。

the^{33} kha^{33}tho^{33} dʒo^{31}, me^{33} dʒo^{31}.

3sg 说话 懂 做 懂

096 是扎西留下，还是卡佳留下？

tʃa^{33}ɕi^{33} vu^{31}ʃi^{33} la^{33}, kha^{53}tɕa^{33} vu^{31}ʃi^{33} o?

扎西 留下 CSM 卡佳 留下 PRT

097 **虽然我也不想去，但又不便当你的面说。**

ŋa^{33} ji^{33} pa^{31}ma^{31}tʃe^{33}, ni^{33} xi^{33} ŋe^{22} ma^{31} tɕho^{53}.

1sg 去 不想要 2sg. GEN 前 说 NEG 美

098 **因为我实在太累了，所以一点都不想去。**

ŋa^{33} ba^{53} i^{53} ba^{53}, ji^{33} pa^{31}ma^{31}tʃe^{33}.

1sg 累 INF 累 去 不想要

099 **如果天气好的话，我们就收玉米去。**

me^{31} dje^{53} la^{33} tɕa^{53}, ji^{22}me^{31} pi^{33} ko^{31} ji^{33}.

天 好 CSM TOP 玉米 撕 目标 去

100 **我们现在多积肥，是为了明年多打粮食。**

ŋa^{33}de^{31} ja^{22}ka^{33} liɚ^{25} tso^{22} be^{53}, ʃɯ^{53}nje^{33} ji^{33} ne pha^{33} va^{53}.

1pl 全部 肥料 装 满 明年 去 TOP 粮食 获得

第二节

话语材料

一　歌谣

哄小孩睡觉的调子

$ja^{53}mu^{31}tʃe^{31}$

睡觉

睡觉

bo^{31}-bo^{31}　$ja^{53}mu^{31}tʃe^{31}$　$tʃe^{31}$,

ONOM　睡觉　觉

哦哦，睡觉觉了，

$tʃe^{31}$　kha^{53}　lo^{33}-lo^{33},

睡觉　大　ONOM

开心地睡吧，

ni^{33}　$ŋa^{33}$　la^{31}　to^{53}-to^{33},

2sg　1sg　来　抱-抱

让我来抱一抱，

ni^{33}　a^{33}-ma^{33}　a^{33}-ba^{33}　le　$ɕi^{53}$　me^{33}　ji^{33}　la.

2sg. GEN　亲属前缀-妈　亲属前缀-爸　TOP　柴　做　去　CSM

你妈妈爸爸去打柴了，

ni^{33}　a^{33}-ma^{33}　le　vu^{33}　tha^{33}　ji^{33}　la!

2sg. GEN　亲属前缀-妈　TOP　水　挑　去　CSM

你妈妈去挑水啦！

ŋa^{33} la^{31} to^{53}-to^{33} ji^{33},
1sg 来 抱-抱 去
我抱你去看看，

ni^{33} a^{33}-ma^{33} la^{31} la,
2sg. GEN 亲属前缀-妈 来 CSM
你妈妈要回来啦，

no^{33} bi^{31}bi^{33} ba^{53} la,
2sg 奶 喝 CSM
我带你去吃奶，

bi^{31}bi^{33} ba^{53} la no^{33} xa^{22}-xa^{53} dʑi^{31} la,
奶 喝 CSM 2sg 笑-笑 进 CSM
高高兴兴地吃奶了。

（发音人：吴德才）

二 故事

1. 李一的故事

an^{33}ni^{31}vu^{33}-ma^{31} tɕo^{53}-da^{22}pho^{53}, the^{33} tsho^{33} mje^{33}khe^{31} li^{53}ji^{31}. li^{53}ji^{31} a^{33}-ba^{33}
安宁河-SUFF 那边-面前 那 人 名字 李一 李一 亲属前缀-爸
a^{33}-ma^{33} ma^{31} dʑo^{33} le ɕe^{53} vo^{53}xo^{33} le tɕha^{53} le vu^{33} le dʑi^{31}.
亲属前缀-妈 NEG 有. ANM TOP 柴 背 TOP 卖 TOP 买 TOP 吃

在安宁河边有个叫李一的人。他自幼父母双亡，靠打柴为生。

tɕi^{53}-ne^{53} ba^{33} ko^{31} ji^{33} ɕe^{53} to^{33}, the^{33} tɕi^{33}-ne^{33} do^{33} me^{31}tɕha^{33} pe^{33},
一-天 山 LOC 去 柴 砍 3sg 一-天 看见 阳光 出来
the^{33} da^{22}pho^{53} ŋo^{33}tɕi^{33} kha^{53} dʑa^{33}-dʑa^{33} me^{33} la^{31}, ŋo^{33}tɕi^{33} ba^{33} go^{33}tɕo^{53} gi^{53}
那 面前 鸟 大 飞-飞 做 来 鸟 山 中间 落下
la, ŋo^{33}tɕi^{33} mu^{31} nja^{31}, the^{33} dʒi^{31} dʑa^{33}-dʑa^{33} me^{33} ji^{33} la.
CSM 鸟 毛 燃烧 那 光滑 飞-飞 做 去 CSM

有一天他在山上砍柴的时候，看见从东南方飞来一只大鸟，落在半山腰里，鸟身上发出光，翅膀一抖就飞走了。

li^{53}ji^{31} ɕe^{33}ɕe^{33} ji^{33} tɕi^{33} njo^{33} ɕe^{53}, the^{33} u^{31}-do^{33} da^{53} ʃa^{33} dʒe^{33} bo^{53},
李一 走-走 去 一 看 TNT 3sg PFV-看见 地 铁 钱 拥有
the^{33} dʒe^{33} ka^{22} le ma^{31}tsa^{53} ko^{53} da^{53}, ɕe^{53} lja^{22} ji^{33} ja^{53}no^{31}, ja^{33}khe^{31} ji^{33}
3sg 钱 捡 TOP 小口袋 LOC 倒 柴 寻找 去 后 家里 去
va^{33}-ma^{33}, the^{33} ja^{33}khe^{31} ji^{33} le tɕhi^{33} ge^{53}-ma^{31} le tɕha^{33} tɕha^{33} kha^{33}pi^{33}
路-SUFF 3sg 家里 去 TOP 3sg 身体-SUFF TOP 热 热 口
le vu^{33}-ʃa^{31}, tha^{33}pu^{33} ka u^{31}-tɕi^{33}, li^{53}ji^{31} be^{33}-be^{33} le ɕe^{53} khɯ^{53} ji^{33} si^{31}be^{33}
TOP 水-渴 扁担 CLF PFV-放 李一 爬-爬 TOP 树 上 去 李子
khe^{22} le dʑi^{31}.
摘 TOP 吃

李一跑过去，看见地下有一枚硬币，他捡起来放在兜里。砍完柴后，在回家的路上，他觉得身热口渴，放下扁担，爬到一棵李子树上摘李子吃。

ke^{53} thu^{53} mu^{53}ka^{33} ji^{22}tɕa^{33} me^{22}-me^{33} la^{31}, the^{33}de^{31} ŋe^{22} li^{53}ji^{31} ge^{22} la,
这 时刻 老人 孩子 幼小-幼小 来 3pl 说 李一 听见 CSM
“ŋa^{33}de^{31} ʃa^{33} dʒe^{33} u^{31}-tsa^{33} xo^{33}tɕa^{33} si^{53} me^{33}?” “the^{33} dʒe^{33} kha^{53}, vu^{33}ɕa^{31}
1pl 铁 钱 PFV-带 什么 事情 做 那 钱 大 海
ko^{53} tɕhe^{22}-tɕhe^{33}.”
LOC 放-放

这会儿过来一个老人和一个小孩，李一听到他们在说：“咱们要这枚钱干什么用？”“那是个宝，只要放进海里。”

li^{53}ji^{31} ɕe^{53} khɯ^{53} gi^{53} la, the^{33} de^{22}mje^{33}: “the^{33} dʒe^{33} ge^{53}i^{53}ge^{53}.” the^{33}
李一 树 上 落下 CSM 3sg 想 那 钱 好东西 3sg
ji^{33} tɕi^{33} njo^{33} ɕe^{53}.
去 一 看 TNT

李一从树上下来，他心想：“这个钱肯定是个宝贝了。”准备去试一试。

li^{53}ji^{31} tɕhi^{33}ŋo^{31} le ɕe^{33}-ɕe^{33}, li^{53}ji^{31} vu^{33}ɕa^{31} xi^{33}-pho^{53} du^{53} la, the^{33}
李一 十五 TOP 走-走 李一 海 前-边 成 CSM 3sg
dʒe^{33} ʃi^{33} la vu^{33}ɕa^{31} ko^{53} ʒo^{31}, vu^{33}ɕa^{31} vu^{33} be ve^{53} dʑi^{31}la^{31}, tɕi^{33}-thu^{53}
钱 拿 CSM 海 LOC 扔 海 水 PL 起 进来 一-时刻
tɕəu^{31} du^{53} la^{33} vu^{33}ɕa^{31} ko^{53} tsho^{33}le^{33} ma^{22}mo^{33} ni^{53} a^{33} pe^{33} la, ɚ^{33}tɕa^{33}
就 成 CSM 海 LOC 野人 老婆 两 CLF 出来 CSM 龙
li^{53}ji^{31} khi^{31} tɕhi^{53} ja^{33}khe^{31} ji^{33}, ɚ^{33}tɕa^{33} li^{53}ji^{31} khi^{31} tɕha^{33} dʑi^{31} ji^{33} the^{33}
李一 喊 3sg. GEN 家里 去 龙 李一 喊 晚饭 吃 去 那

thu^{53}, ɚ^{33}tɕa^{33} li^{53}ji^{31} khi^{31} o, tɕha^{53} dʑi^{31} ji^{33} the^{33} thu^{53}.
时刻 龙 李一 喊 CSM 晚饭 吃 去 那 时刻

李一走了半个月，终于到了海边。他拿出钱抛入海中，海水翻腾。过了一会儿，海里上来两个妖精，把李一请入龙宫，龙王招待李一吃晚饭。

ɚ^{33}tɕa^{33} li^{53}ji^{31} mi^{22}do^{53}: “no^{33} xo^{33}me^{33} vu^{33}ɕa^{31} ko^{33} la^{31}?” li^{53}ji^{31} dʒe^{33}
龙 李一 问 2sg 怎么 海里 LOC 来 李一 钱

go^{22}tɕi^{33} ɚ^{33}tɕa^{33} me^{33} kho^{53}, ɚ^{33}tɕa^{33} ke^{33}the^{33} dʒe^{33} se^{22}, ɚ^{33}tɕa^{33} dʒe^{33} se^{22},
小 龙 做 给 龙 这个 钱 知道 龙 钱 知道

ke^{33}the^{33} dʒe^{33} dʑi^{53}, “na^{31}kha^{33}me^{31}do^{53} tɕhi^{31} ka^{33} ni^{33} bo^{53}.”
这个 钱 COP 世界上 一 样子 有（抽象） 拥有

在吃饭的时候，龙王问李一：“你是怎么来到东海的？”李一把钱递给龙王，龙王是认得这个钱的。“这是个好宝贝，天下只此一枚。”

li^{53}ji^{31} ŋe^{22}: “no^{33} dʑa^{31} ŋa^{33} na^{31} kho^{53}.” ɚ^{33}tɕa^{33} dʑa^{31}: “no^{33} ja^{22}ɕu^{31}
李一 说 2sg 喜欢 1sg 2sg. DAT 给 龙王 高兴 2sg 谢谢

ŋa^{33} kho^{53} la, ŋa^{33} ja^{33}khe^{31} dzo^{33} mja^{53}, no^{33} dʑa^{31} no^{33} ka^{22}.”
1sg. DAT 给 CSM 1sg 家里 珍宝 多 2sg 喜欢 2sg 捡

李一就说：“你喜欢，我就送给您了。”龙王很高兴：“谢谢你送给我。我家也有很多珍宝，随你挑任你选。”

li^{53}ji^{31} khe^{53}ni^{31} tɕho^{33} i^{53} tɕho^{33} do^{33} la, li^{53}ji^{31} de^{22}mje^{33}: “ŋa^{33} ke^{33}
李一 狗 美 INF 美 看见 CSM 李一 想 1sg 这

khe^{53}ni^{31} bo^{53} ŋa^{33} me^{31}kha^{33} ma^{31} ke^{33}ʃa^{33}.”
狗 拥有 1sg 天黑 NEG 害怕

李一见到有一只漂亮的狗。李一心想：“如果有这个狗作伴，晚上我就不害怕了。”

li^{53}ji^{33} ɚ^{33}tɕa^{33} xi^{33}-pho^{53} ŋe^{22}, ɚ^{33}tɕa^{33} tɕi^{53} ŋa^{31} la^{33}, ke^{33} khe^{53}ni^{31} the^{33}
李一 龙 前-边 说 龙 一 吓倒 CSM 这 狗 那

nje^{22}-ma^{53} dʑa^{31} za^{33}mi^{33}.
心-SUFF 喜欢 女儿

于是跟龙王开口说：“我很喜欢这条小狗。”龙王非常吃惊。原来这条小狗是他最疼爱的女儿。

the^{33} ge^{22} le tsho^{33} la^{31} la, tɕhi^{33} za^{33}mi^{33} a^{33}-ba^{33} khi^{31} le
3sg 听见 TOP 人 来 CSM 3sg. GEN 女儿 亲属前缀-爸 喊 TOP

tsho^{33} njo^{33}, tɕhi^{33} za^{33}mi^{33} va^{31}-pho^{33} ma^{31} ji^{33} le khe^{53}ni^{31} ni^{53} a^{33}
人 看 3sg. GEN 女儿 外–边 NEG 去 TOP 狗 两 CLF
du^{53} la.
成 CSM

她听说有凡人来了，就缠着父王要看这个人，因为女孩不能抛头露面所以才变成狗的。

ɚ^{33}tɕa^{33} nje^{22}-ma^{53} ma^{53} dʑa^{31}, “no^{33} xi^{53}-da^{22} kho^{53} la.”
龙 心–SUFF NEG 喜欢 2sg 前–边 给 CSM

尽管龙王很舍不得，但也只好把小狗给了李一。

li^{53}ji^{31} khe^{53}ni^{31} fu^{33} ja^{33}khe^{31} ji^{33} la, ja^{33}khe^{31} u^{31}-kha^{53}, the^{33} ba^{33} ko^{31} ɕe^{53}
李一 狗 领 家里 去 CSM 家里 PFV–关 3sg 山 上 柴
me^{33} ji^{33} la. nje^{33}gu^{33}la^{31} le la^{31}dʑe^{53} pu khɯ^{53} ʒo^{31} ji^{33}na^{33} ɕa^{22} du^{53} la.
做 去 CSM 中午 TOP 桌子 CLF 上 饭 菜 做 成 CSM
li^{53}ji^{31} nje^{22}-ma^{53} de^{22}mje^{33}: “pu^{33}-ke^{53} tsho^{33} bu ŋa^{31} mi^{31}-kho^{53} la.” the^{33}
李一 心–SUFF 想 村子–LOC 人 PL 1sg. DAT PFV–给 CSM 3sg
mi^{31}-dʑi^{31} ɕe^{53} to^{33} ji^{33}, mi^{31}-dʑi^{31} la^{31} le ɕe^{53} to^{33} ji^{33} la.
PFV–吃 柴 砍 去 PFV–吃 完 TOP 柴 砍 去 CSM

李一带着小狗回家后，把它关在屋里就上山打柴了。中午回来后看到桌上有做好的饭菜。李一心想：“肯定是邻居送来的。”他吃了又去打柴了。

la^{31}dʑe^{53} pu khɯ^{53} ji^{33}na^{33} tɕa^{53} ɕa^{22} du^{53} la, me^{33}kha^{33} la^{31} le la^{31}dʑe^{53}
桌子 CLF 上 菜 就 做 成 CSM 天黑 来 TOP 桌子
pu^{31} khɯ^{53} ji^{33}na^{33} ʒo^{31} ɕa^{22} du^{53} la, so^{33} ne^{33} le the^{33} me^{33} ɕa^{22} izo.
CLF 上 菜 饭 做 成 CSM 三 天 TOP 那 做 做 DUR
li^{53}ji^{31} tɕa^{53} ma^{53}-tɕe^{31} le ke^{33} ʃi^{53} xo^{33}tɕa^{33} si^{33}? the^{33} de^{22}mje^{33} xo^{33}tɕa^{33} si^{53}?
李一 就 NEG–懂 TOP 这 事 什么 事 3sg 想 什么 事情

回来后饭桌上又有做好的饭菜，连续三天都是这样。李一觉得很奇怪。

ja^{53}no^{33} the^{33} ne^{33} ɕe^{53} to^{33} ma^{31} ji^{33} le ja^{53}no^{33} mo^{22} izo. ɕe^{53} to^{33} le
后 那 天 柴 砍 NEG 去 TOP 后 藏 DUR 柴 砍 TOP
the^{31} le va^{31}-pho^{33} mo^{22} izo. dʒo^{33}dʑi^{31} the^{33} thu^{53} le za^{33}mi^{33} tɕho^{33} i^{53}
那 TOP 外–边 藏 DUR 午饭 那 时刻 TOP 姑娘 美 INF
tɕho^{33} pe^{33} la^{31} la, the^{33} lo^{31}ko^{33} tɕi^{53} tɕu^{31} ɕe^{53} tɕa^{53} dʑi^{31}-lju^{31} ji^{33}na^{33}-pe^{31}
美 出来 来 CSM 3sg 手 一 指 TNT 就 吃–NMLZ 菜–PL

pe^{33} la^{31} la. lo^{31}ko^{33} tɕi^{53} tɕu^{31} ɕe^{53} tɕa^{53} ji^{33}na^{33} ʒo^{31} ɕa^{22} du^{53} la.
出来 来 CSM 手 一 指 TNT 就 菜 饭 做 成 CSM

这天他假装去打柴，偷偷地藏在外面。到中午的时候他看见小狗变成一位漂亮的女子，她用手一指就变出了一桌饭菜。

li^{53}ji^{31} u^{31}-do^{33} nje^{33}ku^{33} u^{31}-do^{33} le ʒo^{31} ji^{33}na^{33} li^{53}ji^{31} u^{31}-do^{33} u^{31}-do^{33}
李一 PFV–看见 两个 PFV–看见 TOP 饭 菜 李一 PFV–看见 PFV–看见
ji^{33}na^{33} tɕha^{33} ʒo^{31} ji^{33}na^{33} ʒo^{31} ɕa^{22} du^{53} la. li^{53}ji^{31} u^{31}-do^{33} le dʑi^{31} la,
菜 晚饭 饭 菜 饭 做 成 CSM 李一 PFV–看见 TOP 吃 CSM
li^{53}ji^{31} u^{31}-do^{33} le za^{33}mi^{33} ɕi^{53}xo^{33} la. za^{33}mi^{33} li^{53}ji^{31} xi^{33}-pho^{53} ŋe^{22}: “ŋa^{33}
李一 PFV–看见 TOP 姑娘 害羞 CSM 姑娘 李一 前–边 说 1sg
ŋe^{33} si^{53}.” za^{33}mi^{33} li^{53}ji^{31} xi^{33}-pho^{53} ŋe^{22}: “ŋa^{33}gu^{53} ni^{53} a^{33} ja^{33}-me^{33}.”
1sg. GEN 事 姑娘 李一 前–边 说 1dl 两 CLF 家–做

李一看到后就走了进来。女子很害羞，跟李一说了自己的事，并说愿与李一结为夫妻。

li^{53}ji^{31} dʑa^{31} i^{53} dʑa^{31}, na^{33}kha^{33}me^{31} tshu^{22}mu^{31} tu^{33}, tha^{31}ga^{53} xi^{33}-pho^{53}
李一 喜欢 INF 喜欢 天空 膝盖 磕 菩萨 前–边
tshu^{22}mu^{31} tu^{33}, na^{33}kha^{33}me^{31} tshu^{22}mu^{31} tu^{33}, tha^{31}ga^{53} xi^{33}-pho^{53} tshu^{22}mu^{31} tu^{33},
膝盖 磕 天空 膝盖 磕 菩萨 前–边 膝盖 磕
tɕi^{33} ja^{33}-me^{33} la , a^{53}mi^{31} tho^{31} la.
一 家–做 CSM 现在 好 CSM

李一很高兴，就向天磕头致谢。就这样，两人拜菩萨成了一家人，从此过上了幸福的生活。

（讲述人：吴德才）

2. 李一的儿子智斗铁公鸡

xi^{33} ka^{33}pa^{33}, ba^{33} ko^{53} pu^{33}-ke^{53} bo^{53}, the^{33} pu^{33}-ke^{53} va^{22}ma^{33} le tsho^{33}
前 社会 山 LOC 村子–LOC 拥有 那 村子–LOC 富有 TOP 人
koŋ^{31}tɕhi^{33} a, the^{33} tsho^{33} da^{33} ma^{31} kha^{53}, tsho^{33} bu tɕhi^{33} mje^{33}khe^{31}
共期 PRT 那 人 花钱 NEG 大 人 PL 3sg. GEN 名字
“ʃa^{33}-vo^{53}”.
铁–鸡

旧社会，山里有个村子，村里有一个财主叫共期。他很吝啬，大家都叫他“铁公鸡”。

“ʃa^{33}-vo^{53}” de^{31} da^{53} mja^{53} i^{33} mja^{53}, tɕhi^{33} dzəu^{53} vu^{22}-tsha^{33} bo^{33},
铁-鸡 家 田 多 INF 多 3sg. GEN 楼 四-间 拥有
mo^{31} ta^{31}ʑi^{33} mja^{53}, tɕhi^{53}-ka^{31} tɕi^{33}-nje^{33} ma^{53}tɕa^{22} ɕu^{31} mja^{53}, tsho^{33}
马 骡子 多 3sg. GEN-处所 一-年 打工 NMLZ. AGT 多 人
tsho^{33} ja^{33}-de^{31} dʒe^{33} bo^{53}, tsho^{33}phu^{33} tɕhi^{53}-ka^{31} ma^{53}tɕa^{22}, tɕi^{33}-nje^{33} “ʃa^{33}-vo^{53}”
人 家-PL 钱 拥有 穷人 3sg. GEN-处所 打工 一-年 铁-鸡
the^{33}de^{31} xi^{53}-pho^{53} ŋe^{22}: “ŋa^{33} tshe^{22}nje^{33} tsho^{33} mja^{53} khi^{31} o, no^{33} dʑi^{53}-me^{33}
3pl 前-边 说 1sg 今年 人 多 喊 CSM 2sg 真-做
ŋa^{33} do^{31} ba^{53}nja^{33}, tɕi^{33}-nje^{33} du^{53} la dʒe^{33} mja^{53} kho^{53}.”
1sg 话 听 一-年 成 CSM 钱 多 给

“铁公鸡”家有很多田，住在四层楼的楼房里，有很多马和骡子，给他家打工的人长年不断。他家非常富有，贫苦的人都去他家打工。有一年，“铁公鸡”跟大家说：“我今年要招很多人，勤恳干活的，到年底就多给钱。”

li^{53}ji^{31} ge^{22} la “ʃa^{33}-vo^{53}” de^{31} ma^{53}tɕa^{22} la. “ʃa^{33}-vo^{53}” pe^{33} la le
李一 听见 CSM 铁-鸡 家族 打工 CSM 铁-鸡 出来 CSM TOP
li^{53}ji^{31} u^{31}-do^{33}, le bje^{33}ma^{33} du^{33} nu^{53}khu^{31} me^{33} ŋe^{22}: “ne^{33} de^{31} dʑi^{53}-me^{33}
李一 PFV-看见 TOP 脸 都 黑 做 说 2sg 家 真-做
ma^{53} be^{31}la^{33}, ŋa^{33} dʒe^{33} lju^{53} ne^{33} de^{31} kho^{53}.” li^{53}ji^{31} dʑi^{53}-me^{33} tɕhi^{33}ka^{31} be^{31}la^{33}
NEG 劳动 1sg 钱 少 2sg 家 给 李一 真-做 3sg. GEN 劳动
ja^{33}khe^{31} u^{31}-ju^{33} xo^{33}tɕa^{33} si^{53} ma^{31} dʑo^{33} la.
家里 PFV-做 什么 事情 NEG 有. ANM CSM

听了这个消息，李一等几个人便来到“铁公鸡”家干活。“铁公鸡”走出门，板起面孔看了看李一等人说：“不能偷懒，不然扣工钱。”李一等人只想卖苦力养家糊口，根本没有其他的想法。

li^{53}ji^{31} “ʃa^{33}-vo^{53}” de^{31} ma^{53}tɕa^{22}, tɕi^{33}-ne^{33} ma^{33}ku^{31} be^{31}la^{33}, pje^{33}-ma^{33} le
李一 铁-鸡 家族 打工 一-天 从早到晚 劳动 脸-SUFF TOP
da^{53} u^{31}-njo^{33}, va^{33}gu^{33} na^{31}kha^{33}me^{31} do^{53} u^{31}-njo^{33} “ʃa^{33}-vo^{53}” tɕhi^{33} da^{53}
地 PFV-看见 背 天空 中 PFV-看见 铁-鸡 3sg. GEN 田
u^{31}-do^{33} la dʑa^{53} dje^{53} i^{33} dje^{53}, the^{33} nje^{22}-ma^{53} dʑa^{31} i^{33} dʑa^{31}.
PFV-看见 CSM 水稻 好 INF 好 3sg 心-SUFF 喜欢 INF 喜欢

李一就这样成了“铁公鸡”家的长工，天天面朝黄土背朝天地耕作。“铁公鸡”看到水稻长得很好，他心里很是高兴。

ja^{53}no^{33} dʑa^{53} be^{31}la^{33} ma^{31} bo^{53} la, “ʃa^{33}-vo^{53}” de^{22}mje^{33}, the^{33} de^{22}mje^{33}

后 水稻 劳动 NEG 拥有 CSM 铁–鸡 想 3sg 想

be^{31}la^{33} ɕu^{31} ʒo^{31}–ʒo^{33} ma^{53} dʑi^{31}! “ʃa^{33}-vo^{53}” de^{22}mje^{33} ma^{31} dʑi^{53} la.

劳动 NMLZ. ANM 饭–饭 NEG 吃 铁–鸡 想 NEG COP CSM

过段时间农活变少了，“铁公鸡”想：“不能让这些人在这里吃闲饭！”“铁公鸡”于是打起了歪主意。

the^{33} me^{31}kha^{33} du^{53} ji^{33} dʑa^{53} tɕe^{33} la. the^{33} li^{53}ji^{31} dʒe^{22} be^{31}la^{33} ma^{31}

3sg 天黑 成 去 水稻 拔 CSM 3sg 李一 骂 劳动 NEG

du^{53}, li^{53}ji^{31} “ʃa^{33}-vo^{53}” nje^{22}-ma^{53} ma^{31} dʑi^{53} du^{53} la, li^{53}ji^{31} tɕhi^{33} jo^{22}pho^{33}

成 李一 铁–鸡 心–SUFF NEG COP 成 CSM 李一 3sg. GEN 朋友

ja^{22}ka^{33} du^{33}la^{33}, dʑi^{53}-me^{33} so^{53}dʒa^{31} ja^{33}khe^{31} ji^{33}.

全部 商量 真–做 算 回家 去

他晚上起来把水稻拔了，然后骂李一等人没有做好。李一看出“铁公鸡”的心思，就和朋友们商量，干脆算账回家，再也不来他家干活了。

ja^{53}no^{33} tɕhi^{53}-ka^{31} ma^{53} dʑa^{31} la, the^{33}de^{31} ji^{33} “ʃa^{33}-vo^{53}” lja^{22}-nja^{53},

后 3sg. GEN–处所 NEG 喜欢 CSM 3pl 去 铁–鸡 寻找–寻找

“ʃa^{33}-vo^{53}” pje^{33}-ma^{33} tɕhi^{53}-me^{33} ɲe^{22}: “ŋa^{33} xi^{33} ɲe^{22}, ne^{33}de^{31} dʑa^{22}-dʑa^{33} la

铁–鸡 脸–SUFF 生气–做 说 1sg 前 说 2pl 要–要 CSM

ŋa^{33} dʒe^{33} ma^{31} kho^{53}, a^{53}mi^{31} ŋe^{33} dʑa^{53} ma^{53} tho^{31} ne^{33}de^{31} ŋa^{33} lo^{33}pho^{33}.”

1sg 钱 NEG 给 现在 1sg. GEN 水稻 NEG 好 2pl 1sg. DAT 帮忙

他们去找“铁公鸡”，“铁公鸡”板起脸说：“当初我说过，谁要偷懒就不给工钱！现在庄稼长得不好，你们要赔我的庄稼。”

“ʃa^{33}-vo^{53}” de^{22}mje^{33} ŋa^{33}de^{31} dʒe^{33} ma^{31} kho^{53}. xo^{33}tɕa^{33} si^{53} ma^{31} dʑo^{31}

铁–鸡 想 1pl 钱 NEG 给 什么 事情 NEG 有. ANM

tɕhi^{53} la. xi^{33} dʒe^{33} ma^{31} bo^{53} ja^{33}kha^{53} ɲe^{22} ma^{31} njo^{53}, li^{53}ji^{31} tɕhi^{53} me^{33}

生气 CSM 前 钱 NEG 拥有 衙门 说 NEG 敢 李一 生气 做

ja^{33}khe^{31} ji^{33} la.

家里 去 CSM

大家一听，原来“铁公鸡”是不想给工钱了。大家没有办法，只能干生气。当时的衙门是没有钱就打不起官司的。李一等人只能憋着一肚子气回家了。

“ʃa^{33}-vo^{53}” nja^{53} la^{33} the^{33} dʑa^{31}. si^{53} pe^{33}, “ʃa^{33}-vo^{53}” de^{31} tsho^{33} khi^{31},
铁-鸡 厉害 CSM 3sg 喜欢 事情 出来 铁-鸡 家族 人 喊
“ʃa^{33}-vo^{53}” de^{31} ʃa^{53}ta^{31} la, tsho^{33} bu “ʃa^{33}-vo^{53}” dʑi^{31} ʃa^{53}ta^{31} la ma^{31}
铁-鸡 家族 上当 CSM 人 PL 铁-鸡 吃 上当 CSM NEG
ji^{33}, phe^{22}gu^{31} “ʃa^{33}-vo^{53}” de^{31} la^{31}.
去 小伙子 铁-鸡 家族 来

“铁公鸡”占了这么大的便宜，非常高兴。后来又有活儿了，“铁公鸡”家又开始招人，上过“铁公鸡”当的人都没有去，只有一个小伙子来了。

“ʃa^{33}-vo^{53}” njo^{33}, a^{31}me^{33} nje^{33} ma^{31} do^{33} la, li^{53}ji^{31} ji^{22}tɕa^{33} dʒi^{31}kha^{53} la,
铁-鸡 看 几 年 NEG 看见 CSM 李一 孩子 生长 CSM
phe^{22}gu^{31} nja^{53} i^{33} nja^{53}, ŋa^{33} dʑi^{53} na^{31}-pho^{53} ŋe^{22}, “ʃa^{33}-vo^{53}” de^{22}mje^{33} ŋe^{22}:
小伙子 厉害 INF 厉害 1sg COP 2sg. DAT-边 说 铁-鸡 想 说

“铁公鸡”一看是李一的儿子，就说：“几年不见，李一的儿子都长这么大了，小伙子很能干，但是我还是要给你说。”“铁公鸡”一边想，一边说：

“li^{53}ji^{31} ʑi^{31}, no^{33} ŋe^{33} da^{53} ko^{53} xo^{33}tɕa^{33} be^{31}la^{33} a^{53} pha^{31}?” li^{53}ji^{31} ʑi^{31}
李一 儿子 2sg 1sg. GEN 田 LOC 什么 劳动 QUES 能 李一 儿子
“ʃa^{33}-vo^{53}” pho^{53} ŋe^{22}: “ŋa^{33} xo^{33}tɕa^{33} me^{33} pha^{31}.” “ʃa^{33}-vo^{53}” nje^{22}-ma^{53} ko^{53}
铁-鸡 边 说 1sg 什么 做 能 铁-鸡 心-SUFF LOC
tʃha^{53} dʑo^{33}, “ʃa^{33}-vo^{53}” ŋe^{22}: “no^{33} vu^{33} gu^{31} ji^{33} pha^{31}?” “no^{33} ta^{31}ʑi^{33} ja^{53}no^{33}
鬼 有. ANM 铁-鸡 说 2sg 水 船 去 能 2sg 骡子 后
ji^{33} a^{53} pha^{31}?” li^{53}ji^{31} ʑi^{31} ŋe^{22}: “dʑi^{53}!” “ʃa^{33}-vo^{53}” dʑa^{31} xa^{22}-xa^{53}. the^{33}
去 QUES 能 李一 儿子 说 COP 铁-鸡 喜欢 笑-笑 3sg
li^{53}ji^{31} ʑi^{31} mi^{22}do^{53}: “tɕi^{53} tɕha^{22}tɕhu^{33} no^{33} vo^{53}xo^{31}?” “ŋa^{33} vo^{53}xo^{31}.” “go^{31} i^{33}
李一 儿子 问 一 口袋 2sg 背 1sg 背 冷 GEN
the^{33} xa^{33} ʃa^{33} tje^{31}, no^{33}de^{31} dʒo^{31} tje^{31} ma^{53} dʒo^{31}?” “ŋa^{33} tje^{31} dʒo^{31}.” “no^{33}
那 时候 小麦 点播 2pl 会 点播 NEG 会 1sg 点播 会 2sg
ɕe^{53} tɕha^{22}tɕha^{33} ka^{22} dʒo^{31} ka^{22} ma^{53} dʒo^{31}?” “ŋa^{33} ka^{22} dʒo^{31}.” “ʃa^{33}-vo^{53}” ge^{22}
树 叶子 捡 会 捡 NEG 会 1sg 捡 会 铁-鸡 听见
la dʑa^{31}.
CSM 喜欢

“李一的儿子，我家田里的活路多，你做得起吗？”“请你放心，我样样都能做。”“铁公鸡”心里有鬼，他又说：“我先考考你，你会划船吗？”“你能不能赶骡子？”李一的儿子说：“我会！”“铁公鸡”很满意地笑了笑，又问李一的儿子：“你背得起一大口袋的米吗？”“我背得起。”“秋天冷的时候我们还要种小麦，你会种吗？”“我会种。”“你会搂树叶吗？”“我会！”“铁公鸡”越听越高兴。

“ʃa^{33}-vo^{53}” dʑa^{31} la ma^{53}tɕa^{31} ɕu^{31} la^{31}, the^{33} ŋe^{22}: “ʒo^{31} le no^{33}
铁–鸡 喜欢 CSM 打工 NMLZ. ANM 来 3sg 说 饭 TOP 2sg
dʑi^{31}, vu^{53} ja^{31}no^{31} tsu^{53} ba^{53}.” li^{53}ji^{31} ʑi^{31} ŋe^{22}: “no^{33} vu^{53} tɕi^{33} ko^{53}tsi^{31} ŋa^{33}
吃 酒 后 点 喝 李一 儿子 说 2sg 酒 一 罐 1sg. DAT
kho^{53}.” “ʃa^{33}-vo^{53}” the^{33} li^{53}ji^{31} ʑi^{31} dʑa^{31} i^{33} dʑa^{31}.
给 铁–鸡 3sg 李一 儿子 喜欢 INF 喜欢

“铁公鸡”心想：我找到了个好员工。他接着又说：“粮食你随便吃，但酒要少喝。”李一的儿子说：“给我一罐酒就可以了。”“铁公鸡”对李一的儿子很满意。

ja^{53}no^{33} the^{33} ne^{33}, li^{53}ji^{31} ʑi^{31} jo^{22}pho^{33} be^{31}la^{33} ji^{33}. ta^{33}ʃo^{53}, “ʃa^{33}-vo^{53}”
后 那 天 李一 儿子 朋友 劳动 去 早晨 铁–鸡
li^{53}ji^{31} ʑi^{31} ja^{22}ka^{33} ji^{33} ʃa^{33} ʒa^{53}bo^{31}. ʃa^{33} ʒa^{53}bo^{31} pi^{53} la, the^{33} “ʃa^{33}-vo^{53}”
李一 儿子 全部 去 小麦 收拾 小麦 收拾 结束 CSM 那 铁–鸡
the^{33} li^{53}ji^{31} ʑi^{31} vu^{33}-ma^{31} gu^{31} dʑa^{31}, “ʃa^{33}-vo^{53}” tɕhi^{53}, “ʃa^{33}-vo^{53}” li^{53}ji^{31}
那 李一 儿子 河–SUFF 船 划 铁–鸡 生气 铁–鸡 李一
ʑi^{31} ŋe^{22}: “no^{33} dʑi^{53}-me^{33} ma^{53} gu^{31} dʑa^{31}?” li^{53}ji^{31} ʑi^{31} a^{31}za^{33} me^{33} ŋe^{22}:
儿子 说 2sg 真–做 NEG 船 划 李一 儿子 慢慢 做 说
“the^{33} me^{33} gu^{31} dʑa^{31}.” “ʃa^{33}-vo^{53}” si^{53} ma^{31} dʑo^{33} la.
那 做 船 划 铁–鸡 事情 NEG 有. ANM CSM

第二天，李一的儿子开始干活了。早上“铁公鸡”带着李一的儿子去收小麦。收完小麦后，“铁公鸡”让李一的儿子划船。李一的儿子开始划船，他故意让船在水中打转转，“铁公鸡”很生气，对李一的儿子说：“你怎么不好好划呀？”李一的儿子不慌不忙地说：“划船就是这样划的。”“铁公鸡”没办法。

ja^{53}no^{33} the^{33} ne^{33}, “ʃa^{33}-vo^{53}” ŋe^{22} li^{53}ji^{31} ʑi^{31} pha^{33} ɕe^{33}. li^{53}ji^{31} ʑi^{31}
后 那 天 铁–鸡 说 李一 儿子 粮食 拉 李一 儿子
“ʃa^{33}-vo^{53}” pho^{53} ŋe^{22}: “pha^{33} mja^{53} ni^{53} so^{33} ne^{33} ɕe^{33} o.” “ʃa^{33}-vo^{53}” si^{53}
铁–鸡 边 说 粮食 多 两 三 天 拉 CSM 铁–鸡 事情

ma^{31}　dʑo^{33}　la　the^{33}　li^{53}ji^{31}　ʑi^{31}　ni^{53}　so^{33}　ne^{33}　ɕe^{33}　la.
NEG　有.ANM　CSM　那　李一　儿子　两　三　天　拉　CSM

又过了一天，“铁公鸡”又让李一的儿子赶车去拉粮食，李一的儿子对“铁公鸡”说：“这么多粮食要拉两三天时间。”“铁公鸡”没有办法，只有让李一的儿子慢慢地拉了两三天。

ni^{53}　so^{33}　ne^{33}　ja^{53}no^{33}，“ʃa^{33}-vo^{53}”　li^{53}ji^{31}　ʑi^{31}　ɲe^{22}：“ne^{33}　jo^{22}xa^{33}　lje^{33}.”　the^{33}
两　三　天　后　铁–鸡　李一　儿子　说　2sg　田地　犁　那

li^{53}ji^{31}　ʑi^{31}　u^{53}nju^{31}　mi^{31}-tɕhe^{22}-tɕhe^{33}　la，“ʃa^{33}-vo^{53}”　tɕhi^{53}　i^{33}　tɕhi^{53}.
李一　儿子　牛　PFV–放–放　CSM　铁–鸡　生气　INF　生气

两三天后，“铁公鸡”让李一的儿子去犁地，李一的儿子故意把牛放跑了，“铁公鸡”非常生气。

tɕha^{33}　dʑi^{31}　the^{33}　thu^{53}　li^{53}ji^{31}　ʑi^{31}　u^{31}-do^{33}　la　“ʃa^{33}-vo^{53}”　vu^{53}　ba^{53}，
晚饭　吃　那　时刻　李一　儿子　PFV–看到　CSM　铁–鸡　酒　喝

li^{53}ji^{31}　ʑi^{31}　xa^{22}-xa^{53}　ɲe^{53}：“dʒe^{33}-bo^{53}　ɕu^{31}，　no^{33}　ɲe^{22}　me^{31}kha^{33}　du^{53}　vu^{53}
李一　儿子　笑–笑　说　钱–拥有　NMLZ.ANM　2sg　说　天黑　成　酒

ba^{53}，ŋa^{33}　la^{31}　tɕi^{53}ba^{31}　me^{33}　ni^{53}　tʃu^{33}tʃu^{33}　ba^{53}.”　li^{53}ji^{31}　ʑi^{31}　vu^{53}　du^{33}　vu^{53}
喝　1sg　来　一起　做　两　杯　喝　李一　儿子　酒　都　酒

ba^{53}　pi^{53}　la，“ʃa^{33}-vo^{53}”　tɕhi^{53}　si^{31}ka^{33}　la.
喝　结束　CSM　铁–鸡　生气　死　CSM

晚上吃饭时，李一的儿子看到“铁公鸡”在喝酒，就笑呵呵地说：“老东家，您不是说晚上有酒喝吗？我来陪您喝两杯。”结果李一的儿子把酒都喝完了，“铁公鸡”气得晕了过去。

so^{33}　ne^{33}　ja^{53}no^{33}，“ʃa^{33}-vo^{53}”　li^{53}ji^{31}　ʑi^{31}　mo^{31}　ɕe^{33}，li^{53}ji^{31}　ʑi^{33}　pu^{33}　ka^{31}
三　天　后　铁–鸡　李一　儿子　马　拉　李一　儿子　绳子　CLF

mi^{31}-ʒo^{31}，the^{33}　mo^{31}　me^{33}　pho^{33}　la，　lja^{22}-lja^{53}　va^{53}　ma^{53}　pha^{31}　la.　the^{33}
PFV–扔　那　马　做　逃　CSM　寻找–寻找　获得　NEG　能　CSM　那

“ʃa^{33}-vo^{53}”　dʑi^{53}-me^{33}　si^{31}ka^{33}　la^{33}，da^{53}　ko^{53}　u^{33}-ja^{53}　la.
铁–鸡　真–做　死　CSM　地　LOC　PFV–睡　CSM

三天后，“铁公鸡”让李一的儿子去牵马。李一的儿子把绳子扔了，马儿就这样跑了，再也找不回来了。这下，“铁公鸡”真正地被气死，躺在地上起不来了。

（讲述人：吴德才）

3．抛花

xi^{33} ka^{33}pa^{33}, mu^{53}ka^{33} za^{33}mi^{33} ma^{31} bo^{53}, the^{33} tsho^{33} vu^{22}tɕhi^{33} za^{33}mi^{33}
前 社会 老人 女儿 NEG 拥有 那 人 四十 女儿
va^{53} la^{33}, the^{33} za^{33}mi^{33} mje^{33}khe^{33} nje^{22}ma^{53}. the^{33} za^{33}mi^{33} ni^{53} nje^{33} the^{33}
获得 CSM 那 女儿 名字 尼玛 那 女儿 两 年 那
a^{33}-ma^{33} si^{31}ka^{33} la, a^{33}-ba^{33} za^{33}mi^{33} ni^{53} a^{33} ʃi^{31} la.
亲属前缀-妈 死 CSM 亲属前缀-爸 女儿 两 CLF 剩 CSM

从前，有个老汉一直没有子女，直到四十岁的时候才生了个女儿，给她取的名字叫尼玛。女儿长到两岁，她妈妈就去世了。从此剩下父女俩相依为命。

tɕhi^{33} a^{33}-ba^{33} tɕhi^{33} za^{33}mi^{33} ʑo^{33} tɕhi^{33}khu^{22} nje^{33} ʑo^{33} le kha^{53}
3sg. GEN 亲属前缀-爸 3sg. GEN 女儿 养 十六 年 养 TOP 大
la, za^{33}mi^{33} dʒi^{31}kha^{53} la^{33} tɕho^{53} i^{53} tɕho^{53}, the^{33} a^{33}-ba^{33} nje^{22}-ma^{53}
CSM 女儿 生长 CSM 美 INF 美 3sg 亲属前缀-爸 心-SUFF
dʑa^{31} ge^{53} ma^{53} pha^{31}. tɕho^{53} i^{53} tɕho^{53} a^{33}-ba^{33} nje^{22}-ma^{53} dʑa^{31}, tsho^{33}-phje^{53}
喜欢 落下 NEG 能 美 INF 美 亲属前缀-爸 心-SUFF 喜欢 人-骗
ɕu^{31} ni^{22}ma^{53} di^{22}mi^{33} the^{33} za^{33}mi^{33} lju^{53}.
NMLZ. ANM 心 想 3sg 女儿 抢

老汉含辛茹苦地把女儿拉扯到十六岁，看到女儿长得那么漂亮，老汉心里既高兴又发愁。高兴的是女儿长得很漂亮，但又担心女儿被村里的恶霸抢走。

the^{33} tsho^{33}-phje^{53} ɕu^{31} ja^{22}ʃu^{33}ma^{53} ni^{53} a^{33} bo^{53}, the^{33} dʑi^{53}-me^{33}
那 人-骗 NMLZ. ANM 妻子 两 CLF 拥有 那 真-做
va^{31}-pho^{33} ja^{22}ʃu^{33}ma^{53} lja^{53}, tsho^{33}-phje^{53} ɕu^{31} za^{33}mi^{33} do^{33} la tɕəu^{31} lju^{53}.
外-边 媳妇 寻找 人-骗 NMLZ. ANM 姑娘 看见 CSM 就 抢

这恶霸已有两房妻室，但是他还在外面找女人，他只要看上了哪家姑娘他就去抢。

the^{33} tsho^{33}-phje^{53} ɕu^{31} tɕi^{33}-ne^{33} tsho^{33}-phje^{53} ɕu^{31} nje^{22}ma^{53} u^{31}-do^{33}
那 人-骗 NMLZ. ANM 一-天 人-骗 NMLZ. ANM 尼玛 PFV-看见
le dje^{22}dje^{33} khe^{31}, the^{33} tsho^{33}-phje^{53} ɕu^{31} nje^{22}ma^{53} lju^{53}. the^{33}
TOP 花 采摘 那 人-骗 NMLZ. ANM 尼玛 抢 3sg
a^{33}-ba^{33} pe^{33} la tsho^{33}-phje^{53} ɕu^{31} do^{33} la,
亲属前缀-爸 出来 CSM 人-骗 NMLZ. ANM 看见 CSM

有一天恶霸看到尼玛在外面采花，就开始抢尼玛，老汉出来看到恶霸正在抢尼玛。

the^{33} tsho^{33}-phje^{53} ɕu^{31} a^{33}ba^{33} xi^{33} pho^{53} ŋe^{22}: “mu^{53}ka^{33}-si^{53} ɕu^{31}.
那 人–骗 NMLZ. ANM 爸爸 前 边 说 老人–死 NMLZ. ANM
no^{33} za^{33}mi^{33} dʑi^{53} ma^{31} dʑi^{53}?” mu^{53}ka^{33} ŋe^{22}: “dʑi^{53} ŋe^{33} za^{33}mi^{33}.”
2sg 女儿 COP NEG COP 老人 说 COP 1sg. GEN 女儿

恶霸对老汉说：“老不死的，这是你的女儿？”老汉说：“是我的女儿。”

tsho^{33}-phje^{53} ɕu^{31} ŋe^{22}: “ni^{33} za^{33}mi^{33} ŋa^{33} kho^{53}. ŋa^{33} ʃɯ^{53}ne^{33}
人–骗 NMLZ. ANM 说 2sg. GEN 女儿 1sg. DAT 给 1sg 明天
fu^{33}.” mu^{53}ka^{33} ŋe^{22}: “ma^{31} dʑi^{53}, ŋa^{33} za^{33}mi^{33} go^{22}tɕi^{33}.” tsho^{33}-phje^{53} ɕu^{31}
领 老人 说 NEG COP 1sg 女儿 小 人–骗 NMLZ. ANM
ŋe^{22}: “ŋa^{33} go^{22}tɕi^{33} dʑa^{31}.”
说 1sg 小的 喜欢

恶霸又说：“你的女儿我要了，明天就来娶她。”老汉说：“小女还小，不成啊。”恶霸说：“我就喜欢小的。”

me^{31}kha^{33} la, a^{33}-ba^{33} za^{33}mi^{33} ni^{53} a^{33} ku^{31} du^{33}la^{33}, tsho^{33}-phje^{53}
天黑 CSM 亲属前缀–爸 女儿 两 CLF CLF 商量 人–骗
ɕu^{31} la^{31} ŋa^{33} de^{31} xo^{33}me^{33} ŋe^{22}.
NMLZ. ANM 来 1dl 家 怎么 说

当天晚上，父女俩一起商量，恶霸来了该怎么办。

“the^{33} nje^{22}ma^{53} tsho^{33} le go^{22}tɕi^{33} nje^{22}-ma^{53} le bo^{53}. za^{33}mi^{33} tsho^{33}-phje^{53}
那 尼玛 人 TOP 小 心–SUFF TOP 拥有 女儿 人–骗
ɕu^{31} tɕhi^{53}-ka^{33} ma^{31} ji^{33}.” the^{33} mu^{53}ka^{33} nje^{22}-ma^{53} de^{22}mje^{33}.
NMLZ. ANM 3sg. GEN–处所 NEG 去 那 老人 心–SUFF 想

“尼玛虽然年少，但很聪明，她是不肯嫁给恶霸的。”老汉心里想。

nje^{22}ma^{53} ŋe^{22}: “the^{33} dje^{22}dje^{33} ʒo^{31}, se^{33}gu^{33} ka^{22}, ŋa^{33} se^{33}gu^{33} xi^{33}-pho^{53}
尼玛 说 那 花 扔 谁 捡 1sg 谁 前–边
ja^{33}-me^{33}.”
家–做

尼玛说：“阿爸，就抛花吧，谁抢到花我就嫁给谁。”

the^{33} mu^{53}ka^{33} ɕu^{31} ŋe^{22}: “tha^{31}ga^{53} ŋa^{33}de^{31} u^{31}-ʑo^{53} le ŋa^{33} va^{22}ma^{33}
那 老人 NMLZ. ANM 说 菩萨 1pl PFV–保佑 TOP 1sg 富有
ɕu^{31} ʁa^{53} la^{53}, ŋa^{33}de^{31} dʑa^{31}!”
NMLZ. ANM 饱 来 1pl 喜欢

老汉说："菩萨保佑我家尼玛能找到一个富有的能吃饱饭的人家，我就高兴了！"

ʃɯ^{53} ja^{33}ʃo^{53}, ŋe^{22} dje^{33}dje^{33} ʒo^{31} da^{53} kha^{53} ko^{53} ji^{33}. tsho^{33} mja^{53}
明天 早上 说 花 扔 地 大 LOC 去 人 多

ɕu^{31} la^{31}, tsho^{33}-phje^{53} ɕu^{31} la^{31}. the^{33} nje^{22}ma^{53} mi^{53}si^{31} ma^{31}
NMLZ. ANM 来 人-骗 NMLZ. ANM 来 那 尼玛 眼睛 NEG

do^{33} me^{33} dje^{22}dje^{33} ʒo^{31}. tɕhe^{53}pu^{33} go^{22}tɕi^{33} phe^{22}gu^{31} dje^{22}dje^{33} ʁa^{53} la. the^{33}
看见 做 花 扔 年龄 小 小伙子 花 获得 CSM 3sg

nje^{22}-ma^{53} phe^{22}gu^{31} dʑa^{31}. tsho^{33}-phje^{53} ɕu^{31} ma^{31} ʁa^{53}, the^{33} tɕhi^{53} i^{33}
心-SUFF 小伙子 喜欢 人-骗 NMLZ. ANM NEG 获得 3sg 生气 INF

tɕhi^{53} me^{33} ji^{33} la.
生气 做 走 CSM

第二天早上，父女俩发出了要抛花的消息，村里很多人都来了，恶霸也来了。只见尼玛眼睛一闭就把花扔了出去，结果花被一个年轻的小伙子接住了。恶霸没有得到花，很生气地走了。

（讲述人：吴德才）

4. 一噶八噶[①]

ja^{22}nje^{33} xe^{53}nje^{33} tsho^{33} ja^{33} dʑo^{33}, ja^{33}khe a^{33}-ja^{33}, na^{31}ma^{53}, a^{33}-ma^{33}
去年 前年 人 家 有.ANM 家里 亲属前缀-姐 妹妹 亲属前缀-妈

dʑo^{33}, na^{31}ma^{53} mje^{33}khe^{33} tɕa^{53} ji^{33}ka^{53}, a^{33}-ja^{33} i mje^{33}khe^{33} tɕa^{53} pa^{22}ka^{53}.
有.ANM 妹妹 名字 TOP 一噶 亲属前缀-姐 GEN 名字 TOP 八噶

从前有一家人，家里有两姐妹和她们的妈妈，妹妹的名字叫一噶，姐姐的名字叫八噶。

tɕi^{33} ne^{33} a^{33}-ma^{33} ja^{33}khe pa^{33}ka ji^{33}, ji^{33} o^{53} tɕi^{33}-thu^{53} a^{33}-ma^{33}
一 天 亲属前缀-妈 家里 娘家 去 走 PROG 一-时刻 亲属前缀-妈

a^{33}-ja^{33} na^{31}ma^{53} pho^{53} ŋe^{22}: "ŋa^{33} ni^{33} a^{31}-vu^{33}-ka ji^{33} o^{53}
亲属前缀-姐 妹妹 边 说 1sg 2sg. GEN 亲属前缀-舅-处所 去 PROG

la, ni^{53}ku ni^{53} a ja^{33}khe tho^{33}lo^{33} me^{33} u^{31}-dʒu^{53}, tsho^{33} xo^{33}tɕa^{33} la^{31} ne
CSM 2dl 两 CLF 家里 好好 做 PFV-守 人 什么 来 TOP

① 该故事采用伍荣福讲述的版本，故事的多续话拼音转写已收入《实用多续语语法》中。

dʑa^{53}-pu tha^{31} tɕhi^{33}." a^{33}-ja^{33} na^{22}ma^{31} ni^{53} a ku tɕa^{53} dʑi^{53} la.
门-CLF PROH 开 亲属前缀-姐 妹妹 两 CLF CLF TOP COP CSM

一天，妈妈要回娘家去，在临走之前，妈妈对两姐妹说："我要到你们的舅舅家去，你们俩在家好好看门，任何人来都不要开门。"姐妹俩答应了。

a^{33}-ma^{33} ɕe^{33}-ɕe^{33} ji^{33}, ba^{33}-tho^{53} tsho^{33}le^{33} ma^{22}mu^{33} a^{33} ʒu^{53}-ʒu^{31} la,
亲属前缀-妈 走-走 去 山-上 野人 老婆 CLF 遇见-遇见 CSM
the^{33} tsho^{33}le^{33} ma^{22}mu^{33} tha^{31} mi^{22}do^{53}: "no^{33} a^{33}ke ji^{33} o?" a^{33}-ma^{33}
那 野人 老婆 3sg. DAT 问 2sg 哪里 去 PRT 亲属前缀-妈
tha^{31} pho^{53} ŋe^{22}: "ŋa^{33} ja^{33}khe pa^{33}ka ji^{33}." tɕhi^{33} ja^{33}khe pa^{33}ka i
3sg. DAT 边 说 1sg 家里 娘家 去 3sg. GEN 家里 娘家 GEN
si^{53}, ja^{33}khe i si^{53} ja^{22}ka^{33} tsho^{33}le^{33} ma^{22}mu^{33} pho^{53} ŋe^{22} la. tsho^{33}le^{33}
事情 家里 GEN 事情 全部 野人 老婆 边 说 CSM 野人
ma^{22}mu^{33} tɕa^{53} ŋe^{22}: "no^{33} ja^{33}khe la^{31} la tɕa^{53} dʑi^{31}-lju^{31} ba^{53}-lju^{31} tsu^{53}
老婆 TOP 说 2sg 家里 来 CSM TOP 吃-NMLZ 喝-NMLZ 点
ʃi^{33} la, no^{33} ʃi^{33} ma^{53} la^{31} tɕa^{53} ŋa^{33} na^{31} mi^{31}-dʑi^{31}, ŋa^{33} tɕa^{53} ke^{33}
拿 CSM 2sg 拿 NEG 来 TOP 1sg 2sg. DAT PFV-吃 1sg TOP 这个
ba^{33}pu tho^{53} na^{31} lo^{53}." a^{33}-ma^{33} tɕa^{53} ke^{33}ʃa^{33}, tha^{31} pho^{53} ŋe^{22}:
山-CLF LOC 2sg. DAT 等 亲属前缀-妈 TOP 害怕 3sg. DAT 边 说
"dʑi^{53} la."
COP CSM

妈妈走啊走，在一个山梁上碰到一个女野人，这个女野人问她："你要到哪里去啊？"妈妈对它说："我要到娘家去。"并告诉了它家里和娘家的所有情况。女野人说："那你回来的时候要给我带点吃的东西，如果你没有拿来我就会吃了你，我就在这个山梁上等你。"妈妈心里很害怕，只好对它说："可以。"

a^{33}-ma^{33} ja^{33}khe^{31} pa^{33}ka pa^{53} ji^{33} la, a^{33}-ja^{33} ji^{31}no^{31} pho^{53} ŋe^{22}:
亲属前缀-妈 家里 娘家 到 去 CSM 亲属前缀-哥 弟弟 边 说
"ŋa^{33} va^{33}-ma^{33} kha^{53} tho^{53} ba^{33}-tho^{53}, tsho^{33}le^{33} ma^{22}mu^{33} ʒu^{53}-ʒu^{31} la." a^{33}-ja^{33}
1sg 路-SUFF 大 LOC 山-上 野人 老婆 遇见-遇见 CSM 亲属前缀-哥
ji^{31}no^{31} tha^{31} pho^{53} ŋe^{22}: "ma^{31} ke^{33}, no^{33} ja^{33}khe ji^{33} o^{53} ji^{33} ne
弟弟 3sg. DAT 边 说 NEG 害怕 2sg 家里 去 PROS 去 TOP
ŋa^{33}de na^{31} pe^{22} o^{53} la."
1pl 2sg. DAT 护送 PROS CSM

妈妈到了娘家，对哥哥弟弟说：“在我来路过的山梁上，遇到了一个女野人。”哥哥弟弟对她说：“不要害怕，你回去那天我们护送你。”

a^{33}-ma^{33} ja^{33}khe ji^{33} o^{53} ji^{33} ne^{33} a^{33}-ja^{33} ji^{31}no^{31} ja^{22}ka^{33} tʃhu^{53}

亲属前缀-妈 家里 去 PROG 去 TOP 亲属前缀-哥 弟弟 全部 枪

vo^{53}xo^{31} gi^{33} u^{31}-tsa^{33}, khe^{53}ni^{31} u^{31}fu^{33} tha^{31} pe^{22} ʃi^{33}. the^{33} ba^{33}-tho^{53} pa^{53}

背 矛 PFV-拿 狗 PFV-领 3sg. DAT 护送 拿 那 山-上 到

la, the^{33} tsho^{33}le^{33} ma^{22}mu^{33} ma^{31} ʒu^{53}-ʒu^{31}, ja^{22}ka^{33} de^{22}mje^{33} the^{33} tsho^{33}le^{33}

CSM 那 野人 老婆 NEG 遇见-遇见 全部 想 那 野人

ma^{22}mu^{33} ma^{53} la^{31} la, tɕa^{53} the^{33} ba^{33}-tho^{53} tɕa^{53} ʑo^{33} ji^{33} la.

老婆 NEG 来 CSM TOP 那 山-上 TOP 自 去 CSM

到妈妈回家那天，她的哥哥弟弟们背着枪，拿着矛，带着猎狗护送她。到那道山梁时，没有看到那个女野人。大家都以为女野人不会来了，于是就在这道山梁上道别。

a^{33}-ma^{33} ɕe^{33}-ɕe^{33} xe^{33} ji^{33} la, ja^{53}no^{31} i the^{33} ba^{33}-tho^{53} pa^{53} la,

亲属前缀-妈 走-走 前 去 CSM 后 GEN 那 山-上 到 CSM

the^{33} tsho^{33}le^{33} ma^{22}mu^{33} ʒu^{53}-ʒu^{31} la. tsho^{33}le^{33} ma^{22}mu^{33} tha^{31} mi^{22}do^{53}:

那 野人 老婆 遇见-遇见 CSM 野人 老婆 3sg. DAT 问

“ŋa^{33} ni dʑi^{31}-lju^{31} ba^{53}-lju^{31} ʃi^{33} a^{53} la^{31} la o?” a^{33}-ma^{33} tɕa^{53}

1sg GEN 吃-NMLZ 喝-NMLZ 拿 QUES 来 CSM PRT 亲属前缀-妈 TOP

ke^{33}ʃa^{33}, ŋe^{22}: “ŋa^{33} ji^{33} tɕa^{53} ma^{31} ʃa^{53} la.” tsho^{33}le^{33} ma^{22}mu^{33} tɕa^{53} ŋe^{22}:

害怕 说 1sg 去 TOP NEG 记得 CSM 野人 老婆 TOP 说

“ma^{31} ke^{33}, ŋa^{33} ni vu^{53}dʑu^{31} tho^{53} ʃa^{22}-ma^{33} dʑo^{33}, ni^{33} ba^{33}

NEG 怕 1sg GEN 头 上 虱子-SUFF 有. ANM 2sg. GEN 边

ʃa^{22}-ma^{33} pha^{22}.”

虱子-SUFF 捉

妈妈继续往前走，到下一道山梁的时候，碰到了那个女野人。女野人问她：“你给我带的吃的东西呢？”妈妈很害怕，说：“我走的时候搞忘了。”女野人说：“没有关系，我头上有虱子，你帮我捉虱子。”

a^{33}-ma^{33} ge^{33}ge^{33} me^{33} tha^{31} pho^{53} ŋe^{22} la: “dʑi^{53} la.” tsho^{33}le^{33}

亲属前缀-妈 抖-抖 做 3sg. DAT 边 说 CSM COP CSM 野人

ma^{22}mu^{33} tɕa^{53} tha^{31} mi^{22}do^{53}: “ŋa^{33} ni vu^{53}dʑu^{31} tho^{53} ʃa^{22}-ma^{33} nju^{33}xu^{53}

老婆 TOP 3sg. DAT 问 1sg GEN 头 上 虱子-SUFF 红

a dʑo^{33}, ja^{22}ka^{33} mi^{31}pha^{22} la, ʃa^{22}-ma^{33} nju^{33}xu^{53} i the^{33} tha^{53} pha^{22}."
CLF 有. CLF 全部 PFV-捉 CSM 虱子-SUFF 红 GEN 那 PROH 捉

妈妈很害怕，只好对它说："可以。"女野人叮嘱说："我头上有一个红虱子，其他的全部捉了，那个红虱子不能捉。"

a^{33}-ma^{33} tɕa^{53} tsho^{33}le^{33} ma^{22}mu^{33} i the^{33} vu^{53}dʑu^{31} i ʃa^{22}-ma^{33}
亲属前缀-妈 TOP 野人 老婆 GEN 那 头 GEN 虱子-SUFF
pha^{22} pi^{53} la, tsho^{33}le^{33} ma^{22}mu^{33} tɕa^{53} tha^{31} pho^{53} ŋe^{22}: "no^{33} ŋa^{33} ni
捉 结束 CSM 野人 老婆 TOP 3sg. DAT 边 说 2sg 1sg GEN
ʃa^{22}-ma^{33} mi^{31}-pha^{22} la, ŋa^{33} ja^{22}ɕu^{31} la, ja^{53}no^{31} tɕa^{53} ŋa^{33}ku^{53} ni^{53} a
虱子-SUFF PFV-捉 CSM 1sg 谢谢 CSM 后 TOP 1dl 两 CLF
to^{33}ke^{33}, ŋa^{33} no^{33} ni pha^{22}." a^{33}-ma^{33} ke^{33}ʃa^{33} ne mu^{31}ga^{31} la, ŋe^{22}:
交换 1sg 2sg GEN 捉 亲属前缀-妈 害怕 TOP 没有办法 CLF 说
"no^{33} jo^{22} ŋa^{33} ni pha^{22} la."
2sg 帮 1sg GEN 捉 CSM

等妈妈帮女野人捉完虱子，女野人对她说："你帮我捉了虱子，我很感激你，作为回报，我们两个交换一下，我也帮你捉虱子吧。"妈妈很害怕，但也没有办法，只好说："你帮我捉吧。"

the^{33} tsho^{33}le^{33} ma^{22}mu^{33} tɕa^{53} tɕhi^{33} vu^{53}dʑu^{31} u^{31}-ni^{22}, lo^{33}dzi^{33} ni^{53} ko
那 野人 老婆 TOP 3sg. GEN 头 PFV-按 指甲 两 CLF
tɕhi^{33} vu^{53}dʑu^{31} mi^{31}-pi^{22}, a^{33}-ma^{33} i vu^{53}dʑu^{31} tɕa^{53} ni^{53} pho^{22}pi^{53}
3sg. GEN 头 PFV-掰开 亲属前缀-妈 GEN 头 TOP 两 半边
u^{31}pi^{22} la.
PFV-掰开 CSM

女野人按住她的脑袋，用两个大拇指的指甲使劲一掰，妈妈的头就被掰成了两半。

the^{33} tsho^{33}le^{33} ma^{22}mu^{33} tɕa^{53} a^{33}-ma^{33} mi^{31}-dʑi^{31} la. tsho^{33}le^{33} ma^{22}mu^{33}
那 野人 老婆 TOP 亲属前缀-妈 PFV-吃 CSM 野人 老婆
tɕa^{53} tɕhi^{33} a^{33}-ma^{33} be^{22}tɕhe^{33} u^{31}-ve^{22}, ŋu^{33} lo^{22}gu^{33} khu^{31} tɕa^{53} ji^{33}ka^{53}
TOP 3sg. GEN 亲属前缀-妈 衣服 PFV-穿 银子 手镯 戴 TOP 一噶
pa^{22}ka^{53} ka ji^{33} la.
八噶 处所 去 CSM

女野人吃了妈妈以后，就穿着妈妈的衣服，戴着妈妈的银手镯到一噶八噶家去了。

tsho^{33}le^{33} ma^{22}mu^{33} tɕa^{53} ji^{33}ka^{53} pa^{22}ka^{53} i dʑa^{53}-pu na^{22}ba^{33} la^{31} la,
野人 老婆 TOP 一噶 八噶 GEN 门-CLF 旁边 来 CSM
"ji^{33}ka^{53}, pa^{22}ka^{53}, dʑa^{53}-pu tɕhi^{33}, a^{33}-ma^{33} la^{31} la." ji^{33}ka^{53} tɕa^{53} dʑa^{31},
一噶 八噶 门-CLF 开 亲属前缀-妈 来 CSM 一噶 TOP 喜欢
jo^{22} ko^{22}-ko^{33} ji^{33} ne dʑa^{53}-pu tɕhi^{33}. pa^{22}ka^{53} ŋe^{22}: "ji^{33}ka^{53}, dʑa^{53}pu tha^{31}
自 快-快 去 TOP 门-CLF 开 八噶 说 一噶 门-CLF PROH
tɕhi^{33}, ma^{31} dʑi^{53}, ma^{31} dʑi^{53}, a^{33}-ma^{33} kho^{22} ma^{31} dʑi^{53}."
开 NEG COP NEG COP 亲属前缀-妈 声音 NEG COP

女野人来到一噶八噶家门口，"一噶八噶，开门，妈妈回来了。"一噶很高兴，跑过去开门。八噶说："一噶，不要开门，不是妈妈的声音。"

the^{33} tsho^{33}le^{33} ma^{22}mu^{33} mu^{31}ga^{31} la. ja^{53}no^{31} tɕa^{53} dʑa^{53}pu na^{22}ba^{33} tho^{53}
那 野人 老婆 没有办法 CSM 后 TOP 门-CLF 旁边 上
ŋe^{22}: "no^{33} ŋe^{33} a^{33}-ma^{33} ma^{31} dʑi^{53}, ŋe^{33} a^{33}-ma^{33} khu^{31}-ka
说 2sg 1sg. GEN 亲属前缀-妈 NEG COP 1sg. GEN 亲属前缀-妈 钥匙-CLF
tsa^{33} lo^{22}gu^{33} tsa^{33}, ŋe^{33} a^{33}-ma^{33} ɕe^{33}-ɕe^{33} xa^{53} ɕe^{33}ni^{33}tʃaŋ^{33}laŋ^{33} i
带着 手镯 带着 1sg. GEN 亲属前缀-妈 走-走 时候 ONOM GEN
me^{33}-me^{33} o."
响-响 PRT

女野人没有办法。八噶在门边说："你不是我们的妈妈，我们的妈妈带着钥匙和手镯，走路的时候有叮叮当当的响声。"

the^{33} tsho^{33}le^{33} ma^{22}mu^{33} tɕa^{53} tɕi^{53} de^{22}mje^{33} ɕe^{53}, ja^{53}no^{31} mu^{31}ga^{31} la,
那个 野人 老婆 TOP 一 想 TNT 后 没有办法 CSM
ja^{53}no^{53} jo^{22} ba^{33}-tho^{53} ji^{33}, the^{33} a^{33}-ma^{33} i the^{33} dzu^{31}go^{33} be ja^{22}ka^{33}
后 自 山-上 去 那 亲属前缀-妈 GEN 那个 东西 PL 全部
ka^{22} ne tɕhi^{33} dʑu^{31} tho^{53} u^{31}-khu^{22} la, ja^{53}no^{31} tɕa^{53} ji^{33}ka^{53} pa^{22}ka^{53}
捡 TOP 3sg. GEN 腰 上 PFV-挂 CSM 然后 TOP 一噶 八噶
ka la^{31} la. khi^{31}-khi^{33} ɕe^{53}:
处所 来 CSM 叫-叫 TNT

女野人想了一下，没有办法，只好赶快回到山梁上，将妈妈的钥匙捡起来挂在腰上。然后回到一噶八噶家门口，又开始叫门。

"ji^{33}ka^{53}, pa^{22}ka^{53}, a^{33}-ma^{33} la^{31} la." ji^{33}ka^{53} ʑo^{22} ji^{33} ne, dʑa^{53}-pu
一噶 八噶 亲属前缀-妈 来 CSM 一噶 自 去 TOP 门-CLF

tɕhi^{33} pa^{31}tʃe^{33}. pa^{22}ka^{53} ŋe^{22}: “tha^{31} tɕhi^{33}.” ja^{53}no^{31} tɕa^{53} dʑa^{53}pu xe^{33}-pho^{53}
开 想要 八噶 说 PROH 开 后 TOP 门-CLF 前-边

ŋe^{22}: “no^{33} lo^{31}ko^{33} tʃe^{31} ʃi^{33} dʑi^{31} la^{31}, ŋa^{33} tɕi^{33} sa^{53}-sa^{31} ɕe^{53}.” the^{33} tsho^{33}le^{33}
说 2sg 手 伸 拿 进 来 1sg 一 摸-摸 TNT 那 野人

ma^{22}mu^{33} lo^{31}ko^{33} tʃe^{31} ʃi^{33} dʑi^{31} la^{31}, a^{33}-ja^{33} na^{31}ma^{53} ni^{53} a ku^{31}
老婆 手 伸 拿 进 来 亲属前缀-姐 妹妹 两 CLF CLF

tɕhi^{33} lo^{31}ko^{33} u^{31}do^{33}. “no^{33} ŋe^{33} a^{33}-ma^{33} ma^{31} dʑi^{53}, ŋe^{33}
3sg. GEN 手 PFV-看 2sg 1sg. GEN 亲属前缀-妈 NEG COP 1sg. GEN

a^{33}-ma^{33} lo^{31}ko^{33} mu^{31} ma^{31} ni^{33}, no^{33} ni mu^{31} ni^{33}.”
亲属前缀-妈 手 毛 NEG 有 2sg GEN 毛 有

“一噶八噶，开门，妈妈回来了。”一噶又想去开门。八噶说“不要开。”然后对着门外说：“你把手伸进来我们摸一下。”女野人把手从门缝里伸进去，姐妹俩看到它的手。“你不是我们的妈妈，我们妈妈的手没有毛，你的手上有毛。”

the^{33} tsho^{33}le^{33} ma^{22}mu^{33} tɕa^{53} mu^{31}ga^{31} la, ja^{53}no^{31} tɕa^{53} mi^{31} u^{31}-tha^{22},
那个 野人 老婆 TOP 没有办法 CSM 后 TOP 火 PFV-烧

the^{33} tsho^{33}le^{33} ma^{22}mu^{33} no^{33}dʑo^{33} ji^{33} ne mi^{31} u^{31}tha^{22} tɕa^{53} tɕhi^{33} lo^{31}ko^{33}
那个 野人 老婆 回转 去 TOP 火 PFV-烧 TOP 3sg. GEN 手

tɕi^{53} xo^{22}-xo^{53} ɕe^{53}, mu^{31} be ja^{22}ka^{33} xo^{22}-xo^{53} pi^{53} la, ja^{53}no^{53} i dʑa^{53}-pu
一 烧-烧 TNT 毛 PL 全部 烧-烧 结束 CSM 后 GEN 门-CLF

tɕhi^{33} ku^{31} ji^{33}. pa^{22}ka^{53} ŋe^{22}: “no^{33} ni lo^{31}ko^{33} tʃe^{31} ʃi^{33} dʑi^{31} la^{31}.” ji^{33}ka^{53},
开 目标 去 八噶 说 2sg GEN 手 伸 拿 进 来 一噶

pa^{22}ka^{53} njo^{33}-njo^{33} ne, mu^{31} ma^{31} ni^{33} la. ji^{33}ka^{53} tɕa^{53} dʑa^{53}-pu tɕhi^{33}
八噶 看-看 TOP 毛 NEG 有（抽象）CSM 一噶 TOP 门-CLF 开

pa^{31}tʃe^{33}. pa^{22}ka^{53} ŋe^{22} ne: “tha^{53} kha^{31}-kha^{33}.” lo^{31}ko^{33} tʃe^{31} ʃi^{33} tʃhu^{53} ne
想要 八噶 说 TOP PROH 忙-忙 手 伸 拿 出现 TOP

tsho^{33}le^{33} ma^{22}mu^{33} i lo^{31}ko^{33} sa^{53}-sa^{31}. the^{33} tsho^{33}le^{33} ma^{22}mu^{33} mu^{31} ni^{33}
野人 老婆 GEN 手 摸-摸 那 野人 老婆 毛 有（抽象）

o tɕhi^{33}kha^{33} ni^{33}. “no^{33} ŋa^{33} a^{33}-ma^{33} ma^{31} dʑi^{53}, ma^{31} tɕhi^{33}.”
PRT 桩桩 有（抽象）2sg 1sg. GEN 亲属前缀-妈 NEG COP NEG 开

女野人没有办法，只好生了一堆火，把手放到火焰上烧。把手上的毛烧干净，然后又去叫门。八噶说：“你把手伸进来。”一噶八噶一看，手上没有毛了。一噶想开门。八噶说：

“不忙。”伸手去摸女野人的手。感觉上面全是毛桩桩。“你不是我们的妈妈，不开。”

the^{33} tsho^{33}le^{33} ma^{22}mu^{33} mu^{31}ɡa^{31} la. ma^{31}xa^{33} tɕi^{33}-thu^{53} pa^{53} la, the^{33}

那 野人 老婆 没有办法 CSM 天黑 一-时刻 到 CSM 那

tsho^{33}le^{33} ma^{22}mu^{33} tha^{31} pho^{53} ɲe^{22}: “no^{33}ku ni^{53} a xo^{33}tɕa^{33} ʃi^{33} la

野人 老婆 3sg. DAT 边 说 2dl 两 CLF 什么 拿 CSM

dʑa^{53}-pu tu^{33} la?” pa^{22}ka^{53} ɲe^{22}: “tʃa^{33} pa^{53}pa^{31} ka.” ji^{33}ka^{53} ɲe^{22} ne: “tsi^{33}

门-CLF 抵 CSM 八噶 说 铁 棒棒 CLF 一噶 说 TOP 麻

kho^{53}kho^{31} ka.” the^{33} tsho^{33}le^{33} ma^{22}mu^{33} tɕa^{53} ɡe^{22} la, the^{33} dʑa^{53}-pu jo^{22}

秆秆 CLF 那 野人 老婆 TOP 听见 CSM 那 门-CLF 自

tɕi^{33} dje^{53} ɕe^{53} tɕa^{53} dʑa^{53}-pu mi^{31}-tɕhi^{33} la.

一 撞 TNT TOP 门-CLF PFV-开 CSM

女野人没有办法。到天黑的时候，女野人突然问：“你们是用什么顶门的？”八噶说：“铁棒。”一噶说：“麻秆。”女野人一听，使劲一撞，门就开了。

tsho^{33}le^{33} ma^{22}mu^{33} ja^{33}khe pa^{53} la. a^{33}-ja^{33} na^{31}ma^{53} tha^{31} pa^{33}te^{53}-ka

野人 老婆 家里 到 CSM 亲属前缀-姐 妹妹 3sg. DAT 板凳-CLF

tho^{53} ni^{31}, tsho^{33}le^{33} ma^{22}mu^{33} mu^{53}tʃhu^{31} ni^{33} ne ni^{31} ma^{31} tɕho^{53}, ɲe^{22}:

上 坐 野人 老婆 尾巴 有（抽象）TOP 坐 NEG 舒服 说

“ŋa^{33} ni^{33} a^{31}-vu^{33}-ka ji^{33} ne dje^{53}-ma^{31} ɡu^{53} be lje^{22} la,

1sg 2sg. GEN 亲属前缀-舅-处所 去 TOP 屁股-SUFF 痔疮 PL 长 CSM

ni^{31} ma^{31} tɕho^{53} la, the^{33} vo^{53} ɡa^{33} to^{53}-to^{31} ʃi^{33} la ŋa^{33} tho^{53} ni^{31}.”

坐 NEG 舒服 CSM 那 鸡 箩兜 抱-抱 拿 CSM 1sg 好 坐

a^{33}-ja^{33}, na^{31}ma^{53} vo^{53} ɡa^{31} to^{53}-to^{31} ʃi^{33} la^{31} la, the^{33} khɯ^{53} ni^{31} la.

亲属前缀-姐 妹妹 鸡 箩兜 抱-抱 拿 来 CSM 那 上 坐 CSM

女野人走进屋里，姐妹俩让它坐凳子上面，女野人有尾巴，不好坐，说：“我在你舅舅家痔疮发了，不好坐，你们把那个鸡箩兜拿来给我坐。”姐妹俩给它拿来鸡箩兜，它坐上去了。

ke^{33} tɕi^{33}-thu^{53}, a^{33}-ja^{33} na^{31}ma^{53} ni^{53} a ku tɕa^{53} ma^{22}mi^{33} tɕhu^{53},

这 一-时刻 亲属前缀-姐 妹妹 两 CLF CLF TOP 灯 点

the^{33} tsho^{33}le^{33} ma^{22}mu^{33} ɲe^{22}: “ma^{22}mi^{33} tha^{31} tɕhu^{53}. ŋa^{33} ni mi^{53}si^{31} nja^{33}.”

那 野人 老婆 说 灯 PROH 点 1sg GEN 眼睛 疼

ma^{22}mi^{33} ma^{31} tɕhu^{53} tɕa^{53} ja^{53}mu^{31} khe^{31} ku^{31} ji^{33} o. the^{33} tsho^{33}le^{33} ma^{22}mu^{33}

灯 NEG 点 TOP 梦 睡 目标 去 PRT 那 野人 老婆

tɕa^{53} ŋe^{22}: "teə^{25} ma^{31}xa^{33} no^{33}ku ni^{53} a se^{33}gu^{33} ŋa^{33} pho^{53} ja^{53}?" ji^{33}ka^{53}
TOP 说 今天 黑 2dl 两 CLF 哪个 1sg. DAT 边 睡 一噶
ŋe^{22} ne: "ŋa^{33} a^{33}-ma^{33} pho^{53} ja^{53} o^{53}."
说 TOP 1sg 亲属前缀-妈 边 睡 PROS

此时，姐妹俩要点灯，女野人说："我的眼睛疼，就不要点灯了。"既然不点灯，就只有睡觉了。女野人问："今晚你们俩谁和我睡一头？" 一噶说："我要和妈妈睡一头。"

ma^{31}xa^{33} du^{53}, pa^{22}ka^{53} tɕa^{53} tsho^{33}le^{33} ma^{22}mu^{33} i gu^{53}du^{31} da^{22}pho^{53} ja^{53}
天黑 成 八噶 TOP 野人 老婆 GEN 脚 面前 睡
la. pa^{22}ka^{53} ge^{22} la, the^{33} ju^{53}khu^{31} kha^{31}-kha^{33} i ge^{22} la ka^{33}
CSM 八噶 听见 CSM 那 骨头 咬-咬 GEN 听见 CSM 样子
ni^{33}, tɕa^{53} mi^{22}do^{53}: "a^{33}-ma^{33}, no^{33} xo^{33}tɕa^{33} dʑi^{31} o?" tsho^{33}le^{33} ma^{22}mu^{33}
有（抽象） TOP 问 亲属前缀-妈 2sg 什么 吃 PRT 野人 老婆
tɕa^{53} ŋe^{22}: "ŋa^{33} ni^{33} a^{31}-vu^{33}-ka^{33} ji^{33} ne ʃa^{22}nu^{53} be ʃi^{33} la
TOP 说 1sg 2sg. GEN 亲属前缀-舅-处所 去 TOP 胡豆 PL 拿 CSM
ʁa^{31}-ʁa^{33} dʑi^{31} o." pa^{22}ka^{53} ŋe^{22}: "a^{33}-ma^{33}, ŋa^{33} dʑi^{31} o."
咀嚼-咀嚼 吃 PRT 八噶 说 亲属前缀-妈 1sg 吃 PRT

夜里，八噶睡在女野人的脚那头，听到嚼骨头的声音，就问："妈妈，你在吃什么？" 女野人说："我在吃从你舅舅家拿来的胡豆。"八噶说："妈妈，我也要吃。"

the^{33} tsho^{33}le^{33} ma^{22}mu^{33} tɕa^{53} lo^{33}ni^{33}pha^{33} tha^{31} mi^{31}-kho^{53} la, pa^{22}ka^{53}
那 野人 老婆 TOP 手指 3sg. DAT PFV-给 CSM 八噶
tɕi^{33} sa^{53}-sa^{31} ɕe^{53} tɕa^{53} lo^{33}ni^{33}pa^{33} dʑi^{53}, the^{33} ke^{33}ʃa^{33} ne tɕa^{53} si^{31}ka^{33} la
一 摸-摸 TNT TOP 手指 COP 3sg 害怕 TOP TOP 死 CSM
ka^{33} ni^{33}.
样子 有（抽象）

女野人递过去一节一嘎的手指头，八噶一摸，是手指头，吓得要死。

"xo^{33}me^{33} ka^{53} o?" the^{33} tɕi^{33} de^{22}mje^{33} ɕe^{53}, ŋe^{22}: "a^{33}-ma^{33}, ŋa^{33} tshi^{33}
怎么 办 PRT 3sg 一 想 TNT 说 亲属前缀-妈 1sg 屎
lja^{31}xa^{53} pa^{31}tʃe^{33}." tsho^{33}le^{33} ma^{22}mu^{33} tɕa^{53} tha^{31} pho^{53} ŋe^{22}: "no^{33} ja^{53}ku
屙 想要 野人 老婆 TOP 3sg. DAT 边 说 2sg 床
na^{22}ba^{33} lja^{31}xa^{53}." pa^{22}ka^{53} ŋe^{22}: "ja^{53}ku na^{22}ba^{33} tha^{31}ka^{53} dʑo^{33}, lja^{31}xa^{53} ma^{53}
旁边 屙 八噶 说 床 旁边 神 有. ANM 屙 NEG
tshi^{31}." tsho^{33}le^{33} ma^{22}mu^{33} tɕa^{53} ŋe^{22}: "no^{33} tɕa^{53} tso^{53} na^{22}ba^{33} lja^{31}xa^{53}." pa^{22}ka^{53}
应该 野人 老婆 TOP 说 2sg TOP 灶 旁边 屙 八噶

ŋe^{22}: “tso^{53} na^{22}ba^{33} tha^{31}ka^{53} ni^{33}, lja^{31}xa^{53} ma^{53} tshi^{31}. a^{33}-ma^{33}, no^{33}
说 灶 旁边 神 有（抽象） 屙 NEG 应该 亲属前缀-妈 2sg
ŋa^{33} pho^{33} la ke^{33}ʃa^{33}, no^{33} pu^{33} ka^{31} ʃi^{33} la ŋa^{33} ni dʑu^{31} tho^{53}
1sg 逃 CSM 害怕 2sg 绳子 CLF 拿 CSM 1sg GEN 腰 上
u^{31}-tɕha^{22}, ŋa^{33} tɕa^{53} ko^{22}-ko^{33} ma^{53} pha^{31} la.”
PFV-拴 1sg TOP 跑-跑 NEG 能 CSM

“怎么办呢？”她想了一下，说：“妈妈，我要上厕所。”女野人对她说：“就拉在床边吧。”八噶说：“床边有床神，不能拉。”女野人又说：“那你就拉在灶边吧。”八噶说：“灶边有灶神，不能拉。妈妈，如果你害怕我跑，那你用一根绳子拴住我的腰，我就跑不了了。”

tsho^{33}le^{33} ma^{22}mu^{33} ge^{22} la tɕa^{53} the^{33} me^{33} dʑi^{53}. the^{33} pu^{33} ka^{31} ʃi^{33}
野人 老婆 听见 CSM TOP 那 做 COP 那 绳子 CLF 拿
la pa^{22}ka^{53} i dʑu^{31} tho^{53} u^{31}-tɕha^{22} la tɕa^{53} the^{33} pu^{33} ka tɕi^{33} ɕe^{33}
CSM 八噶 GEN 腰 上 PFV-拴 CSM TOP 3sg 绳 CLF 一 拉
ɕe^{53}. “tɕi^{33} la^{53}tɕe^{33} no^{33} u^{31}-tsa^{33}, tɕi^{33} la^{53}tɕe^{33} ŋa^{33} ni dʑu^{31} tho^{53} u^{31}-tɕha^{22}.”
TNT 一 端 2sg PFV-带 一 端 1sg GEN 腰 上 PFV-拴
pa^{22}ka^{53} tɕa^{53} ja^{53}no^{31} vo^{31}ga^{33} ke^{53} ji^{33} la, pu^{33} ka phu^{33}tʃha^{53} ʃi^{33} tʃhu^{53}
八噶 TOP 后 猪圈 LOC 去 CSM 绳子 CLF 解开 拿 出现
la the^{33} vo^{31}-ma^{31} mje^{22}pu^{33} tho^{53} u^{31}-tɕha^{22} la, ja^{53}no^{31} tɕa^{53} ʑo^{22} ko^{22}-ko^{33}
CSM 那 猪-母 脖子 上 PFV-拴 CSM 后 TOP 自 跑-跑
ɕa^{31} la.
离开 CSM

女野人一听，也是。就用一根绳子一头拴住八噶的腰，一头攥在手里。八噶来到猪圈里，将绳子解下来拴在老母猪的脖子上，然后赶快逃跑了。

na^{31}kha^{33}me^{31} ma^{31}xa^{33} i ma^{31}xa^{33} la, a^{33}ke ji^{33} o^{53} ma^{53} se^{22}. ja^{33}
天空 天黑 GEN 天黑 CSM 哪里 去 PROG NEG 知道 房子
na^{22}ba^{33} ɕe^{53} pu ni^{33}, tɕa^{53} be^{33}-be^{33} dʑi^{22}. the^{33} tsho^{33}le^{33} ma^{22}mu^{33} tɕa^{53}
旁边 树 CLF 有（抽象） TOP 爬-爬 进 那 野人 老婆 TOP
ja^{53}ku khɯ^{53} ja^{53} ne lo^{53}, xe^{33} njo^{33} nu^{53} njo^{33}, pa^{22}ka^{53} dʑi^{31} ma^{53} la^{31},
床 上 睡 TOP 等 前 看 后 看 八噶 进 NEG 来
tɕa^{53} the^{33} pu^{33} ka tɕi^{33} ɕe^{33} ɕe^{53}, tɕa^{53} the^{33} vo^{31}-ma^{31} kho^{22} me^{33}-me^{33}
TOP 那 绳 CLF 一 拉 TNT TOP 那 猪-母 声音 响-响

o. “ŋa^{33} ŋa^{33} ni ji^{22}tɕa^{33} ɕe^{33}, ŋa^{33} no^{33} ma^{31} ɕe^{33}.”
PRT 1sg 1sg GEN 孩子 拉 1sg 2sg NEG 拉

可是天太黑，八噶不知道朝什么地方跑。她看见房屋旁边有一棵大树，就爬了上去。女野人躺在床上等，左等右等都不见八噶回来，就拽住绳子使劲拉，只听见老母猪的叫声。“我是在拉我的孩子，不是拉你。”

tɕi^{33} thu^{53} lo^{53} ne mi^{53}do^{33} la, pu^{33} ka vo^{31}-ma^{31} mje^{22}pu^{33} tho^{53}
一 时刻 等 TOP 天亮 CSM 绳子 CLF 猪-母 脖子 上
tɕha^{22} izo, pa^{22}ka^{53} ko^{22}-ko^{33} se^{22} la. tsho^{33}le^{33} ma^{22}mu^{33} ji^{33}ka^{53} i khu^{31}tʃha^{33}
拴 DUR 八噶 跑-跑 知道 CSM 野人 老婆 一噶 GEN 内脏
ve^{53}ni^{31} ʃi^{33} la, ja^{33} na^{22}ba^{33} the^{33} vu^{33}bo^{31} ka ke^{53} tshi^{33} o.
肠子 拿 CSM 房子 旁边 那 水沟 处所 LOC 洗 PRT

等到天亮一看，女野人发现绳子拴在老母猪脖子上，才知道八噶逃跑了。它只好拿着一噶的肠肠肚肚，到房屋旁边的水沟里洗。

pa^{22}ka^{53} tɕa^{53} mo^{22} ne, vu^{33}bo^{31} na^{22}ba^{33} ɕe^{53}-pu tho^{53} ji^{33} la, the^{33}
八噶 TOP 藏 TOP 水沟 旁边 树-CLF 上 去 CSM 那
tsho^{33}le^{33} ma^{22}mu^{33} u^{31}do^{33} ne the^{33} khu^{31}tʃha^{33} ve^{53}ni^{31} tshi^{33} do^{33} la,
野人 老婆 PFV-看见 TOP 那 内脏 肠子 洗 看见 CSM
the^{33} tɕa^{53} khu^{31}tɕhu^{33}tɕhu^{33} me^{33} mi^{53}ɚ^{33} xe^{31}-xe^{33} gi^{53} la^{31} la, ja^{53}no^{31} tɕa^{53}
3sg TOP 伤心 做 眼泪 掉-掉 落下 来 CSM 后 TOP
mi^{53}ɚ^{33} dje^{22}dje^{33} ne tsho^{33}le^{33} ma^{22}mu^{33} i pje^{33}-ma^{33} tho^{53} ji^{33} la, the^{33}
眼泪 花 TOP 野人 老婆 GEN 脸-SUFF 上 去 CSM 那
tsho^{33}le^{33} ma^{22}mu^{33} de^{22}mje^{33}: “ta^{33}ne^{33} xo^{33}me^{33}, me^{31}lo^{53} tɕha^{33} xa^{53}lo^{31} dʑu^{31}?”
野人 老婆 想 今天 怎么 晴天 热 雨 下（雨）
o^{31}le^{33}-pho^{53} tɕi^{33} njo^{33}-njo^{33} ɕe^{53}, tɕa^{53} do^{33} la pa^{22}ka^{53} ɕe^{53}-pu tho^{53} ni^{31} izo.
朝上-边 一 看-看 TNT TOP 看见 CSM 八噶 树-CLF 上 坐 DUR

八噶就藏在水沟边的大树上，见此情景，不觉伤心地落下了眼泪，眼泪掉落在女野人的脸上，女野人想：“本来是晴天，怎么会突然下雨呢？”抬头一看就发现了躲在树上的八噶。

tsho^{33}le^{33} ma^{22}mu^{33} ŋe^{22}: “tʃha^{53} za^{33}mi^{33}, no^{33} ɕe^{53}-pu tho^{53} xo^{33}tɕa^{33} me^{33} o?
野人 老婆 说 鬼 女孩 2sg 树-CLF 上 什么 做 PRT
no^{33} jo^{22} gi^{53} la.” pa^{22}ka^{53} gi^{53} ma^{53} la^{31}.
2sg 自 落下 CSM 八噶 下 NEG 来

女野人说：“鬼丫头，你跑到树上去做什么？还不赶快下来。”八噶不下来。

tsho^{33}le^{33} ma^{22}mu^{33} tɕa^{53} ɕe^{53} be^{33}-be^{33}, pa^{22}ka^{53} tɕi^{33} njo^{33} ɕe^{53}, the^{33} me^{33}
野人 老婆 TOP 树 爬–爬 八噶 一 看 TNT 那 做
ma^{31} dʑi^{53}, the^{33} tsho^{33}le^{33} ma^{22}mu^{33} ɕe^{53}-pu tho^{53} dʑi^{31} la^{31} tɕa^{53} ma^{31} zi^{33}ga^{53}.
NEG COP 那 野人 老婆 树–CLF 上 进 来 TOP NEG 对
pa^{22}ka^{53} tɕi^{53} ŋe^{22} ɕe^{53}: “a^{33}-ma^{33}, no^{33} the^{33} me^{33} ɕe^{53} be^{33}-be^{33} ʁa^{31} o,
八噶 一 说 TNT 亲属前缀–妈 2sg 那 做 树 爬–爬 辛苦 PRT
ŋe^{33} ja^{33}khe khu^{53}-ka^{33}tsi^{53} ke^{53} ʑi^{33}ɚ^{33} ko^{53}tsi^{31} bo^{53}, no^{33} the^{33} ʑi^{33}ɚ^{33}
1sg. GEN 家里 碗–柜 LOC 清油 罐 拥有 2sg 那 清油
ko^{53}tsi^{31} tɕa^{22} ʃi^{33} la ne the^{33} ɕe^{53}-pu khɯ^{53} u^{31}-mi^{53}, tɕa^{53} be^{33}-be^{33} ma^{53}
罐 TOP 拿 CSM TOP 那 树–CLF 上 PFV–抹 TOP 爬–爬 NEG
ʁa^{31}.” the^{33} tsho^{33}le^{33} ma^{22}mu^{33} tɕa^{53} ge^{22} la, jo^{22} ko^{22}-ko^{33} ji^{33} ne ʑi^{33}ɚ^{33}
辛苦 那 野人 老婆 TOP 听见 CSM 自 跑–跑 去 TOP 清油
ko^{53}tsi^{31} tɕa^{22} ʃi^{33} la^{31} la, ɕe^{53}-pu tho^{53} u^{31}-mi^{53} la, ja^{53}no^{31} tɕa^{53} be^{33}-be^{33}.
罐 TOP 拿 来 CSM 树–CLF 上 PFV–抹 CSM 后 TOP 爬–爬
tɕa^{53} the^{33} ɕe^{53}-pu dʒi^{31} i dʒi^{31} be^{33}-be^{33} dʑi^{31} ma^{53} pha^{31}.
TOP 那 树–CLF 滑 INF 滑 爬–爬 进 NEG 能

女野人就去爬树，八噶一看，这样不行，女野人一会儿爬上树，自己就跑不了了。于是说：“妈妈，你这样爬树很费力的，我家碗柜里有一罐清油，你去拿来抹在树干上，爬起来就轻松了。”女野人一听，赶紧到屋里拿来清油，抹在树干上，然后开始爬树。树很滑，它怎么也爬不上去。

the^{33} tsho^{33}le^{33} ma^{22}mu^{33} ma^{53} dʑa^{31} la, va^{33}dzi^{33} pu ʃi^{33} la, ke^{33}
那 野人 老婆 NEG 喜欢 CSM 斧头 CLF 拿 CSM 这
ɕe^{53}-pu mi^{31}-to^{33}. pa^{22}ka^{53} tɕi^{33} njo^{33} ɕe^{53}: “xo^{33}me^{33} ka^{53}? the^{33} ɕe^{53}-pu pu^{22}ka^{33}
树–CLF PFV–砍 八噶 一 看 TNT 怎么 办 那 树–CLF 倒
la tɕa^{53} the^{33} ŋa^{33} za^{31}ka^{33} va^{53} la.” pa^{22}ka^{53} tɕi^{53} de^{22}mje^{33} ɕe^{53}, ŋe^{22}:
CSM TOP 3sg 1sg. DAT 捉 获得 CSM 八噶 一 想 TNT 说
“a^{33}-ma^{33}, no^{33} ɕe^{53} the^{33} me^{33} khe^{33} pu^{22}ka^{33} ma^{53} pha^{31}, no^{33} the^{33} va^{33}dzi^{33}
亲属前缀–妈 2sg 树 那 做 折 倒 NEG 能 2sg 那 斧头
pu ʃi^{33} la the^{33} lju^{53}-bu^{31} tho^{53} so^{33} tɕhu^{33} ɕe^{53}, tɕa^{53} the^{33} me^{33} ɕe^{53}
CLF 拿 CSM 那 石头–CLF 上 三 敲 TNT TOP 那 做 树

khe^{33} pu^{22}ka^{33} pha^{31}."
折 倒 能

女野人很生气，就去拿了斧头来准备砍树。八噶一看："怎么办呢？树被砍倒，自己就会被抓住。"八噶想了一下，说："妈妈，你这样是不能把树砍倒的，你只有先在石头上用力砍三刀，这样才能砍倒这棵树。"

tsho^{33}le^{33} ma^{22}mu^{33} tɕa^{53} tɕi^{33} ba^{53}nja^{31} ɕe^{53}, jo^{22} tɕa^{53} ko^{22}-ko^{33} ji^{33} ne
野人 老婆 TOP 一 听 TNT 自 TOP 跑-跑 去 TOP
the^{33} lju^{53}-bu^{31} kha^{53} tho^{53} so^{33} tɕhu^{33} ɕe^{53}. the^{33} lju^{53}bu^{31} kha^{53} tho^{53} so^{33}
那 石头-CLF 大 上 三 敲 TNT 3sg 石头-CLF 大 上 三
tɕhu^{33} ɕe^{53} ne khe^{33} ge^{33}ma^{31}tʃhe^{53} la. ke^{33} tɕi^{33}-thu^{53} the^{33} tsho^{33}le^{33} ma^{22}mu^{33}
敲 TNT TOP 折 不可能 CSM 这 一-时刻 那 野人 老婆
tɕa^{53} ʑo^{22} ɕe^{53} to^{33}, xo^{33}me^{33} la khe^{33} ge^{53}ma^{31}tʃhe^{53}.
TOP 自 树 砍 怎么 CSM 折 不可能

女野人一听，用力在旁边的巨石上砍了三斧头。然后女野人开始用力砍树，怎么也砍不动。

the^{33} tsho^{33}le^{33} ma^{22}mu^{33} tɕa^{53} ja^{53}no^{31} mu^{31}ga^{31} la, ko^{33} lja^{22}-lja^{53} ʑo^{53}
那 野人 老婆 TOP 后 没有办法 CSM 这里 寻找-寻找 那里
lja^{22}-lja^{53}, ma^{53} dʑa^{31}, ja^{53}no^{31} dze^{22}-pu va^{53} la. ja^{53}no^{31} the^{33} tsho^{33}le^{33}
寻找-寻找 NEG 喜欢 后 锄头-CLF 获得 CSM 后 那 野人
ma^{22}mu^{33} tɕa^{53} the^{33} ɕe^{53}-pu tɕe^{22}, the^{33} tsho^{33}le^{33} ma^{22}mu^{33} tɕa^{53} ɕe^{53}-pu
老婆 TOP 那 树-CLF 挖 那 野人 老婆 TOP 树-CLF
tɕe^{22} pu^{22}ka^{33}.
挖 倒

女野人没有办法，气急败坏地找东西，最后找到了锄头。女野人开始用锄头挖树，它要把树挖倒。

the^{33} tsho^{33}le^{33} ma^{22}mu^{33} tɕa^{53} tɕe^{22} o tɕe^{22}, tɕe^{22} ne ma^{31}xa^{33} la. nje^{22}-ma^{53}
那 野人 老婆 TOP 挖 啊 挖 挖 TOP 天黑 CSM 月亮-SUFF
pe^{33} o^{53} la, ke^{33} tɕi^{33}-thu^{53} tɕa^{53} the^{33} ɕe^{53}-pu tsho^{33}le^{33} ma^{22}mu^{33} tɕe^{22}
出来 PROG CSM 这 一-时刻 TOP 那 树-CLF 野人 老婆 挖
pu^{22}ka^{33} o^{53} la ka^{33} ni^{33}.
倒 PROS CSM 样子 有（抽象）

女野人挖啊挖，一直挖到天黑。月亮升上了天空，此时树也快被女野人挖倒了。

pa^{22}ka^{53} tɕa^{53} ŋa^{31} la, nje^{22}-ma^{53} u^{31}-do^{33} ne tɕi^{33} dʑa^{53} ɕe^{53}: "nje^{22}-ma^{53},
八噶 TOP 吓 CSM 月亮-SUFF PFV-看见 TOP 一 唱 TNT 月亮-SUFF
nje^{22}-ma^{53}, no^{33} tɕi^{33} njo^{33} ɕe^{53}, ke^{33} tsho^{33}le^{33} ma^{22}mu^{33} tɕa^{53} ma^{31}-dje^{53} i
月亮-SUFF 2sg 一 看 TNT 这 野人 老婆 TOP NEG-好 INF
ma^{31}-dje^{53} a! ŋe^{33} a^{33}-ma^{33} na^{31}ma^{53} mi^{31}-dʑi^{31} la, a^{53}mi^{31} ŋa^{33}
NEG-好 PRT 1sg. GEN 亲属前缀-妈 妹妹 PFV-吃 CSM 现在 1sg. DAT
dʑi^{31} pa^{31}tʃe^{33} la ka^{33} ni^{33}, ŋa^{33} tɕi^{33} ɕa^{33}do^{33} ɕe^{53}!"
吃 想要 CSM 样子 有（抽象） 1sg. DAT 一 可怜 TNT

八噶很害怕，只好对着月亮唱："月亮啊月亮，请你看一看吧，这个可恶的女野人，吃了我的妈妈和妹妹，现在还想吃了我，救一救我吧！"

nje^{22}-ma^{53} khɯ^{53} pu^{33} ka ka^{33}po^{31} gi^{53} la ka^{33} ni^{33}, pa^{22}ka^{53} tɕa^{53}
月亮-SUFF 上 绳子 CLF 摔 落下 CSM 样子 有（抽象） 八噶 TOP
ʑo^{22} the^{33} nje^{22}-ma^{53} pu^{33} ka tho^{53} be^{33}-be^{33} dʑi^{31} la^{31}. tsho^{33}le^{33} ma^{22}mu^{33}
自 那 月亮-SUFF 绳子 CLF 上 爬-爬 进 来 野人 老婆
tɕa^{53} do^{33} la, the^{33} tɕi^{53} de^{22}mje^{33} ɕe^{53}, nje^{22}-ma^{53} pho^{53} ŋe^{22}: "nje^{22}-ma^{53},
TOP 看见 CSM 那 一 想 TNT 月亮-SUFF 边 说 月亮-SUFF
no^{33} ja^{22}ɕu^{31} ʑo^{33} pu^{33} ka pe^{33} gi^{53} la!" nje^{22}-ma^{53} ŋe^{22}: "no^{33} tsho^{33}le^{33}
2sg 谢谢 自 绳子 CLF 出来 落下 CSM 月亮-SUFF 说 2sg 野人
ma^{22}mu^{33}, no^{33} xo^{33}me^{33} nje^{22}-ma^{53} khɯ^{53} pa^{53} pha^{31}? no^{33} de^{22}mje^{33} la^{31} pa^{31}tʃe^{33},
老婆 2sg 怎么 月亮-SUFF 上 到 能 2sg 想 来 想要
vo^{31}phu^{33} njo^{33}xu^{53} a ʃi^{33} la, mi^{53}dʑu^{31} kha^{53} ʃi^{33} la, tɕa^{53} the^{33} me^{33}
公鸡 红 CLF 拿 CSM 火柴头 大 拿 CSM TOP 那 做
ne ŋa^{33} pu^{33} ka na^{31} kho^{53}."
TOP 1sg 绳子 CLF 2sg. DAT 给

只见从月亮上拖下来一根绳子，八噶顺着绳子爬了上去。女野人一见，想了一下，对月亮说："月亮，谢谢你！给我也拖下来一根绳子吧！"月亮说："你是女野人，怎么能让你到月亮上来？如果你真想来，那必须准备好一截燃着的火柴头和一只大红公鸡，这样我才能给你一根绳子。"

tsho^{33}le^{33} ma^{22}mu^{33} tɕa^{53} the^{33} me^{33} dʑi^{53} la. ke^{33} tɕi^{33}-thu^{53} nje^{22}-ma^{53} khɯ^{53}
野人 老婆 TOP 那 做 COP CSM 这 一-时刻 月亮-SUFF 上
pu^{33} ka tɕhe^{22}-tɕhe^{33} gi^{53} la^{31} la, tsho^{33}le^{33} ma^{22}mu^{33} the^{33} pu^{33} ka tɕhe^{22}-tɕhe^{33}
绳子 CLF 放-放 落下 来 CSM 野人 老婆 那 绳子 CLF 放-放

ne o^{31}le^{33} be^{33}-be^{33}.

TOP 朝上 爬–爬

女野人照办了。此时从月亮上又拖下来一根绳子，野人顺着绳子往上爬。

the^{33} vo^{53} tɕa^{53} vo^{31}phu^{33} tɕa^{53} jo^{22} dʑa^{33}-dʑa^{33}, tɕa^{53} na^{31}kha^{33}me^{31} tho^{53}

那 鸡 TOP 公鸡 TOP 自 飞–飞 TOP 天空 上

dʑi^{31} la, the^{33} mi^{53}dʑu^{31} tɕa^{53} mi^{31} ve^{53} la, mi^{31} tɕa^{53} the^{33} pu^{33} ka

进 CLF 那 火柴头 TOP 火 起 CSM 火 TOP 那 绳子 CLF

tɕe^{33}tha^{53} la, the^{33} tsho^{33}le^{33} ma^{22}mu^{33} tɕa^{53} na^{31}kha^{33}me^{31} tho^{53} ka^{33}po^{31} gi^{53}

烧断 CSM 那 野人 老婆 TOP 天空 上 摔 落

la^{31} la, gi^{53} la lju^{53}-pu ka khɯ^{53} ji^{33} la tɕa^{53} si^{31}ka^{33} la.

下 CSM 落下 CSM 石头–CLF 处所 上 去 CSM TOP 死 CSM

公鸡一直不停的扇着翅膀，到半空中，火柴头燃起了火焰，火焰把绳子烧断了，女野人从空中掉了下来，摔在乱石丛中摔死了。

the^{33} tsho^{33}le^{33} ma^{22}mu^{33} i ʃu^{33} tɕa^{53} nda^{31}pu^{31} du^{53} la, tɕhi^{33} ju^{53}ku^{31}

那 野人 老婆 GEN 血 TOP 火麻 成 CSM 3sg. GEN 骨头

ʃe^{33} tɕa^{53} tsho^{33}le^{33} du^{53} la, jo^{22} tɕa^{53} tsho^{33}-tʃha^{53}. a^{53}mi^{31} pa^{22}ka^{53} tɕa^{53}

肉 TOP 跳蚤 成 CSM 自 TOP 人–害 现在 八噶 TOP

nje^{22}-ma^{53} ka ji^{33} la.

月亮–SUFF 处所 去 CSM

女野人的鲜血变成了火麻，尸骨变成了跳蚤，继续害人。八噶从此就住在月亮里。

（讲述人：伍荣福）

5．约尔格萨和鲁斯夸

xi^{33} ka^{33}pa^{33} a^{33}-ma^{33} ʑi^{31} a^{33} dʑo^{33}, the^{33} lu^{53}si^{33}khua^{33} ji^{33} la^{33}

前 社会 亲属前缀–妈 儿子 CLF 有. ANM 那 鲁斯夸 去 CSM

tɕa^{53} tɕhi^{33} a^{33}-ma^{33} lju^{53} ʃi^{33} ji^{33}, lju^{53} ʃi^{33} ji^{33} la^{33} tɕa^{53} tɕhi^{33}

TOP 3sg. GEN 亲属前缀–妈 抢 拿 去 抢 拿 去 CSM TOP 3sg. GEN

a^{33}-ma^{33} zu^{22}gu^{33} tho^{31}, the^{33} tɕa^{53} tha^{31} dʑi^{31} le tha^{31} dʑi^{31} ma^{53}

亲属前缀–妈 长相 好 3sg TOP PROH 吃 TOP 3sg. DAT 吃 NEG

vo^{31}, zu^{22}gu^{33} tho^{31} dʑi^{31} ma^{53} vo^{31} tɕa^{53} tɕhi^{33} ja^{22}ʃu^{33}ma^{53} me^{33}. tɕhi^{33}
舍得 长相 好 吃 NEG 舍得 TOP 3sg. GEN 妻子 做 3sg. GEN

ja^{22}ʃu^{33}ma^{53} me^{33} la, ja^{53}no^{31} tɕi^{33}-ja^{33} me^{33} la, lu^{53}si^{33}khua^{33} i ji^{22}tɕa^{33}
妻子 做 CSM 后 一-家 做 CSM 鲁斯夸 GEN 孩子

bo^{53} la.
拥有 CSM

从前有一户人家，妈妈有一个孩子，孩子的名字叫约尔格萨。在约尔格萨很小的时候，魔王鲁斯夸到家里把妈妈抢走了，因为妈妈长得漂亮，所以没有吃她，而是留在家里做了妻子。后来，约尔格萨的妈妈与魔王鲁斯夸有了孩子。

bo^{53} la ja^{53}no^{31} tɕhi^{33} ke^{33}-the^{33} jo^{33}ɚ^{33}ke^{31}sa^{33} kha^{53} la tɕa^{53} tɕhi^{33}
拥有 CSM 后 3sg. GEN 这-那 约尔格萨 大 CSM TOP 3sg.GEN

a^{33}-ma^{33} lja^{22}-lja^{53} ji^{33}. a^{33}-ma^{33} lja^{22}-lja^{53} ji^{33} la the^{33} a^{33}-ma^{33}
亲属前缀-妈 寻找-寻找 去 亲属前缀-妈 寻找-寻找 去 CSM 那 亲属前缀-妈

the^{33} ke, dʑa^{53}-pu ja^{53}no^{31}（xe^{33}） ni^{31} izo, the^{33} ke mje^{31}ɕe^{22} tɕe^{33} o,
那 LOC 门-CLF 后（前） 坐 DUR 那 LOC 棉线 拔 PROG

mu^{31} mje^{31}ɕe^{22} tɕe^{33} o^{31} the^{33} ke.
毛 棉线 拔 PROG 那 LOC

约尔格萨长大后决定去找他妈妈。他走了很久，遇到一户人家，一个老妈妈坐在门前院坝里扯毛线。

the^{33} tha^{31} mi^{22}do^{53}: “a^{33}-ma^{33}, no^{33} ke^{33} ke lu^{53}si^{33}khua^{33} de^{31}
3sg 3sg. DAT 问 亲属前缀-妈 2sg 这 LOC 鲁斯夸 家族

a^{33}ke^{31} ni^{31} izo? the^{33} ŋe^{22}: “no^{33} lu^{53}si^{33}khua^{33} lja^{22} le^{33} xo^{33}me^{33} to^{53}?”
哪里 坐 DUR 3sg 说 2sg 鲁斯夸 寻找 TOP 怎么 办

“ŋa^{33} tha^{31} ɕe^{22} o.” the^{33} ŋe^{22}: “lu^{53}si^{33}khua^{33} nja^{53} i^{53} nja^{53} ŋa^{33}
1sg 3sg. DAT 杀 PROS 3sg 说 鲁斯夸 厉害 INF 厉害 1sg

tha^{31} ɕe^{22} tɕi^{31} ma^{53} pha^{31}.”
3sg. DAT 杀 完 NEG 能

他问道：“老妈妈，你知道鲁斯夸家在哪里吗？”老妈妈问他说：“你找鲁斯夸有什么事？”约尔格萨说：“我要杀了他。”老妈妈说：“鲁斯夸厉害得很，你杀不了他的。”

“no^{33} xo^{33}me^{33} no^{33} ni^{33} vu^{53}dʑu^{31} pho^{31}pi^{53} le tʃho^{22} la pho^{31}pi^{53} ma^{53}
2sg 怎么 2sg GEN 头 半边 TOP 梳 CSM 半边 NEG

tʃho^{22}?" the^{33} ŋe^{22}: "ŋa^{33} pho^{31}pi^{53} le tʃho^{22} pho^{31}pi^{53} le jo^{33}ɚ^{33}ke^{31}sa^{33} ni,
梳 3sg 说 1sg 半边 TOP 梳 半边 TOP 约尔格萨 GEN
ma^{53} tʃho^{22} pho^{31}pi^{53} le the^{33} lu^{53}si^{33}khua^{33} ni." the^{33} me^{33} ŋe^{22}.
NEG 梳 半边 TOP 那 鲁斯夸 GEN 那 做 说

约尔格萨又问："老妈妈，为什么你的头有半边梳了有半边没有梳？"老妈妈说："我梳的半边为我的儿子约尔格萨，没有梳的半边为鲁斯夸。"

the^{33} ji^{22}tɕa^{33}: "a^{33}-ma^{33} la ŋa^{33} ni ji^{22}tɕa^{33} ŋa^{33} tɕa^{53} jo^{33}ɚ^{33}ke^{31}sa^{33}."
3sg 孩子 亲属前缀-妈 啦 1sg GEN 儿子 1sg TOP 约尔格萨
the^{33} me^{33} ŋe^{22} la, the^{33} ŋe^{22}: "no^{33} ma^{31} dʑi^{53} no^{33} ma^{31} dʑi^{53}, no^{33} jo^{33}ɚ^{33}ke^{31}sa^{33}
那 做 说 CSM 3sg 说 2sg NEG COP 2sg NEG COP 2sg 约尔格萨
ma^{31} dʑi^{53}." "ŋa^{33} jo^{33}ɚ^{33}ke^{31}sa^{33}." "ŋa^{33} ma^{53} se^{22} la o." the^{33} me^{33} ŋe^{22}.
NEG COP 1sg 约尔格萨 1sg NEG 知道 CSM PRT 那 做 说

约尔格萨说："妈妈啊，我就是你的儿子约尔格萨。"他妈妈说："你不是，你不是，你不是约尔格萨。""我就是约尔格萨。""我不认识你。"他妈妈这样说。

the^{33} ŋe^{22}: "dʑi^{53} ŋa^{33} ni ji^{22}tɕa^{33}." the^{33} ŋe^{22}: "no^{33} tʃu^{33}tʃu^{33} me^{33} ŋe^{33}
3sg 说 COP 1sg GEN 孩子 3sg 说 2sg 真正 做 1sg. GEN
ji^{22}tɕa^{33}? no^{33} dʒəɚ^{25} khɯ^{53} phje^{22} le ŋe^{33} lo^{31}ba^{33} ko^{53} u^{31}-da^{53} le
孩子 2sg 口水 上 吐 TOP 1sg. GEN 手心 LOC PFV-倒 TOP
no^{33} jo^{22}-jo^{33} le mi^{33}-dʑi^{31} no^{33} tɕəu^{31} ŋe^{33} ji^{22}tɕa^{33}." the^{33} me^{33} ŋe^{22} la.
2sg 舔-舔 TOP PFV-吃 2sg 就 1sg. GEN 孩子 那 做 说 CSM
dʒəɚ^{25} phje^{22} ne tɕhi^{33} i the^{33} lo^{31}ba^{33} ko^{53} u^{31}-tɕi^{33} la the^{33}
口水 吐 TOP 3sg. GEN GEN 那 手心 LOC PFV-放 CSM 那
jo^{33}ɚ^{33}ke^{31}sa^{33} tɕa^{53} jo^{22}-jo^{33} ne mi^{33}-dʑi^{31} la. mi^{33}dʑi^{31} la the^{33} tɕəu^{31}
约尔格萨 TOP 舔-舔 TOP PFV-吃 CSM PFV-吃 CSM 3sg 就
o^{31} a^{53}mi^{31} ne dʑi^{53} dʑi^{53} no^{33}de^{31} ŋe^{33} ji^{22}tɕa^{33}.
哦 现在 TOP COP COP 2pl 1sg. GEN 孩子

老妈妈说："你真是我的儿子约尔格萨吗？那么我吐一泡口水在我的手心里，如果你舔来吃了，就证明你是我的儿子。"她于是吐了口水在手心放着，约尔格萨舔来吃完了，老妈妈就知道他就是自己的儿子了。

ja^{53}no^{31}. "ke^{33}-he^{33} lu^{53}si^{33}khua^{33} nja^{53} i^{53} nja^{53}, the^{33} la^{31} la no^{33} tɕəu^{31}
后 这-那 鲁斯夸 厉害 INF 厉害 3sg 来 CSM 2sg 就

ŋa^{33} na^{31} u^{31}-mo^{22}, tɕhi^{33} vu^{53}dʑu^{31} khe^{22} ne tɕhi^{33} the^{33} me^{53}tho^{31},
1sg 2sg. DAT PFV-藏 3sg. GEN 头 割 TOP 3sg. GEN 那 刀

ni^{33} tɕhu^{33} me^{53}tho^{31} ʃi^{33} la tɕhi^{33} vu^{53}dʑu^{31} khe^{22} pha^{31}, the^{33} u^{31}-ja^{53}
金子 铜 刀 拿 CSM 3sg. GEN 头 割 能 3sg PFV-睡

la, the^{33} tɕhi^{33} pje^{33}-ma^{33} njo^{33} i^{33} the^{33} no^{33} ɕe^{33} ji^{33} ke^{33}-the^{33} ɕe^{33}
CSM 那 3sg. GEN 脸-SUFF 看 GEN 那 2sg 拉 去 这-那 拉

khɯ^{53} ja^{31} la, tɕhi^{33} va^{53}lja^{31} ma^{31} bo^{53} la tɕa^{53} la^{31} the^{33} ja^{31} tɕi^{33}
上 打 CSM 3sg. GEN 魂 NEG 拥有 CSM TOP 来 那 打 完

pha^{31}.” the^{33} me^{33} ŋe^{22} la tɕa^{53}. ke^{33} thu^{53} ne ŋa^{33} na^{31} u^{31}-mo^{22}, the^{33}
能 那 做 说 CSM PRT 这 时刻 TOP 1sg 2sg. DAT PFV-藏 3sg

vu^{53}ko^{33} ʒo^{31}khu^{53} ko^{53} no^{33} ko^{22} ni^{31} ge^{31}tɕi^{33}, ŋa^{33} the^{33} ge^{31} pu ʃi^{33} la
酿酒 甑子 LOC 2sg 里面 坐 NMLZ 1sg 那 锅 CLF 拿 CSM

khɯ^{53} u^{31}-tɕi^{33}, u^{31}-tɕi^{33} la le khɯ^{53} iəu^{31} vu^{33} be ko^{22} da^{53}, ke^{33} thu^{53}
上面 PFV-放 PFV-放 CSM TOP 上 又 水 PL 里面 倒 这 时刻

no^{33} ko^{22} ko u^{31}-mo^{22} ge^{31}tɕi^{33}.
2sg 里面 LOC PFV-藏 NMLZ

完后，老妈妈说："鲁斯夸厉害得很，在他回来之前我要把你藏起来，你要记住：砍他的头要用他的刀，用他那把金子银子做的刀才砍得下他的头。你要等他睡着了，你看到他上面的镜子，如果镜子发光了，你就用箭射他的镜子，那面镜子是他的寄魂物，只要把镜子射碎了，他的灵魂就没有了，你就有打赢他的可能了。"于是老妈妈把约尔格萨藏在酿酒的甑子里，然后拿了一口锅放在甑子上面，又在锅里面装满了水，把约尔格萨藏好了。

tɕhi^{33} ji^{22}tɕha^{33} u^{31}mo^{31} la ja^{53}no^{31} lu^{53}si^{33}khua^{31} la^{31} la. lu^{53}si^{33}khua^{31}
3sg. GEN 孩子 PFV-藏 CSM 后 鲁斯夸 来 CSM 鲁斯夸

la^{31} la "ei xo^{33}tɕa^{33} ji^{31}na^{33}? ni^{33} a^{31}pa^{31} the^{33} jo^{33}ɚ^{33}ke^{31}sa^{33} la^{31} la ba^{53}?"
来 CSM 嘿 什么 臭味 2sg 恐怕 那 约尔格萨 来 CSM QUES

the^{33} ŋe^{22}: "jo^{33}ɚ^{33}ke^{31}sa^{33} a^{33}ke^{31} dʑo^{33}? jo^{33}ɚ^{33}ke^{31}sa^{33} ŋa^{33} la^{31} i the^{31} xa^{33}
3sg 说 约尔格萨 哪里 有. ANM 约尔格萨 1sg 来 GEN 那 时候

bi^{31}bi^{31} dʑi^{31} o^{33}, a^{53}mi^{31} ju^{53}ku^{31} təu^{33} a^{33}ke^{31} u^{31}-ʒo^{31} la o."
奶 吃 PRT 现在 骨头 都 哪里 PFV-扔 CSM PRT

老妈妈把她的孩子藏好后鲁斯夸就回来了。"嗯，什么东西这么臭？是不是约尔格萨来了？”鲁斯夸问老妈妈，老妈妈说：“哪里有约尔格萨啊？我来的时候约尔格萨还在吃奶，恐怕早就已经死了，现在骨头都不知道丢在哪里去了。”

“the^{33} me^{33} ŋe^{22} la no^{33} ji^{33}, no^{33} ji^{33} the^{33} so^{53}dʒa^{31} i the^{33} ʃi^{33} la,
那 做 说 CSM 2sg 去 2sg 去 那 算 GEN 那 拿 CSM
ŋa^{33} tɕi^{33} so^{53}dʒa^{31} ɕe^{53}.” the^{33} me^{33} ŋe^{22} la. “no^{33} ji^{33} le the^{33} so^{53}dʒa^{31}
1sg 一 算 TNT 那 做 说 CSM 2sg 去 TOP 那 算
i khɯ^{53} tha^{31} tɕhi^{33} o, tha^{31} tɕhi^{33}.” the^{33} ji^{33} la so^{53}dʒa^{31} i the^{33}
GEN 上 PROH 开 啊 PROH 开 3sg 去 CSM 算 GEN 那
ʃi^{33} la, tɕhi^{33} khɯ^{53} ni^{53} so^{33} a^{33} mi^{31}-tɕhi^{33} la tɕa^{53} la^{31} la tɕa^{53}
拿 CSM 3sg. GEN 上 两 三 CLF PFV-开 CSM TOP 拿 CSM TOP
the^{33} lu^{53}si^{33}khua^{33} kho^{53} la, lu^{53}si^{33}khua^{33} so^{53}dʒa^{31} ma^{53} pha^{31} la, so^{53}dʒa^{31}
那 鲁斯夸 给 CSM 鲁斯夸 算 NEG 能 CSM 算
ma^{53} pha^{31} la, xo^{33}tɕa^{33} si^{53} ma^{31} dʑo^{33} la, “xo^{33}tɕa^{33} si^{53} ma^{31}
NEG 能 CSM 什么 事情 NEG 有. ANM CSM 什么 事情 NEG
dʑo^{33} la ŋa^{33} ja^{53} ji^{33}.” the^{33} me^{33} ŋe^{22}.
有. ANM CSM 1sg 睡 去 那 做 说

魔王不信，他说：“你去给我把卦拿来，我要算一下。你记住，去拿卦的时候千万不要在卦上面跨。”老妈妈去拿卦的时候，就在卦上面跨了三次。然后拿来递给了鲁斯夸，由于卦被女人跨过，鲁斯夸算不准，就认为什么事都没有了。鲁斯夸说：“什么事都没有，我睡觉去了。”

wu^{31}-ja^{53} ji^{33} la tɕa^{53} ja^{53} le tɕa^{53} ja^{53}mu^{31} khe^{31} la. dʑi^{53} i^{53} dʑi^{53}
PFV-睡 去 CSM TOP 睡 TOP TOP 梦 睡 CSM 真 INF 真
ja^{53}mu^{31} khe^{31} la so^{22} pe^{33} la^{31} la tɕa^{53}. tɕhi^{33} a^{33}-ma^{33} tɕa^{53}
梦 睡 CSM 气 出来 来 CSM TOP 3sg. GEN 亲属前缀-妈 TOP
dʑi^{53}-me^{33} jo^{33}ɚ^{33}ke^{31}sa^{33} khi^{31}. ja^{31}-ku^{33} me^{33} ke^{33} lu^{53}si^{33}khua^{33} wu^{31}-ja^{53} la,
真-做 约尔格萨 叫 COMPR-快 做 这 鲁斯夸 PFV-睡 CSM
ja^{53}mu^{31} khe^{31} la. tɕhi^{33} i^{33} the^{33} pje^{33}-ma^{33} njo^{33} i^{33} the^{33} nja^{22} la,
梦 睡 CSM 3sg. GEN GEN 那 脸-SUFF 看 GEN 那 燃 CSM
the^{33} me^{33} ŋe^{22} la the^{33} ji^{22}tɕa^{33} pe^{33} la^{31} la.
那 做 说 CSM 那 孩子 出来 来 CSM

鲁斯夸一会儿睡着了，打起了呼噜。老妈妈看到鲁斯夸睡着了，就去叫约尔格萨：“快点，鲁斯夸睡了，睡着了，他脸对着的镜子已经亮了。”这样说着约尔格萨就出来了。

ji^{33} la tɕa^{53} the^{33} pje^{33}-ma^{33} njo^{33} i the^{33} khɯ^{53} mi^{31}-ja^{31}, ni^{53}ta^{22}

去 CSM TOP 那 脸-SUFF 看 GEN 那 上 PFV-打 打猎

i the^{33} ɕe^{22} i the^{33} mi^{31}-ɕe^{33} dʑi^{31} la khɯ^{53} mi^{31}-ja^{31} la. pje^{33}-ma^{33}

GEN 那 杀 GEN 那 PFV-拉 进 CSM 上 PFV-打 CSM 脸-SUFF

njo^{33} i^{33} the^{33} khɯ^{53} mi^{33}-ja^{31} la. the^{33} lu^{53}si^{33}khua^{33} tɕa^{33} ŋa^{31} si^{33}tɕi^{33}

看 GEN 那 上 PFV-打 CSM 那 鲁斯夸 TOP 吓倒 不得了

ve^{53} dʑi^{31}la^{31}, ve^{53} dʑi^{31}la^{31} ja^{53}tʃha^{31} ko tɕa^{53} ke^{33}-the^{33} jo^{33}ɚ^{33}ke^{31}sa^{33} ni^{53}

起 进来 起 进来 床 LOC TOP 这-那 约尔格萨 两

a^{33} ku^{31} tɕa^{53} ja^{31}-ja^{33} tɕhe^{53}.

CLF CLF TOP 打-打 TNT

约尔格萨看见鲁斯夸床头上的镜子亮了，就一箭射在了镜子上面，把镜子射碎了。鲁斯夸吃了一惊，从床上爬起来，与约尔格萨打了起来。

ja^{31}-ja^{33} tɕhe^{53} tɕəu^{31} tha^{31} ɕe^{22}, ɕe^{22} i the^{33} lu^{53}si^{33}khua^{33} nja^{53}, the^{33}

打-打 TNT 就 3sg. DAT 杀 杀 GEN 那 鲁斯夸 厉害 那

jo^{33}ɚ^{33}ke^{31}sa^{33} tha^{31} gi^{33}ma^{31}tʃhe^{53}. tɕhi^{33} a^{33}-ma^{33} ja^{31}-ku^{33} me^{33} ji^{33}.

约尔格萨 3sg. DAT 不可能 3sg. GEN 亲属前缀-妈 COMPR-快 做 去

ko^{22}-ko^{33} ji^{33} tɕa^{53}. tɕhi^{33} ji^{22}tɕa^{33} vo^{33}-vo^{33} ji^{33} tɕa^{53}, a^{33}-ma^{33} ji^{22}tɕa^{33}

跑-跑 去 TOP 3sg. GEN 孩子 帮助-帮助 去 TOP 亲属前缀-妈 孩子

ni^{53} a ku lu^{53}si^{33}khua^{33} mi^{31}-ɕe^{22} la.

两 CLF CLF 鲁斯夸 PFV-杀 CSM

打起来就杀，鲁斯夸很厉害，约尔格萨逐渐占据下风。老妈妈看到了，赶快过来帮约尔格萨，母子二人把鲁斯夸杀死了。

lu^{53}si^{33}khua^{33} mi^{31}-ɕe^{22} la ja^{53}no^{31} tɕa^{53} a^{53}mi^{31} le ma^{33}-ʑi^{31} ni^{53} a

鲁斯夸 PFV-杀 CSM 后 TOP 现在 TOP 母-儿子 两 CLF

ku ʒe^{22}. tɕhi^{33} ji^{22}tɕa^{33} ŋe^{22} the^{33} lu^{53}si^{33}khua^{33} ji^{22}tɕa^{33} ɕe^{22}, the^{33} a^{33}-ma^{33}

CLF 离开 3sg. GEN 孩子 说 那 鲁斯夸 孩子 杀 那 亲属前缀-妈

ŋe^{22}: “ŋa^{33} ke^{33} ke dʑo^{33} no^{33} the^{33} mi^{31}-ɕe^{22} ŋa^{33} nje^{22}-ma^{53} nja^{33}.” “a^{53}mi^{31}

说 1sg 这 LOC 有.ANM 2sg 那 PFV-杀 1sg 心-SUFF 疼 现在

tha^{53} ɕe^{22} la.” the^{33}ku^{53} ni^{53} a^{33} ji^{22}tɕa^{33} a^{33}-ma^{33} ni^{53}a^{33} ku^{31} tɕa^{53}

PROH 杀 CSM 3dl 两 CLF 孩子 亲属前缀-妈 两CLF CLF TOP

ɕe^{33}-ɕe^{33} va^{33}-ma^{33} ko ji^{33} la.

走-走 路-SUFF LOC 去 CSM

杀死鲁斯夸以后，母子二人就走了。刚出门，约尔格萨想起来鲁斯夸还有一个儿子，准备去杀了他。老妈妈说：“我在这儿，你杀他，我的心会痛。”约尔格萨只好说：“现在不杀了。”母子二人顺着大路往回走。

ji^{33} la le tɕi^{33} ɕe^{33}-ɕe^{33} me^{33} ji^{33} la tɕhi^{33} ji^{22}tɕa^{33} ŋe^{22}: “en^{31},
去 CSM TOP 一 走-走 做 去 CSM 3sg. GEN 孩子 说 嗯
a^{33}-ma^{33}, ŋa^{33} no^{33}dʑo^{33} ji^{33}, ŋe^{33} me^{53}tho^{31} the^{33} ke^{31} ka^{33}po^{31} la^{33},
亲属前缀-妈 1sg 回转 去 1sg. GEN 刀 那 LOC 丢失 CSM
lu^{53}si^{33}khua^{33} de^{22} ja^{33}khe^{31} tɕhi^{33} izo^{31} ŋa^{33} ʃi^{33} ma^{53} la^{31} ɕi^{31}.” tɕhi^{33} a^{33}-ma^{33}
鲁斯夸 家 家里 开 DUR 1sg 拿 NEG 来 还 3sg 亲属前缀-妈
de^{22}mje^{33}: “tɕhi^{33} ke^{33}-the^{33} jo^{33}ɚ^{33}ke^{31}sa^{33} ji^{33} le, the^{33} tɕhi^{33} lu^{53}si^{33}khua^{33}
想 3sg. GEN 这-那 约尔格萨 去 TOP 那 3sg. GEN 鲁斯夸
i ji^{22}tɕa^{33} tɕu^{22}.”
GEN 儿子 杀

走到半路上，约尔格萨对老妈妈说：“妈妈，我要回转去，我的刀掉在鲁斯夸家了，我使用的工具在鲁斯夸家房子里还没有拿来。”他妈妈想：“约尔格萨这一去，是去杀鲁斯夸的儿子。”

the^{33} se^{22} la the^{33} ŋe^{22}: “no^{33} ji^{33} la ne tɕu^{22} le ʃu^{33} tha^{31}
那 知道 CSM 3sg 说 2sg 去 CSM TOP 杀 TOP 血 PROH
pe^{33}, a^{31} dʑi^{53} o?” the^{33} me^{33} ŋe^{22}, la^{31} la the^{33} jo^{33}ɚ^{33}ke^{31}sa^{33} no^{33}dʑo^{33}
出来 QUES COP PRT 那 做 说 来 CSM 3sg 约尔格萨 回转
la^{31} la the^{33} lu^{53}si^{33}khua^{33} dʑa^{53}-pu xi^{33}-pho^{53}, du^{53} la tɕa^{53} tɕhi^{33}
来 CSM 那 鲁斯夸 门-CLF 前-边 成 CSM TOP 3sg. GEN
lu^{53}si^{33}khua^{33} ji^{22}tɕa^{33} tɕa^{53} the^{33} ke ni^{53}ta^{22} i the^{33} be^{33}ji^{33} ɕe^{22} o, the^{33}
鲁斯夸 孩子 TOP 那 LOC 打猎 GEN 那 苍蝇 杀 PRT 那
ke ɕe^{22} i^{33} the^{33} dʑa^{31}xa^{33} ko the^{33} be^{31}ji^{33} be ɕe^{22} o.
LOC 杀 GEN 那 墙上 LOC 3sg 苍蝇 PL 杀 PRT

只好对他说：“你去了杀鲁斯夸的儿子，希望你不要让他流血，好吗？”约尔格萨答应了。约尔格萨来到鲁斯夸家门前，看见鲁斯夸的儿子正在那儿用箭射杀墙上的苍蝇。

ɕe^{22} le the^{33} ŋe^{22}: “xo^{31}”, no^{33} ke^{33} ke dʑa^{31} izo , “no^{33} ke^{33} ke
杀 TOP 3sg 问 嘿 2sg 这 LOC 站 DUR 2sg 这 LOC
xo^{33}tɕa^{33} si^{53} dʑo^{33}?” the^{33} ŋe^{22}: “o^{31}, ŋa^{33} ke^{33} ke be^{31}ji^{33} be ɕe^{22} le,
什么 事情 有. ANM 3sg 说 哦 1sg 这 LOC 苍蝇 PL 杀 TOP

ŋa^{33} ja^{53}no^{31} le the^{33} jo^{33}ɚ^{33}ke^{31}sa^{33} ɕe^{22} o.” the^{33} me^{33} ŋe^{22}. the^{33} ŋe^{22}:

1sg 后 TOP 那 约尔格萨 杀 PROS 那 做 说 3sg 说

“o^{31}!” the^{33} dʑi^{53}-me^{33} se^{22} la.

哦 那 真-做 知道 CSM

（看见他）杀了（苍蝇），约尔格萨问：“喂！你这是在做什么？”鲁斯夸的儿子说：“我现在在这里射杀苍蝇，练好本领后要去杀了那个约尔格萨。”约尔格萨知道只有杀了鲁斯夸的儿子，才能永绝后患。

the^{33} me^{53}tho^{31} ʃi^{33} la tɕa^{53} the^{33} lu^{53}si^{33}khua^{33} i ji^{22}tɕa^{33} vu^{53}dʑu^{31}

那 刀 拿 CSM TOP 那 鲁斯夸 GEN 孩子 头

mi^{31}-to^{33} la. the^{33} ʃu^{33} pe^{33} la^{31} la, the^{33} ʃu^{33} be tɕəu^{31} the^{33} be^{31}ji^{33}

PFV-砍 CSM 那 血 出来 来 CSM 那 血 PL 就 那 苍蝇

be, be^{53}tɕe^{31} be, bi^{31} be, tsho^{33} kha^{31} the^{33} be ja^{22}ka^{33} tɕəu^{31} tɕa^{53}.

PL 蚊子 PL 蜂 PL 人 咬 那 PL 全部 就 TOP

他抽出刀来，一刀将鲁斯夸的儿子杀了，鲁斯夸的儿子流出的血变成了很多的苍蝇、蚊子和蜂子，这些东西一起来咬约尔格萨。

tha^{31} u^{31}-kha^{31} la the^{33} ja^{31}-ku^{33} me^{33} be^{22}tɕhe^{33} ka^{33} le tɕa^{53}

3sg. DAT PFV-咬 CSM 那 COMPR-快 做 衣服 脱 TOP TOP

mi^{31}-ja^{31} ʃi^{33} la u^{31}-ta^{22}, mi^{31}-ja^{31} ʃi^{33} la u^{31}-ta^{22} tɕa^{53} me^{31}kha^{53} la^{31}

PFV-打 拿 CSM PFV-烧 PFV-打 拿 CSM PFV-烧 TOP 烟子 来

tɕa^{53} the^{33} be ja^{22}ka^{33} ko^{22}-ko^{33} ʒa^{31}. mi^{31}-ko^{22}-ko^{33} tɕa^{53} tha^{31} ma^{53} kha^{31}

TOP 那 PL 全部 跑-跑 叫 PFV-跑-跑 TOP 3sg. DAT NEG 咬

la. tha^{31} ma^{53} kha^{31} la ja^{53}no^{31} tɕa^{53} the^{33} no^{33}dʑo^{33} la^{31} va^{33}-ma^{33}

CSM 3sg. DAT NEG 咬 CSM 后 TOP 3sg 回转 来 路-SUFF

ko^{53} ɕe^{33}-ɕe^{33}. tɕhi^{33} a^{33}-ma^{33} ni^{53} a ku tɕa^{53} tɕi^{53}ba^{31} me^{33} ja^{33}khe^{31}

LOC 走-走 3sg. GEN 亲属前缀-妈 两 CLF CLF TOP 一起 做 家里

la^{31} la.

来 CSM

约尔格萨赶快把衣服脱下来，用火点燃，点燃后的浓烟把那些昆虫熏跑了。于是约尔格萨顺着大路往回走，同妈妈一起回到了家。

（讲述人：吴德才）

6. 癞蛤蟆娶妻

xi^{33} ka^{33}pa^{33} tʃhe^{33}ʑi^{33} tʃhe^{33}ma^{33} ji^{22}tɕa^{33} ma^{31} bo^{53} ni^{53} a^{33}, tɕi^{33}-ne^{33}
前 社会 孤儿 寡妇 孩子 NEG 拥有 两 CLF 一-天
mu^{53}ka^{33} ni^{53} a^{33} dʒe^{22}-dʒe^{53} tɕhe^{53}, mu^{53}ka^{33} je^{33}ka^{33} ʃi^{33} la^{31} mu^{53}ka^{33}-ma^{53}
老人 两 CLF 吵-吵 TNT 老人 烟杆 拿 CSM 老人-母
tsho^{33} mu^{53} ja^{31} va^{22}-va^{33} la.
人 老 打 肿-肿 CSM

从前有两个无儿无女的老人，有一天他们俩吵架了。老爷爷很生气，就用烟杆打了老婆婆一下，把老婆婆的脚打起了一个泡。

ja^{53}no^{33} the^{33} ne^{33} jo^{22}pho^{53} ni^{53} a^{33} the^{33} khi^{31} ba^{33} ko^{31} ji^{33} ɕe^{53} vo^{53}xo^{33},
后 那 天 朋友 两 CLF 那 喊 山 LOC 去 柴 背
tsho^{33} so^{33} a^{33} va^{33}-ma^{33} ɕe^{33}-ɕe^{33}, khɯ^{53} ko^{33}le^{33} ʒa^{31}: “xi^{33} the^{33} mu^{53}ka^{33}-ma^{53}
人 三 CLF 路-SUFF 走-走 天上 乌鸦 叫 前 那 老人-母
ji^{22}tɕa^{33} ba^{31}!” mu^{53}ka^{33}-ma^{53} go^{33}tɕo^{53} ji^{33} la, ko^{33}le^{33} ʒa^{31}: “go^{33}tɕo^{53} i the^{33}
孩子 生 老人-母 中间 去 CSM 乌鸦 叫 中间 GEN 那
mu^{53}ka^{33}-ma^{53} ji^{22}tɕa^{33} ba^{31} o.” mu^{53}ka^{33}-ma^{53} ja^{53}no^{33} ji^{33}, ko^{33}le^{33} ʒa^{31}: “ja^{53}no^{33}
老人-母 孩子 生 PRT 老人-母 后 去 乌鸦 叫 后
i the^{33} mu^{53}ka^{33}-ma^{53} ji^{22}tɕa^{33} ba^{31}.” mu^{53}ka^{33}-ma^{53} ko^{33}le^{33} dʒe^{22}: “ŋa^{33} mu^{53}ka^{33}
GEN 那 老人-母 孩子 生 老人-母 乌鸦 骂 1sg 老人
la ji^{22}tɕa^{33} a^{33}ke^{31} la^{31}?”
CSM 孩子 哪里 来

第二天老婆婆的两个朋友喊她一起去山上背柴。三个人在路上走，天上有一只乌鸦叫着说：“走在前面的那个老婆婆要生一个娃。”老婆婆很生气，走到中间去了。乌鸦又叫道：“走在中间的那个老婆婆要生个娃。”老婆婆只好走到后面去了。乌鸦又叫道：“走在后面的那个老婆婆要生个娃。”老婆婆很生气，骂乌鸦说：“我都老了哪里来的娃娃？”

the^{33} ɕe^{53} to^{33} dʑe^{53} la pu^{33} ka u^{31}-tɕha^{31} la. mu^{53}ka^{33}-ma^{53} ɕe^{53}
那 柴 砍 够 CSM 绳子 CLF PFV-系 CSM 老人-母 柴
vo^{53}xo^{33} tshu^{22}mu^{31} tu^{33} va^{22}-va^{33} mi^{31}-pi^{22} la, pa^{22}-ma^{53} ɕi^{33}za^{33} tɕhu^{53}
背 膝盖 磕 肿-肿 PFV-破 CSM 癞蛤蟆-SUFF 神仙 跳
pe^{33} la.
出来 CSM

她们砍够柴用绳子捆好了，老婆婆膝盖跪地背柴，那个泡被磕破了，从里面跳出来一只癞蛤蟆。

pa^{22}-ma^{53}　ɕi^{33}za^{33}　mu^{53}ka^{33}-ma^{53}　khi^{31}:　“ŋa^{33}　ɕe^{53}　vo^{53}xo^{33}.”　mu^{53}ka^{33}-ma^{53}

癞蛤蟆-SUFF　神仙　老人-母　喊　1sg　柴　背　老人-母

ŋe^{22}:　“no^{33}　ŋa^{33}　tha^{53}　khi^{31},　ŋa^{33}　vo^{53}xo^{33}.”　jo^{22}pho^{33}　ni^{53}　a^{33}　ŋe^{22}:　“the^{33}

说　2sg　1sg. DAT　PROH　喊　1sg　背　朋友　两　CLF　说　那

vo^{53}xo^{33}　no^{33}　tha^{31}　kho^{53}.”　pa^{22}-ma^{53}　ɕi^{33}za^{33}　ŋe^{22}:　“ne^{33}de^{31}　xi^{33}　ji^{33},

背　2sg　3sg. DAT　给　癞蛤蟆-SUFF　神仙　说　2pl　前　走

ŋa^{33}　ja^{53}no^{33}　la^{31}.”

1sg　后　来

癞蛤蟆对老婆婆说：“妈妈，我来背柴吧。”老婆婆说：“你不要喊我，我自己来背。”两个朋友给她说：“你就给他背。”癞蛤蟆背上柴，对她们三个说：“你们先走，我后面来。”

the^{33}　mu^{53}ka^{33}-ma^{53}　ja^{33}khe^{31}　ji^{33}　la　mu^{53}ka^{33}　xi^{33}-pho^{53}　ŋe^{22}:　“pa^{22}-ma^{53}

那　老人-母　家里　去　CSM　老人　前-边　说　癞蛤蟆-SUFF

pu　ɕe^{53}　vo^{53}xo^{33}　ja^{53}no^{33}　la^{31}.”　ja^{53}no^{33}　ɕe^{53}　vo^{53}xo^{33}　la^{31}:　“a^{33}-ma^{33},　a^{33}ke^{31}

CLF　柴　背　后　来　后　柴　背　来　亲属前缀-妈　哪里

tɕi^{33}?”　“ja^{33}　ja^{53}no^{33}　so^{33}　go^{22}dʑo^{33},　jo^{53}tsi^{31}　ko^{33}　tɕi^{33}.”　the^{33}　ja^{33}khe^{31}　ji^{33}

放　房子　后　三　圈　院子　LOC　放　3sg　家里　去

tɕha^{33}　dʑi^{31}　tha^{33}ka^{53}　na^{22}ba^{33}　ni^{31}.

晚饭　吃　锅庄　面前　坐

老婆婆回家了对老爷爷说了事情的经过，并说：“癞蛤蟆在后面背着柴来了。”癞蛤蟆把柴背回来了，大声问道：“妈妈，柴放哪里？”老婆婆说：“从房子后面围着房子转三圈，再放到院子里。”癞蛤蟆照着做了。晚上，癞蛤蟆吃了饭后就蹲在锅庄前面。

ja^{53}no^{31}　tɕi^{33}　ne^{33},　the^{33}　ŋe^{22}:　“va^{22}ma^{33}　ɕu^{31}　kha^{53}　ja^{22}ʃu^{33}ma^{53}　me^{33}

后　一　天　3sg　说　富有　NMLZ. ANM　大　媳妇　做

ji^{33},　ne^{33}de^{31}　vo^{31}tɕe^{33}　gi^{33}pi^{33}　vu^{53}　tsu^{53}　dzo^{22}　ŋa^{33}　kho^{53},　vu^{53}pu^{33}tʃi^{53}tʃi^{33}

去　2pl　鸡蛋　皮　酒　点　装　1sg. DAT　给　老鼠

gi^{33}pi^{33}　tʃhe^{53}　tsu^{53}　dzo^{22}　ŋa^{33}　kho^{53}.”

皮　米　点　装　1sg. DAT　给

过后的一天，癞蛤蟆对老两口说：“明天我要去大富人家提亲，你们准备好一鸡蛋壳的酒和一老鼠皮的米给我。”

pa^{22}-ma^{53} pu va^{22}ma^{33} ɕu^{31} kha^{53} ka^{31} ji^{33} la. the^{33} va^{22}ma^{33}

癞蛤蟆-SUFF CLF 富有 NMLZ. ANM 大 处所 去 CSM 那 富有

ɕu^{31} kha^{53} khi^{31}, va^{22}ma^{33} ɕu^{31} kha^{53} ja^{22}ʃu^{33}ma^{33} pe^{33} la^{31}, xo^{33}tɕa^{33}

NMLZ. ANM 大 喊 富有 NMLZ. ANM 大 媳妇 出来 来 什么

ma^{31} do^{33}, the^{33} ja^{33}khe^{31} ji^{33} la.

NEG 看见 3sg 家里 去 CSM

第二天，癞蛤蟆拿上酒和米就去大富人家了。到了大富人家大门外，他就在那里叫门，大富人家的夫人出来了，她什么人也没有看到，就回去了。

ja^{53}no^{33} za^{33}mi^{33} kha^{53} la^{31}, xo^{33}tɕa^{33} tsho^{33} ma^{31} dʑo^{33} pa^{22}-ma^{53}

后 女儿 大 来 什么 人 NEG 有. ANM 癞蛤蟆-SUFF

pu the^{33} ke^{31} ni^{31} izo. so^{33} tʃa^{53} za^{33}mi^{33} ni^{53} pe^{33} la^{31}, xo^{33}tɕa^{33} tsho^{33}

CLF 那 LOC 坐 DUR 三 次 女儿 两 出来 来 什么 人

ma^{31} dʑo^{33} pa^{22}-ma^{53} pu ni^{31} izo, za^{33}mi^{33} ja^{33}khe^{31} ji^{33} la.

NEG 有. ANM 癞蛤蟆-SUFF CLF 坐 DUR 女儿 家里 去 CSM

然后癞蛤蟆再叫门，大女儿出来看，什么也没有看到，就看到一只癞蛤蟆蹲在那里，就回去了。然后癞蛤蟆再叫门，第三次二女儿出来也是没有看到什么，就看到一只癞蛤蟆蹲在那里，她也回去了。

ja^{53}no^{33} za^{33}mi^{33} go^{31}tɕi^{33} pe^{33} la^{31}, pa^{22}-ma^{53} pu za^{33}mi^{33} go^{22}tɕi^{33} be^{22}tɕhe^{33}

后 女儿 小 出来 来 癞蛤蟆-SUFF CLF 女儿 小 衣服

khɯ^{53} u^{31}-dʑa^{31} dʑi^{31}la^{31}.

上 PFV-站 进去

然后癞蛤蟆再叫门，最后一次小女儿出来了，他看到小女儿就跳到她的衣服上，与小女儿一起进了屋里。

the^{33} ŋe^{22}: “ŋa^{33} ni^{33}-ka^{31} ja^{22}ʃu^{33}ma^{53} ŋe^{22}.” va^{22}ma^{33} ɕu^{31} kha^{53}

3sg 说 1sg 2sg. GEN-处所 媳妇 说 富有 NMLZ. ANM 大

ŋe^{22}: “ma^{31} kho^{53}.” the^{33} pa^{22}-ma^{53} pu ɕe^{53} tɕi^{53} tsi^{31}tsi^{53} ɕe^{53}, tɕhi^{33}

说 NEG 给 那 癞蛤蟆-SUFF CLF 柴 一 翻 TNT 3sg. GEN

tsho^{33} bu ke^{22} ʒa^{31}. va^{22}ma^{33} ɕu^{31} kha^{53} ŋe^{22}: “kho^{53}, kho^{53}.”

人 PL 烫 叫 富有 NMLZ. ANM 大 说 给 给

癞蛤蟆对大富人家一家说：“我是来向你家提亲的。”大富人家说：“不行。”癞蛤蟆翻了一下锅庄里的柴，全家人就被烫得受不了。大富人家只好说说：“答应你，答应你。”

va^{22}ma^{33} ɕu^{31} kha^{53} za^{33}mi^{33} go^{22}tɕi^{33} pa^{22}-ma^{53} pu kho^{53}. the^{33}
富有 NMLZ. ANM 大 女儿 小 癞蛤蟆-SUFF CLF 给 3sg

tʃhe^{53}tsha^{33} pu^{31} bje^{53} la, vu^{53}ga^{33} pu^{31} bje^{53} la. va^{22}ma^{33} ɕu^{31} kha^{53}
米仓 倒 满 CSM 酒缸 倒 满 CSM 富有 NMLZ. ANM 大

za^{33}mi^{33} ta^{31}ʑi^{33} a^{33} kho^{53}, tɕhe^{31}to^{53} pu^{31} kho^{53}, ɕe^{53}-to^{33} pu^{31} kho^{53}, tɕu^{33}mu^{33}
女儿 马 CLF 给 菜刀 CLF 给 柴-砍 CLF 给 碓

tɕhu^{33}-tɕhu^{33} lju^{53}-bu^{31} kho^{53}.
敲-敲 石头-CLF 给

大富人家就把小女儿嫁给了癞蛤蟆。癞蛤蟆把大富人家的米仓倒满了，把大富人家的酒缸倒满了。大富人家就给小女儿准备了一匹马，一把菜刀，一把弯刀以及一块擂棒石作为嫁妆。

va^{22}ma^{33} ɕu^{31} kha^{53} za^{33}mi^{33} ɲe^{22}: “the^{33} dzu^{31}go^{33} na^{31} kho^{53}, no^{33}
富有 NMLZ. ANM 大 女儿 说 这 东西 2sg. DAT 给 2sg

ʃi^{33} tsa^{33} ji^{33}, no^{33} ta^{31}ʑi^{33} dzi^{31}, pa^{22}-ma^{53} pu ɕe^{33}.” pa^{22}-ma^{53} pu
拿 带 去 2sg 马 骑 癞蛤蟆-SUFF CLF 拉 癞蛤蟆-SUFF CLF

ɕe^{33} ji^{33} la^{33}.
拉 走 CSM

大富人家对小女儿说：“这些是给你的嫁妆，你带过去。你骑着马，让癞蛤蟆给你牵马。”癞蛤蟆拉起马就走了。

va^{33}-ma^{33} ɕe^{33}-ɕe^{33}, za^{33}mi^{33} tɕhe^{31}to^{53} pu ʒo^{31} gi^{53} la, pa^{22}-ma^{53}
路-SUFF 走-走 女儿 菜刀 CLF 扔 落下 CSM 癞蛤蟆-SUFF

pu tɕhu^{53}-tɕhu^{31} la, pa^{22}-ma^{53} pu khɯ^{53} ma^{31} to^{33}. “ŋa^{33}ku^{53} ni^{53} a^{33}
CLF 跳-跳 CSM 癞蛤蟆-SUFF CLF 上 NEG 砍 1dl 两 CLF

tɕhe^{31}to^{53} pu ka^{33}po^{31} la, ka^{22} ŋa^{33} kho^{53}.” “ŋa^{33}ku^{53} ni^{53} a^{33} ɕe^{53}-to^{33}
菜刀 CLF 摔 CSM 捡 1sg. DAT 给 1dl 两 CLF 柴-砍

pu ka^{33}po^{31} la, ka^{22} ŋa^{33} kho^{53}.” “ŋa^{33}ku^{53} ni^{53} a^{33} tɕu^{33}mu^{33} tɕhu^{33}-tɕhu^{33}
CLF 摔 CSM 捡 1sg. DAT 给 1dl 两 CLF 碓 敲-敲

lju^{53}-bu^{31} ka^{33}po^{31} la, ka^{22} ŋa^{33} kho^{53}.” pa^{22}-ma^{53} pu ɲe^{22}: “dzu^{31}go^{33}
石头-CLF 摔 CSM 捡 1sg. DAT 给 癞蛤蟆-SUFF CLF 说 东西

ma^{53} ka^{22} la, ŋa^{33} ja^{33}khe^{31} xo^{33}tɕa^{33} dzu^{31}go^{33} bo^{53}.” za^{33}mi^{33} ni^{53} a^{33}

NEG 捡 CSM 1sg 家里 什么 东西 拥有 女儿 两 CLF

ta^{31}ʑi^{33} ɕe^{33} ja^{33}khe^{31} pa^{53} la.

马 拉 家里 到 CSM

在路上，小女儿把菜刀丢下来了，想把癞蛤蟆砍死。癞蛤蟆一下跳开了，没有砍在他身上。小女儿说：“我们俩使用的菜刀掉下去了，你捡上来给我。”“我们俩使用的弯刀掉下去了，你捡上来给我。”“我们俩使用的擂棒石掉下去了，你捡上来给我。”癞蛤蟆均说：“这些东西我们就不捡了，我家什么都有。”就这样牵着马到家了。

the^{33} a^{33}-ba^{33} a^{33}-ma^{33} za^{33}mi^{33} pho^{53} ŋe^{22}: “no^{33} tɕho^{53} i^{33} tɕho^{53}

那 亲属前缀-爸 亲属前缀-妈 女儿 边 说 2sg 美 INF 美

za^{33}mi^{33} pa^{22}-ma^{53} pu xi^{33}-pho^{53} la^{31}?” za^{33}mi^{33} ŋe^{22}: “ŋa^{33} tɕhi^{33} ja^{53}no^{33}

女儿 癞蛤蟆-SUFF CLF 前-边 来 女儿 说 1sg 3sg. GEN 后

ma^{31} la^{31}, ŋa^{33}de^{31} ja^{33}khe^{33} tsho^{33} bu ɕa^{22} si^{31}ka^{33}.” ja^{53}no^{31} ja^{33}khe^{31} tɕha^{33}

NEG 来 1pl 家里 人 PL 做 死 后 家里 晚饭

ɕa^{22}, be^{22}tɕhe^{33} tshi^{33}, xo^{33}tɕa^{33} xo^{33}tɕa^{33} sa^{53}-sa^{31}.

做 衣服 洗 什么 什么 摸-摸

癞蛤蟆的爸爸妈妈就问大富人家的小女儿：“你这么漂亮的一个姑娘，怎么跟癞蛤蟆一起来了？”姑娘说：“如果我不来的话，他就会把我的家人整死的。”接下来的日子，小女儿忙里忙外，洗衣、做饭、什么活都做。

ja^{53}no^{33} the^{33} ne^{33} pu^{33}-ke^{53} ta^{31}ʑi^{33} dzi^{31} ko^{22}-ko^{33} se^{33}gu^{33} va^{53} ŋe^{22} se^{33}gu^{33}

后 那 天 村子-LOC 马 骑 跑-跑 谁 获得 说 谁

kho^{53}, “ne^{33}de^{31} ji^{33} the^{33} ke njo^{33}.” the^{33} a^{33}-ba^{33} a^{33}-ma^{33} za^{33}mi^{33}

给 2pl 去 那 LOC 看 那 亲属前缀-爸 亲属前缀-妈 女儿

so^{33} a^{33} ji^{33} njo^{33}.

三 CLF 去 看

有一天，寨子里要举行赛马比赛，（癞蛤蟆说）：“你们去赛场看比赛吧。”癞蛤蟆的爸爸妈妈和姑娘都去看比赛了。

the^{33} ja^{33}khe^{31} mu^{31}mje^{31} ɕe^{33}, mu^{31}mje^{31} ɕe^{33} nju^{33}xu^{53} ɕe^{33} ta^{31}ʑi^{33} a^{33} du^{53}

3sg 家里 毛线 拉 毛线 拉 红 拉 马 CLF 成

la. the^{33} ta^{31}ʑi^{33} khɯ^{53} dzi^{31} ko^{22}-ko^{33} ji^{33} la. the^{33} ta^{31}ʑi^{33} ko^{22}-ko^{33} va^{53},

CSM 3sg 马 上 骑 跑-跑 去 CSM 3sg 马 跑-跑 获得

tsho^{33} tɕho^{53} i^{53} tɕho^{53}, ʃe^{33}ko^{33} a^{33} tha^{31} kho^{53} la. the^{33} ja^{33}khe^{33} la^{31}.
人 美 INF 美 腿 CLF 3sg. DAT 给 CSM 3sg 家里 来
the^{33} pa^{22}-ma^{53} pu gi^{33}pi^{33} ve^{22} la, dʑa^{53}-pu xi^{33}-pho^{53} ni^{31}.
那 癞蛤蟆-SUFF CLF 皮 穿 CSM 门-CLF 前-边 坐

癞蛤蟆在家里抽了一根红毛线，红毛线变成一匹红色的骏马，他骑上骏马就去参加比赛了。他的马跑得最快，他的人也长得最帅，他赢得了一块肉。比赛结束了，癞蛤蟆回来了，他穿上癞蛤蟆的皮坐在门口。

the^{33} so^{33} a^{33} ja^{33}khe^{33} la^{31}, the^{33} pa^{22}-ma^{53} pu a^{33}-ba^{33} a^{33}-ma^{33}
那 三 CLF 家里 来 那 癞蛤蟆-SUFF CLF 亲属前缀-爸 亲属前缀-妈
mi^{22}do^{53}: “ne^{33}de^{31} ji^{33} njo^{33} se^{33}gu^{33} va^{53}, ʃe^{33}ko^{33} kho^{53} la?” “ta^{33}ne^{33} kho^{22}-ma^{31}
问 2pl 去 看 谁 获得 腿 给 CSM 今天 老鹰-SUFF
ʃe^{33}ko^{33} tɕa^{22} ʃi^{33} la, ŋa^{33} ja^{31} ka^{33}po^{31} ka^{22} va^{53} la.”
腿 捡 拿 CSM 1sg 打 摔 捡 获得 CSM

爸爸妈妈和姑娘三个人回来后，他就问他们：“今天是哪个赢了，哪个得了奖励的那块肉了？”大家就告诉了他。癞蛤蟆说：“今天很凑巧，我看到一只老鹰叼着一块肉，我就把那块肉打下来，捡回来了。”

pa^{22}-ma^{53} pu ŋe^{22}: “ja^{53}no^{33} tɕi^{33} ne^{33} ne^{33}de^{31} ji^{33} njo^{33}.”
癞蛤蟆-SUFF CLF 说 后 一 天 2pl 去 看

癞蛤蟆对家人说：“第二天还有比赛你们再去看。”

ja^{53}no^{33} tɕi^{33} ne^{33}, the^{33} mu^{31}mje^{31} ɕe^{33}, pa^{22}-ma^{53} pu mu^{31}mje^{31} ɕe^{33}
后 一 天 3sg 毛线 拉 癞蛤蟆-SUFF CLF 毛线 拉
nu^{53}khu^{31} ɕe^{33} ta^{31}ʑi^{33} nu^{53}khu^{31} du^{53} la, pa^{22}-ma^{53} pu khɯ^{53} dzi^{31} ko^{22}-ko^{33}
黑 拉 马 黑 成 CSM 癞蛤蟆-SUFF CLF 上 骑 跑-跑
ji^{33} la. the^{33} ta^{31}ʑi^{33} ko^{22}-ko^{33} va^{53}, tsho^{33} tɕho^{53} i^{53} tɕho^{53}, ʃe^{33}ko^{33} a^{33}
去 CSM 那 马 跑-跑 获得 人 美 INF 美 腿 CLF
tha^{31} kho^{53} la. the^{33} ja^{33}khe^{33} la^{31}. the^{33} pa^{22}-ma^{53} pu gi^{33}pi^{33} ve^{22}
3sg. DAT 给 CSM 3sg 家里 来 那 癞蛤蟆-SUFF CLF 皮 穿
la, dʑa^{53}-pu xi^{33}-pho^{53} ni^{31}.
CSM 门-CLF 前-边 坐

第二天，癞蛤蟆又抽出一根黑毛线，黑毛线变成了一头黑骏马，他骑上马就去参加比赛了。他的马跑得最快，他的人长得最帅，他又赢了一块肉。癞蛤蟆回来了，他穿上癞蛤蟆的皮坐在门口。

the^{33} so^{33} a^{33} ja^{33}khe^{33} la^{31}, the^{33} pa^{22}-ma^{53} pu a^{33}-ba^{33} a^{33}-ma^{33}
那 三 CLF 家里 来 那 癞蛤蟆–SUFF CLF 亲属前缀–爸 亲属前缀–妈

mi^{22}do^{53}: “ne^{33}de^{31} ji^{33} njo^{33} se^{33}gu^{33} va^{53}, ʃe^{33}ko^{33} kho^{53} la? ta^{33}ne^{33} kho^{22}-ma^{31}
问 2pl 去 看 谁 获得 腿 给 CSM 今天 老鹰–SUFF

ʃe^{33}ko^{33} tɕa^{22} ʃi^{33} la, ŋa^{33} ja^{31} ka^{33}po^{31} ka^{22} va^{53} la.”
腿 捡 拿 CSM 1sg 打 摔 捡 获得 CSM

爸爸妈妈和姑娘三个人回来了，癞蛤蟆就问他们：“今天是哪个赢了，哪个得了奖励的那块肉了？”“今天很凑巧，我看到一只老鹰叼着一块肉，我就把那块肉打下来，捡回来了。”

so^{33} ne^{33} du^{53} la, pa^{22}-ma^{53} pu ŋe^{22}: “ja^{53}no^{33} tɕi^{33} ne^{33} ne^{33}de^{31}
三 天 成 CSM 癞蛤蟆–SUFF CLF 说 后 一 天 2pl

ji^{33} njo^{33}.” za^{33}mi^{33} nje^{22}-ma^{53} de^{22}mje^{33}: “ʃe^{33}ko^{33} ni^{53} ne^{33} no^{33} ka^{22} va^{53} la?”
去 看 女儿 心–SUFF 想 腿 两 天 2sg 捡 获得 CSM

the^{33} za^{33}mi^{33} va^{31}-pho^{33} mo^{22}, pa^{22}-ma^{53} pu gi^{33}pi^{33} mi^{31}-ka^{33} la, dʑi^{53}-me^{33}
那 女儿 外–边 藏 癞蛤蟆–SUFF CLF 皮 PFV–脱 CSM 真–做

phe^{22}gu^{31} pe^{33} la.
小伙子 出来 CSM

到第三天，癞蛤蟆对家人说：“明天还有比赛你们去看。”姑娘心里想：“为什么你会两天都捡到肉呢？”第二天，姑娘跑到外面去藏起来，只见癞蛤蟆脱掉了皮子，变成了一个很帅的小伙子。

za^{33}mi^{33} dʑi^{31}la^{31} gi^{33}pi^{33} tha^{33}ka^{53} ko^{53} mi^{31}-ta^{22} la. pa^{22}-ma^{53} pu
女儿 进去 皮 锅庄 LOC PFV–烧 CSM 癞蛤蟆–SUFF CLF

ŋe^{22}: “no^{33} tha^{53} ta^{22}, ŋa^{33} ku^{53} ni^{53} a^{33} dzu^{31}go^{33} ma^{31} dʑe^{53}.” a^{53}mi^{33} tɕi^{33}
说 2sg PROH 烧 1dl 俩 两 CLF 东西 NEG 够 现在 一

ja^{33}-me^{33} la. pa^{22}-ma^{53} pu pa^{22}-ma^{53} ɕi^{33}za^{33} dʑi^{53}.
家–做 CSM 癞蛤蟆–SUFF CLF 癞蛤蟆–SUFF 神仙 COP

姑娘赶快跑进去把癞蛤蟆皮丢进锅庄里烧了，癞蛤蟆说：“你不要烧，我们俩的家具还没攒够。”但为时已晚，从此他们成了真正的一家人，原来癞蛤蟆是个癞蛤蟆神仙。

（讲述人：吴德才）

7. 捡豆子

xi^{33} ka^{33}pa^{33} a^{33}-ba^{33} a^{33}-ma^{33} ma^{31} dʑo^{33} tʃhe^{33}ʑi^{33} ji^{22}tɕa^{33},
前 社会 亲属前缀-爸 亲属前缀-妈 NEG 有.ANM 孤儿 孩子
pu^{33}-ke^{53} tsho^{33} ja^{33}-de^{31} tu^{22} tje^{31} izo, tsho^{33} ja^{33} bu tu^{22} ʒa^{53}bo^{31} the^{33}
村子-LOC 人 家-家族 豆子 点播 DUR 人 家 PL 豆子 收拾 那
ne^{33}, tʃhe^{33}ʑi^{33} ji^{22}tɕa^{33} ji^{33} tu^{22} ka^{22}, tu^{22} tɕi^{53} ke^{22} ma^{53}zo^{33} ka^{22} va^{53} la^{33}.
天 孤儿 孩子 去 豆子 捡 豆子 一 斤 左右 捡 获得 CSM
the^{33} tu^{22} tɕi^{33} ko ma^{31} dʑo^{33}.
那 豆子 放 目标 NEG 有.ANM

从前，村子里有一个孤儿，村子里有家种豆子的人。收豆子的时候，孤儿就去他家捡豆子，捡到一斤多的豆子，但是他没有放豆子的地方。

the^{33} tsho^{33} ja^{33}-de^{31}: “ŋe^{33} tu^{22} tsu^{53} ni^{33} ka^{31} u^{31}-tɕi^{33}.” tsho^{33}
那 人 家-家族 1sg.GEN 豆子 点 2sg.GEN 处所 PFV-放 人
ja^{33}-de^{31} ŋe^{22}: “ŋe^{33} ka^{31} vu^{53}pu^{33}tʃi^{33}tʃi^{33} be mja^{53} i^{33} mja^{53}.” tʃhe^{33}ʑi^{33}
家-家族 说 1sg.GEN 处所 老鼠 PL 多 INF 多 孤儿
ji^{22}tɕa^{33} ŋe^{22}: “ma^{31} ke^{33}, ka^{33}tsi^{53} ko^{53} u^{31}-tɕi^{33}, ŋa^{33} ʃɯ^{53} la^{31} o.”
孩子 说 NEG 怕 柜子 LOC PFV-放 1sg 明天 来 PROS

他就放在村里的一户人家，他跟那家说：“我就把豆子放在你家。”那家人说：“我家有老鼠。”孤儿说：“没关系，你就放到柜子里，我明早来拿。”

ja^{53}no^{33} the^{31} la^{31}, the^{33} tsho^{33} ja^{33}-de^{31} khi^{31}: “ŋe^{33} tu^{22} ŋa^{33} kho^{53},
后 3sg 来 那 人 家-家族 喊 1sg.GEN 豆子 1sg.DAT 给
ŋe^{33} tu^{22} ŋa^{33} kho^{53}.”
1sg.GEN 豆子 1sg.DAT 给

后来孤儿到这家人家拿自己的豆子，他说：“把我的豆子拿给我，把我的豆子拿给我。”

tsho^{33} ja^{33}-de^{31} ŋe^{22}: “no^{33} tu^{22} vu^{53}pu^{33}tʃi^{53}tʃi^{33} mi^{31}-dʑi^{31} la.” tʃhe^{33}ʑi^{33}
人 家-家族 说 2sg 豆子 老鼠 PFV-吃 CSM 孤儿
ji^{22}tɕa^{33} ŋe^{22}: “se^{33}gu^{33} dʑi^{31}, se^{33}gu^{33} za^{31}, ŋa^{33} kho^{53}.” the^{33} tsho^{33} bu
孩子 说 谁 吃 谁 捉 1sg.DAT 给 那 人 PL
vu^{53}pu^{33}tʃi^{53}tʃi^{33} za^{31}ka^{33} tha^{31} mi^{31}-kho^{53} la.
老鼠 捉 3sg.DAT PFV-给 CSM

那家人对他说：“你的豆子已经被老鼠吃了。”他就给这家人说：“哪只老鼠吃的就把哪只老鼠抓来赔我的豆子。”那家人就把那只偷吃豆子的老鼠逮来赔给了他。

tʃhe^{33}ʑi^{33} ji^{22}tɕa^{33} vu^{53}pu^{33}tʃi^{53}tʃi^{33} za^{31}ka^{33} ji^{33} la, ɕe^{33}-ɕe^{33} ji^{33} la,
孤儿 孩子 老鼠 捉 去 CSM 走–走 去 CSM

pu^{33}-ko^{53} tsho^{33} ja^{33}-de^{31} khi^{33}, tʃhe^{33}ʑi^{33} ji^{22}tɕa^{33}: “ŋa^{33} vu^{53}pu^{33}tʃi^{53}tʃi^{33} ni^{33}-ka^{33}
寨子–LOC 人 家–家族 喊 孤儿 孩子 1sg 老鼠 2sg. GEN–处所

tɕi^{53} tɕhe^{22}-tɕhe^{33} ɕe^{53}.” tsho^{33} ja^{33} ŋe^{22}: “ŋe^{33}-ka^{31} mu^{22}ni^{33} dʑo^{33}.” “ma^{31}
一 放–放 TNT 人 家 说 1sg. GEN–处所 猫 有. ANM NEG

ke^{33} no^{33} mu^{22}ni^{33} u^{31}-phu^{53} ŋa^{33} ʃɯ^{53} the^{33} ne^{33} la^{31}.”
怕 2sg 猫 PFV–拴 1sg 明天 那 天 来

他带着老鼠就走了，走在路上他又找了一户人家，说：“我把我的老鼠放在你家一下。”那家人说：“我家里有猫。”孤儿说：“没关系的，你把猫拴着，我明天就来拿。”

ja^{53}no^{33} the^{33} ne^{33} tʃhe^{33}ʑi^{33} ji^{22}tɕa^{33} la^{31}. “tsho^{33} ja^{33}-de^{31}! tsho^{33} ja^{33}-de^{31}!
后 那 天 孤儿 孩子 来 人 家–家族 人 家–家族

ŋa^{33} la^{31} vu^{53}pu^{33}tʃi^{53}tʃi^{33} za^{31}ka^{33}.” tsho^{33} ja^{33}-de^{31} ŋe^{22}: “ni^{33} vu^{53}pu^{33}tʃi^{53}tʃi^{33}
1sg 来 老鼠 捉 人 家–家族 说 2sg. GEN 老鼠

mu^{22}ni^{33} mi^{31}-dʑi^{31} la.” tʃhe^{33}ʑi^{33} ji^{22}tɕa^{33} ŋe^{22}: “se^{33} mi^{31}-dʑi^{31} la se^{33} ŋa^{33}
猫 PFV–吃 CSM 孤儿 孩子 说 谁 PFV–吃 CSM 谁 1sg. DAT

kho^{53}.” tsho^{33} ja^{33}-de^{31} mu^{22}ni^{33} phu^{53} tha^{31} mi^{31}-kho^{53}.
给 人 家–家族 猫 拴 3sg. DAT PFV–给

后来，孤儿到这户人家来，说：“老乡！老乡！我来拿我的老鼠。”这户人家说：“你的老鼠被我家的猫吃了。”孤儿说：“没关系，哪只猫吃的你就把哪只猫赔给我。”这户人家只好把那只吃了孤儿老鼠的猫赔给了孤儿。

tʃhe^{33}ʑi^{33} ji^{22}tɕa^{33} mu^{22}ni^{33} za^{31}ka^{33} ji^{33} la, ɕe^{33}-ɕe^{33} ji^{33} la, pu^{33}-ko^{53}
孤儿 孩子 猫 捉 去 CSM 走–走 去 CSM 寨子–LOC

tsho^{33} ja^{33}-de^{31} khi^{33}, tʃhe^{33}ʑi^{33} ji^{22}tɕa^{33}: “ŋa^{33} mu^{22}ni^{33} ni^{33}-ka^{33} tɕi^{53} tɕhe^{22}-tɕhe^{33}
人 家–家族 喊 孤儿 孩子 1sg 猫 2sg. GEN–处所 一 放–放

ɕe^{53}.” tsho^{33} ja^{33} ŋe^{22}: “ŋe^{33}-ka^{31} khe^{53}ni^{31} dʑo^{33}.” “ma^{31} ke^{33}! no^{33} khe^{53}ni^{31}
TNT 人 家 说 1sg. GEN–处所 狗 有. ANM NEG 怕 2sg 狗

u^{31}-phu^{53} ŋa^{33} ʃɯ^{53} the^{33} ne^{33} la^{31}.”
PFV–拴 1sg 明天 那 天 来

孤儿捉了猫就走了。走啊走，走到一个村子的一户人家门口喊门，然后孤儿对这家人说：“我把我的猫寄放在你家吧。”这家主人说：“我家里有狗。”“不要担心，你把狗拴着，我明天就来拿。”

ja^{53}no^{33} the^{33} ne^{33} tʃhe^{33}ʑi^{33} ji^{22}tɕa^{33} la^{31}. “tsho^{33} ja^{33}-de^{31} tsho^{33} ja^{33}-de^{31} ŋa^{33}

后 那 天 孤儿 孩子 来 人 家–家族 人 家–家族 1sg

la^{31} mu^{22}ni^{33} za^{31}ka^{33}.” tsho^{33} ja^{33}-de^{31} ŋe^{22}: “ni^{33} mu^{22}ni^{33} khe^{53}ni^{31} mi^{31}-dʑi^{31}

来 猫 捉 人 家–家族 说 2sg. GEN 猫 狗 PFV–吃

la.” tʃhe^{33}ʑi^{33} ji^{22}tɕa^{33} ŋe^{22}: “se^{33} mi^{31}-dʑi^{31} la se^{33} ŋa^{33} kho^{53}.” tsho^{33} ja^{33}-de^{31}

CSM 孤儿 孩子 说 谁 PFV–吃 CSM 谁 1sg. DAT 给 人 家–家族

khe^{53}ni^{31} phu^{53} tha^{31} mi^{31}-kho^{53}.

狗 拴 3sg. DAT PFV–给

第二天孤儿来了，对那家人说：“我来捉我的猫。”那家人说：“你的猫被狗给吃了。”孤儿说：“哪条狗吃掉的就把哪条狗赔给我。”那家人只好把狗拴着给了他。

ɕe^{33}-ɕe^{33} va^{33}-ma^{33} ko ji^{33} la, the^{33} khe^{53}ni^{31} ɕe^{33} ji^{33} la. tʃhe^{33}ʑi^{33}

走–走 路–SUFF LOC 去 CSM 3sg 狗 拉 去 CSM 孤儿

ji^{22}tɕa^{33} tsho^{33} ja^{33} khi^{31}: “ŋe^{33} khe^{53}ni^{31} ni^{33}-ka^{31} tɕi^{33} phu^{53} ɕe^{53}.”

孩子 人 家 喊 1sg. GEN 狗 2sg. GEN–处所 一 拴 TNT

tsho^{33} ja^{33} ŋe^{22}: “ni^{33} khe^{53}ni^{31} ŋa^{33}-ka^{31} phu^{53} ma^{53} pha^{31}.” tʃhe^{33}ʑi^{33}

人 家 说 2sg. GEN 狗 1sg. GEN–处所 拴 NEG 能 孤儿

ji^{22}tɕa^{33}: “khe^{53}ni^{31} ɕe^{33} ji^{33} mo^{31} mu^{53}tʃhu^{31} khɯ^{53} tɕha^{31} la, ŋa^{33} ja^{53}no^{33}

孩子 狗 拉 去 马 尾巴 上 系 CSM 1sg 后

the^{33} ne^{33} ɕe^{33} la^{31}.”

那 天 拉 来

他把狗拉走了。走在路上他又找了一户人家，说：“我把狗拴在你家嘛。”那家人说：“你的狗不能拴在我家。”孤儿说：“没关系，就把狗拴在马儿尾巴上，我明天来牵狗。”

ja^{53}no^{33} the^{33} ne^{33} tʃhe^{33}ʑi^{33} ji^{22}tɕa^{33} ŋe^{22}: “tsho^{33} ja^{33}-de^{31} ŋa^{33} khe^{53}ni^{31}

后 那 天 孤儿 孩子 说 人 家–家族 1sg 狗

ɕe^{33}.” tsho^{33} ja^{33} ŋe^{22}: “ni^{33} khe^{53}ni^{31} go^{31} si^{31}ka^{33} la.” tʃhe^{33}ʑi^{33} ji^{22}tɕa^{33}

拉 人 家 说 2sg. GEN 狗 扣 死 CSM 孤儿 孩子

ŋe^{22}: “se^{33}gu^{33} go^{31} si^{31}ka^{33} se^{33}gu^{33} ŋa^{33} kho^{53}.” the^{33} tsho^{33} ja^{33} mo^{31}

说 谁 扣 死 谁 1sg. DAT 给 那 人 家 马

tha^{31} mi^{31}-kho^{53} la.

3sg. DAT PFV–给 CSM

第二天孤儿来到这户人家，说：“我来牵寄放在你家的狗。”那家人就说：“你的狗被我家的马儿踩死了。”孤儿说：“没关系，哪匹马踩死的就把哪匹马赔给我。”那家人就把马赔给他。

the^{33} mo^{31} ɕe^{33} va^{33}xe^{53} ji^{33} la. tɕi^{33} xi^{33}-pho^{53} tsho^{33}mu^{33} tha^{33}-tha^{33} la^{31}

3sg 马 拉 远 去 CSM 3sg 前–边 遗体 抬–抬 来

tʃhe^{33}ʑi^{33} ji^{22}tɕa^{33} jo^{22}pho^{33} bu u^{31}-lo^{53} ŋe^{22}: “ŋa^{33}de^{31} to^{33}ke^{33} ŋa^{33} mo^{31} ne^{33}de^{31}

孤儿 孩子 朋友 PL PFV–等 说 1pl 交换 1sg 马 2pl

kho^{53} tsho^{33}mu^{33} ŋa^{33} kho^{53}.” the^{33} jo^{22}pho^{33} bu mo^{31} ɕe^{33} ji^{33} la.

给 棺材 1sg 给 那 朋友 PL 马 拉 去 CSM

他牵着马走啊走，走到第二天早上，孤儿看到对面有人抬着棺材来了，他就拦住这些人，说：“我用我的马换你们的棺材。”那些人就把马牵走了。

the^{33} tsho^{33}mu^{33} mi^{31}-tɕhi^{33}, the^{33} tsho^{33} si^{31}ka^{33} vo^{53}xo^{33} ba^{33} go^{33}tɕo^{53} ba^{53}nja^{33}

3sg 棺材 PFV–开 那 人 死 背 山 中间 休息

lju^{53}gu^{33} khɯ^{53} ni^{31}, the^{33} tɕəu^{31} the^{33} da^{22}pho^{53} ni^{31}.

石台 上 坐 3sg 就 那 面前 坐

孤儿把棺材打开，把逝者背到半山上路边的休息台上坐着，他就坐到逝者的对面。

za^{33}mi^{33} so^{33} a^{33} la^{31} la, ŋe^{22}: “a^{33}-ja^{33} kha^{53} no^{33} mi^{31} ŋa^{33}de^{31}

姑娘 三 CLF 来 CSM 说 亲属前缀–哥 大 2sg 火 1pl

kho^{53}.” the^{33} ŋe^{22}: “ŋa^{33} ma^{31} bo^{53}, the^{33} da^{22}pho^{53} mu^{53}ka^{33} ɕu^{31} mi^{31}

给 3sg 说 1sg NEG 拥有 那 面前 老人 NMLZ. ANM 火

bo^{53}, the^{33} njeə˞^{25}-pu ma^{53} tho^{31}, ne^{33}de^{31} ji^{33} la tha^{31} tɕi^{33} dje^{53} ɕe^{53}.”

拥有 3sg 耳朵–CLF NEG 好 2pl 去 CSM 3sg. DAT 一 推 TNT

za^{33}mi^{33} so^{33} a^{33} ji^{33} la, ŋe^{22}: “mu^{53}ka^{33} no^{33} mi^{31} ŋa^{33} kho^{53}?” za^{33}mi^{33}

姑娘 三 CLF 去 CSM 说 老人 2sg 火 1sg. DAT 给 姑娘

kha^{53} tha^{31} tɕi^{33} dje^{53} ɕe^{53} the^{33} ve^{53}lje^{31} gi^{33} la.

大 3sg. DAT 一 推 TNT 3sg 打滚 落下 CSM

这时候来了三个姑娘，姑娘说：“大哥，把你的火借我们用一下。”孤儿说：“我没有火，对面那个老人有，他耳朵不好，你们要推一下他。”三个姑娘都过去了，问：“老人家，能不能把你的火借给我们？”大的那个姑娘就推了他一下，他就滚下去了。

the^{33} tʃhe^{33}ʑi^{33} ji^{22}tɕa^{33} do^{33} la, ko^{22}-ko^{33} la^{31} ŋe^{22}: “se^{33}gu^{33} dje^{53} se^{33}gu^{33}

那 孤儿 孩子 看见 CSM 跑–跑 CSM 说 谁 推 谁

ŋa^{33} kho^{53}.” za^{33}mi^{33} kha^{53} ŋe^{22}: “ŋa^{33} dje^{53} ŋa^{33} na^{31} pho^{53} ji^{33}.” the^{33}ku^{53}

1sg. DAT 给 姑娘 大 说 1sg 推 1sg 2sg. DAT 边 去 3dl

ni^{53} a^{33} ja^{33}-me^{33} ji^{33} la.
两 CLF 家-做 去 CSM

孤儿看见了，就跑过来了，说：“你们哪个推下去的就把哪个赔给我。”大的那个姑娘说：“是我推的，那我跟你去吧。”他们两个就成了一家。

（讲述人：吴德才）

8．乞丐的故事

xe^{33} tɕəu^{31} tɕa^{53} tɕhi^{33} lo^{33}lo^{33}-ɕu^{31} lo^{33}lo^{33}-ɕu^{31} bo^{53}, lo^{33}lo^{33}-ɕu^{31} bo^{53}
先 就 TOP 3sg. GEN 乞丐-者 乞丐-者 有 乞丐-者 有
la tɕəu^{31} tɕha^{33} lja^{22} tɕha^{33} lja^{22}-ɕu, va^{33}-pho^{53} ji^{33} tɕha^{33} lja^{22} tɕha^{33} lja^{22},
CSM 就 晚饭 寻找 晚饭 寻找-者 外-边 去 晚饭 寻找 晚饭 寻找
tɕha^{33} lja^{22} tɕəu^{31} khu^{33} pha^{33}la^{33} i the^{33} tɕa^{22} tsa^{33} tsa^{33} idzo, khu^{53}
晚饭 寻找 就 碗 烂 GEN 那 捡 带 带 PROG 碗
pha^{33}la^{33} tsa^{33} idzo tɕəu^{31} tɕha^{33} lja^{22} la, tɕha^{33} lja^{22} la le tɕəu^{31} ji^{33}
烂 带 PROG 就 晚饭 寻找 CSM 晚饭 寻找 CSM TOP 就 去
la le, tɕha^{33} lja^{22} ke^{33} ke tɕi^{53} lja^{22} ɕe^{53}, tɕo^{53} ke^{33} tɕi^{53} lja^{22} ɕe^{53}
CSM TOP 晚饭 寻找 这 LOC 一 寻找 TNT 那里 LOC 一 寻找 TNT
lja^{22} la.
寻找 CSM

从前，有一个乞丐，他每天总是带着一个破碗去外面讨饭。

the^{33} tɕəu^{31} ʃuo^{33} ʃə: “a^{33}me^{33}, ŋa^{33} le ja^{53}no^{31} le, ŋa^{33} xai^{31}ʃə^{31} a^{33}na^{33}
3sg 就 说 是 啊哟 1sg TOP 后面 TOP 1sg 还是 几时
a^{33}na^{33} ŋa^{33} tho^{31} la le, ŋa^{33} xai^{31}ʃə^{31} ja^{22}ʃu^{33}ma^{53} ɲe^{22} la, ŋa^{33} tɕha^{33}
几时 1sg 妥当 CSM TOP 1sg 还是 妻子 说 CSM 1sg 晚饭
ma^{53} lja^{22} la ŋa^{33} tɕəu^{31} ja^{22}ʃu^{33}ma^{53} ɲe^{22} la, ɲe^{22} la. the^{33} me^{33} fu^{33}
NEG 寻找 CSM 1sg 就 妻子 说 CSM 说 CSM 那 做 领
la, ja^{22}ʃu^{33}ma^{53} fu^{33} la.” the^{33} me^{33} ɲe^{22}.
CSM 妻子 领 CSM 那 做 说

他总是说：“唉，等我以后什么时候稳定下来了，还是要娶个妻子，就不到处讨饭了。”

the^{33} tɕəu^{31} the^{33} ke ji^{33}, vu^{33}, vu^{33} vo^{53}xo^{31} i ɕu i the^{33} ʁa^{33}ma^{33}
3sg 就 那 LOC 去 水 水 背 GEN 者 GEN 3sg 路
ko u^{31}-ja^{53}, u^{31}-ja^{53} la le tɕəu^{31} tɕhi^{33} i the^{33} ʁa^{22}ma^{33}-ɕu kha^{53}
LOC PFV-睡 PFV-睡 CSM TOP 就 3sg. GEN GEN 那 发财-者 大
tɕhi^{33} i the^{33} za^{33}mi^{33} kha^{53} i the^{33} la^{31} la. la^{31} la ne vu^{33}
3sg. GEN GEN 那 女儿 大 GEN 那 来 CSM 来 CSM TOP 水
vu^{33} vo^{53}xo^{31}. "lo^{33}lo^{33}-ɕu^{31} lo^{33}lo^{33}-ɕu^{31} no^{33} ve^{53} la, ŋa^{33} ke^{33} ke vu^{33}
水 背 乞丐-者 乞丐-者 2sg 起 CSM 1sg 这 LOC 水
vo^{53}xo^{31} la." the^{33} ʃuo^{33}: "no^{33} nje^{22}ma^{53} dje^{53} ɹe no^{33} tɕi^{53} tɕi^{53} go^{22}dʑo^{33}
背 CSM 3sg 说 2sg 心脏 好 TOP 2sg 一 一 转
ɕe^{53}, nje^{22}ma^{53} ma^{31} dje^{53} no^{33} ni^{33} ŋe^{33} i khɯ^{53} tɕi^{53} tɕi^{53} khɯ^{53}
TNT 心脏 NEG 好 2sg 2sg. GEN 1sg. GEN GEN 上面 一 一 上面
ŋe^{33} i khɯ^{53} khɯ^{53} ji^{33} mə, ŋe^{33} i khɯ^{53} me^{33} ji^{33}." the^{33}
1sg. GEN GEN 上面 上面 去 么 1sg. GEN GEN 上面 做 去 那
me^{33} ŋe^{22}.
做 说

那一天，他在女人们背水必经之地的路中间躺下睡觉。正在这时，一户有钱人家的大女儿要经过这里去背水。看到路中间躺着一个乞丐，就说："要饭的，要饭的，你起来，我要从这里过去背水。"乞丐说："我就在这里睡觉，你觉得方便的话，就从我身旁绕过去，觉得不方便的话，你就从我身上跨过去。"

the^{33} ʃuo^{33} ʃə: "a^{33}me^{33}! ji^{33} a tɕəu^{31} ji^{33}." the^{33} me^{33} ŋe^{22} la, the^{33}
3sg 说 是 啊哟 去 啊 就 去 那 做 说 CSM 那
tɕəu^{31} tɕhi^{33} the^{33} nje^{33} nje^{33}ku^{33}pa^{53} i the^{33} la^{31} la, iəu^{31} la^{31} la^{31}
就 3sg. GEN 那 年 老二 GEN 那 来 CSM 又 来 来
la, xai^{31}ʃə^{31} vu^{33} vo^{53}xo^{31} la^{31} la, tɕəu^{31}: "a^{33}me^{33}! lo^{33}lo^{33}-ɕu^{31} no^{33} xo^{33}
CSM 还是 水 背 来 CSM 就 啊哟 乞丐-者 2sg 何
me^{33} ke^{33} ke u^{31}-ja^{53}, ve^{53} dʑi la, ŋa^{33} vu^{33} vo^{53}xo^{31} la." "no^{33}
做 这 LOC PFV-睡 起 NMLZ CSM 1sg 水 背 CSM 2sg
nje^{22}ma^{53} gi^{53} la le no^{33} tɕəu^{31} tɕi^{53} the^{33} da^{22}pho^{53} tɕi^{53} ɕe^{33}ɕe^{33} ɕe^{53}
心脏 落 CSM TOP 2sg 就 一 3sg 那边 一 走 TNT
la tɕi^{53} go^{22}dʑo^{33} ɕe^{53} pə, tɕi^{53} go^{22}dʑo^{33} ɕe^{53} la, nje^{22}ma^{53} ma^{31} dje^{53}
CSM 一 转 TNT 吧 一 转 TNT CSM 心脏 NEG 好

no^{33} tɕəu^{31} ŋe^{33} i xe^{33}-pho^{53} ŋe^{33} khɯ^{53}-pho^{53} mi^{31}-tɕha^{53} ge
2sg 就 1sg. NEG NEG 前–边 3sg. GEN 上–边 PFV–跨 NMLZ
dʑi.” the^{33} me^{33} ŋe^{22}. ŋe^{22} la tɕəu^{31} the^{33} tɕəu^{31} tɕa^{53} xai^{31}ʃə^{31} vu^{33} vo^{53}xo^{31}
NMLZ 那 做 说 说 CSM 就 3sg 就 TOP 还是 水 背
ʃi^{33} tsa^{33} ja^{33}khe ji^{33} la.
拿 带 家里 去 CSM

她说："跨过就跨过。"过了一阵，这户有钱人家的二女儿也来背水。她看到躺在路中间的乞丐，说："要饭的，你怎么在这里睡，起来，我要从这里过去背水。"乞丐还是说："你觉得方便的话，就从我身旁绕过去，觉得不方便的话就从我身上跨过去。"。二女儿还是像她姐姐一样从乞丐身上跨过去，背水回家了。

ja^{53}no^{31} i the^{33} la^{31} la. "lo^{33}lo^{33}-ɕu^{31} lo^{33}lo^{33}-ɕu^{31} no^{33} xo^{33} me^{33} ke^{33}
后面 GEN 3sg 来 CSM 乞丐–者 乞丐–者 2sg 何 做 这
ke u^{31}-ja^{53}, ve^{53} dʑi la, ŋa^{33} tɕəu^{31} ke^{33} ke vu^{33} vo^{53}xo^{31} la^{31}." "a^{33}me^{33}!
LOC PFV–睡 起 NMLZ CSM 1sg 就 这 LOC 水 背 来 啊哟
no^{33} nje^{22}ma^{53} dje^{53} ɹe no^{33} tɕəu^{31} tɕi^{53} go^{22}dʑo^{33} ɕe^{53}, nje^{22}ma^{53} ma^{31} dje^{53}
2sg 心脏 好 TOP 2sg 就 一 转 TNT 心脏 NEG 好
ɹe, no^{33} tɕəu^{31} ŋe^{33} khɯ^{53} khɯ^{53} mi^{31}-tɕha^{53} ge dʑi ji^{33} la."
TOP 2sg 就 1sg. GEN 上 上 PFV–跨 NMLZ NMLZ 去 CSM
"ke^{33} ji^{33} la tsho^{33} le tɕhi^{33} ka^{33} ni^{33} la pə, ŋa^{33} xo^{33} me^{33} ni^{33}
这 去 CSM 人 TOP 3sg. GEN 样 有 CSM 吧 1sg 何 做 2sg. GEN
khɯ^{53} ji^{33} o, ŋa^{33} tɕəu^{31} ke^{33} ke tɕi^{53} go^{22}dʑo^{33} ɕe^{53} la." the^{33} tɕəu^{31}
上 去 INTJ 1sg 就 这 LOC 一 转 TNT CSM 3sg 就
tɕi^{53} go^{22}dʑo^{33} ɕe^{53}, the^{33} tɕəu^{31} vu^{33} be vo^{53}xo^{31} ja^{33}khe ji^{33} la,
一 转 TNT 3sg 就 水 PL. N-ANM 背 家里 去 CSM
ja^{33}khe ji^{33} la.
家里 去 CSM

后来，这户有钱人家的三女儿出来，（她看到躺在路中间的乞丐，）说："要饭的，你怎么能在这里睡，起来，我要从这里过去背水。"乞丐还是说："你觉得方便的话，就从我身旁绕过去，觉得不方便的话就从我身上跨过去。"三女儿说："人与人都是一样的，我怎么能从你身上跨过去呢？如果你不愿意让我的话，那么我就从你身边绕一下。"她就从乞丐身边绕过去，把水舀好后，背着水又从乞丐身边绕过来，回家去了。

lo^{33}lo^{33}-ɕu^{31} ʃuo^{33} lo^{33}lo^{33}-ɕu^{31} ʃuo^{33}: “ke^{33}the^{33} ʁa^{22}ma^{33}-ɕu kha^{53} tɕhi^{33}
乞丐-者 说 乞丐-者 说 这 发财-者 大 3sg. GEN
ke^{33}the^{33} ke^{33}the^{33} za^{33}mi^{33} gu^{22}tɕi^{33} ke^{33}the^{33} nje^{22}ma^{53} dje^{53}, nje^{22}ma^{53} dje^{53}.”
这 这 女儿 小 这 心脏 好 心脏 好
tha^{33} tɕəu^{31} the^{33} tɕəu^{31} ji^{33} ʒo^{31} lja^{22} ʒo^{31} lja^{22} i tɕhi^{33} ke^{33}the^{33}
3sg. DAT 就 3sg.DAT 就 去 饭 寻找 饭 寻找 GEN 3sg. GEN 这
ʁa^{22}ma^{33}-ɕu kha^{53} i ta^{53}menkhəu ji^{33} la.
发财-者 大 GEN 大门口 去 CSM

乞丐心里想：“这户有钱人家的小女儿是个心地善良的人。”他就准备去这户有钱人家要饭，看看这家的小女儿是不是那么善良。乞丐来到了这户有钱人家的门口。

ji^{33} la tɕəu^{31} the^{33} ke tɕi^{53} dʑa^{31}, tɕəu^{31} the^{33} ʁa^{22}ma^{33}-ɕu kha^{53} the^{33}
去 CSM 就 那 LOC 一 站 就 那 发财-者 大 那
i, the^{33} mu^{53}ka^{31} tɕəu^{31} pe^{33} la^{31} la. “no^{33} xo^{33} me^{33} the^{33} me^{33} ʒo^{31}
GEN 那 老 就 出来 来 CSM 2sg 何 做 那 做 饭
lja^{22}, no^{33} pu^{31} ke^{53} ŋa^{33}de vo^{33}vo^{33} ŋa^{33} ke ŋa^{33}de vo^{33}vo^{33} ji^{33} la, ŋa^{33}de
寻找 2sg 村 LOC 1pl 帮助 1sg LOC 1pl 帮助 去 CSM 1pl
ke^{33} ke ma^{53}tɕa^{22} la, ŋa^{33} ma^{53}tɕa^{22} no^{33} no^{33} a^{31} zə^{33} ga^{53} o?”
这 LOC 打工 CSM 1sg 打工 2sg 2sg QUES 好，对 QUES
the^{33} ʃuo^{33}: “a^{33}me^{33}! dʑi^{53}, dʑi^{53}, ŋa^{33}de ni^{33} ke^{33} ke ma^{53}tɕa^{22} la,
那 说 啊哟 是 是 1pl 2sg. GEN 这 LOC 打工 CSM
ŋa^{33}de ni^{33} ke^{33}the^{33} ma^{53}tɕa^{22} la.”
1pl 2sg. GEN 这 打工 CSM

乞丐站在门口要饭，这户有钱人家的老妈妈出来了。她问乞丐：“你这么年轻，怎么能靠讨饭过日子？你还是到我们家帮忙做工，靠自己的劳动挣饭吃，好不好？”乞丐说：“好，好，我这就到你们家打工。”

tɕəu^{31} ja^{33}khe^{31} ji^{33} la, tɕəu^{31} the^{33} mu^{53}ka^{31} tɕəu^{31} ʃuo^{33}, ʃuo^{33}: “no^{33} ʃɯ^{53}
就 家里 去 CSM 就 那 老 就 说 说 2sg 明天
la, va^{33}pho^{53} ji^{33} tɕhe^{53} lju^{2} la, a^{31} dʑi^{53}?” tɕhe^{53} lju^{22} la, ŋa^{33}
CSM 外面 去 山羊 放牧 CSM QUES 是 山羊 放牧 CSM 1sg
kha^{53} i ke^{33}the^{33} za^{33}mi^{33} ŋa^{33}ku ni^{53} a ku ji^{33} lju^{22}.
大 GEN 这 女儿 1dl 二 个 位 去 放牧

回到屋里，老妈妈告诉乞丐说："你明天就跟我的大女儿到山上去放羊，好不好？"乞丐就和大女儿去放羊。

ni^{53} a^{33} ku ji^{33} lju^{22}, tɕəu^{31} ji^{33} la, de the^{33} ʃuo^{33} ʃə: "no^{33} no^{33} ke^{33}
二 个 位 去 放 就 去 CSM 得 那 说 是 2sg 2sg 这
da^{22}pho^{53} lju^{22} xai^{31}ʃə^{31} tɕo^{53} da^{22}pho^{53} lju^{22}?" jo^{33} tɕa^{53} the^{33} me^{33} ŋe^{22}.
那边 放牧 还是 那里 那边 放牧 自己 TOP 那 做 说

两个人去放牧，乞丐就问大女儿："你是在这边阴山放牧，还是在那边阳山放牧？"

the^{33} ʃuo^{33} ʃə: "namə ŋa^{33} ke^{33} da^{22}pho^{53}, me^{31}tɕha^{33} ma^{31} bo^{53} i ke^{33}
3sg 说 是 那么 1sg 这 那边 阳光 NEG 有 GEN 这
da^{22}pho^{53} lju^{22} o^{23} la. namə no^{33} the^{33} da^{22}pho^{53} lju^{22} ne ŋa^{33} tɕəu^{31}
那边 放牧 CSM CSM 那么 2sg 那 那边 放牧 TOP 1sg 就
me^{31}tɕha^{33} bo^{53} i, ke^{33} da^{22}pho^{53} lju^{22} ne lju^{22} o la." the^{3} me^{33} ŋe^{22}.
阳光 有 GEN 这 那边 放牧 TOP 放牧 CSM CSM 那 做 说

大女儿说："我就在这边放，在阴山没有阳光的地方放牧。你就去那边放牧，在有阳光的那边放牧。"

ŋa^{33}ku ni^{53} a ku tɕəu^{31} the^{33} ke lju^{22} la. tɕəu^{31} ke^{33} tɕhi^{33} ke^{33}the^{33}
1dl 二 个 位 就 那 LOC 放牧 CSM 就 这 3sg. GEN 这
za^{33}mi^{33} lju^{22} i the^{33} ke, ɹe tɕəu^{31} tɕa^{53} me^{31}tɕha^{33} je^{53} ma^{31} bo^{53}, go^{31}
女儿 放牧 GEN 那 LOC TOP 就 TOP 阳光 也 NEG 有 冷
i go^{31}, me^{22}le^{33} je^{53} bo^{53}, tɕhi^{33} the^{33} me^{22}le^{33} me^{53}, va^{53} dʑu^{31}, me^{22}le^{33}
GEN 冷 风 也 有 3sg. GEN 那 风 吹 雨 下 风
me^{53} tɕhi^{33} tɕhi^{33} the^{33} va^{53} dʑu^{31}, me^{22}le^{33} me^{53}, ke^{33} da^{22}pho^{53}, ke^{33}
吹 3sg. GEN 3sg. GEN 那 雨 下 风 吹 这 那边 这
da^{22}-pho^{53} me^{22}le^{33} me^{53}, va^{53} je^{53} dʑu^{31}. na tɕəu^{31} tɕhi^{33} the^{33} tɕhe^{53} be
那–边 风 吹 雨 也 下 那 就 3sg. GEN 那 山羊 PL. N-ANM
go^{31} mi^{31}-sə^{33}ka^{33} la.
冷 PFV–死 CSM

他们两个就这样分开放牧了，大女儿放牧的阴山没有阳光，也很冷，还刮风。整个阴山又刮风又下雨的，她放牧的很多羊都冻死了。

the^{33} lo^{33}lo^{33}-ɕu^{31} i the^{33} da^{22}-pho^{53} me^{31}tɕha^{33} bo^{53}, i the^{33} da^{22}-pho^{53}
那 乞丐–者 GEN 那 那–边 阳光 有 GEN 那 那–边

le tɕəu^{31} o o o, tɕha^{33} i tɕha^{33}-tɕha^{33}, me^{22}le^{33} je^{53} ma^{31} bo^{53}, va^{53}
TOP 就 哦 哦 哦 热 GEN 热–热 风 也 NEG 有 雨

je^{53} tɕhe^{53} bu i ji^{22}tɕa^{33} ji^{22}tɕa^{33} ba^{31} la, ji^{22}tɕa^{33} ʁa^{53}, ji^{22}tɕa^{33}
也 山羊 PL. ANM GEN 小孩 小孩 生 CSM 小孩 得到 小孩

mja^{53} i mja^{53}, ji^{22}tɕa^{33} be je^{53} mja^{53} la.
多 GEN 多 小孩 PL. N-ANM 也 多 CSM

乞丐那边，有阳光，很暖和，也没有风，也没有雨，很多母羊还生了羊羔，于是就有了很多小羊羔。

the^{33} tɕəu^{31} tɕa^{53} ja^{53}no^{31} tɕəu^{31} ja^{33}khe, me^{31}kha^{33} du^{53} tɕəu^{31} ja^{33}khe la^{31} la,
那 就 TOP 后面 就 家里 天 完 就 家里 来 CSM

ja^{33}khe la^{31} la tɕəu^{31} o o o, tɕhi^{33} i the^{33} mu^{53}ka^{31} tʃha^{53} tɕəu^{31},
家里 来 CSM 就 哦 哦 哦 3sg. GEN GEN 那 老 鬼 就

tɕa^{53} mu^{53}ka^{31} tɕəu^{31} njo^{33}-njo^{33}, tɕhi^{33} i za^{33}mi^{33} lju^{22} i the^{33}, ɹe the^{33}
TOP 老 就 看–看 3sg. GEN GEN 女儿 放牧 GEN 那 TOP 那

be mi^{31}-ka^{33}po la, tɕhi^{33} i za^{33}mi^{33} le xai^{31}ʃə^{31} va^{53} je^{53}
PL. N-ANM PFV–掉 CSM 3sg. GEN GEN 女儿 TOP 还是 雨 也

dʑu^{31} la, be^{22}tɕhe^{33} be dza^{22}-dza^{33} la je^{53} mi^{31}-dza^{22}dza^{33} la, the^{33}
下 CSM 衣服 PL. N-ANM 湿–湿 CSM 也 PFV–湿–湿 CSM 那

lo^{33}lo^{33}-ɕu^{31} the^{33} da^{22}pho^{53} le tɕhe^{53} be je^{53} ji^{22}tɕa^{33} bu je^{53}
乞丐–者 那 那边 TOP 山羊 PL. N-ANM 也 小孩 PL. ANM 也

ba^{31} la^{33} o.
生 CSM ITRJ

天黑的时候，他们各自赶着自己放牧的羊群回家了。大女儿的母亲一看，他女儿放的那些羊有的丢了，女儿的衣服也都湿了。乞丐放牧的羊却多了很多小羊羔。

xa^{33}mja^{53} la, ke^{33} ke la^{31} la, ja^{33}khe la^{31} la the^{33} mu^{53}ka^{31} tɕəu^{31}
很多 CSM 这 LOC 来 CSM 家里 来 CSM 那 老 就

ʃuo^{33}, kha^{33}pi^{33} la ma^{53} ŋe^{22}, nje^{22}ma^{53} tɕəu^{31} tɕa^{53} de^{22}mje^{33}, tɕi^{53} de^{22}mje^{33}
说 嘴 CSM NEG 说 心脏 就 TOP 想 一 想

ɕe^{53}, xai^{31}ʃə^{31} ke^{33}the^{33} lo^{33}lo^{33}-ɕu^{31} xo^{33} me^{33} i the^{33} go^{31} je^{53} ma^{31} bo^{53},
TNT 还是 这 乞丐–者 何 做 GEN 那 冷 也 NEG 有. ANM

iəu^{31} va^{53} je^{53} ma^{53} dʑu^{31}. “me^{33} the^{33} ke lju^{22} la, ʃɯ^{53}ne^{33} i the^{33}
又 雨 也 NEG 下 做 那 LOC 放 CSM 明天 GEN 那

nje^{33}ku^{33}pa^{53} i the^{33} za^{33}mi^{33} no^{33} lo^{33}lo^{33}-ɕu^{31} xe^{33}-pho^{53} ji^{33} tɕhe^{53} lju^{22} la."
老二 GEN 那 女儿 2sg 乞丐-者 前-边 去 山羊 放 CSM
the^{33} me^{33} ŋe^{22}.
那 做 说

看到乞丐放牧的羊群多了许多小羊羔，老妈妈什么也没说，但是心里却想，这个乞丐是怎么回事？一点也没有冷到，在他放牧的那里也没有下雨。“明天，让二女儿跟着乞丐你去放羊。”老妈妈说。

ji^{33} la le, the^{33} the^{33} ʃuo^{33} ʃə: "no^{33} a^{53} da^{22}pho^{53} lju^{22}? no^{33} ke^{33}
去 CSM TOP 那 3sg 说 是 2sg QUES 那边 放牧 2sg 这
ke me^{31}tɕha^{33} kho^{33} i ke^{33} da^{22}pho^{53} lju^{22}, xai^{31}ʃə^{31} me^{31}tɕha^{33} ma^{31} kho^{33}
LOC 阳光 晒 GEN 这 那边 放牧 还是 阳光 NEG 晒
i the^{33} da^{22}pho^{53} lju^{22}?" the^{33} ʃuo^{33} le pə: "ŋa^{33} ta^{33}ne^{33} ɹe me^{31}tɕha^{33}
GEN 那 那边 放牧 3sg 说 TOP 吧 1sg 今天 TOP 阳光
kho^{33} i ke^{33} da^{22}-pho^{53} lju^{22} la, no^{33} me^{31}tɕha^{33} ma^{31} bo^{53} i the^{33}
晒 GEN 这 那-边 放牧 CSM 2sg 阳光 NEG 有.ANM GEN 那
da^{22}pho^{53} lju^{22} la." the^{33} me^{33} ŋe^{22}.
那边 放牧 CSM 那 做 说

第二天到了牧场以后，乞丐问二女儿：“你要在哪边放牧？你是在能晒着太阳的这边放牧，还是到晒不到太阳的那边放牧？”二女儿想到昨天姐姐在阴山放牧受了很大的罪，所以说：“我今天就在有阳光的这边放羊，你就到没有阳光的那边去放牧。”

the^{33} da^{22}pho^{53} ji^{33} la le, me^{31}tɕha^{33} kho^{33} i the^{33}, the^{33} da^{22}pho^{53}
那 那边 去 CSM TOP 阳光 晒 GEN 那 那 那边
me^{22}le^{33} je^{53} me^{53}, va^{53} i dʑu^{31} la, tɕhi^{33} za^{33}mi^{33} lju^{22} i the^{33}
风 也 吹 雨 GEN 下 CSM 3sg.GEN 女儿 放牧 GEN 那
ke, lo^{33}lo^{33}-ɕu^{31} lju^{22} i ke^{33} ke, ɹe va^{53} je^{53} ma^{31} dʑu^{31}, me^{22}le^{33}
LOC 乞丐-者 放牧 GEN 这 LOC TOP 雨 也 NEG 下 风
je^{53} ma^{31} bo^{53}, the^{33} xai^{31}ʃə^{31} the^{33} tɕhe^{53} be tɕhe^{53} ji^{22}tɕa^{33} bo^{53} i,
也 NEG 有 那 还是 那 山羊 PL.N-ANM 山羊 小孩 有 GEN
xai^{31}ʃə^{31} ba^{31} la, tɕəu^{31} iəu^{31} me^{31}kha^{33} la iəu^{31} ja^{33}khe la^{31} la.
还是 生 CSM 就 又 天黑 CSM 又 家里 来 CSM

二女儿就在有阳光的这边放牧了。不一会儿，她放牧的地方突然间吹起了狂风，暴雨也下了起来。而在乞丐放牧的那边，雨也没有下，风也没有刮，并且他放牧的山羊还生了许多小羊羔。天黑的时候他们赶着各自放牧的羊群回家了。

tɕi^{33} njo^{33}-njo^{33} ɕe^{53}, the^{33} tɕəu^{31} nje^{33}ku^{33}pa^{53} i the^{33} za^{33}mi^{33} lju^{22} i

一 看–看 TNT 那 就 老二 GEN 那 女儿 放牧 GEN

the^{33} be mi^{31}-tɕi^{33} be tɕhe^{53} tɕi^{33} be ka^{33}po la.

那 PL. N-ANM PFV–一 PL. N-ANM 山羊 一 PL. N-ANM 掉 CSM

lo^{33}lo^{33}-ɕu^{31} ke^{33} ke ɹe tɕhe^{53}tɕi^{33} be je^{53} ba^{31} la, gu^{22}tɕi^{33}

乞丐–者 这 LOC TOP 山羊一 PL.N-ANM 也 生 CSM 小

be ʁa^{53} la, ke^{33}the^{33} ke^{33}the^{33} lo^{33}lo^{33}-ɕu^{31} a the^{33} ke ji^{33} be^{22}tɕhe^{33}

PL. N-ANM 饱 CSM 这 这 乞丐–者 个 那 LOC 去 衣服

je^{53} ma^{53} dza^{22}-dza^{33} la.

也 NEG 湿–湿 CSM

家里的人一看，二女儿放牧的那群羊丢了很多，而乞丐放牧的这群羊生了许多羊羔，小羊羔也吃饱了，这个乞丐的衣服也没有湿。

ʃɯ^{53}ne^{33} xai^{31}ʃə^{31} iəu^{31} so^{33} ne^{33}, the^{33} ɹe tɕəu^{31} ʃuo^{33}: “no^{33} ne^{33}-de

明天 还是 又 三 天 那 TOP 就 说 2sg 1dl

gu^{22}tɕi^{33} ke^{33}the^{33} no^{33}ku ni^{53} a ku ji^{33}, lo^{33}lo^{33}-ɕu^{31} no^{33}ku ni^{53} a ku ji^{33}

小 这 dl 二 个 位 去 乞丐–者 2dl 二 个 位 去

tɕhe^{53} lju^{22} la.”

山羊 放牧 CSM

“明天就是第三天了，”老妈妈对乞丐说，“你就和我的小女儿一起去放牧吧。”

ji^{33} la the^{33} tɕəu^{31} ʃuo^{33} ʃə: “no^{33} ta^{33}ne^{33} ne no^{33} a^{53} da^{22}-pho^{53}

去 CSM 那 就 说 是 2sg 今天 TOP 2sg QUES 那–边

dʑo^{33}?” tɕhi^{33} the^{33} gu^{22}tɕi^{33} i the^{33} za^{33}mi^{33} tɕəu^{31} ʃuo^{33}: “a^{53} da^{22}-pho^{53}

存在 3sg. GEN 那 小 GEN 那 女儿 就 说 QUES 那–边

lju^{22} la? ŋa^{33}de tɕi^{33} a tsho^{33} a tɕəu^{31} tɕi^{33}pa me^{33} lju^{22} la, tɕəu^{31}

放牧 CSM 1dl 一 个 人 个 就 一起 做 放牧 CSM 就

ke^{33} ke lju^{22}, no^{33} a^{33}ke lju^{22} la ŋa^{33} a^{33}ke lju^{22}, ŋa^{33}ku ni^{53} a ku

这 LOC 放牧 2sg 哪里 放牧 CSM 1sg 哪里 放 1dl 二 个 位

tɕi^{33}pa ke^{33} ke lju^{22} la.”

一起 这 LOC 放牧 CSM

第二天到了牧场以后，乞丐问小女儿说：“你今天要在哪一边放羊？”小女儿说：“在哪一边放？都是一家人的羊，没有必要分开放牧，我们就在一起放牧吧，都在这里放牧。或者你在哪里放牧我就在哪里放牧，总之，我们就要一起放牧。”

“ba^{33} ko^{53} ke^{33}the^{33} u^{31}-tshu^{22} ni^{31} la o, no^{33} ke^{33} ke tshu^{22} ni^{31},
山 LOC 这 PFV−修 坐 CSM ITRJ 2sg 这 LOC 修 坐
no^{33} the^{33} ke u^{31}-tshu^{22} ni^{31} la, no^{33} ŋa^{33}de ke no^{33} ke^{33} ke u^{31}-tshu^{22}
2sg 那 LOC PFV−修 坐 CSM 2sg 2pl LOC 2sg 这 LOC PFV−修
ni^{31} ŋa^{33} lo^{53} la, ta^{33}ne^{33} le ŋa^{33} lju^{22} la, a^{33}ke ji^{33} ɹe ke a^{33}ke
坐 1sg 等 CSM 今天 TOP 1sg 放牧 CSM 哪里 去 TOP LOC 哪里
ko^{22}ko^{33} ji^{33} a^{33}ke lju^{22} ji^{33} la.” the^{33} me^{33} ɲe^{22}.
跑 去 哪里 放牧 去 CSM 那 做 说

乞丐说：“那你就在山的这边坐着等我，今天由我来放牧，不管羊朝哪里去，朝哪里跑，羊到了哪里我们就在哪里放牧。”

lju^{22} xai^{31}ʃə^{31} ja^{33}khe me^{31}kha^{33} du^{53} la, ja^{33}khe la^{31} la, tɕəu^{31} ni^{53} a
放牧 还是 家里 天黑 完 CSM 家里 来 CSM 就 二 个
ku tɕi^{33}pa tɕho^{53} me^{33}, tɕhe^{53} bu je^{53} ja^{22}ka^{33} la^{31} la, ni^{53} a ku
位 一起 美丽 做 山羊 PL. ANM 也 全部 来 CSM 二 个 位
je^{53} jo^{22}pho^{33} tɕho^{53} me^{33} la^{31} la^{33}, ni^{53} a ku me^{22}le^{33} je^{53} ma^{31} me^{53}, va^{53}
也 朋友 美丽 做 来 CSM 二 个 位 风 也 NEG 吹 雨
je^{53} ma^{53} dʑu^{31}, xo^{33}tɕa^{33} sə^{53} je^{53} ma^{31} dʑo^{33}, tɕəu^{31} la^{31} la, ja^{33}khe la^{31}
也 NEG 下 什么 事情 也 NEG 存在 就 来 CSM 家里 来
la, ja^{33}khe la^{31} la tɕəu^{31} tɕa^{53} ja^{33}khe la^{31} la ja^{33}khe la^{31} la, tɕəu^{31}
CSM 家里 来 CSM 就 TOP 家里 来 CSM 家里 来 CSM 就
ja^{53}no^{31} tɕəu^{31} ni^{53} a ku tɕəu^{31} jo^{22}pho^{33} tɕho^{53} la.
后面 就 二 个 位 就 朋友 美丽 CSM

天黑的时候他们放牧回来了。两个人的心情都很愉快，羊也全都回来了，两个人也已经成了好朋友。这一天在牧场上既没有刮风，也没有下雨，什么不好的事情都没有发生。

ja^{53}no^{31} ne tɕəu^{31} the^{33}de tɕəu^{31} nje^{22}me^{33} ji^{33} la, nje^{22}me^{33} ji^{33} la,
后面 TOP 就 3pl 就 招亲比赛 去 CSM 招亲比赛 去 CSM
tɕəu^{31} tsho^{33} bu tho^{31} i tho^{31} i tsho^{33} bu, tɕəu^{31} the^{33} ke
就 人 PL. ANM 妥当 GEN 妥当 GEN 人 PL. ANM 就 那 LOC
la^{31} a^{31} dʑi^{53} o. ne kə pə ʃə tɕhi^{33} a^{31}vu^{33} ka a^{31}vu^{33} ka xai^{31}ʃə^{31}
来 QUES 是 ITRJ 那 个 吧 是 3sg. GEN 舅舅 家 舅舅 家 还是

tɕhi^{33} se^{33} de^{22}, the^{33} me^{33} ŋe^{22} la.

3sg. GEN 谁 家 那 做 说 CSM

后来，这户大富人家要为三个女儿挑选女婿，举行招亲比赛，乞丐也去参加了。来参加的人都是体体面面有身份有地位的。“那个来的人是姑娘们的舅舅家的还是谁家的？”人们好奇地看着乞丐说。

tɕa^{53} a^{33}be^{33} the^{33} dzo^{22}mo^{33} me^{33}-ɕu tsho^{33} tho^{31} i tho^{31} zu^{22}gu^{33} tho^{31}

TOP 嫁妆 那 官 做–者 人 妥当 GEN 妥当 东西 妥当

i tho^{31}, me^{33} tɕa^{53} la^{31} la, ve^{22} ka^{31}tsa^{33} ve^{22} ko^{22}-ko^{33} me^{33} la^{31} la,

INF 妥当 做 TOP 来 CSM 赶 马 赶 跑–跑 做 来 CSM

a^{31} dʑi^{53} o? ko^{2}-^{2}ko^{33} me^{33} la^{31} la, tɕa^{53} zu^{22}gu^{33} dje^{53} zu^{22}gu^{33} dje^{53}

QUES 是 ITRJ 跑–跑 做 来 CSM TOP 东西 好 东西 好

tho^{31} i tho^{31}, zu^{22}gu^{33} dje^{53} i dje^{53}, tsho^{33} tho^{31} i tho^{31} me^{33} tɕəu^{31}

妥当 GEN 妥当 东西 好 GEN 好 人 妥当 GEN 妥当 做 就

la^{31} la.

来 CSM

来参加招亲比赛的有很多英俊的小伙子，其中还有当官的年轻人。他们带来的东西很好也很漂亮。

la^{31} la tɕəu^{31} nje^{22}me^{33} a ka^{31}tsa^{33} dzə^{31} mə tɕhi^{31} ka^{31}tsa^{33}, ka^{31}tsa^{33}

来 CSM 就 招亲比赛 ITRJ 马 骑 么 骑 马 马

dzə^{31} mo^{31} dzə^{31} idzo mo^{31} dzə^{31} idzo na tɕəu^{31} tɕhi^{33} i the^{33}

骑 马 骑 PROG 马 骑 PROG 那 就 3sg. GEN GEN 那

u^{53}nju^{31} je^{53} ɕe^{22} la, tɕhe^{53} je^{53} ɕe^{22} la, ʃe^{33} be u^{31}-tɕo^{22} la,

水牛 也 打死 CSM 山羊 也 打死 CSM 肉 PL. N-ANM PFV–煮 CSM

tɕa^{53} tɕu^{22} la ʃe^{33} be tɕu^{22} la, tɕu^{22} la le ʃe^{33} be

TOP 煮 CSM 肉 PL. N-ANM 煮 CSM 煮 CSM TOP 肉 PL. N-ANM

u^{31}-tɕo^{22} la, tɕəu^{31} tɕhi^{33} i the^{33} za^{33}mi^{33} so^{33} a tɕa^{53} na^{33}pu^{33} lja^{22}-lja^{53}

PFV–煮 CSM 就 3sg. GEN GEN 那 女儿 三 个 TOP 丈夫 寻找–寻找

la^{31} la, a dʑi^{53} o.

来 CSM QUES 是 ITRJ

那天来了许多参加招亲比赛的人，这一天杀了牛，杀了羊，把全部的肉煮好后，那三个女儿就过来在年轻人中挑选自己未来的丈夫。

kha^{53} i the^{33} ɹe the^{33} zu^{22}gu^{33} tho^{31} i tho^{31} me^{33}, tho^{31} i tho^{31}
大 GEN 那 TOP 那 东西 妥当 INF 妥当 做 妥当 INF 妥当

me^{33}, nja^{53} a i the^{33} lja^{22}-lja^{53}. nje^{33}ku^{33}pa^{53} i the^{33} xai^{31}ʃə^{31} tho^{31}
做 强壮 个 GEN 那 寻找-寻找 老二 GEN 那 还是 妥当

i tho^{31} me^{33} the^{33} me^{33} lja^{22}-lja^{53}. ja^{53}no^{31} i ke^{33}the^{33} so^{33}ku^{53}pa^{33} i
INF 妥当 做 那 做 寻找-寻找 后面 GEN 这 老三 GEN

ke^{33}the^{33} ɹe no^{33} tɕəu^{31} ʃuo^{33} ʃə, tɕhi^{33} i ke^{33}the^{33} lo^{33}lo^{33}-ɕu^{31} lja^{22}-lja^{53}.
这 TOP 2sg 就 说 是 3sg. GEN GEN 这 乞丐-者 寻找-寻找

tɕhi^{33} ke^{33}the^{33} lo^{33}lo^{33}-ɕu^{31} lja^{22}-lja^{53} ne, tɕəu^{31} ʃe^{33} to^{53}to^{31} ʃi^{33} tsa^{33} ji^{33},
3sg. GEN 这 乞丐-者 寻找-寻找 TOP 就 肉 抱-抱 拿 带 去

kha^{53} i the^{33} to^{53}-to^{31} ʃi^{31} tsa^{33} ji^{33}, ɹe tɕa^{53} the^{33} kha^{53} i the^{33} za^{33}mi^{33}
大 GEN 那 抱-抱 拿 带 去 TOP TOP 那 大 GEN 那 女儿

tɕəu^{31} tɕa^{53} du^{22}ka^{53} u^{31}-kho^{53}, tɕa^{53} du^{22}ka^{53} tɕa^{53} mi^{31}-pu^{22} la, du^{22}ka^{53} le
就 TOP 围裙 PFV-给 TOP 围裙 TOP PFV-倒 CSM 围裙 TOP

mi^{31}-pu^{22} la tɕa^{53}, tɕəu^{31} tɕhi^{33} the^{33} na^{33}pu^{33} tho^{31} i tho^{31} tɕəu^{31}, tɕəu^{31}
PFV-倒 CSM TOP 就 3sg. GEN 那 丈夫 妥当 GEN 妥当 就 就

ʁa^{53} la tɕəu^{31} the^{33} me^{33} zu^{33}ga^{53} la.
饱 CSM 就 那 做 好 CSM

大女儿看上了一个英俊的年轻人。她看上的这个年轻人是一个很好、很厉害的小伙子。二女儿也挑选了一个很好的小伙子做自己的丈夫。然后三女儿呢，她就挑选了那个乞丐。那个大女儿把肉端上来，按照风俗习惯将肉倒在她挑选好的那人的围裙上，于是，她得到了一个很好的丈夫。

the^{33} nje^{33}ku^{33}pa^{53} i the^{33} xai^{31}ʃə^{31} the^{33} me^{33} to^{53}to^{31} ʃi^{31} tsa^{33} ji^{33},
那 老二 GEN 那 还是 那 做 抱-抱 拿 带 去

the^{33} tho^{31} i tho^{31}, i the^{33} na^{33}pu^{33} xe^{33}-pho^{53} ji^{33} la, tɕəu^{31} mi^{31}-pu^{22}
那 妥当 GEN 妥当 GEN 那 丈夫 前-边 去 CSM 就 PFV-倒

la, ni^{53} a ku tɕəu^{31} ni^{53} a ku tɕəu^{31} tɕi^{33}ka tɕi^{33} ja^{33} me^{33} la, tɕi^{33}
CSM 二 个 位 就 二 个 位 就 一起 一 房屋 做 CSM 一

ja^{33} me^{33} la, dʑi^{53} la a^{31} dʑi^{53} dʑi^{53} la, ni^{53} a ku tɕəu^{31} dʑi^{53} la.
房屋 做 CSM 是 CSM QUES 是 是 CSM 二 个 位 就 是 CSM

二女儿也是那样端着肉就出来了。她走到挑选好的未来的丈夫面前就把肉倒给他了，两个人就这样成家了。

the^{33} so^{33}ku^{33}pa^{53} i ke^{33}the^{33} na^{31} le, tɕəu^{31} the^{33} ke^{33}the^{33} lo^{33}lo^{33}-ɕu^{31}
那 老三 GEN 这 儿媳 TOP 就 那 这 乞丐–者
tha^{22} pho^{53} xe^{33}pho^{53} la^{31} la, tɕəu^{31} tɕa^{53} ʃə pə la^{31} la, tɕəu^{31} ŋe^{33}
3sg. DAT 边 前–边 来 CSM 就 TOP 是 吧 来 CSM 就 1sg. GEN
mu^{33}ko^{53} le u^{31}-phu^{22} ge dʑi, the^{33} me^{33} ŋe^{22} la, tɕəu^{31} the^{33} lo^{33}lo^{33}-ɕu^{31}
怀抱 TOP PFV–洒 NMLZ NMLZ 那 做 说 CSM 就 那 乞丐–者
the^{33} xe^{33}-pho^{53} la^{31} la, tɕəu^{31} the^{33} lo^{33}lo^{33}-ɕu^{31} xe^{33}-pho^{53} la^{31} la, the^{33}
那 前–边 来 CSM 就 那 乞丐–者 前–边 来 CSM 那
tɕəu^{31} tɕhi^{33} the^{33} ʃe^{33} be, tɕhi^{33} i the^{33} mu^{33}ko^{53} ke mi^{31}-pu^{22}
就 3sg. GEN 那 肉 PL. N-ANM 3sg. GEN GEN 那 怀抱 LOC PFV–倒
la, tɕəu^{31} lo^{33}lo^{33}-ɕu^{31} ni^{53} a ku tɕəu^{31} xai^{31}ʃə^{31} the^{33} me^{33} la^{31}, the^{33} me^{33}
CSM 就 乞丐–者 二 个 位 就 还是 那 做 来 那 做
la tɕəu^{31} ja^{53}no^{31} la.
CSM 就 后面 CSM

三女儿看上了那个乞丐，她端着肉来到那个乞丐的面前，假装一个趔趄摔倒在地，把端着的肉全部倒进了乞丐的怀里。

tɕəu^{31} kha^{53} i the^{33} tɕəu^{31} tha^{22} dʒe^{22} ŋa^{33}-de ʁa^{22}ma^{33}-ɕu kha^{53} ʁa^{53}
就 大 GEN 那 就 3sg. DAT 骂 1sg-PL 发财–者 大 得到
la, nje^{33}ku^{33}pa^{53} i the^{33} je^{53} tha^{22} dʒe^{22}. “a^{33}ja^{33} ŋa^{33}ku ni^{53} a ku
CSM 老二 GEN 那 也 3sg. DAT 骂 姐姐 1dl 二 个 位
le ʁa^{22}ma^{33}-ɕu kha^{53} ʁa^{53} la, no^{33} tɕi^{33} ka^{33} ni^{33}, lo^{33}lo^{33}-ɕu^{31} ʁa^{53} la,
TOP 发财–者 大 得到 CSM 2sg 一 样子 有 乞丐–者 得到 CSM
tɕi^{33} ka^{33} i lo^{33}lo^{33}-ɕu^{31} ŋa^{33}de ŋe^{22} i ma^{53}tɕa^{22} a i, ke^{33}the^{33} ŋe^{33}
一 样子 GEN 乞丐–者 1pl 说 GEN 打工 个 GEN 这 1sg. GEN
ja^{33}khe ma^{53}tɕa^{22} a i, no^{33} ke^{33}the^{33} tɕi^{33} ka^{33} ni^{33}, ni^{53} a xo^{33} me^{33}.”
家里 打工 个 GEN 2sg 这 一 样子 有 二 个 何 做
the^{33} me^{33} ŋe^{22}. “tha^{22} dʒe^{22} dʒe^{22} xo^{33} me^{33} ka^{53} la le? ŋa^{33}de
那 做 说 3sg. DAT 骂 骂 何 做 办 CSM PRT 1pl
tha^{22} mi^{31}-kho^{53} la.” tɕhi^{33} a^{33}ba^{33} tɕəu^{31} tɕhi^{33} za^{33}mi^{33} ku mi^{31}-fu^{33}
3sg. DAT PFV–给 CSM 3sg的 父亲 就 3sg. GEN 女儿 位 PFV–领

a^{31} dʑi^{53}.
QUES 是

有钱人家的大女儿就骂她：“我们选择的丈夫都是有钱的人家。”二女儿也骂她：“我们两个做姐姐的呢，嫁到有钱人家，你怎么嫁给一个乞丐了。他是个乞丐，就在我们家做工，你怎么能这样做。”父亲说：“怎么办呢？按照传统的风俗习惯，我们只好把你嫁给他了。”她的父亲就把三女儿嫁给了乞丐。

fu^{33} me^{33} la tɕəu^{31} xo^{33}tɕa^{33} xo^{33}tɕa^{33} a^{33}be^{53} kha^{53} i the^{33} za^{33}mi^{33}
领 做 CSM 就 什么 什么 嫁妆 大 GEN 那 女儿
tʃhe^{53} je^{53} kho^{53} ʑu^{33}mu^{33} je^{53} kho^{53} ka^{31}tsa^{33} je^{53} kho^{53}, tɕhu^{33} be
米 也 给 家畜 也 给 马 也 给 铜 PL. N-ANM
je^{53} kho^{53}, xo^{33}tɕa^{33} xo^{33}tɕa^{33} be je^{53} kho^{53}, ba^{33}dʒe^{33} be je^{53}
也 给 什么 什么 PL. N-ANM 也 给 钱 PL. N-ANM 也
kho^{53} la.
给 CSM

父亲给了大女儿许多米以及马等家畜，还给了许多钱等等，给了很多东西作为嫁妆。

nje^{33}ku^{33}pa^{53} i the^{33} xai^{31}ʃə^{31} the^{33} me^{33} kho^{53} la, a^{33}be^{33} tho^{31} tho^{31}
老二 GEN 那 还是 那 做 给 CSM 嫁妆 妥当 妥当
me^{33} kho^{53} la.
做 给 CSM

父亲也给了二女儿像大女儿那么多、那么好的嫁妆。

ke^{33}the^{33} ja^{53}no^{31} ke^{33}the^{33} so^{33}ku^{33}pa^{53} ke^{33}the^{33} ɹe tɕəu^{31} tɕa^{53} ka^{31}tsa^{33}
这 后面 这 老三 这 TOP 就 TOP 马
mi^{31}-kho^{53}, ɡe^{33} tɕha^{22}tɕhu^{33} tɕi^{53} dza^{31} mi^{31}-kho^{53} la, mi^{31}-kho^{53} la le
PFV–给 皮肤 口袋 一 双 PFV–给 CSM PFV–给 CSM TOP
tɕhu^{33} tsu^{53} mi^{31}-kho^{53}, the^{33} mi^{33} the^{33} mi^{33} tsu^{53} mi^{31}-kho^{53} la, tɕəu^{31} mi^{33}
铜 点 PFV–给 那 金子 那 金子 点 PFV–给 CSM 就 金子
tsu^{53} mi^{31}-kho^{53} la. “no^{33} ʃi^{33} tsa^{33} ji^{33}, no^{33} ji^{33} la le, no^{33} ke^{33} tsu^{53}
点 PFV–给 CSM 2sg 拿 带 去 2sg 去 CSM TOP 2sg 这 点
ŋa^{33} mi^{31}-kho^{53}.” the^{33} me^{33} ŋe^{22} la.
1sg. DAT PFV–给 那 做 说 CSM

只给了三女儿一匹马和一对皮口袋，另外也给了点金子，说：“你拿去吧，你去吧，把这点东西给你做嫁妆。”

the^{33} tɕəu^{31} tɕa^{22} tsa^{33} ʃi^{33} la, tɕhi^{33} i the^{33} ja^{22}ʃu^{33}ma^{53}, the^{33}
那 就 捡 带 拿 CSM 3sg. GEN GEN 那 妻子 那
lo^{33}lo^{33}-ɕu^{31} ʃuo^{33}: “no^{33} ka^{31}tsa^{33} u^{31}-dzə^{31} ge dʑi ŋa^{33} na.” the^{33} ja^{22}ʃu^{33}ma^{53}
乞丐–者 说 2sg 马 PFV–骑 NMLZ NMLZ 1sg 那 那 妻子
ʃuo^{33}: “ŋa^{33}ku ni^{53} a ku a^{33}ke ji^{33} la? a^{33}me^{33}! ŋa^{33}ku ni^{53} a ku a^{33}ke
说 1dl 二 个 位 哪里 去 CSM 啊哟 1dl 二 个 位 哪里
ji^{33} la?” “ŋa^{33}ku ni^{53} a ku le lu^{53}bu^{31} i ja^{33} ko^{53} ji^{33} la, lu^{53}
去 CSM 1dl 二 个 位 TOP 石头 GEN 房屋 LOC 去 CSM 石头
ja^{33} ko^{53} ji^{33}, lu^{53} ja^{33} ko^{53} ji^{33}.” the^{33} me^{33} ŋe^{22}.
房屋 LOC 去 石头 房屋 LOC 去 那 做 说

三女儿就拿了这些东西，同乞丐一起走了。出了家门，乞丐对三女儿说：“你骑上马，我来牵。”三女儿茫然地问他：“我们两个去哪里？”“我有一个石头房子，我们两个就到那个石头房子去。”乞丐说。

“ke^{33} ka^{31}tsa^{33} a^{33}ke ji^{33} la, ŋa^{33}de ka^{31}tsa^{33} a^{33}ke ni^{31} ji^{33} la, the^{33}
这 马 哪里 去 CSM 1pl 马 哪里 坐 去 CSM 那
me^{33} ŋe^{22}. ka^{31}tsa^{33} the^{33} ka^{31}tsa^{33} ke^{33}the^{33} mo^{31} a^{33}ke ji^{33} la, a^{33}ke dʑa^{31}
做 说 马 那 马 这 马 哪里 去 CSM 哪里 站
la, ŋa^{33}de tɕəu^{31} a^{33}ke ni^{31}.” the^{33} me^{33} ŋe^{22}, the^{33} me^{33} ŋe^{22} la.
CSM 1pl 就 哪里 坐 那 做 说 那 做 说 CSM

“这匹马会到那里去的，你就任由这匹马走，它走到哪里，我们就住哪里。”乞丐说。

tɕəu^{31} ji^{33} la, ji^{33} la, tɕəu^{31} the^{33} lu^{53}bu^{31} i ja^{33} ko^{53} ji^{33} la.
就 去 CSM 去 CSM 就 那 石头 GEN 房屋 LOC 去 CSM
ji^{33} la le me^{31}kha^{33} du^{53}, the^{33} tɕəu^{31} ʃɯ^{53} la le, the^{33} tɕəu^{31} the^{33}
去 CSM TOP 天黑 完 那 就 明天 CSM TOP 那 就 那
mi^{33} be, the^{33} tɕhu^{33} ʃi^{33} la, ŋu^{33} ŋu^{33} ŋu^{33} tɕi^{33} njo^{33}-njo^{33} ɕe^{53}
金子 PL. N-ANM 那 铜 拿 CSM 银子 银子 银子 一 看–看 TNT
la, tɕhi^{33} the^{33} lo^{33}lo^{33}-ɕu^{31} tɕa^{53} ʃuo^{33}: “a^{33}me^{33}! ke^{33}the^{33} tɕəu^{31} tɕa^{53}
CSM 3sg. GEN 那 乞丐–者 TOP 说 啊哟 这 就 TOP
ba^{33}dʒe^{33} a^{31} dʑi^{53} o? ke^{33}the^{33} tɕəu^{31} ba^{33}dʒe^{33} e e e mi^{33} be,
钱 QUES 是 ITRJ 这 就 钱 嗯 嗯 嗯 金子 PL. N-ANM
tɕhu^{33} be, a^{31} dʑi^{53} o?” “dʑi^{53}!” “a^{33}me^{33}!” “tɕi^{33} ka^{33} ni^{33} pə?”
铜 PL. N-ANM QUES 是 ITRJ 是 啊哟 一 样子 有 吧

“ŋa^{33} mja^{53} i mja^{53}.” “no^{33} a^{33}ke mja^{53}?” “a^{33}me^{33}! ŋa^{33} ja^{53}no^{31} pho^{53} de^{22}

1sg 多 GEN 多 2sg 哪里 多 啊哟 1sg 后面 边 家

ba^{33} go^{31} ko^{53}, the^{33} the^{33} ke ŋa^{33} ʃɯ^{53} le, ke^{33}the^{33} ka^{31}tsa^{33} ʃi^{33} tsa^{33}

山 山沟 LOC 那 那 LOC 1sg 明天 PRT 这 马 拿来 带

ji^{33}, tɕe^{33}-tɕe^{33} ʃi^{33} la^{31} la tɕe^{33}-tɕe^{33} ʃi^{33} la^{31} la no^{33} njo^{33}-njo^{33}.”

去 驮-驮 拿 来 CSM 驮-驮 拿 来 CSM 2sg 看-看

到了乞丐的石头房子后，天已经黑了。第二天，三女儿就拿出父亲给的那些金子交给乞丐，乞丐一看，惊奇的说：“啊，这些是金子吗？如果这些是金子的话，我有很多。”三女儿问：“你哪里有很多？”乞丐回答说：“就在后面那个山沟里，我明天牵马去那儿驮回来给你看。”

ja^{53}no^{31} ʃi^{33} tɕəu^{31} ji^{33} la, ʃi^{33} tɕəu^{31} a^{33}me^{33}, ba^{33} go^{53} ji^{33} la the^{33}

后面 拿 就 去 CSM 拿 就 啊哟 山 LOC 去 CSM 那

mi^{33} be, ba^{33}-bo^{31} ka ba^{33} ko^{53} ka^{22} ko^{53} ji^{33} la, tɕa^{53} tɕa^{53} la

金子 PL. N-ANM 山-沟 条 山 LOC 捡 LOC 去 CSM TOP TOP CSM

ʃi^{33} la^{31} la, ni^{53} a ku tɕəu^{31} tɕa^{53} ʁa^{22}ma^{33} sə^{33}tɕi^{33} o, ja^{33} u^{31}-tshu^{22},

拿来 来 CSM 二 个 位 就 TOP 发财 特别 ITRJ 房屋 PFV-修

ja^{33} xa^{31}ne^{33} ja^{33}khe ja^{33}khe tɕəu^{31} dje^{53} i dje^{53}, tho^{31} i tho^{31} la,

房屋 什么 家里 家里 就 好 GEN 好 妥当 GEN 妥当 CSM

tɕəu^{31} ʁa^{22}ma^{33}, sə^{33}tɕi^{33} ʁa^{22}ma^{33} la.

就 发财 特别 发财 CSM

第二天，乞丐就到房子后面的山沟里捡来了那些金子，两个人从此就过上了富裕的生活。他们新修了房子，把家里布置得非常漂亮。

tɕəu^{31} tɕhi^{33} the^{33} ja^{33}khe pa^{33}, tɕəu^{31} e e e ja^{33} mi^{31} ta^{22} la.

就 3sg. GEN 那 家里 娘家 就 嗯 嗯 嗯 房屋 火 烧 CSM

ja^{33} mi^{31} ta^{22} la le tɕəu^{31} ji^{33} ku ma^{31} dʑo^{33} la. xo^{33}tɕa^{33} la ma^{31}

房屋 火 烧 CSM TOP 就 去 位 NEG 存在 CSM 什么 CSM NEG

bo^{53}, ja^{33} ka tɕəu^{31} mi^{31} ta^{22} la, ŋa^{33}ku ni^{53} a ku mu^{53}ka^{31} ni^{53} a

有 房屋 住处 就 火 烧 CSM 1dl 二 个 位 老 二 个

ku the^{33} za^{33}mi^{33} kha^{53} i the^{33} ke ji^{33}, za^{33}mi^{33} the^{33} kha^{53} i the^{33}

位 那 女儿 大 GEN 那 LOC 去 女儿 那 大 GEN 那

ke ji^{33} la, the^{33} ke kha^{53} i the^{33} ke xo^{33}tɕa^{33} təu^{33} ma^{31} bo^{53}

LOC 去 CSM 那 LOC 大 GEN 那 LOC 什么 都 NEG 有

la, dʑi^{31}-lju^{31} je^{53} ma^{31} bo^{53}, xo^{33}tɕa^{33} təu^{33} ma^{31} bo^{53}.

CSM 吃-NMLZ 也 NEG 有 什么 都 NEG 有

有一天，三女儿娘家的房子被火烧了，家里的东西都被烧完了。老两口没有了去处，只好到他们大女儿家去。到了大女儿家一看，大女儿家什么也没有，吃的也没有，穿的、用的都没有。

"ŋa^{33}ku ni^{53} a ku iəu^{31} ji^{33} the^{33} nje^{33}ku^{33}pa^{53} i the^{33} ke ji^{33}." a^{33}me^{33}!

1dl 二 个 位 又 去 那 老二 GEN 那 LOC 去 啊哟

tɕhi^{33} ja^{33}khe xai^{31}ʃə^{31} xo^{33}tɕa^{33} la ma^{31} bo^{53}, lja^{22}-lja^{53} ko^{22}-ko^{33} me^{33},

3sg. GEN 家里 还是 什么 CSM NEG 有 寻找-寻找 跑-跑 做

ke^{33}the^{33} je^{53} lja^{22}, tɕo^{53} the^{33} je^{53} lja^{22}, lja^{22}-lja^{53} lja^{22}-lja^{53} ko^{22}-ko^{33} me^{33} la^{31}.

这 也 寻找 那里 那 也 寻找 寻找-寻找 寻找-寻找 跑-跑 做 来

"我们两个还是去老二那里吧。"到了二女儿家一看，她家里也是什么都没有，靠四处讨饭为生。

"a^{33}me^{33} namə the^{33} gu^{22}tɕi^{33} i the^{33} so^{33}ku^{33}pa^{53} i the^{33}, ŋa^{33}ku^{53}

啊哟 那么 那 小 GEN 那 老三 GEN 那 1dl

ni^{53} a ku tɕi^{33} njo^{33}-njo^{33} ɕe^{53} a? the^{33} lo^{33}lo^{33}ɕu^{31} mi^{31}-kho^{53} la, ɕiao

二 个 位 一 看-看 TNT ITRJ 那 乞丐-者 PFV-给 CSM 小

tə zu^{33}ga^{53} ma^{31} zu^{33}ga^{53}? je^{53} ma^{53} se^{22}, ŋa^{33}ku^{53} ni^{53} a ku tɕi^{33} ji^{33} ɕe^{53}

的 好 NEG 好 也 NEG 知道 1dl 二 个 位 一 去 TNT

la tɕi^{33} njo^{33}-njo^{33} ɕe^{53}." a^{33}me^{33}! ji^{33} la lo^{33}lo^{33}-ɕu^{31} de^{22} a ʁa^{22}ma^{33}

CSM 一 看-看 TNT 啊哟 去 CSM 乞丐-者 家 个 发财

sə^{33}tɕi^{33} o, xo^{33}tɕa^{33} təu^{33} bo^{53}, xo^{33}tɕa^{33} təu^{33} ʁa^{53} la, xo^{33}tɕa^{33} təu^{33} bo^{53},

特别 ITRJ 什么 都 有 什么 都 得到 CSM 什么 都 有

dʑi^{31}-lju^{31} je^{53} bo^{53}, ba^{53}-lju^{31} je^{53} bo^{53}, ja^{33} je^{53} bo^{53}, xo^{33}tɕa^{33} təu^{33} bo^{53}.

吃-NMLZ 也 有 喝-NMLZ 也 有 房屋 也 有 什么 都 有

"唉，我们两个只有到老三那里去看一下了。她如今嫁给一个乞丐，不知道过得好不好，我们两个去看一下吧。"他们两个就去了三女儿家。去了以后看到乞丐家很富裕，什么都有，吃的也有，喝的也有，房子也有。

（讲述人：吴德才）

9. 傻女婿

tɕhi^{33} the^{33} na^{33}pu^{33} le tsho^{33}tɕa^{33}, tsho^{33}tɕa^{33} le mə na^{33}pu^{33} le
3sg. GEN 那 丈夫 TOP 傻瓜 傻瓜 TOP 么 丈夫 TOP
tsho^{33}tɕa^{33}, ja^{22}ʃu^{33}ma^{53} le tho^{31} tho^{31} le, the^{33} tɕəu^{31} xai^{31}ʃə^{31} zu^{22}ku^{33} le
傻瓜 妻子 TOP 妥当 妥当 TOP 那 就 还是 长相 TOP
the^{33} tsho^{33}tɕa^{33} ʃə zu^{22}gu^{33} zu^{22}ku^{33} le tho^{31}, nje^{22}ma^{53} ma^{53} ke^{22}tshə^{33}, nje^{22}ma^{53}
那 傻瓜 是 长相 长相 TOP 妥当 心脏 NEG 聪明 心脏
ma^{53} ke^{22}tshə^{33} tɕəu^{31} be^{22}tɕhe^{33} xaiʃə ve^{22}-le^{33} zu^{33}ga^{53}, ja^{53}no^{31} i the^{33} tɕhi^{33}
NEG 聪明 就 衣服 还是 穿-NMLZ 好 后面 GEN 那 3sg. GEN
i the^{33} ʁa^{22}ma^{33}-ɕu^{33} kha^{53} the^{33} tɕəu^{31} tɕhi^{33} i za^{33}mi^{33} tɕəu^{31} tha^{22}
GEN 那 发财-者 大 那 就 3sg. GEN GEN 女儿 就 3sg. DAT
mi^{31}-kho^{53} la, mi^{31}-kho^{53} la, za^{33}mi^{33} fu^{33} la le mi^{31}-fu^{33} la le tɕəu^{31}
PFV-给 CSM PFV-给 CSM 女儿 领 CSM TOP PFV-领 CSM TOP 就
ja^{53}no^{31} tɕəu^{31} xe^{33} ja^{33} tɕəu^{31} the^{33} tsho^{33}tɕa^{33} ma^{53} se^{22}, ja^{53}no^{31} tshai ʃuo^{33}:
后面 就 先 家 就 那 傻瓜 NEG 知道 后面 才 说
“ke^{33} tɕhi^{33} ke^{33}the^{33} za^{33}mi^{33} na^{33}pu^{33} le tsho^{33}tɕa^{33}, no^{33} xo^{33} me^{33}
这 3sg. GEN 这 女儿 丈夫 TOP 傻瓜 2sg 何 做
ka^{53} la?”
办 CSM

从前，有一个女人，她的丈夫是个傻瓜，但这个女人很聪明。她的这个丈夫虽然是个傻瓜，相貌却长得非常好。这个女人原本是一个大财主的女儿，大财主把她嫁给这个男人的时候，并不知道他是个傻瓜。等到婚后知道了，父亲惭愧地对女儿说：“你这个丈夫是个傻瓜，你今后怎么办呢？”

xe^{33} i ja^{33} tɕa^{53}, xe^{33} ja^{33} tɕəu^{31} tɕa^{53} ʃə pə, mi^{31}-fu^{33} la tɕəu^{31}
先 GEN 家 TOP 先 家 就 TOP 是 吧 PFV-领 CSM 就
tsho^{33}tɕa^{33} je^{53} xai^{31}ʃə^{31}, tsho^{33}tɕa^{33} xai^{31}ʃə^{31} tɕi^{33} ja^{33}me^{33}, tsho^{33} tho^{31} je^{53} tɕi^{33}
傻瓜 也 还是 傻瓜 还是 一 当家 人 妥当 也 一
ja^{33}me^{33}, tsho^{33} ma^{53} tho^{31} je^{53} tɕi^{33} ja^{33}me^{33}, tsho^{33}tɕa^{33} mi^{31}-kho^{53} la xai^{31}ʃə^{31}
当家 人 NEG 妥当 也 一 当家 傻瓜 PFV-给 CSM 还是
tɕəu^{31} tɕi^{33} ja^{33}me^{33} la, tɕi^{33} ja^{33}me^{33} la^{33}, tɕəu^{31} ja^{53}no^{31} tɕəu^{31} tɕhi^{33} i
就 一 当家 CSM 一 当家 CSM 就 后面 就 3sg. GEN GEN

the^{33} tɕhi^{33} i the^{33} a^{33}ma^{33} de^{22} tɕəu^{31} ja^{33}khe pa^{22} tɕəu^{31} pan^{21}tɕəu^{53},

那 3sg. GEN GEN 那 母亲 家 就 家里 娘家 就 办酒

ŋa^{33}-de^{31} do^{33}ɕu^{33}-na^{31} xo^{33} me^{33} ŋe^{22}? pan^{21}tɕəu^{53} tɕəu^{31} vu^{53} me^{33} pə?

1sg-PL 多续-话 何 做 说 办酒 就 酒 做 吧

在以前的社会，一个女孩嫁给了一个傻瓜，也只能跟着这个傻瓜过一辈子。嫁给好的人也是一辈子，嫁给不好的人也是一辈子，嫁给傻瓜还是一辈子。两人成家了以后，有一天，这个女人的娘家要给儿子办酒席。

tɕhi^{33} ja^{33}khe pa^{22} la^{31} vu^{53} me^{33} la, vu^{53} me^{33} la the^{33} tɕəu^{31} tɕhi^{33}

3sg. GEN 家里 娘家 来 酒 做 CSM 酒 做 CSM 那 就 3sg. GEN

i the^{33} ja^{22}ʃu^{33}ma^{53} tɕəu^{31} tha^{22} pho^{53} ŋe^{22}: “namə ŋa^{33} le xe^{33} vo^{33}vo^{33}

GEN 那 妻子 就 3sg. DAT 边 说 那么 1sg TOP 先 帮助

ji^{33} la^{33}, no^{33} le ja^{53}no^{31} la^{31} la, no^{33} ja^{53}no^{31} la^{31} le no^{33} be^{22}tɕhe^{33}

去 CSM 2sg TOP 后面 来 CSM 2sg 后面 来 PRT 2sg 衣服

ɹe tho^{31} tho^{31} me^{33} u^{31}-ve^{22}, mu^{53} le tho^{31} tho^{31} me^{33} khɯ^{53} kha^{53} kha^{53}

TOP 妥当 妥当 做 PFV-穿 帽子 TOP 妥当 妥当 做 上 大 大

the^{33} u^{31}-tsu^{22}, ja^{31}-kha^{53} i the^{33} u^{31}-tsu^{22}.” the^{33} me^{33} ŋe^{22}.

那 PFV-戴 更-大 GEN 那 PFV-戴 那 做 说

作为女儿，这个女人要提前回娘家帮忙，临走之前，她对她的傻瓜丈夫说：“我先去帮忙，你等一阵再来，你来的时候要把衣裳穿得干干净净的，戴一顶大一点的帽子，要打扮得漂漂亮亮的。”

“be^{22}tɕhe^{33} tho^{31} tho^{31} me^{33} u^{31}-ve^{22}, ba^{33}dʒe^{33} le li^{31} i li^{31} me^{33} ʃi^{33}

衣服 妥当 妥当 做 PFV-穿 钱 TOP 重 GEN 重 做 拿

la, ba^{33}dʒe^{33} le li^{31} i li^{31} me^{33} ʃi^{33} tsa^{33} la.” the^{33} me^{33} ŋe^{22}. the^{33}

CSM 钱 TOP 重 GEN 重 做 拿 带 CSM 那 做 说 那

ʃuo^{33}: “dʑi^{53}!”

说 是

“要把衣裳穿得好好的，光光滑滑的，钱要带得重重的。”傻女婿答应了。

ja^{53}no^{31} le tɕəu^{31} the^{33} ne vu^{53} tɕəu^{31} ba^{53} la^{31} la^{33}, vu^{53} ba^{53} la^{31}

后面 TOP 就 那 TOP 酒 就 喝 来 CSM 酒 喝 来

la^{33}, the^{33} tɕəu^{31} ji^{33} la^{33}, tɕəu^{31} ʒo^{22}le^{33} pu tɕəu^{31} ʃi^{33} la u^{31}-xa^{33}-xa^{33},

CSM 那 就 去 CSM 就 席子 只 就 拿 CSM PFV-盖-盖

tɕəu^{31} the^{33} dʑo^{31}xa^{53} ka ʃi^{33} la u^{31}-tɕha^{22}, ge dʑi dʑo^{31}xa^{53} ka ʃi^{33}
就 那 腰带 条 拿 CSM PFV-拴 NMLZ NMLZ 腰带 条 拿
tɕhi^{33} i the^{33}, mu^{53} le the^{33} ju^{33} pha^{22} i the^{33} bu^{33}lju^{53} ju^{33} pha^{22}
3sg. GEN GEN 那 帽子 TOP 那 鱼 捉 GEN 那 鱼笼子 鱼 捉
i the^{33} khɯ^{53} mu^{53} khɯ^{53} tsu^{22} ge tsu^{22}, the^{33} ʒu^{22}thu^{33} ʒu^{22}thu^{33} tɕi^{33}
GEN 那 上 帽子 上 戴 LOC 戴 那 磨子 磨子 一
a tɕi^{53} pho^{22}pi^{53} u^{31}-vo^{53}xo^{31} la, ʒu^{22}thu^{33} tɕi^{53} pho^{22}pi^{53} vo^{53}xo^{31} la, vo^{53}xo^{31}
个 一 半 PFV-背 CSM 磨子 一 半 背 CSM 背
ʃi^{33} la tɕəu^{31} ji^{33} la^{33}.
拿 CSM 就 去 CSM

过了一段时间后这个傻瓜女婿穿戴完毕就去吃酒席了。他来之前，看到床上的凉席干干净净的，就拿来围在身上，用绳子捆好；看到捕鱼的笼子比较大，就拿来戴在头上；看到石磨很重，就背上一扇磨子。就这样，他就去吃酒席了。

ji^{33} la le tɕhi^{33} i the^{33} ja^{22}ʃu^{33}ma^{53} tɕəu^{31} xai^{31}ʃə^{31} se^{22}, tɕhi^{33}
去 CSM TOP 3sg. GEN GEN 那 妻子 就 还是 知道 3sg. GEN
i the^{33} na^{33}pu^{33} ta^{33}ne^{33} tsho^{33}tɕa^{33} ka^{33} ni^{33} la^{31} la^{33}, ta^{53}menkhəu u^{31}-dʑa^{31}
GEN 那 丈夫 今天 傻瓜 样子 有 来 CSM 大门口 PFV-站
la, tɕi^{33} njo^{33}-njo^{33} ɕe^{53}, the^{33}de xo^{33}tɕa^{33} ka^{33} ni^{33} me^{33} la^{31}, the^{3} u^{31}-dʑa^{31}
CSM 一 看-看 TNT 3pl 什么 样子 有 做 来 那 PFV-站
the^{33} tɕəu^{31} ji^{33} la^{33}, tɕəu^{31} ʒo^{22}le^{33} pu je^{53} u^{31}-ve^{22} be^{22}tɕhe^{33} u^{31}-ve^{22} u^{31}-tɕha^{33}
那 就 去 CSM 就 席子 只 也 PFV-穿 衣服 PFV-穿 PFV-拴
me^{33} ji^{33} la^{33}, the^{33} ʐu^{33} pha^{22} i the^{33} the^{33} mi^{33} ɕa^{22} i the^{33} vu^{53}dʑu^{31}
做 去 CSM 那 鱼 捉 GEN 那 那 竹子 做 GEN 那 头
khɯ^{53} u^{31}-tsu^{22}-tsu^{33} ji^{33} la, the^{33} ʒu^{22}thu^{33} tɕi^{53} pho^{22}pi^{53} u^{31}-vo^{53}xo^{31} tɕa^{53}
上 PFV-戴-戴 去 CSM 那 磨子 一 半 PFV-背 TOP
ji^{33} la^{33}.
去 CSM

这个女人担心他的傻瓜丈夫今天是否按照她说的那样打扮得漂漂亮亮的来，就站在大门口张望，看到这个傻女婿身上围着席子、头上戴着笼子、背上还背着一扇磨子，大摇大摆地走来了。

ji^{33} la^{33} the^{33} tɕəu^{31} tɕa^{53}: “no^{33}, a^{33}me^{33}! no^{33} the^{33} me^{33} ma^{31} zə^{33}ga^{53},
去 CSM 那 就 TOP 2sg 啊哟 2sg 那 做 NEG 好

ja^{23}ku^{33} me^{33} ke^{33} ke ta^{53}men tha^{31} ji^{33}, me^{33} tɕo^{53} da^{22}pho^{53} i the^{33}
快快 做 这 LOC 大门 PROH 去 做 那 那边 GEN 那
ta^{53}menkhəu ji^{33} la^{33}, ji^{33} la le.” tɕhi^{33} i the^{33} ji^{31}no^{31} i be^{22}tɕhe^{33}
大门口 去 CSM 去 CSM TOP 3sg. GEN GEN 那 弟弟 GEN 衣服
tsu^{53} tha^{22} u^{31}-kho^{53} u^{31}-ve^{22}, tɕi^{33} tsu^{53} tha^{22} u^{31}-ve^{22}, ja^{22}tshə^{33} be
点 那. DAT PFV-给 PFV-穿 一 点 3sg. DAT PFV-穿 裤子 PL. N-ANM
u^{31}-ve^{22} la, xai^{31}ʃə^{31} xai^{31}ʃə^{31} tɕi^{33} tsu^{53} u^{31}-ve^{22}, xai^{31}ʃə^{31} tsho^{33} xai^{31}ʃə^{31} zu^{22}gu^{33}
PFV-穿 CSM 还是 还是 一 点 PFV-穿 还是 人 还是 长相
xai^{31}ʃə^{31} tho^{31} na tɕəu^{31} zu^{33}ga^{53}, zu^{33}ga^{53} la le tɕəu^{31} ji^{33} la, tɕəu^{31}
还是 妥当 那 就 好 好 CSM TOP 就 去 CSM 就
tɕha^{33} dʑi^{31} ji^{33} la, dʑi^{31} la tɕəu^{31} ja^{22}ka^{33} tsho^{33} bu the^{33} ke
晚饭 吃 去 CSM 吃 CSM 就 全部 人 PL. ANM 那 LOC
u^{31}-ni^{31} la, u^{31}-ni^{31} la tɕəu^{31} tɕhi^{33} i the^{33} ja^{22}ʃu^{33}ma^{53} tɕəu^{31} tɕa^{53}
PFV-坐 CSM PFV-坐 CSM 就 3sg. GEN GEN 那 妻子 就 TOP
pu^{33} ka tɕəu^{31} ʃi^{33} tsa^{33} tɕhi^{33} i the^{33} a^{33}ke tɕha^{22} idzo. “tɕhi^{33}
绳子 条 就 拿 带 3sg. GEN GEN 那 哪里 拴 PROG 3sg. GEN
i the^{33} dʑu^{31} go^{53} dʑu^{31} khɯ^{53} tɕha^{22} idzo, xaiʃə gu^{53}du^{31} tɕha^{22} idzo?
GEN 那 腰 LOC 腰 上 拴 PROG 还是 脚 拴 PROG
gu^{53}du^{31} khɯ^{53} tɕha^{22} idzo, a^{31} dʑi^{53} a^{33}ba^{33} gu^{53}du^{31} khɯ^{53} tɕha^{22} idzo,
脚 上 拴 PROG QUES 是 恐怕 脚 上 拴 PROG
gu^{53}du^{31} khɯ^{53} tɕha^{22} idzo, tɕəu^{31} ŋa^{33} na^{22} tɕi^{33} ɕe^{33}-ɕe^{33} ɕe^{53}, no^{33} tɕəu^{31}
脚 上 拴 PROG 就 1sg 2sg. DAT 一 拉-拉 TNT 2sg 就
vu^{53} ba^{53} vu^{53} dʑi^{31}.” the^{33} me^{33} ŋe^{22}. “a^{31} dʑi^{53} tɕi^{33} ɕe^{33}-ɕe^{33}, ŋa^{33} tɕəu^{31}
酒 喝 酒 吃 那 做 说 QUES 是 一 拉-拉 1sg 就
vu^{53} ba^{53} la, ja^{53}no^{31} i tɕi^{33} ɕe^{33}-ɕe^{33} ŋa^{33}-de ji^{33} la tɕəu^{31} ji^{33}na^{33}
酒 喝 CSM 后面 GEN 一 拉-拉 1sg-PL 去 CSM 就 菜
tsu^{53} ka^{22} la.” the^{33} me^{33} ŋe^{22}.
点 捡 CSM 那 做 说

去了就说：“啊唷，你这样不好，不要从大门进去，快点到后门去。”看到傻女婿这身打扮，女人赶快带着他从后门进入了屋里，并迅速找来弟弟的衣物给傻女婿换上。这个傻瓜的长相还是比较漂亮的，穿上这一身衣服后就显得很帅气了。穿好衣服后他就去外面的酒席上坐着陪客人们吃饭。为了预防他在酒席上出丑，他的媳妇拿了一条绳子，拴在他的脚上，对他说：“你好好坐着，如果我拉一下绳子，你就喝一口酒，再拉一下绳子，你就夹一口菜吃。”傻女婿答应了。

the^{33}de tɕa^{53} the^{33} jo^{22}pho^{33} bu xai^{31}ʃə^{31} ʃuo^{33} ke^{33}the^{33} xai^{31}ʃə^{31} tho^{31}
3pl TOP 那 朋友 PL. ANM 还是 说 这 还是 妥当

ɕu^{33}, xai^{31}ʃə^{31} ʃuo^{33} ma^{53} tho^{31} ɕu^{33}, xai^{31}ʃə^{31} tho^{31}, the^{33} me^{33} ŋe^{22}. ja^{53}no^{31}
人 还是 说 NEG 妥当 人 还是 妥当 那 做 说 后面

tɕəu^{31} tɕhi^{33} tɕa^{53} tɕəu^{31} tshə^{33} nja^{33}xa^{53} ji^{33} la, tɕhi^{33} i ja^{22}ʃu^{33}ma^{53}
就 3sg. GEN TOP 就 粪 拉 去 CSM 3sg. GEN GEN 妻子

tɕəu^{31} tɕa^{53} the^{33} ke ji^{33} ji^{33} la, tɕəu^{31} the^{33} pu^{33} ka tɕa^{53} ʃə pə, the^{33}
就 TOP 那 LOC 去 去 CSM 就 那 绳子 条 TOP 是 吧 那

lju^{53}bu^{31} khɯ^{53} u^{31}-tɕha^{22} la, pu^{33} ka the^{33} lju^{53}bu^{31} khɯ^{53} u^{31}-tɕha^{22} la,
石头 上 PFV-拴 CSM 绳子 条 那 石头 上 PFV-拴 CSM

tɕa^{53} the^{33} khe^{53}ni^{31} ni^{53} a ku tɕa^{53} the^{33} ke kha^{31}-kha^{33} ne, dʑe^{53}dʑe^{31}
TOP 那 狗 二 个 位 TOP 那 LOC 咬-咬 TOP 争吵

khe^{53}ni^{31} ni^{53} a ku the^{33} dʑe^{53}dʑe^{31} la, tɕəu^{31} tɕa^{53} pu^{33} ka tɕi^{33} ɕe^{33}-ɕe^{33}
狗 二 个 位 那 争吵 CSM 就 TOP 绳子 条 一 拉-拉

tɕi^{33} ɕe^{33}-ɕe^{33} la.
一 拉-拉 CSM

这家来贺喜的客人们看到长得一表人才的傻女婿，说：“这个人长得真帅。”其他人也说：“这个人模样很俊。”后来，这个女人要去上厕所，她把手里的绳子就拴在旁边的石头上。不久，有两只狗在桌子下面争骨头，争抢的过程中不停的拉动那根绳子。

tɕi^{33} ɕe^{33}-ɕe^{33} la tɕəu^{31} the^{33} tɕəu^{31} tɕi^{33} ɕe^{33}-ɕe^{33} tɕəu^{31} ja^{22}ku^{33} me^{33}
一 拉-拉 CSM 就 那 就 一 拉-拉 就 快快 做

ja^{22}ku^{33} me^{33} ɕe^{33} la, tɕəu^{31} the^{33} ke ɕe^{33} la, the^{33} tɕəu^{31} ʃuo^{33} ʃə:
快 做 拉 CSM 就 那 LOC 拉 CSM 那 就 说 是

“a^{33}me^{33}! ja^{22}ku^{33} me^{33} vu^{53} dʑi^{31}, vu^{53} dʑi^{31} o, ʃe^{33} dʑi^{31}, ʃe^{33} dʑi^{31}, ʃe^{33}
啊哟 快快 做 酒 吃 酒 吃 ITRJ 肉 吃 肉 吃 肉

ka^{22} vu^{53} ba^{53}, ʃe^{33} ka^{22} vu^{53} ka^{22}.” the^{33} me^{33} ŋe^{22}.
捡 酒 喝 肉 捡 酒 捡 那 做 说

傻瓜感觉到不断拉动的绳子，以为是他的老婆让他赶快喝酒吃肉，就说：“我得赶紧喝酒吃肉。”

tɕəu^{31} ja^{22}ka^{33} the^{33} the^{33} i ɕe^{33} the^{33} ja^{22}ka^{33} the^{33} dʑi^{31} pi^{53} la,
就 全部 那 那 GEN 拉 那 全部 那 吃 完 CSM

ja^{22}ka^{33} the^{33} dʑi^{31} pi^{53} la, tɕəu^{31} tɕhi^{33} i the^{33} a^{33}ba^{33} tɕa^{53} pe^{33}
全部 那 吃 完 CSM 就 3sg. GEN GEN 那 父亲 TOP 出来

la^{31} la, ʃuo^{33}: “a^{33}ma^{31} no^{33} ja^{22}ka^{33} no^{33} mi^{31}-dʑi^{31} la, ɕu^{33} i the^{33}
来 CSM 说 啊嘛 2sg 全部 2sg PFV–吃 CSM 人 GEN 那

ŋa^{33} ni jo^{22}pho^{33} bu xo^{33}tɕa^{33} be dʑi^{31} o?”
1sg GEN 朋友 PL. ANM 什么 PL. N-ANM 吃 ITRJ

最后傻女婿把一桌的东西都吃光了，他的岳父看到了，就过来生气地对他说：“你把所有的东西都吃光了，那其他的客人吃什么呢？”

（讲述人：吴德才）

参考文献

曹学佺 1993《蜀中广记》，上海：上海古籍出版社。

陈荣泽 2016 藏语方言的分布格局及其形成的历史地理人文背景，《中南民族大学学报》（哲学社会科学版）第2期。

春 花 2008《满蒙藏嘉戎维五体字书》概论，《满语研究》第1期。

多 吉 1993 川西南藏族地域文化初探，《西藏大学学报》第3期。

樊 绰 1985《云南志校释》，北京：中国社会科学出版社。

方国瑜 1984《彝族史稿》，成都：四川民族出版社。

房建昌 1983 西田龙雄与《西番馆译语的研究》，《西藏民族学院学报》第2期。

冯 蒸 1979《国外西藏研究概况》，北京：中国社会科学出版社。

国家统计局人口和就业统计司、国家民族事务委员会经济发展司 2013《中国2010年人口普查分民族人口资料》，北京：民族出版社。

韩正康 2012 多续藏族文化保护的可行性研究，《四川民族学院学报》第3期。

韩正康 2014 多续藏族本教传承人——薛氏大鼓和尚祖源记忆和宗教传承的田野调查，《黑龙江民族丛刊》第2期。

何耀华 1985 川西南藏族史初探，《思想战线》第4期。

何耀华 2000 康巴、“东蛮”与宋朝的历史关系，《云南社会科学》第6期。

贺 华 1984 多须人的起源及其他，《思想战线》第5期。

黄布凡、尹蔚彬 2012 多续语概况，《汉藏语学报》第6期。

黄布凡、尹蔚彬 2015 从多续语看高濒危语的结构特点，《民族语文》第3期。

黄戈汝都谱编委会 2016《黄戈汝都谱》，西昌：西昌人民印刷有限责任公司。

李 璟 2006《对木雅藏族的民族学与历史学考察——以四川石棉县蟹螺乡木耳堡子木雅人为例》，四川大学硕士学位论文。

李心传 1992《建炎以来朝野杂记》，北京：文物出版社。

李星星 2007《蟹螺藏族》，北京：民族出版社。

李星星 2017《归程》，北京：民族出版社。

李昭纂、李英粲修 1992《冕宁县志》，成都：巴蜀书社。

联合国教科文组织濒危语言特别专家组，范俊军、宫齐、胡鸿雁译2006 语言活力与语言濒危，《民族语文》第3期。

龙西江 1991 凉山境内的“西番”及渊源探讨，《西藏研究》第1、3期。

四川省冕宁县地方志编纂委员会编纂 2009《冕宁县志》，成都：四川交通大学出版社。

《明实录・大明太祖高皇帝实录》，影印“台湾中研院历史语言研究所”校勘本。

聂鸿音、孙伯君 2010《〈西番译语〉校录及汇编》，北京：社会科学文献出版社。

彭学云 2010 论嘉绒语的借代关系，《中国藏学》第3期。

齐卡佳、韩正康 2016《实用多续语语法》，北京：民族出版社。

瞿霭堂 1992 藏族的语言和文字，《中国藏学》第3期。

瞿霭堂 2004 中国藏族语言文字研究五十年，《中国藏学》第1期。

四川省冕宁县地方志编纂委员会编纂 1994《冕宁县志》，成都：四川人民出版社。

宋 濂 1970《元史》，北京：中华书局。

宋祁等 1975《新唐书・南蛮传》，北京：中华书局。

孙宏开 1982 尔苏（多续）话简介，《语言研究》第2期。

孙宏开 1983 六江流域的民族语言及其系属分类，《民族学报》第3期。

孙宏开 2001 论藏缅语族中的羌语支语言，《语言暨语言学》第2期。

孙宏开 2011 古代羌人和现代羌语支族群的关系，《西南民族大学学报》（人文社会科学版）第1期。

孙天心 2005 嘉戎语组语言的音高：两个个案研究，《语言研究》第1期。

孙天心 2006 嘉戎语动词的派生形态，《民族语文》第4期。

谭希思 1968《四川土夷考》，郑州：学识斋。

脱　脱等 1985《宋史》，北京：中华书局。

王鸿绪等 1974《明史》，北京：中华书局。

王玉琴 2012《雅砻江中下游地区的族群互动与认同——以九龙“里汝”藏族为中心的考察》，北京：民族出版社。

王智红、刘汝山 2002 国外濒危语言研究一瞥，《青岛海洋大学学报》（社会科学版）第4期。

“西番”识别调查报告（修改稿）（手写体），存四川省民族研究所资料室（民族志调查材料　拾——“西番”识别调查材料①），类别：综合，类别号：15，卷宗号：43。

徐　松 1957《宋会要辑稿》，北京：中华书局。

袁家骅等著 2001《汉语方言概要》，北京：语文出版社。

袁晓文 2011 多续藏族的地方性知识，《西藏民族学院学报》（哲学社会科学版）第4期。

袁晓文主编，李绍明、刘俊波编 2007《尔苏藏族研究》，北京：民族出版社。

袁晓文、陈　东 2011 尔苏、多续藏族研究及其关系辨析，《中国藏学》第3期。

赞拉·阿旺措成 1999 试论嘉戎藏语中的古藏语，《中国藏学》第2期。

中国文字改革研究委员会 1956《汉语拼音方案（草案）》，北京：人民教育出版社。

周群华 1993 党项、“弭药”与四川西夏遗民，《宁夏社会科学》第4期。

Chirkova, Katia. 2014 The Duoxu Language and the Ersu-Lizu-Duoxu Relationship, *Linguistics of the Tibeto-Burman Area* 37.1: 104—146.

Chirkova, Katia. 2015 A Phonological Sketch of Duoxu, *Cahiers de Linguistique Asie Orientale* 44.2: 97—121.

Chirkova, Katia. 2017 Revitalization of Duoxu: A first-hand account, *The Routledge Handbook of Language Revitalization,* ed. by Leanne Hinton, Leena Huss and Gerald Roche. New York: Routledge.

西田龙雄 1973《多續譯語の研究：新言語トス語の構造と系統》*A Study of the Tosu-Chinese Vocabulary, Tosu I-Yu: The Structure and Lineage of the Tosu Language, A New Language*. 京都：松香堂。

西田龙雄、孙宏开 1990《白馬譯語の研究：白馬語の構造と系統》*A Study of the Baima-Chinese Vocabulary, Baima I-Yu: The Structure and Lineage of the Baima Language*. 京都：松香堂.

调查手记

2016年6月19日课题组从成都出发，此行的目的是按照《调查手册》完成对多续话的词汇、语法例句、话语和地方普通话的录制工作。如果时间允许，会再录制一些民歌和故事。课题组到达冕宁后，立即与调查开始前就联系好的发音人取得联系，第二天一早包车将民语发音人和口头文化发音人接到课题组所住宾馆，并在宾馆安排好他们的住宿。之所以将两位发音人一起接来，就是希望在调查过程中多一个人思考，以缩短调查时间。

首先是对《词汇表》所列3000个词进行调查，在发音人了解每一个词的意思后说出与之对应的多续话词汇，调查人员则用笔将其记录在调查手册上，以作为正式录音期间提示发音人之用。经过一周多时间的努力，解决了3000个词的采集工作。在此期间联系了冕宁县电视台，得到了县电视台的支持。因电视台只有周末不使用录音棚，所以我们只能利用周末时间来完成内容的摄录，不是周末的时间我们继续向发音人搜集100个语法例句和与发音人一起准备话语材料，以备摄录。

经过近一个月的努力，课题组完成预定任务并于7月17日回到成都。

在这一次田野调查过程中，深感多续话的濒危。有时候一个词语发音人会想很久，在想不出来的情况下只有临场造词，对一个新造词可能做多次改动，都没能造出一个满意的词来。

对于原有事物，我们主张：如果发音人忘记了这个词，则尽量通过现有多续话词汇进行创造。在这个过程中，我们发现发音人创造词汇的能力有限，比如凡是汉语中不是家养的“猪”，不管是野猪、土猪还是豪猪，发音人均用ba^{33}“山”和vo^{31}“猪”两个词合成ba^{33}vo^{31}来表示，让人难以通过多续话来区分这些不同的野生动物。

对于新生事物，如果发音人造不出新词，我们建议直接使用汉语借词，这种使用当地汉语发音的借词，对以后学者研究冕宁汉语方言也可能有所帮助。

这以后，课题组多次前往冕宁、木里、西昌等地调研，一方面是补充先前没有录好的词汇和语句，同时继续搜集民歌和故事及拍摄本书出版所需要的照片等。通过调研，可以断定目前能使用多续话的人仅仅分布于冕宁县安宁河上游，木里藏族自治县卡拉乡的王学才等极个别的里汝人能使用非常简单的一些多续词语和简短句子。冕宁县雅砻江沿岸以及九龙县的鲁汝人没有发现会使用多续话的人。石棉县的鲁苏人和木雅人、以及越西、甘洛等地的尔苏人中也没有发现能使用多续话的人。在对冕宁县里庄片区居住的纳木依人进行简单调查的过程中，我们现他们虽然不能使用多续话，但所使用的纳木依话中部分词汇与多续话基本相同，主要集中在地名和宗教词汇方面。

这说明多续话的使用者实际上只有生活于安宁河上游屈指可数的几位高龄老人，加之他们平时除简单的打招呼外几乎不使用多续话进行交流，如果要完成调查内容，往往需要发音人回忆较长时间。在调查过程中发现，两位发音人难以流利使用多续话，每次课题组要求发音人用多续话交谈时，两位发音人总是在使用多续话进行几句简单的对话后，就习惯性地转为汉语交流。从这种现象可以看出这些发音人实际上均为半语者，多续话的濒危程度可想而知。如果再不加以抢救性记录，这种语言有可能数年后彻底消失。这种语言一旦消失，隐藏在其中的有关民族的、文化的、历史的等等诸多信息也将彻底消失。

在调研中，我们一方面继续完善调研内容，另一方面着手搜集史料和不同地区脱苏人的口传材料，为厘清多续人与川西南藏族各支系的关系、寻找与其同一支系的不同人群打下坚实的基础。虽然有的问题尚不能解决，但已经把握住了方向，如曾经的弥那人究竟是一支什么样的人群，现在何处等。

研究川西南藏族不同支系间的亲缘关系，并在此基础上探寻历史上不同族群的分分合合，不同民族的交往、交流、交融等，都离不开语言的研究。不同族群、不同民族的语言所保留的信息会给我们提供川西南地区不同民族和谐相处的一些证据，从中也可以窥见中华民族多元一体格局形成的一种规律和走向，在理论和实践上对中华民族多元一体的形成提供一种思路和模式。比如多续话中的汉语借词dʒo^{33}ko^{33}“筷子”借用的是汉语“箸”的发音，而“箸”是古代汉语对筷子的称呼。可见多续人在文化上与汉族交往的历史非常悠久，是汉藏民族历史文化交往的重要组成部分。

由于脱苏人分布区域广，加上时间有限，任务繁重，难以对不同地区的脱苏人在语言上做仔细的比较，故尚难以发现多续人在语言上与哪一个地方的脱苏人使用的语言更为接近，也就难以在语言上找到脱苏人先后分化的直接证据。但脱苏人是一个整体，其语言是同一种语言的不同方言的问题早就已经被孙宏开先生解决，这可以看出孙先生的学术敏感性很强。目前在总体问题解决的情况下，细节问题尚需要进一步细化研究。这也是对多续话进行详细调研的目的之一。

作为调查人，在调查的过程中感慨最多的是，多续话已经接近消亡。多续人曾经是川西南三江流域（雅砻江、安宁河、大渡河）的一个较为强大的族群，在这一带曾创造过辉煌的文化。经过历史的洗礼，现在这些都成为过眼云烟，该族群的语言及其他文化均已极度濒危，随时都有彻底消失的危险。随着社会的发展，人们对传统文化越来越重视，这是一个很好的现象。对于课题组来说，首先要尽量记录现有文化，其中语言应该放在最重要的地位。只有将语言记录下来，才能为专家学者的研究提供材料，也为多续人学习多续话准备素材。现在来看，多续话的消亡不可避免，这很遗憾，但这也是社会发展的大势所趋。同时，一些语言或方言逐渐消失的同时，有的语言也在逐渐分化出新的方言或语言，这应该是语言发展的一个规律。

后　记

藏族语言的研究，一直是我国民族语言研究的重要领域。藏族语言本身也具有多样性和复杂性，其语言因不同地域居住的不同支系而存在巨大差异。就目前研究的总体情况而言，藏族语言属于汉藏语系藏缅语族中的藏语支和羌语支。本书所研究的语言正是藏族语言中的多续话。多续话属于脱苏语的一部分，是一种独特的藏族语言，与之具有亲缘关系的甘洛、越西的藏族所使用的尔苏语经孙宏开等专家研究认为是属于羌语支。就多续话而言，黄布凡和尹蔚彬认为其与尔苏语之间不是方言关系，且语支未定。除此之外，西田龙雄认为多续话是一种近似于现代嘉戎语梭磨话的古嘉戎语，而房建昌则认为多续话也许是一种受羌语、普米语、彝语、嘉戎语及古汉语同化较多的藏语混合方言。学者们不同的学术观点说明对多续话的研究尚有许多问题亟待解决。

由于时间紧，任务重，课题研究中尚有不足之处，将在以后的研究中不断完善。

本研究得以进行，首先受益于孙宏开先生，将本课题交由四川省民族研究所来负责进行。在研究期间，孙先生先后两次到成都指导研究工作。课题研究过程中，还得到了黄行、李大勤、丁石庆、黄成龙、张四红、江荻等老师的关心和支持，在此表示感谢。也要感谢宋成、邹雨橙、朱苗苗、林鑫等参与语保项目的同学，替我们解答了很多技术性的问题。

对伍荣福和吴德才两位发音人的付出表示感谢，二位的付出是本书得以写作的关键。对地方普通话发音人马友洪先生积极参与课题组的调研工作，在此深表感谢。

在课题组组建时期，邀请了兰正群博士加入团队。最后，兰博士因为女儿年幼，负责照顾女儿的婆婆身体不好，难以继续进行本课题的研究工作，申请退出了课题组。在此，课题组对兰正群博士在课题组期间所做的工作表示感谢。

课题的顺利进行，还要感谢冕宁县电视台的大力支持，对电视台杨蕾、卢飞以及冕宁县关心支持本课题的各界人士的支持表示感谢。同时四川省民族研究所和凉山州民族中学的韩歌卓玛同学为本书提供了部分照片，在此深表感谢！

韩正康

2018年8月30日

于成都